Studienbücher zur Kommunikations- und Medienwissenschaft

Reihe herausgegeben von

Patrick Donges, Universität Leipzig, Leipzig, Deutschland

Maria Löblich, FU Berlin, Berlin, Deutschland

Jörg Matthes, Universität Wien, Wien, Österreich

Gründungsherausgeber

Günter Bentele, Universität Leipzig, Leipzig, Deutschland

Hans-Bernd Brosius, Universität München, München, Deutschland

Otfried Jarren, Universität Zürich, Zürich, Schweiz

Herausgeber und Verlag streben mit der Reihe „Studienbücher zur Kommunikations- und Medienwissenschaft" an, die Kommunikationswissenschaft sowie ihre relevanten Teil- und Forschungsgebiete darzustellen. In den Bänden werden die vielfältigen Perspektiven und Forschungsergebnisse der Kommunikationswissenschaft systematisch präsentiert, eingeordnet sowie kritisch reflektiert. Die Studienbücher wenden sich sowohl an Studierende des Fachs wie angrenzender Bereiche als auch an eine größere, thematisch interessierte Öffentlichkeit.

Herausgeber und Verlag wollen mit der Reihe zweierlei erreichen:

- Zum ersten soll zur weiteren Entwicklung und Profilierung des Faches Kommunikationswissenschaft beigetragen werden. Kommunikationswissenschaft wird als sozialwissenschaftliche Disziplin verstanden, die sich – mit interdisziplinären Bezügen – vor allem mit Phänomenen der öffentlichen Kommunikation in der Gesellschaft befasst.
- Zum zweiten soll den Studierenden und allen thematisch Interessierten ein solider, zuverlässiger, kompakter und aktueller Überblick über die Teilgebiete der Kommunikationswissenschaft geboten werden. Dies beinhaltet die Darstellung der zentralen Theorien, Ansätze, Methoden sowie der Kernbefunde der Forschung. Die Studienbücher konzentrieren sich also auf das notwendige Basiswissen und sollen sowohl dem studienbegleitenden Lernen an Universitäten, Fachhochschulen und einschlägigen Akademien wie auch dem Selbststudium dienlich sein. Auf die didaktische Aufbereitung des Stoffes wird deshalb großer Wert gelegt.

Weitere Bände in der Reihe https://link.springer.com/bookseries/12331

Patrick Donges · Otfried Jarren

Politische Kommunikation in der Mediengesellschaft

Eine Einführung

5. Auflage

Patrick Donges
Universität Leipzig
Leipzig, Deutschland

Otfried Jarren
Universität Zürich
Zürich, Schweiz

Freie Universität Berlin
Berlin, Deutschland

ISSN 2524-3306   ISSN 2524-3314 (electronic)
Studienbücher zur Kommunikations- und Medienwissenschaft
ISBN 978-3-658-37078-7   ISBN 978-3-658-37079-4 (eBook)
https://doi.org/10.1007/978-3-658-37079-4

Die Deutsche Nationalbibliothek verzeichnet diese Publikation in der Deutschen Nationalbibliografie; detaillierte bibliografische Daten sind im Internet über http://dnb.d-nb.de abrufbar.

© Der/die Herausgeber bzw. der/die Autor(en), exklusiv lizenziert durch Springer Fachmedien Wiesbaden GmbH, ein Teil von Springer Nature 2002, 2006, 2011, 2017, 2022
Das Werk einschließlich aller seiner Teile ist urheberrechtlich geschützt. Jede Verwertung, die nicht ausdrücklich vom Urheberrechtsgesetz zugelassen ist, bedarf der vorherigen Zustimmung des Verlags. Das gilt insbesondere für Vervielfältigungen, Bearbeitungen, Übersetzungen, Mikroverfilmungen und die Einspeicherung und Verarbeitung in elektronischen Systemen.
Die Wiedergabe von allgemein beschreibenden Bezeichnungen, Marken, Unternehmensnamen etc. in diesem Werk bedeutet nicht, dass diese frei durch jedermann benutzt werden dürfen. Die Berechtigung zur Benutzung unterliegt, auch ohne gesonderten Hinweis hierzu, den Regeln des Markenrechts. Die Rechte des jeweiligen Zeicheninhabers sind zu beachten.
Der Verlag, die Autoren und die Herausgeber gehen davon aus, dass die Angaben und Informationen in diesem Werk zum Zeitpunkt der Veröffentlichung vollständig und korrekt sind. Weder der Verlag, noch die Autoren oder die Herausgeber übernehmen, ausdrücklich oder implizit, Gewähr für den Inhalt des Werkes, etwaige Fehler oder Äußerungen. Der Verlag bleibt im Hinblick auf geografische Zuordnungen und Gebietsbezeichnungen in veröffentlichten Karten und Institutionsadressen neutral.

Planung/Lektorat: Barbara Emig-Roller
Springer VS ist ein Imprint der eingetragenen Gesellschaft Springer Fachmedien Wiesbaden GmbH und ist ein Teil von Springer Nature.
Die Anschrift der Gesellschaft ist: Abraham-Lincoln-Str. 46, 65189 Wiesbaden, Germany

Vorwort zur fünften Auflage

Politische Kommunikation ist ein interessanter, aber auch sehr komplexer und vielschichtiger Forschungsgegenstand. Mit ihr befassen sich verschiedene wissenschaftliche Disziplinen, neben der Publizistik- und Kommunikationswissenschaft auch die Politikwissenschaft, die Soziologie, die Psychologie und die Rechtswissenschaft. Wissenschaftliche Analysen zum Themenfeld der politischen Kommunikation beziehen sich auf verschiedene Basistheorien (wie System- und Handlungstheorien) und Theorieebenen (wie die Mikroebene der Individuen, die Mesoebene der Organisationen oder die Makroebene der Gesellschaft). Zugleich liegen solchen Analysen immer auch normative Prämissen zugrunde, also unterschiedliche Vorstellungen davon, was politische Kommunikation ist und wie sie sein sollte. Die Forschung hat den Wandel von Politik wie auch denjenigen der Gesellschaft insgesamt zu reflektieren und auf gesellschaftliche Debatten zu reagieren – etwa über die Frage, welche Folgen gewisse Formen von Kommunikation für die Politik und die Demokratie haben.

Kein Wunder also, dass das Forschungsfeld Politische Kommunikation in den vergangenen Jahren gewachsen und unübersichtlicher geworden ist. Mit der vorliegenden Einführung wird bewusst ein Schwerpunkt auf die Strukturen, Akteure und Prozesse politischer Kommunikation gelegt. Politische Medieninhalte, so unser Ansatz, sind das Ergebnis von Interaktionsprozessen, die im Rahmen von Strukturen der Politik wie der Medien zwischen politischen und medialen Akteuren stattfinden. **Ziel dieses Lehrbuches ist es, diese Strukturen, Akteure und Prozesse aus einer kommunikationswissenschaftlichen Perspektive zu analysieren** und dabei integrativ auf die Theorie- und Forschungsbestände anderer Sozialwissenschaften zurückzugreifen. **Dabei wird der Mesoebene der Organisationen wie der Makroebene der Gesellschaft besondere Aufmerksamkeit geschenkt,** da politische Kommunikation in erster Linie eine organisierte Form der Kommunikation ist – sowohl aufseiten der Politik als auch aufseiten der Medien. Weniger Augenmerk wird hingegen Forschungsfeldern wie den Medieninhalten, der Rezeption und Wirkung geschenkt, die in anderen einführenden Texten zur politischen Kommunikation ausführlicher behandelt werden. Uns war ferner eine Einführung in Grundbegriffe und Theorien der Sozialwissenschaften wichtig, um den Blick über den Tellerrand der Kommunikationswissenschaft hinaus zu ermöglichen. Diesem Ansatz folgt der Aufbau des Lehrbuches: Nach einer Einführung in den Forschungsgegenstand (Kap. 1) und einer Diskussion der relevanten sozialwissenschaftlichen Basistheorien (Kap. 2), die als Grundlage der Analyse herangezogen werden können, werden zunächst die Strukturen (Kap. 3–6), dann die Akteure (Kap. 7–9) und schließlich die Prozesse politischer Kommunikation (Kap. 10–12) beschrieben.

„Politische Kommunikation in der Mediengesellschaft" erschien erstmals 2002 in zwei Bänden im damaligen Westdeutschen Verlag. Im Jahr der Erstauflage nutzten lediglich rund 20 % der Deutschen regelmäßig das Internet, und bis zur Gründung von Facebook sollte es noch zwei Jahre dauern. Die rasante Durchsetzung von Onlinemedien und Social-Media-Plattformen in der politischen Kommunikation wurde uns bei jeder neuen Auflage deutlich. Für die vorliegende fünfte Auflage wurde der Text grundlegend aktualisiert und gestrafft. Wir danken Norbert Richter (conscriptum) für sein gründliches Lektorat und die klugen inhaltlichen Änderungsvorschläge sowie der Universität Zürich für die finanzielle Unterstützung, die seine Arbeit ermöglichte.

Leipzig, Zürich
im Januar 2022

Patrick Donges
Otfried Jarren

Inhaltsverzeichnis

1	**Einführung: Politische Kommunikation in der Mediengesellschaft**		1
1.1	Begriffsbestimmungen: Politik und Kommunikation		1
	1.1.1	Definitionen des Begriffs „Politik"	2
	1.1.2	Definitionen des Begriffs „Kommunikation".	6
	1.1.3	Definitionen des Begriffs „politische Kommunikation"	8
1.2	Mediengesellschaft als analytischer Leitbegriff.		10
	1.2.1	Die Mediengesellschaft der Massenmedien.	10
	1.2.2	Die Mediengesellschaft der Plattformen	12
1.3	Eigener Ansatz: Politische Kommunikation als Handlungssystem		14
	Literatur.		17
2	**Sozialwissenschaftliche Basistheorien zur Analyse politischer Kommunikation**		21
2.1	Basistheorien zwischen Handlung und Struktur		21
2.2	Systemtheoretische Ansätze.		23
2.3	Handlungstheoretische Ansätze		30
	2.3.1	Der Begriff des Akteurs	31
	2.3.2	Ökonomische Theorien: Rationales Handeln.	34
	2.3.3	Soziologische Theorien: Rollen- und normorientiertes Handeln	36
	2.3.4	Praxistheorien: Dinge tun und mit Objekten umgehen	37
2.4	Institutionalistische Theorien.		38
2.5	Organisationstheorien		40
	2.5.1	Paradigmen der Organisationstheorie	40
	2.5.2	Elemente und Ziele von Organisationen	42
	2.5.3	Politische Kommunikation als organisierte Kommunikation	44
2.6	Akteurtheorien		47
	Literatur.		50

3 Strukturen politischer Kommunikation I: Politik und politische Systeme ... 55
3.1 Das politische System aus Sicht sozialwissenschaftlicher Basistheorien ... 55
3.1.1 Politik als selbstreferentielles System ... 56
3.1.2 Politik als Handlungs- bzw. Verhandlungssystem ... 57
3.2 Politik in verschiedenen Regierungssystemen ... 60
3.3 Politik als Governance ... 62
Literatur ... 65

4 Strukturen politischer Kommunikation II: Medien und Plattformen ... 67
4.1 Medienbegriffe ... 67
4.2 Differenzierungen der Medien ... 72
4.3 Typologien von Mediensystemen ... 74
4.4 Plattformen ... 78
4.5 Zur Abgrenzung von Medien, Plattformen und Intermediären ... 80
Literatur ... 84

5 Strukturen politischer Kommunikation III: Politische Öffentlichkeiten ... 87
5.1 Öffentlich und Öffentlichkeit: Definition und Begriffsgeschichte ... 87
5.2 Öffentlichkeitstheorien ... 90
5.2.1 Liberales Verständnis von Öffentlichkeit ... 92
5.2.2 Deliberatives Verständnis oder Diskursmodelle ... 93
5.2.3 Partizipatorisches Verständnis ... 95
5.2.4 Konstruktionistisches Verständnis ... 96
5.3 Öffentliche Meinung ... 97
5.4 Ebenenmodelle der Öffentlichkeit ... 98
5.5 Europäische Öffentlichkeit ... 103
Literatur ... 107

6 Strukturen politischer Kommunikation IV: Das intermediäre System der Interessen- und Entscheidungsvermittlung ... 111
6.1 Interessen- und Entscheidungsvermittlung ... 111
6.2 Das intermediäre System als constraint für politische Akteure ... 114
6.3 Veränderungen des intermediären Systems als Herausforderung für politische Akteure ... 115
Literatur ... 118

7 Akteure politischer Kommunikation I: Politik ... 121
7.1 Differenzierung der Akteure politischer Kommunikation ... 121
7.2 Akteure der Interessenartikulation ... 125
7.2.1 Verbände ... 125
7.2.2 Soziale Bewegungen ... 128

	7.3	Akteure der Interessenaggregation: Parteien	130
	7.4	Akteure der Politikdurchsetzung	135
		7.4.1 Parlament	135
		7.4.2 Regierung	137
		7.4.3 Verwaltung	139
	7.5	Zur Rolle individueller Akteure in der politischen Kommunikation	140
	7.6	„Gewinner" und „Verlierer" der Digitalisierung	142
	Literatur		144
8	**Akteure politischer Kommunikation II: Journalismus**		**149**
	8.1	Politischer Journalismus in der Mikroperspektive	150
	8.2	Politischer Journalismus in der Mesoperspektive	152
	8.3	Politischer Journalismus in der Makroperspektive	154
	Literatur		157
9	**Akteure politischer Kommunikation III: Politische PR**		**159**
	9.1	Merkmale und Besonderheiten der politischen PR	159
	9.2	Funktion und Aufgabe politischer PR	161
	9.3	Abgrenzungen zwischen PR und anderen Formen politischer Kommunikation	163
	Literatur		167
10	**Prozesse politischer Kommunikation: Prozesse der Politik**		**171**
	10.1	Modelle des politischen Prozesses	171
		10.1.1 Der politische Prozess als Arena	172
		10.1.2 Policy-Cycle-Modelle	175
		10.1.3 Kritik an Phasenmodellen: Der Ansatz der Advocacy-Koalitionen	181
	10.2	Politische Prozesse in direktdemokratischen Systemen	183
	10.3	Entscheidungsprozesse: Typen von Politik und ihre mediale Beachtung	184
	Literatur		186
11	**Prozesse politischer Kommunikation II: Kampagnen und Wahlkämpfe**		**189**
	11.1	Politische Kampagnen	189
	11.2	Wahlkämpfe	194
		11.2.1 Wahlen und Wahlverhalten	194
		11.2.2 Wahlkampf als Handlungssystem aus Parteien, Medien und Bevölkerung	196
	Literatur		200

12 Prozesse politischer Kommunikation III: Interaktionen zwischen Akteuren aus Politik, PR und Journalismus 203
  12.1 Erklärungsansätze zum Verhältnis von Politik, PR und Journalismus 203
    12.1.1 Determinationsthese................................. 203
    12.1.2 Dominanz-Dependenz-Thesen....................... 205
    12.1.3 Interdependenzmodelle 206
    12.1.4 Interpenetrationsmodelle 207
    12.1.5 Politische Kommunikationskultur 208
  12.2 Eigener Ansatz: Von der Interaktion zur Produktionsgemeinschaft und einem Handlungssystem 210
    12.2.1 Die Akteure und ihre Ziele.......................... 210
    12.2.2 Die Akteure und ihre Rollen 215
    12.2.3 Formen der Interaktion.............................. 217
    12.2.4 Politik, PR und Journalismus als Produktionsgemeinschaft und Handlungssystem............ 219
  Literatur... 223

Abbildungsverzeichnis

Abb. 1.1	Politikbegriffe (nach Alemann). (Quelle: nach Alemann 1989).	3
Abb. 1.2	Dimensionen von Politik: Polity, Politics und Policy.	4
Abb. 2.1	Theorieebenen in den Sozialwissenschaften: Mikro, Meso und Makro	22
Abb. 2.2	Typen von Systemen. (Nach Luhmann)	24
Abb. 2.3	Formen der Differenzierung: Segmentär, stratifikatorisch, funktional	27
Abb. 2.4	Funktionssysteme. (Nach Luhmann)	29
Abb. 2.5	Drei Säulen des Institutionalismus (nach Scott). (Quelle: Scott 2001, S. 52, übersetzt und gekürzt).	39
Abb. 2.6	Organisationsperspektive auf Kommunikation. (Quelle: Donges 2011, S. 219).	44
Abb. 2.7	Akteur-Struktur-Dynamiken (nach Schimank). (Quelle: Schimank 2000, S. 247).	48
Abb. 4.1	Drei Modelle von Mediensystemen (nach Hallin und Mancini). (Quelle: nach Hallin und Mancini 2004, S. 67–68, gekürzt)	75
Abb. 4.2	Sechs Modelle von Mediensystemen (nach Blum). (Quelle: nach Blum 2014, Zusammenfassung durch den Autor)	77
Abb. 4.3	Intermediäre, Medien und Plattformen (nach Beck und Donges). (Quelle: Beck und Donges 2020, S. 46).	82
Abb. 4.4	Drei-Ebenen-Modell des Kommunikations- und Mediensystems. (Quelle: Donges und Jarren 2019, S. 34, überarbeitet)	83
Abb. 5.1	Normative Modelle von Öffentlichkeit. (Quelle: Donges 2020; Ferree et al. 2002; Martinsen 2009; eigene Darstellung).	91
Abb. 5.2	Ebenenmodell der Öffentlichkeit (nach Gerhards und Neidhardt). (Quelle: Begriffe nach Gerhards und Neidhardt 1990; Neidhardt 1989, eigene Visualisierung)	98
Abb. 5.3	Ebenenmodell der Öffentlichkeit (nach Klaus) (Klaus 2017, S. 23).	100

Abb. 5.4	Ebenenmodell der Fachöffentlichkeiten. (Quelle: Donges und Gerner 2019, S. 421; Grenz und Donges 2018, S. 404)	101
Abb. 6.1	Intermediäres System (Traditionelles Modell)	116
Abb. 6.2	Intermediäres System (Mediatisiertes Modell)	117
Abb. 6.3	Intermediäres System (Mediatisiertes Modell II)	117
Abb. 7.1	Unterscheidungskriterien zwischen Parteien, Verbänden und Bewegungen (nach Rucht). (Quelle: Rucht 1991, S. 5)	123
Abb. 10.1	Modell des demokratischen Prozesses (nach Fuchs). (Quelle: Fuchs 1993, S. 32)	176
Abb. 10.2	Phasenmodell des politischen Prozesses (nach Jarren et al.). NSB: Neue Soziale Bewegungen. (Quelle: nach Jarren et al. 1996, überarbeitet)	177
Abb. 11.1	Kampagnentypen (nach Röttger, Graf von Bernstorff). (Quelle: Röttger 2019, S. 6, in Anlehnung an Graf von Bernstorff 2012, S. 56)	191
Abb. 11.2	Kommunikationsebenen von Kampagnen (nach Vowe). (Quelle: Vowe 2009, S. 74)	193

1 Einführung: Politische Kommunikation in der Mediengesellschaft

Überblick

In diesem einführenden Kapitel werden die unterschiedlichen Konzepte vorgestellt, politische Kommunikation als Forschungsgegenstand zu beschreiben und zu definieren (Abschn. 1.1). Eine einheitliche oder zumindest in weiten Teilen der Wissenschaft akzeptierte Definition des Begriffs existiert nicht. Allein die Begriffe „Politik" und „Kommunikation" ermöglichen unterschiedliche theoretische Zugänge mit jeweils eigenen Vorstellungen darüber, was politische Kommunikation ist bzw. sein sollte. Diese Normativität setzt sich fort, wenn nach dem Verhältnis von Politik und Medien gefragt wird: Dominieren Medien die Politik? Führt eine bestimmte Art von Berichterstattung gar zu einer „schlechteren" Politik? Solche Fragen sind vor allem vor dem Hintergrund relevant, dass sich moderne Gesellschaften zu Mediengesellschaften entwickeln, in denen Massenmedien immer mehr zur Voraussetzung gesellschaftlicher Kommunikation werden (Abschn. 1.2). Ferner wird der eigene theoretische Ansatz vorgestellt, politische Kommunikation als ein Handlungssystem zu verstehen (Abschn. 1.3).

1.1 Begriffsbestimmungen: Politik und Kommunikation

Das Interesse innerhalb der Wissenschaft wie auch einer breiteren Öffentlichkeit an Fragen politischer Kommunikation und ihrer Folgen für die Politik ist ungebrochen. Dennoch gibt es **keine einvernehmliche Definition und Abgrenzung des Begriffs.** Das hat mehrere Gründe. Erstens bezeichnen Politik und Kommunikation gesellschaftliche Phänomene, die sich nicht einfach eingrenzen oder reduzieren lassen (vgl. Saxer 1998,

S. 21). Zweitens werden Politik und Kommunikation von unterschiedlichen wissenschaftlichen Disziplinen wie der Politikwissenschaft, der Kommunikationswissenschaft, der Soziologie oder der Psychologie in einer Vielzahl von Perspektiven und voneinander abweichenden theoretischen Paradigmen erforscht. Drittens liegen den Fragestellungen und Erkenntnisinteressen häufig normative Annahmen zugrunde, beispielsweise über die Funktionen von Politik in der Gesellschaft. Diese Annahmen werden nicht immer klar ausgewiesen und von anderen, z. B. deskriptiven Dimensionen der Thematisierung getrennt. Es ist aber wichtig,

- deskriptive (Wie gestaltet sich politische Kommunikation?),
- analytische (Warum gestaltet sich politische Kommunikation so?),
- perspektivische (Wie wird sich politische Kommunikation zukünftig gestalten?) und
- normative (Wie sollte sich politische Kommunikation gestalten?)

Forschungsansätze voneinander zu unterscheiden. Denn Anforderungen an das kommunikative Verhalten von politischen Akteuren (z. B. der Ruf nach „Fairness") und an die Ausgestaltung kommunikativer Prozesse (z. B. die Forderung nach Partizipationsmöglichkeiten) können auch ein Mittel in der politischen Auseinandersetzung sein, die eigentlich untersucht werden soll. Mit anderen Worten: Die Abgrenzung des Forschungsgegenstandes politische Kommunikation ist selbst eine politische Frage.

1.1.1 Definitionen des Begriffs „Politik"

Die Versuche, Politik als Gegenstand wissenschaftlich zu definieren und von Nicht-Politik abzugrenzen, sind zahlreich. Dies gilt auch für die Politikwissenschaft, die immer wieder mit und um ihren Gegenstand ringt. Jeder dieser Versuche steht zunächst vor dem grundlegenden **Dilemma, dass die Definition des Politischen und damit die Markierung einer Grenze zwischen Politik und Nicht-Politik selbst eine politische Frage ist** (vgl. Nassehi 2002, S. 38). Diese Grenze, und damit unser Verständnis von Politik, **ändert sich auch im Zeitverlauf.** Ein Beispiel: Unsere Ernährungsgewohnheiten, der Benzinverbrauch unseres Autos oder das Verhältnis zwischen Eltern und Kindern können einerseits als private Entscheidungen jeder bzw. jedes Einzelnen angesehen werden – oder eben als politische Fragen, die auch andere Menschen etwas angehen. „Das Private ist politisch", lautet ein alter Slogan der Frauenbewegung, der darauf aufmerksam macht, dass die Verdrängung bestimmter Fragen aus dem politischen in den privaten Bereich etwas mit Macht und Herrschaftsverhältnissen zu tun hat (vgl. Wischermann 2003). Aus früher ungeregelten Verhältnissen im privaten Bereich, etwa zwischen Eheleuten, sind durch politische Entscheidungen Rechtsansprüche geworden. Der Begriff des Politischen kann nie wertfrei oder „unpolitisch" bestimmt werden.

Für die Kommunikationswissenschaft ergibt sich daraus beispielsweise das Problem, einen Begriff wie Politikberichterstattung zu definieren und diese von „nicht-politischer"

Berichterstattung abzugrenzen. Der Begriff Politikberichterstattung suggeriert Eindeutigkeit, ist bei näherer Betrachtung aber sehr vielfältig. Politikberichterstattung findet nicht nur in den Fernsehnachrichten und auf den mit „Politik" überschriebenen Seiten einer Tageszeitung statt. Auch im Wirtschaftsteil, im Feuilleton, im Wissenschaftsteil einer Illustrierten, in Blogs, auf Social-Media-Plattformen, im Radio oder in Talkshows werden mitunter politische Inhalte behandelt und vermittelt. Dieses Spektrum erweitert sich noch, wenn Beiträge von Politikerinnen und Politikern in Unterhaltungssendungen und Talkshows oder die Mitwirkung an Homestorys in Illustrierten einbezogen werden. Politisch Relevantes kann in allen Ressorts, Formaten etc. vorkommen, die Themen wandern vielfach zwischen den Ressorts und formalen Zuständigkeiten. Das Verständnis von Politikberichterstattung ist zum einen abhängig von der zugrunde liegenden Definition von Politik; zum anderen – und das erschwert die empirische Analyse zusätzlich – ist es vom jeweils verwendeten Kommunikations- und Medienbegriff abhängig.

In der Politikwissenschaft werden verschiedene **Politikbegriffe** unterschieden. Zu ihrer Ordnung verwendet Ulrich von Alemann (1989) die Gegensatzpaare normativ vs. deskriptiv, gouvernemental vs. emanzipatorisch und konflikt- vs. konsensorientiert (Abb. 1.1).

Zum ersten Gegensatzpaar: In normativen Politikbegriffen verbindet sich das Politische mit bestimmten Werten. Politik ist daher „Kampf um die rechte Ordnung", „Freiheit" oder „Frieden" können normative Ziele von Politik sein. Deskriptiv nennt Alemann jene Auffassungen, nach denen Politik durch ihre Funktion bestimmt wird, gesellschaftliche Konflikte durch kollektiv verbindliche Entscheidungen zu regeln. In anderen Lehrbüchern wird diese Perspektive als empirisch-analytische (so bei Berg-Schlosser und Stammen 2013, S. 65) bezeichnet. In der Systemtheorie nennt man sie

normativ	vs.	deskriptiv / empirisch-analytisch
Politik als „Kampf um die rechte Ordnung", „Friede als Ziel der Politik"		Politik als kollektiv verbindliche Entscheidung
gouvernemental	vs.	emanzipatorisch
Politik als „Staatskunst", „Lehre von den Staatszwecken" (Führung, Herrschaft, Macht)		Partizipation, Gleichheit, Demokratisierung
konfliktorientiert	vs.	konsensorientiert
Konflikte als Motor sozialen Wandels (Interessen, Ziele, Kampf)		Ausgleich von Interessen, Fixierung auf „gute Ordnung"

Abb. 1.1 Politikbegriffe (nach Alemann). (Quelle: nach Alemann 1989)

funktionalistisch: Politik ist das, was zur Lösung des Problems kollektiv verbindlicher Entscheidungen beiträgt.

Zum zweiten Gegensatzpaar: Politik kann „von oben" aus der Perspektive einer Regierung oder des Staates betrachtet werden (gouvernemental). Leitbegriffe wären hier Führung, Legitimität, Herrschaft etc. Ein solcher Politikbegriff ist für die Kommunikationswissenschaft beispielsweise dann relevant, wenn Fragen der Regierungskommunikation angesprochen werden (vgl. Raupp und Kocks 2018). Oder Politik kann „von unten" aus einer emanzipatorischen Perspektive betrachtet werden. Hier geht es um die Teilhabe an und die Beschränkung von politischer Macht durch Demokratisierung, Partizipation oder Gleichheit. Ein solcher Politikbegriff kommt dann zum Tragen, wenn es beispielsweise um soziale Bewegungen und ihre Protestkommunikation geht (vgl. Schade 2018; Wimmer 2015) oder wenn Öffentlichkeit aus feministischer Perspektive als ein Verständigungsprozess konzipiert wird (vgl. Klaus 2017).

Drittens unterscheidet Alemann Politikbegriffe danach, welches Verhältnis sie zum Begriffspaar Konflikt – Konsens haben. Politikbegriffe können Konflikte betonen und diese als Motor sozialen Wandels beschreiben. Leitbegriffe wären Interessen oder grundlegende Konfliktlinien, Akteure und ihre Ziele oder die Umschreibung politischer Auseinandersetzungen als Kampf. In konsensorientierten Politikbegriffen geht es stärker um den Ausgleich von Interessen, die Integration verschiedener Konfliktparteien, die Betonung des Gemeinsamen.

Diesem Lehrbuch liegt ein breites Politikverständnis zugrunde, das sich am aktuellen Verständnis in der Politikwissenschaft orientiert und den Begriff empirisch-analytisch anhand der Funktion definiert, die Politik in der Gesellschaft erfüllt.

▶ **Politik** ist „soziales Handeln, das auf Entscheidungen und Steuerungsmechanismen ausgerichtet ist, die allgemein verbindlich sind und das Zusammenleben von Menschen regeln" (Bernauer et al. 2018, S. 24).

Neben den grundsätzlichen Politikbegriffen können ferner verschiedene **Dimensionen von Politik** unterschieden werden. In der Politikwissenschaft hat sich eine konzeptuelle Unterscheidung anhand der englischen Politikbegriffe *polity, politics* und *policy* etabliert (Abb. 1.2).

Dimension	versteht Politik als	und verwendet häufig die Begriffe
Polity	Rahmen, Normengefüge	Politische Strukturen, Normen, Regeln, Institutionen, Verfassung, Ordnung, Gesetze, Verfahren
Politics	Prozess	Interessen, Konflikte, Akteure, Macht, Einfluss, Durchsetzung
Policy	Inhalt	Probleme, Gestaltung, Regelung, Lösung, Programme

Abb. 1.2 Dimensionen von Politik: Polity, Politics und Policy

Polity bezeichnet die **formale Dimension,** die Struktur oder den **Rahmen** von Politik, ihr Institutionen- und Normengefüge. Für die politische Kommunikation besonders relevant sind die Normen, die sich auf die Kommunikationsverfassung einer Gesellschaft beziehen, wie z. B. Meinungs- und Medienfreiheit. Diese können in einer Verfassung oder in Gesetzen niedergeschrieben, aber auch Teil der „gelebten" politischen Kultur eines Landes sein. Z. B. ist die Meinungsfreiheit in vielen Demokratien Teil der Verfassung, es gibt aber Unterschiede zwischen politischen Kulturen hinsichtlich der Frage, ob beleidigende oder hetzerische Äußerungen (Hate Speech) durch die Meinungsfreiheit gedeckt sind oder nicht.

Politics meint die **verfahrensmäßige Dimension** oder den **Prozess.** In dieser Dimension geht es also vor allem um die Frage, wie einzelne Akteure aus Politik (Parteien, Interessengruppen, sozialen Bewegungen), Staat (Parlament, Regierung), Wirtschaft (Unternehmen) etc. ihre Interessen durchzusetzen versuchen. Bei der Analyse werden vor allem Machtverhältnisse, Akteurskonstellationen und Konflikte betrachtet. Für die politische Kommunikation ist es relevant zu fragen, wie es beispielsweise um die kommunikative Kompetenz unterschiedlicher Akteure bestellt ist oder ob es Unterschiede hinsichtlich der Möglichkeiten eines Medienzugangs gibt.

Policy schließlich bezeichnet die **Inhalte** von Politik, die „Planung, Durchführung und Überprüfung konkreter politischer Gestaltungsaufgaben" (Mols 2018, S. 27) in konkreten Politikfeldern (z. B. Innenpolitik, Sozialpolitik etc.). Politikfelder können dabei definiert werden als „spezifische und auf Dauer angelegte Konstellation sich aufeinander beziehender Probleme, Akteure, Institutionen und Instrumente" (Loer et al. 2015, S. 9). Für die Analyse politischer Kommunikation ist hier vor allem relevant, wie Probleme und Themen in einzelnen Politikfeldern von den Medien dargestellt und verarbeitet werden können.

In der Praxis sind diese analytischen Dimensionen von Politik nicht immer trennscharf voneinander abgrenzbar. Mit ihrer Unterscheidung lässt sich aber genauer beschreiben, in welcher Perspektive Prozesse der Politik wie auch der politischen Kommunikation jeweils betrachtet werden. Ferner erlaubt erst die Unterscheidung, die besondere Ausprägung einer Dimension durch eine andere Dimension zu erklären (vgl. Dose et al. 2015, S. 18). So prägt der politische Rahmen (Polity) – beispielsweise die in der Verfassung festgelegten Kommunikationsfreiheiten – die Art und Weise, wie politische Prozesse (Politics) verlaufen. Unterschiedliche Inhalte in einzelnen Politikfeldern (Policy) können durch die Akteurskonstellation (Politics) oder die grundlegenden Kompetenzzuweisungen in der jeweiligen Verfassung (Polity) erklärt werden. Die Strukturen des Politischen (Polity) sind wiederum die Ergebnisse früherer Aushandlungsprozesse (Politics).

1.1.2 Definitionen des Begriffs „Kommunikation"

Auch der Begriff der Kommunikation wird unterschiedlich definiert. Das Problem der Eingrenzung beginnt bereits damit, dass Kommunikation sich sowohl auf einen Prozess wie auch auf das Ergebnis eines Prozesses beziehen kann. Letzteres ist dann der Fall, wenn in der Praxis von „erfolgreicher" oder „gelungener" Kommunikation die Rede ist, weil ein Kommunikator seine Ziele durchsetzen konnte. Vereinfacht lassen sich zwei grundlegende Vorstellungen von Kommunikation unterscheiden: Transport- und Vermittlungsmodelle (vgl. Beck 2020, S. 32). Transportmodelle betrachten Kommunikation als eine einseitige Übertragung von Botschaften und Informationen. Ein solches Verständnis von Kommunikation finden wir häufig im Alltag, etwa wenn „Informationen weitergegeben" werden sollen. Die Kommunikationswissenschaft betrachtet Kommunikation mehrheitlich jedoch als einen Vermittlungsprozess. An diese Vermittlungsperspektive knüpfen auch die folgenden Arbeitsdefinitionen an:

▶ **Kommunikation**
„Menschliche Kommunikation ist derjenige Zeichenprozess, der sich aus dem wechselseitig aufeinander bezogenen (interaktiven) und absichtsvollen (doppelte Intention) kommunikativen Handeln von mindestens zwei Menschen (Kommunikanten) entwickeln kann. Auf der Grundlage einer materiellen (Transport von Datenträgern) oder immateriellen Übermittlung (Übertragung, Sendung) von Signalen (Reizen, Daten) findet eine Vermittlung von Bedeutungen (soziale Konstruktion von Sinn) statt, wenn die Kommunikanten aufgrund ihres gemeinsamen biologischen Erbes (kognitives System) sowie ihrer Sozialisation und Enkulturation (Erziehungs- und Lernprozesse) hinreichend ähnliche Informationen konstruieren, über einen gemeinsamen konventionalisierten Zeichenvorrat (Ikone, Symbole) verfügen und so ihr Wissen mit(einander)teilen" (Beck 2020, S. 33).

„Der Austausch von und die Verständigung über Bedeutungen, woran mindestens zwei Menschen beteiligt sind. Sie beruht auf der Verwendung signifikanter Symbole, bei der die Kommunikationspartner einen primären und sekundären Symbolvorrat teilen, das notwendige grammatische Regelwerk beherrschen, willens und imstande sind, Bedeutungsverschiebungen ad hoc auszuhandeln und gegebenenfalls zu korrigieren. Die Kommunikationspartner setzen voraus, dass ihre Symbole vom jeweils anderen in ähnlicher Weise wie von ihnen selbst benutzt werden. Kommunikation beinhaltet aktive wie reaktive, kognitive wie emotive Komponenten; sie ist ein selbst- und fremdreflexiver sozialer Prozess, Teil des sozialen Handelns und somit immer in Teilen intentional" (Stöber 2011, S. 321).

Grundsätzlich kann Kommunikation aus einer Kommunikator- oder aus einer Rezipientenperspektive betrachtet werden. Bei der **Kommunikatorperspektive** steht der Aspekt der Codierung von Mitteilungen im Vordergrund: Wie gelingt es Kommunikatoren, ihre Intentionen so in ein Zeichensystem umzusetzen, dass ihre Mitteilungen von den

Empfängerinnen und Empfängern verstanden, akzeptiert und befolgt werden? Eine solche Perspektive nimmt beispielsweise die Public-Relations-Forschung ein, die nach den Erfolgsaussichten von Mitteilungen fragt. Aus einer **Rezipientenperspektive** interessiert uns hingegen der Aspekt der De-Codierung von Zeichen und Mitteilungen. Rezipienten wirken in dieser Perspektive aktiv am Kommunikationsprozess mit und haben die Freiheit, Aussagen auch anders zu verstehen und von den Intentionen des Kommunikators abzuweichen. Anders formuliert: Nicht durch die Aussendung von Botschaften oder Informationen entsteht Kommunikation, sondern erst durch den Akt der Rezeption. Nicht der Kommunikator entscheidet darüber, ob und was er mitteilen will, sondern es liegt am Rezipienten, ob etwas als Mitteilung wahrgenommen wird. So kann beispielsweise das Schweigen als Aussage interpretiert werden. Paul Watzlawick fasste diesen Gedanken mit dem bekannten Satz „Man kann nicht nicht kommunizieren" zusammen.

Werden beide Kommunikanten, d. h. Kommunikatoren und Rezipienten gemeinsam in den Blick genommen, so wird deutlich: **Kommunikation ist Teil des sozialen Handelns.** „Sozial" meint dabei nicht, dass das Handeln als normativ gut zu bewerten ist. In den Sozialwissenschaften wird der Begriff „soziales Handeln" verwendet, wenn Menschen das Verhalten anderer in irgendeiner Art und Weise berücksichtigen müssen.

▷ **„Soziales Handeln** […] soll ein solches Handeln heißen, welches seinem von dem oder den Handelnden gemeinten Sinn nach auf das Verhalten anderer bezogen wird und daran in seinem Ablauf orientiert ist" (Weber 1921, S. 1).

Konstellationen sozialen Handelns bezeichnen wir auch als **Interaktion.** Das meint: A teilt B etwas mit, worauf B in irgendeiner Form reagiert, d. h. den Erwartungen von A folgt oder sich ihnen widersetzt. Im Unterschied zu den Annahmen von Transportmodellen hat Kommunikation hier nicht nur eine inhaltliche Ebene (Botschaft oder Information), sondern auch eine Beziehungsebene (Beziehung zwischen A und B).

▷ **Interaktionen** sind wechselseitig aufeinander bezogene soziale Handlungen samt ihrer kommunikativ vermittelten Bedeutung (Sinn) innerhalb einer Situation.

Die Teilnehmerinnen und Teilnehmer an Interaktionen können unterschiedliche Beziehungen zueinander haben. Interaktionen können von **Kooperation** geprägt sein, wenn die Beteiligten ähnliche Ziele verfolgen, oder von **Konflikten,** wenn diese Ziele unterschiedlich und zueinander widersprüchlich sind. Ferner ist auch **Konkurrenz** eine Form der Interaktion, bei der zwei Parteien sich wechselseitig beobachten und in einem Wettbewerb zueinanderstehen, der in der Regel vor einem Publikum stattfindet (vgl. Neuberger 2014).

Wir sehen damit: Das **Gelingen von Interaktion im Sinne einer Verständigung ist nicht selbstverständlich, sondern höchst voraussetzungsvoll.** Es setzt zum einen ein geteiltes Symbolsystem voraus, damit B die Zeichen, die A aussendet, auch versteht. Ferner muss die Situation, in der die Interaktion stattfindet, von A und B ähnlich definiert sein, d. h. beide müssen eine gemeinsame Vorstellung davon haben, worum es in einer konkreten Interaktion geht, welche Normen und Rollenerwartungen gelten, welche Konventionen befolgt werden sollen etc. Diese Überlegungen werden im abschließenden Kapitel 12 dieses Buches wieder aufgegriffen, in dem die Interaktionen zwischen Akteuren aus Politik, PR und Journalismus beschrieben und analysiert werden.

1.1.3 Definitionen des Begriffs „politische Kommunikation"

Das Verständnis politischer Kommunikation ist nicht nur abhängig von den skizzierten Sichtweisen auf Politik und Kommunikation, sondern auch von der konkreten historischen Situation, in der es formuliert wird, von den jeweiligen gesellschaftlichen und politischen Bedingungen oder der politischen Kultur (vgl. auch Reinemann 2014). Bei den wissenschaftlichen Definitionen ist zudem entscheidend, aus welcher Perspektive politische Kommunikation betrachtet wird: aus jener der Politik, der Medien und/oder der Rezipienten. Die Abgrenzung politischer von „nicht-politischer" Kommunikation kann daher sowohl an den Kommunikatoren und ihren Absichten als auch an den Kommunikationsinhalten oder der Nutzung und Wirkung bei den Rezipienten festgemacht werden. Dies zeigen die folgenden **Beispiele für Definitionen des Begriffs politische Kommunikation:**

> „Politikwissenschaftliche Kommunikationsforschung fragt nach den Voraussetzungen, Inhalten und Folgen von prinzipiell frei zugänglicher Kommunikation über alle Angelegenheiten von öffentlichem Belang" (Marcinkowski 2001, S. 244).
>
> Political Communication as „purposeful communication about politics": „1. All forms of communication undertaken *by* politicians and other political actors for the purpose of achieving specific objectives. 2. Communication addressed *to* these actors by non-politicians such as voters and newspapers columnists. 3. Communication *about* these actors and their activities, as contained in news reports, editorials, and other forms of media discussion of politics" (McNair 2011, S. 4; ebenso Schulz 2011, S. 16).
>
> „The field of political communication [...] encompasses the construction, sending, receiving, and processing of messages that potentially have a significant direct or indirect impact on politics. The message senders or message receivers may be politicians, journalists, members of interest groups, or private, unorganized citizens. The key element is that the message has a significant political effect on the thinking, beliefs, and behaviors of individuals, groups, institutions, and whole societies and the environments in which they exist" (Graber und Smith 2005, S. 479).
>
> „Politische Kommunikation bezeichnet eine spezifische analytische Perspektive, aus der heraus der Kern von Politik, die kollektiv bindenden Entscheidungen, als zeichenbasierte Interaktion wahrgenommen, beschrieben und erklärt wird" (Vowe 2013, S. 266).
>
> „Unter dem Begriff ‚Politische Kommunikation' wird in einem weiten Sinne diejenige Kommunikation verstanden, in der politische Kommunikationsakteure (vor allem Politiker, Journalisten und Bürger) in unterschiedlich öffentlich zugänglichen Kontexten (vor allem in massenmedialer Öffentlichkeit, in Versammlungsöffentlichkeit und in nicht-öffentlicher Kommunikation) ihre Interessen durchsetzen und/oder sich verständigen, und zwar im Hinblick auf politisch relevante Sachverhalte (vor allem Probleme der politischen

1.1 Begriffsbestimmungen: Politik und Kommunikation

Auseinandersetzung und der Gestaltung gesellschaftlicher Handlungsfelder). Unter dem Begriff ‚Politische Kommunikation' wird in einem engen Sinne vor allem diejenige Kommunikation verstanden, in der stark in das politische System eingebundene Akteure in einer massenmedial vermittelten Öffentlichkeit über politisch relevante Sachverhalte kommunizieren" (Henn et al. 2013, S. 383).

Auffällig an den vorliegenden Definitionen ist, dass sie mitunter eine Trennung zwischen dem politischen Prozess oder Raum und der politischen Kommunikation vornehmen. Dem liegt der Gedanke zugrunde, dass eine analytische Trennung zwischen der Herstellung von Politik (politischer Prozess) und ihrer Darstellung (politische Kommunikation) möglich ist: Politik erschöpft sich nicht in Kommunikation (vgl. Sarcinelli 2011, S. 18). Diese Sichtweise ist vor allem in der Politikwissenschaft verbreitet:

„Grundsätzlich wird zwischen den Dimensionen Entscheidungs- und Darstellungspolitik unterschieden. Entscheidungspolitik beschreibt die Umsetzung von Politik. In ihrem Mittelpunkt stehen Merkmale der Entscheidung und das konkrete Entscheidungsmanagement in Problemlösungsprozessen. Es gilt sowohl informelle als auch formelle Muster der Konfliktbewältigung und Entscheidungsfindung zu identifizieren. In der Darstellungspolitik werden hingegen die Darstellungsmerkmale des Politischen gebündelt. Es geht konkret um Sprache, Gestik und das Gesamtspektrum von symbolischer Politik" (Korte und Richter 2020, S. 3).

Aus kommunikationswissenschaftlicher Sicht kann dem entgegengehalten werden, dass die Darstellung von Politik immer weniger ein „Anhängsel" politischer Entscheidungen, sondern ein integraler Bestandteil jedes politischen Prozesses ist. So lassen sich einzelne Themen sehr gut medial darstellen, beispielsweise wenn es Bilder dazu gibt, die eine Zerstörung oder Menschen in Not zeigen. Fehlen diese Bilder, so finden auch die Themen weniger Beachtung oder geraten schnell in Vergessenheit.

Auch in dem hier zugrunde liegenden Verständnis von politischer Kommunikation lässt sich eine Trennung der Herstellung und Darstellung von Politik nicht aufrechterhalten. Definiert man Politik wie oben geschehen als soziales Handeln, das auf Entscheidungen und Steuerungsmechanismen ausgerichtet ist, die allgemein verbindlich sind und das Zusammenleben von Menschen regeln, so sind Politik und politische Kommunikation untrennbar miteinander verbunden. Politische Kommunikation ist damit, in Anlehnung an Saxer (1998, S. 25), mehr als ein Mittel der Politik, sondern selbst auch Politik bzw. ihr zentraler Mechanismus. Unsere Definition politischer Kommunikation orientiert sich daher an den kommunikativen Grundfunktionen der Generierung, Artikulation und Aggregation von Interessen, auf die später näher eingegangen wird.

▶ **Politische Kommunikation** ist der zentrale Mechanismus bei der Generierung, Formulierung und Artikulation politischer Interessen, ihrer Aggregation zu entscheidbaren Programmen sowie der Durchsetzung und Legitimierung politischer Entscheidungen.

1.2 Mediengesellschaft als analytischer Leitbegriff

Politische Kommunikation wird im vorliegenden Lehrbuch mit einem Fokus auf Strukturen, Prozesse und Akteure betrachtet und auf diese Weise in einen Kontext mit allgemeinen sozialen Entwicklungen gestellt. Der Begriff der Mediengesellschaft dient uns dabei als **analytischer Leitbegriff,** weil er bestimmte Tendenzen dieser sozialen Entwicklungen betont und die Beobachtungsperspektive markiert, unter der Gesellschaft betrachtet wird.

1.2.1 Die Mediengesellschaft der Massenmedien

„Was wir über unsere Gesellschaft, ja über die Welt, in der wir leben, wissen, wissen wir durch die Massenmedien". So ganz richtig ist der oft zitierte Satz des Soziologen und Systemtheoretikers Niklas Luhmann (1996, S. 9) nicht: Menschen verfügen durchaus über persönliche und direkte Erfahrungen der Welt, die nicht über Massenmedien vermittelt werden. Aber den weitaus größten Teil ihres Wissens über Politik beziehen Menschen aus den Massenmedien. In den Medien erfahren Menschen etwas über die verschiedenen politischen Akteure, ihre Positionen zu einzelnen Streitfragen, den relevanten Themen. Weitgehend auf Basis ihres massenmedial vermittelten Wissens entwickeln sie politische Präferenzen oder treffen Wahlentscheidungen. Auch in modernen Demokratien sind politische Akteure auf die traditionellen Massenmedien und ihre Vermittlungsleistung angewiesen.

Aufgrund der Strukturveränderung zwischen Massenmedien und Gesellschaft wie auch der zunehmenden ökonomischen Bedeutung der Medien- und Telekommunikationsbranche kann vom Entstehen einer Mediengesellschaft mit folgenden Merkmalen gesprochen werden:

- Die publizistischen Massenmedien haben sich **quantitativ und qualitativ immer mehr ausgebreitet:** Anzahl der Medien wie auch Angebotsformen haben sich verändert. Während es beispielsweise in den 1960er Jahren nur einen öffentlich-rechtlichen Fernsehanbieter (mit einem Abendprogramm) gab, hat sich das Fernsehangebot in den letzten 60 Jahren erheblich ausgeweitet.
- Es haben sich neben den herkömmlichen Massenmedien **neue Medienformen** herausgebildet (Zielgruppenzeitschriften, Spartenkanäle, Onlinemedien).
- Die Massenmedien erlangen aufgrund ihrer hohen Beachtungs- und Nutzungswerte **gesamtgesellschaftliche Aufmerksamkeit und Anerkennung.** So erfahren Mitglieder in Organisationen beispielsweise wichtige Sach- oder Personalentscheidungen vielfach zuerst aus den allgemeinen Medien.
- Medien dienen der **Synchronisation,** der **Taktgebung** und dadurch der **Ko-Orientierung** in einer modernen, funktional differenzierten Gesellschaft, und sie ermöglichen durch ihre **Selektionsleistung** gesellschaftliche Kommunikation

(vgl. Jarren 2008). In der traditionellen Medienwelt waren es vor allem die Nachrichtensendungen des öffentlich-rechtlichen Fernsehens, die mit ihren festen Sendeplätzen den Tag strukturierten und deren Nachrichtenauswahl als relevant für alle wahrgenommen wurde.
- Die **Vermittlungsleistung und -geschwindigkeit** von Informationen durch Medien hat zugenommen. So stehen durch Medien mittlerweile rund um die Uhr Nachrichten zur Verfügung.
- Massenmedien sind zu eigenständigen Institutionen der Gesellschaft geworden. Ihre jeweils spezifischen Logiken **durchdringen immer stärker und engmaschiger alle gesellschaftlichen Bereiche** (Medialisierung) (siehe auch Abschn. 4.1). Politische Organisationen müssen ständig mit einer Medienberichterstattung über sich rechnen, und sie stellen sich entsprechend darauf ein, beispielsweise durch den Ausbau von PR-Stellen oder die Beauftragung entsprechend spezialisierter Dienstleister.

Massenmedien sind die zentrale Voraussetzung für die Informations- und Kommunikationspraxis politischer Akteure: Ohne sie gibt es keine anhaltende, stabile Kommunikation zwischen politischen Akteuren wie auch zwischen ihnen und den Bürgerinnen und Bürgern. So ist die politische Öffentlichkeit in modernen Gesellschaften hinsichtlich ihrer Struktur, der Inhalte und der Prozesse weitgehend medial beeinflusst. Die **Medialisierung** der Politik ist eine Folge dieser Veränderung. Medialisierung ist der Prozess, in dem Politik auf unterschiedlichen Ebenen und jeweils graduell auf die Eigenlogik der Medien reagiert (vgl. Donges 2020; Marcinkowski 2015). Politische Organisationen reagieren auf einen wahrgenommenen Bedeutungszuwachs der Medien beispielsweise mit Veränderungen ihrer internen Strukturen (z. B. entsprechender Stellen für PR in der Organisation) oder ihrem Kommunikationsverhalten (z. B. durch medienspezifische Angebotsstrategien).

▶ **Medialisierung**
„Reaktionen in anderen gesellschaftlichen Teilbereichen, die sich entweder auf den Strukturwandel des Mediensystems beziehen oder auf den generellen Bedeutungszuwachs medial vermittelter öffentlicher Kommunikation" (Meyen 2009, S. 23).

„Mediatization is to be considered a double-sided process of high modernity in which the media on the one hand emerge as an independent institution with a logic of its own that other social institutions have to accommodate to. On the other hand, media simultaneously become an integrated part of other institutions like politics, work, family, and religion as more and more of these institutional activities are performed through both interactive and mass media. The logic of the media refers to the institutional and technological modus operandi of the media, including the ways in which media distribute material and symbolic resources and make use of formal and informal rules" (Hjarvard 2008, S. 105).

▶ „Eine **Mediengesellschaft** ist eine Gesellschaft, die von Medialisierung durch und durch geprägt wird. Deren gesellschaftliches Gestaltungsvermögen gründet in der Ausdifferenzierung des Elementes Medialität in Kommunikationsprozessen und der Emanzipation der Mediensysteme aus institutionellen Bindungen. […] Als Totalphänomen operiert Medialisierung auf dem Mikro-, Meso-, Makro- und Globallevel, durchwirkt also Interaktions-, Organisations- und Funktionssysteme, das Institutionengefüge wie die Lebenswelt und entgrenzt und durchmischt vormals definierte soziale Sphären und Konstellationen. Der hohen Eigenkomplexität von Medienkommunikation wegen sind Programme, sie zu steuern und in die Mediensysteme intentionsgerecht zu intervenieren, sehr erfolgsunsicher" (Saxer 2012, S. 122).

Mit der Mediengesellschaft bildet sich ein hochgradig **wettbewerbsorientiertes, zunehmend global ausgerichtetes Medien- und Kommunikationssystem** heraus, das sich auf die politischen Gestaltungs- und Kommunikationsmöglichkeiten aller nationalstaatlich gebundenen politischen Akteure auswirkt (zum Konzept Medien- und Kommunikationssystem vgl. Donges und Jarren 2019). Denn durch die beschriebene Entwicklung schwindet die politische Kontrolle über Medien auf nationalstaatlicher Ebene und durch die zunehmende Medienkonzentration und -integration (Konvergenz) sowie durch Formen der Kooperation zwischen Medienunternehmen wird der redaktionelle Spielraum beschränkt.

1.2.2 Die Mediengesellschaft der Plattformen

Mit der rasanten Durchsetzung zunächst von Onlinemedien und später von Social-Media-Plattformen hat sich das Mediensystem in den vergangenen 20 Jahren nochmals grundlegend gewandelt (vgl. Dohle et al. 2014; Emmer 2019; Henn und Vowe 2016; Vowe 2020; Wolling 2016). Im Alltag wird dies vor allem durch Veränderungen der Informationsnutzung sichtbar, die insgesamt individualisierter und personalisierter geworden ist (vgl. zusammenfassend Kleinen-von Königslöw 2020). 40 % der Teilnehmenden am Digital News Report 2021 des Reuters Institute bezeichnen „das Internet" mittlerweile als ihre Hauptnachrichtenquelle, bei den 18- bis 24-Jährigen sind es 70 % (Hölig et al. 2021, S. 18). Dröselt man „das Internet" weiter auf, so geben 10 % aller Befragten und 25 % der 18- bis 24-Jährigen mittlerweile an, Social-Media-Plattformen (oder „Soziale Medien") als Hauptnachrichtenquelle zu nutzen (S. 19). Allerdings ist der Anteil derjenigen noch gering, die nach eigenen Angaben Social-Media-Plattformen als einzige Nachrichtenquelle nutzen (4 % aller Befragten, 8 % der 18- bis 24-Jährigen, S. 21). Das wichtigste Gerät für die Nutzung von Online-Nachrichten ist mittlerweile das Smartphone, das in allen Altersgruppen außer den Über-55-Jährigen den Laptop- oder Desktop-PC abgelöst hat (Hölig et al. 2021, S. 41).

Die politische Kommunikation wird damit nicht nur „digitaler" und mobiler, sie findet zunehmend auch nicht mehr allein in Onlinemedien, sondern auf Social-Media-Plattformen und gelenkt durch einen Suchmaschinen-Monopolisten statt.

Zudem unterliegt die Mediennutzung keinen zeitlichen Beschränkungen mehr. Die Menschen heute sind „permanently online, permanently connected" (Vorderer et al. 2017). Van Aelst et al. (2017) sprechen daher auch nicht mehr von einem Mediensystem, sondern von einem **„high-choice media environment",** welches die Menschen ständig umschließe.

Andrew Chadwick (2013) verwendet den Begriff des **hybriden Mediensystems,** das von einem Neben- und Miteinander „alter" und „neuer" Medien geprägt ist. Traditionelle Medien wie die Nachrichten des öffentlich-rechtlichen Rundfunks oder die Tageszeitungen sind weiterhin relevante Quellen politischer Kommunikation, auch wenn Social-Media-Plattformen immer mehr an Relevanz gewinnen. Traditionelle Massenmedien, Onlinemedien und Social-Media-Plattformen existieren mit ihren jeweiligen institutionellen Logiken wie Organisationsformen, Geschäftsmodellen, Selektions- und Darstellungsregeln, Marken etc. neben- und miteinander, d. h. sie reagieren auch aufeinander. Mit dem Begriff des *hybrid media system* plädiert Chadwick (2013) dafür, das Verhältnis der verschiedenen Medien nicht im Sinne eines Entweder-oder, sondern eines Sowohl-als-auch zu betrachten. Die etablierte Ordnung ist gestört, aber „noch ist nicht erkennbar, ob und was sie wie zu institutionalisieren vermag" (Jarren 2015, S. 46) (vgl. auch Donges und Jarren 2019).

Auch die durch die Digitalisierung ermöglichten Onlinemedien und Social-Media-Plattformen und deren Nutzung rufen seitens der Politik Reaktionen im Sinne der oben beschriebenen Medialisierung hervor. Politische Akteure wie Organisationen reagieren auf die wahrgenommene Bedeutungszunahme insbesondere der Social-Media-Plattformen, da sie sie zur Erreichung ihrer Kommunikationsziele benötigen. Sowohl politische Organisationen wie auch einzelne Politikerinnen und Politiker sind auf Social-Media-Plattformen präsent und nutzen diese, um ihre Anliegen vor allem jenen zu vermitteln, die über traditionelle Massenmedien nicht erreicht werden können.

Entscheidend aus Sicht des vorliegenden Lehrbuches ist: **Wer Social-Media-Plattformen zur politischen Kommunikation nutzt, muss dies nach deren Regeln tun.** Die Logiken der Social-Media-Plattformen dringen genauso wie zuvor bereits die Logiken der Massenmedien in die Sphäre der Politik ein (Abschn. 4.4). Dies führt nicht nur zu neuen Kommunikationsmöglichkeiten, sondern auch zu einer Veränderung der Politik selbst. Sowohl die Prozesse als auch die Akteure und Strukturen der politischen Kommunikation, auf die dieses Lehrbuch fokussiert, verändern sich. Social-Media-Plattformen müssen nicht zwingend zu einem vollständigen Wandel der Politik und der politischen Kommunikation führen, wohl aber führen sie zu schleichenden Veränderungen innerhalb der bestehenden institutionellen Strukturen (vgl. Jungherr et al. 2020, S. 3).

1.3 Eigener Ansatz: Politische Kommunikation als Handlungssystem

Politische Kommunikation ist ein umfangreiches und heterogenes Forschungsfeld, das von verschiedenen wissenschaftlichen Disziplinen bearbeitet wird. Auch ein Lehrbuch kann nicht für sich in Anspruch nehmen, allen vorhandenen Ansätzen sowie den vielfältigen und einander zum Teil widersprechenden Forschungsergebnissen gerecht zu werden. Der vorliegende Band setzt einen **Schwerpunkt bei den Strukturen, Prozessen und Akteuren politischer Kommunikation, die als ein Handlungssystem verstanden wird.**

▶ **Handlungssysteme** sind soziale Strukturen, die sich durch Interaktionen zwischen Akteuren herausbilden. Sie sind einerseits flexibel, da sie permanent von den Akteuren durch ihr Handeln produziert und reproduziert werden. Handlungssysteme weisen andererseits eine Stabilität auf, weil die Akteure ein Interesse am Fortbestand der Interaktion haben und daher norm- und regelgeleitet interagieren.

Im Zentrum eines Handlungssystems stehen die beteiligten (zumeist organisierten) **Akteure,** ihre Ziele, Strategien und Ressourcen (Abschn. 2.3.1). Politische Akteure verfolgen ihre Ziele strategisch und sind auf die Vermittlungsleistung der Medien angewiesen, um ihre eigene Klientel wie auch andere Anspruchsgruppen ressourcensparend und kostengünstig erreichen zu können. Sie wirken auf die Medien ein, um ihre Themen und Deutungen zu politischen Vorgängen (fallweise) durchzusetzen und so Zustimmung für ihre Politik zu erhalten. Die politischen PR-Akteure beeinflussen die politischen Journalistinnen und Journalisten in vielfältiger Weise: Sie versuchen die Themen und den Zeitpunkt von Thematisierungen zu bestimmen und wirken auf die Deutungen politischer Vorgänge ein, etwa durch persönliche Gespräche, Medienmitteilungen, Pressekonferenzen und anderes mehr. Die politische PR sucht die enge Zusammenarbeit mit Journalistinnen und Journalisten durch die **Initiierung von Produktionsgemeinschaften.** Solche Gemeinschaften, die auf bestimmten Regeln und Normen beruhen, ermöglichen Akteuren eine Zusammenarbeit zum wechselseitigen Vorteil. Die Produktionsgemeinschaften erzeugen politische Themen und Deutungen von politischen Vorgängen. Das Ergebnis dieser Produktionen tritt uns als das Bild von Politik in den verschiedenen Medien gegenüber. Erst durch den Vorgang der Veröffentlichung, der Beachtung und Nichtbeachtung sowie vielfältiger Formen von Anschlusskommunikation kann ein Thema zum politisch relevanten Thema werden oder eben nicht. Je nach Stellung unterscheiden sich die Akteure in ihren Möglichkeiten und Strategien bezüglich politischer PR: Regierungsakteure sind an Verfassungs- und Gesetzesregelungen gebunden, während Organisationen sozialer Bewegungen weitgehend autonom agieren können. Eines aber ist allen Akteuren gemeinsam: Sie streben mit Journalistinnen und Journalisten bestimmte Formen der Kooperation an, um dauer-

1.3 Eigener Ansatz: Politische Kommunikation als Handlungssystem

haft und möglichst ressourcenschonend die gewünschten Themen und Deutungen in den Medien zu platzieren und dadurch ihre Ziele durchzusetzen.

Politische Medieninhalte werden hier als **das Ergebnis von Interaktionsprozessen** zwischen politischen und medialen Akteuren verstanden, die im Rahmen von Strukturen der Politik wie der Medien stattfinden. Ob die von den Produktionsgemeinschaften der Akteure aus Politik, Öffentlichkeitsarbeit und Journalismus erzeugten Medieninhalte Wirkungen auf das Publikum oder gar auf das Wahl- bzw. Abstimmungsverhalten von Bürgerinnen und Bürgern haben, wird in dieser Darstellung ausgespart. Im Mittelpunkt dieser Einführung stehen die Produktion von politischen Medieninhalten und die Bedingungen, unter denen die Akteure sie produzieren.

Medien als Organisationen verarbeiten Themen und Deutungen der politischen Akteure jedoch auf ihre spezifische Weise. Qualitäts- oder Elitemedien verfügen über andere Ressourcen zur Beobachtung, Analyse, Verarbeitung und Darstellung politischer Vorgänge als beispielsweise die Nachrichtenredaktionen von privaten Radiostationen. Die Verarbeitung politischer Vorgänge ist von einem ganzen Bündel an System-, Struktur- und Organisationsfaktoren abhängig, wie etwa dem konkreten publizistischen Programm einer Redaktion, den Zielen von Redaktionseinheiten wie auch von einzelnen Journalistinnen und Journalisten und nicht zuletzt auch von situativen Faktoren. Die politischen Akteure wissen um die Strukturen des Mediensystems und um deren Bedeutung und versuchen, ihre Themen und Deutungen vor allem innerhalb der für sie jeweils relevanten Medien zu lancieren.

Mit der Bedeutungszunahme von **Social-Media-Plattformen als Vermittler** auch politischer Kommunikation wird das vormalige Monopol journalistischer Massenmedien durchbrochen. Neben die bisherigen Gatekeeper treten auch einzelne Individuen, die politische Inhalte über Plattformen an mehr oder weniger viele „Follower" vermitteln. Sie sind nicht zwingend Teil der bisherigen Produktionsgemeinschaften aus Politik, PR und Journalismus, sondern können sich auch gegen diese stellen. **Es gibt nicht „die Medien", sondern ein differenziertes, spezialisiertes Netzwerk unterschiedlicher Anbieter und Vermittler, die sich aufeinander beziehen.**

Strukturen der Politik, der Medien wie auch der Öffentlichkeit sind das Ergebnis von Handlungen vor allem ressourcenstarker und deutungsmächtiger Akteure. Akteure versuchen, Regeln zu bestimmen. Welche Regelsysteme und welche Akteure sich dabei durchsetzen, ist eine offene und nur empirisch beantwortbare Frage. Auch andere Akteure handeln zum Teil eigenständig, zum Teil aber auch in Abhängigkeit von den Handlungen ihrer Konkurrenten. Im Ergebnis heißt das: **Strukturen sind das vielfach nicht intendierte Ergebnis von Handlungen strategisch agierender Akteure.** Durch miteinander verbundene Handlungen von Akteuren haben sich Organisationen gebildet, Institutionen entwickelt und Strukturen herauskristallisiert, die anderen Akteuren dann wiederum Möglichkeiten eröffnen, ihnen aber zugleich auch Grenzen setzen.

In diesem einführenden Lehrbuch interessieren uns vor allem Organisations- und Strukturfragen. Es wird also vorrangig auf der **Meso- und Makroebene** argumentiert. Dabei wird das **Zusammenspiel zwischen Strukturen und Handlungsprozessen von**

Akteuren fokussiert. Wir betrachten das politische System als einen Rahmen für die Kommunikation politischer Akteure und die Öffentlichkeit als einen Raum politischer Kommunikation. Politische Akteure sind einerseits von deren spezifischen Bedingungen und Regeln abhängig, d. h. sie müssen sich auf die rahmensetzenden Bedingungen einlassen. Andererseits versuchen sie stets, die vorgefundenen Bedingungen zu ihren Gunsten zu verändern – sie wirken also auf den politischen Rahmen und damit auf Institutionen, Strukturen oder Organisationen ein. Veränderungen, ob intendiert oder nicht, wirken auf die Handlungsmöglichkeiten aller an politischen Prozessen beteiligten Akteure zurück. Akteure streben sowohl nach Veränderung wie auch nach Stabilität, denn die Struktur- und Organisationsstabilität entlastet sie und ermöglicht ihnen gezielte politische Aktivitäten. Strategisch handelnde Akteure „gestalten" somit ihre Aktions- und Interaktionsbedingungen, sie schaffen Organisationen und Institutionen, aus denen Strukturen wie soziale Systeme entstehen. Diese Strukturen sind durch ein gewisses Maß an Eigenkomplexität und somit durch Eigenrationalität wie auch Eigensinn gekennzeichnet. Strukturen ermöglichen und begrenzen die Handlungsmöglichkeiten politischer Akteure, sie sind der Rahmen und zugleich selbst das Ergebnis von Prozessen politischer Kommunikation.

> **Zusammenfassung**
>
> Politische Kommunikation ist der zentrale Mechanismus bei der Generierung, Formulierung und Artikulation politischer Interessen, ihrer Aggregation zu entscheidbaren Programmen sowie der Durchsetzung und Legitimierung politischer Entscheidungen – und somit kaum von Politik zu trennen. Dies gilt vor allem dann, wenn man moderne Gesellschaften aus der analytischen Perspektive einer Mediengesellschaft betrachtet. Der Strukturwandel des Mediensystems und die zunehmende Bedeutung von Social-Media-Plattformen als Vermittler haben Auswirkungen auf die Strukturen, Akteure und Prozesse politischer Kommunikation. ◄

Hinweise auf weiterführende Literatur
Die Beiträge folgender Handbücher eignen sich als Einstieg in das Thema Politische Kommunikation:

Borucki, I., Kleinen-von Königslöw, K., Marschall, S., & Zerback, T. (Hrsg.) (2020): *Handbuch Politische Kommunikation*. Wiesbaden: Springer Fachmedien.

Röttger, U., Donges, P., & Zerfass, A. (Hrsg.) (2021). *Handbuch Public Affairs. Politische Kommunikation für Unternehmen und Organisationen*. Wiesbaden: Springer Gabler.

Aktuelle Daten zur Relevanz verschiedener Medientypen wie Social-Media-Plattformen zur politischen Informationsnutzung in verschiedenen Ländern veröffentlicht der jährlich erscheinende Digital News Report von Reuters (http://www.digitalnewsreport.org/). Eine genauere Auswertung der Daten für Deutschland wird durch das Leibniz-Institut für Medienforschung in Hamburg vorgenommen (Hölig et al. 2021).

Literatur

Alemann, Ulrich von. (1989). Politikbegriffe. In Dieter Nohlen & Rainer-Olaf Schultze (Hrsg.), *Politikwissenschaft. Theorien – Methoden – Begriffe* (S. 705–707). München, Zürich: Piper.

Beck, Klaus. (2020). *Kommunikationswissenschaft* (6. Aufl.). Konstanz, München: UVK.

Berg-Schlosser, Dirk, & Stammen, Theo. (2013). *Politikwissenschaft. Eine grundlegende Einführung.* (8. Aufl.). Baden-Baden: Nomos.

Bernauer, Thomas, Jahn, Detlef, Kuhn, Patrick M., & Walter, Stefanie. (2018). *Einführung in die Politikwissenschaft* (4. Aufl.). Baden-Baden: Nomos

Chadwick, Andrew. (2013). *The Hybrid Media System. Politics and Power.* Oxford: Oxford University Press.

Dohle, Marco, Jandura, Olaf, & Vowe, Gerhard. (2014). Politische Kommunikation in der Online-Welt. Dimensionen des strukturellen Wandels politischer Kommunikation. *ZfP Zeitschrift für Politik, 61*(4), 414–436.

Donges, Patrick. (2020). Medialisierung und Organisationen/Politische Akteure. In Isabelle Borucki, Katharina Kleinen-von Königslöw, Stefan Marschall & Thomas Zerback (Hrsg.), *Handbuch Politische Kommunikation.* Wiesbaden: Springer VS.

Donges, Patrick, & Jarren, Otfried. (2019). Differenzierung und Institutionalisierung des Medien- und Kommunikationssystems. *MedienJournal, 43*(3), 27–45.

Dose, Nicolai, Hofmann, Wilhelm, & Wolf, Dieter. (2015). *Politikwissenschaft* (3 Aufl.). Konstanz, Stuttgart: UVK.

Emmer, Martin. (2019). Online-Kommunikation politischer Akteure. In Wolfgang Schweiger & Klaus Beck (Hrsg.), *Handbuch Online-Kommunikation* (2. Aufl., S. 369–392). Wiesbaden: Springer VS.

Graber, Doris, & Smith, James M. (2005). Political Communication Faces the 21st Century. *Journal of Communication, 55*(3), 479–507.

Henn, Philipp, Dohle, Marco, & Vowe, Gerhard. (2013). „Politische Kommunikation": Kern und Rand des Begriffsverständnisses in der Fachgemeinschaft. *Publizistik, 58*(4), 367–387.

Henn, Philipp, & Vowe, Gerhard. (2016). Conclusion. Political Communication Research in the Online World. In Gerhard Vowe & Philipp Henn (Hrsg.), *Political Communication in the Online World. Theoretical Approaches and Research Designs* (S. 275–280). New York, London: Routledge.

Hjarvard, Stig. (2008). The Mediatization of Society. A Theory of the Media as Agents of Social and Cultural Change. *Nordicom Review, 29*(2), 105–134.

Hölig, Sascha, Hasebrink, Uwe, & Behre, Julia. (2021). *Reuters Institute Digital News Report 2021. Ergebnisse für Deutschland.* Hamburg: Leibniz-Institut für Medienforschung | Hans-Bredow-Institut.

Jarren, Otfried. (2008). Massenmedien als Intermediäre. Zur anhaltenden Relevanz der Massenmedien für die öffentliche Kommunikation. *Medien & Kommunikationswissenschaft, 56*(3–4), 329–346.

Jarren, Otfried. (2015). Ordnung durch Medien? In Klaus-Dieter Altmeppen, Patrick Donges, Matthias Künzler, Manuel Puppis, Ulrike Röttger & Hartmut Wessler (Hrsg.), *Soziale Ordnung durch Kommunikation?* (S. 29–50). Baden-Baden: Nomos.

Jungherr, Andreas, Rivero, Gonzalo, & Gayo-Avello, Daniel. (2020). *Retooling Politics: How Digital Media Are Shaping Democracy.* Cambridge: Cambridge University Press.

Klaus, Elisabeth. (2017). Öffentlichkeit als gesellschaftlicher Selbstverständigungsprozess und das Drei-Ebenen-Modell von Öffentlichkeit. Rückblick und Ausblick. In Elisabeth Klaus & Ricarda Drüeke (Hrsg.), *Öffentlichkeiten und gesellschaftliche Aushandlungsprozesse. Theoretische Perspektiven und empirische Befunde* (S. 17–38). Bielefeld: transcript.

Kleinen-von Königslöw, Katharina. (2020). Die Individualisierung der Nachrichtennutzung als Treiber der gesellschaftlichen Vermittlungskrise. In Otfried Jarren & Christoph Neuberger (Hrsg.), *Gesellschaftliche Vermittlung in der Krise. Medien und Plattformen als Intermediäre* (S. 93–117). Baden-Baden: Nomos.

Korte, Karl-Rudolf, & Richter, Philipp. (2020). Politische Akteure und Institutionen der politischen Kommunikation. In Isabelle Borucki, Katharina Kleinen-von Königslöw, Stefan Marschall & Thomas Zerback (Hrsg.), *Handbuch Politische Kommunikation* (S. 1–12). Wiesbaden: Springer VS.

Loer, Kathrin, Reiter, Renate, & Töller, Annette Elisabeth. (2015). Was ist ein Politikfeld und warum entsteht es? *der moderne staat–Zeitschrift für Public Policy, Recht und Management, 8*(1), 7–28.

Luhmann, Niklas. (1996). *Die Realität der Massenmedien* (2., erw. Aufl.). Opladen: Westdeutscher Verlag.

Marcinkowski, Frank. (2001). Politische Kommunikation und Politische Öffentlichkeit. Überlegungen zur Systematik einer politikwissenschaftlichen Kommunikationsforschung. In Frank Marcinkowski (Hrsg.), *Die Politik der Massenmedien. Heribert Schatz zum 65. Geburtstag.* (S. 237–256). Köln: Herbert von Halem Verlag.

Marcinkowski, Frank. (2015). Die „Medialisierung" der Politik. Veränderte Bedingungen politischer Interessenvermittlung. In Rudolf Speth & Annette Zimmer (Hrsg.), *Lobby Work* (S. 71–95). Wiesbaden: Springer VS.

McNair, Brian. (2011). *An Introduction to Political Communication* (5. Aufl.). London, New York: Routledge.

Meyen, Michael. (2009). Medialisierung. *Medien & Kommunikationswissenschaft, 57*(1), 23–38.

Mols, Manfred. (2018). Politik als Wissenschaft: Zur Definition, Entwicklung und Standortbestimmung einer Disziplin. In Hans-Joachim Lauth & Christian Wagner (Hrsg.), *Politikwissenschaft: Eine Einführung* (9 Aufl., S. 23–61). Paderborn, Stuttgart: Schöningh.

Nassehi, Armin. (2002). Politik des Staates oder Politik der Gesellschaft? Kollektivität als Problemformel des Politischen. In Kai-Uwe Hellmann & Rainer Schmalz-Bruns (Hrsg.), *Theorie der Politik. Niklas Luhmanns politische Soziologie* (S. 38–59). Frankfurt/M.: Suhrkamp.

Neuberger, Christoph. (2014). Konflikt, Konkurrenz und Kooperation: Interaktionsmodi in einer Theorie der dynamischen Netzwerköffentlichkeit. *M&K Medien & Kommunikationswissenschaft, 62*(4), 567–587.

Raupp, Juliana, & Kocks, Jan Niklas. (2018). Regierungskommunikation und staatliche Öffentlichkeitsarbeit aus kommunikationswissenschaftlicher Perspektive. In Juliana Raupp, Jan Niklas Kocks & Kim Murphy (Hrsg.), *Regierungskommunikation und staatliche Öffentlichkeitsarbeit: Implikationen des technologisch induzierten Medienwandels* (S. 7–23). Wiesbaden: Springer VS.

Reinemann, Carsten. (2014). Political communication research. A brief history of the field and the idea of this handbook. In Carsten Reinemann (Hrsg.), *Political Communication* (S. 1–17). Berlin, Boston: De Gruyter.

Sarcinelli, Ulrich. (2011). *Politische Kommunikation in Deutschland. Zur Politikvermittlung im demokratischen System* (3., erw. u. überarb. Aufl.). Wiesbaden: VS Verlag für Sozialwissenschaften.

Saxer, Ulrich. (1998). System, Systemwandel und politische Kommunikation. In Otfried Jarren, Ulrich Sarcinelli & Ulrich Saxer (Hrsg.), *Politische Kommunikation in der demokratischen Gesellschaft. Ein Handbuch mit Lexikonteil.* (S. 21–64). Opladen, Wiesbaden: Westdeutscher Verlag.

Saxer, Ulrich. (2012). *Mediengesellschaft. Eine kommunikationssoziologische Perspektive.* Wiesbaden: Springer VS.

Schade, Henriette. (2018). *Soziale Bewegungen in der Mediengesellschaft. Kommunikation als Schlüsselkonzept einer Rahmentheorie sozialer Bewegungen.* Wiesbaden: Springer VS.

Schulz, Winfried. (2011). *Politische Kommunikation. Theoretische Ansätze und Ergebnisse empirischer Forschung* (3., überarb. Aufl.). Wiesbaden: VS Verlag für Sozialwissenschaften.

Stöber, Rudolf. (2011). Ohne Redundanz keine Anschlusskommunikation. Zum Verhältnis von Information und Kommunikation. *Medien und Kommunikationswissenschaft, 59*(3), 307–323.

Van Aelst, Peter, Strömbäck, Jesper, Aalberg, Toril, Esser, Frank, de Vreese, Claes, Matthes, Jörg, et al. (2017). Political communication in a high-choice media environment: a challenge for democracy? *Annals of the International Communication Association, 41*(1), 3–27.

Vorderer, Peter, Hefner, Dorothée, Reinecke, Leonard, & Klimmt, Christoph. (2017). *Permanently Online, Permanently Connected: Living and Communicating in a POPC World.* New York: Routledge.

Vowe, Gerhard. (2013). Politische Kommunikation. In Günter Bentele, Hans-Bernd Brosius & Otfried Jarren (Hrsg.), *Lexikon Kommunikations- und Medienwissenschaft* (2., überarb. u. erw. Aufl., S. 266–268). Wiesbaden: Springer VS.

Vowe, Gerhard. (2020). Digitalisierung als grundlegender Veränderungsprozess der politischen Kommunikation. In Isabelle Borucki, Katharina Kleinen-von Königslöw, Stefan Marschall & Thomas Zerback (Hrsg.), *Handbuch Politische Kommunikation.* Wiesbaden: Springer VS.

Weber, Max. (1921). *Wirtschaft und Gesellschaft. Grundriss der verstehenden Soziologie* (5., rev. Aufl.). Tübingen: Mohr.

Wimmer, Jeffrey. (2015). Alternative Medien, Soziale Bewegungen und Medienaktivismus. In Andreas Hepp, Friedrich Krotz, Swantje Lingenberg & Jeffrey Wimmer (Hrsg.), *Handbuch Cultural Studies und Medienanalyse* (S. 191–199). Wiesbaden: Springer VS

Wischermann, Ulla. (2003). Feministische Theorien zur Trennung von privat und öffentlich – Ein Blick zurück nach vorn. *Feministische Studien*(01), 23–34.

Wolling, Jens. (2016). Struktureller Wandel der politischen Kommunikation durch die Diffusion von Online-Medien: empirischer Test einer weitreichenden These. In Philipp Henn & Dennis Frieß (Hrsg.), *Politische Online-Kommunikation: Voraussetzungen und Folgen des strukturellen Wandels der politischen Kommunikation* (S. 19–45). Berlin: Digital Communication Research.

Sozialwissenschaftliche Basistheorien zur Analyse politischer Kommunikation

2

Überblick

Der Begriff der Theorie leitet sich vom griechischen Verb „theorein" ab, das „sehen", „anschauen" oder „erkennen" bedeutet. Theorien bestimmen die Perspektive, mit der politische Kommunikation betrachtet wird. Sie stellen Begriffe zur Verfügung, anhand derer Phänomene benannt, geordnet, verstanden, analysiert und erklärt werden können. Damit strukturieren Theorien unser Denken über politische Kommunikation grundlegend. Sowohl theoretische als auch empirische Analysen politischer Kommunikation greifen, wenn auch mitunter implizit, auf grundlegende sozialwissenschaftliche Basistheorien zurück. Ziel dieses Kapitels ist es, die Möglichkeiten und Grenzen sozialwissenschaftlicher Basistheorien für die Analyse politischer Kommunikation darzustellen. Dabei wird auf den grundlegenden Dualismus von Handlungs- und Strukturtheorien eingegangen (Abschn. 2.1) und anschließend werden Systemtheorien (Abschn. 2.2) und Handlungstheorien (Abschn. 2.3) näher vorgestellt. Um politische Akteure wie Parteien, Verbände oder Interessengruppen besser verstehen und analysieren zu können, sind institutionalistische (Abschn. 2.4) und andere Organisationstheorien (Abschn. 2.5) relevant. Akteurtheorien (Abschn. 2.6) verfolgen das Ziel, den Dualismus von Handlungs- und Strukturtheorien zu überwinden.

2.1 Basistheorien zwischen Handlung und Struktur

Die Sozialwissenschaften sind von einem **Dualismus von Handlungs- und Strukturtheorien** geprägt (vgl. grundlegend Schimank 2016). Damit ist gemeint, dass sich soziale Probleme immer von mindestens zwei Seiten aus beschreiben und analysieren lassen: Wir können mit einem Blick „von unten" von den Individuen, ihren Einstellungen und Interaktionen (Handlungen) ausgehen. Oder wir schauen „von oben" auf die gesellschaftlichen Strukturen, in denen diese Interaktionen stattfinden. Dann erkennen wir größere Zusammenhänge, aber keine Details mehr wie in der ersten Perspektive. **Die Wahl einer sozialwissenschaftlichen Basistheorie hängt also wesentlich von der Fragestellung und dem Erkenntnisinteresse ab, die verfolgt werden.** Grundlegende Theorien folgen jeweils bestimmten Paradigmen, nach denen sie sich unterscheiden lassen.

▶ Ein **Paradigma** ist eine grundlegende Denkweise oder Weltanschauung, in der sich die Forschung bewegt. Der Begriff wurde durch den Wissenschaftstheoretiker Thomas S. Kuhn (1962) geprägt. Paradigmen drücken sich in unterschiedlichen Theorien und Methoden aus. So kann politische Kommunikation als ein Aggregat individueller Handlungen oder als ein Set von strukturellen Regeln betrachtet werden. Beide Paradigmen konkurrieren miteinander, ohne dass mithilfe der jeweils innerhalb dieser Paradigmen entwickelten Theorien und Methoden entschieden werden kann, welches „wahr" oder „falsch" ist. Paradigmen lassen sich daher nach Thomas S. Kuhn nicht widerlegen, sondern bestehen nebeneinander oder lösen einander im historischen Verlauf ab. Dieser Übergang zu einem anderen Denksystem wird als Paradigmenwechsel bezeichnet. Die Frage, ob es sich beim Paradigmenwechsel um einen „Fortschritt" handelt oder um einen neutral zu bewertenden historischen Bruch im Denken und in der Weltauffassung, bleibt zunächst prinzipiell offen.

Ferner lassen sich Basistheorien nach verschiedenen **Theorieebenen** unterscheiden (Abb. 2.1):

Die **Mikroebene** bezeichnet die **Handlungsebene.** Untersuchungsgegenstand sind Individuen und Gruppen, beispielsweise einzelne Mediennutzerinnen und -nutzer, ihre Einstellungen, Werthaltungen oder ihr soziales Verhalten. Die Mikroebene ist am ehesten empirisch zugänglich, z. B. in Form von Befragungen oder Experimenten.

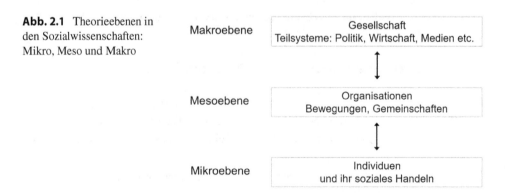

Abb. 2.1 Theorieebenen in den Sozialwissenschaften: Mikro, Meso und Makro

Mit der **Mesoebene** ist die Bezugsebene von **Organisationen und Institutionen** angesprochen. Untersuchungsgegenstand sind hierbei Organisationen als Ergebnis sozialer Handlungen, also z. B. politische Organisationen wie Parteien oder Medienorganisationen wie Redaktionen oder Medienunternehmen. Der empirische Zugang zur Mesoebene gestaltet sich schwieriger, da Organisationen nur mittels Befragung ihrer Repräsentanten, z. B. Sprecherinnen und Sprecher von Parteien, durch Beobachtung oder durch Analyse von Organisationsdokumenten erfasst werden können.

Die **Makroebene** bezeichnet die Bezugsebene der **Gesellschaft und ihrer Teilbereiche oder -systeme.** Hier geht es beispielsweise um die Rolle von Medien oder des Mediensystems insgesamt, oder um die Frage, inwieweit „die Medien" „die Politik" beeinflussen. Da die Gesamtgesellschaft nur partiell empirisch-analytisch erfasst werden kann, müssen empirische Erhebungen auf der Makroebene methodisch eingeschränkte, wohldefinierte Fragestellungen verfolgen.

Analytisch anspruchsvoll ist die Frage, wie Veränderungen der einzelnen Ebenen miteinander zusammenhängen, beispielsweise wie sich aus Veränderungen individuellen Verhaltens auf der Mikroebene Veränderungen in den Strukturen einer Gesellschaft auf der Makroebene ergeben. Man nennt dies auch das **Mikro-Makro-Problem** (englisch *micro-macro-link*) (vgl. u. a. Quandt und Scheufele 2011). So hat beispielsweise das individuelle Wahlverhalten Auswirkungen auf die Zusammensetzung der Parlamente und damit auch auf die Entscheidungen des politischen Systems. Die Wählerinnen und Wähler wiederum treffen ihre Entscheidungen im Rahmen bestimmter Strukturen, etwa des Wahlsystems. Es kann jedoch auch zu Aggregationsproblemen kommen, etwa wenn Koalitionsregierungen gebildet werden, die von den Wählerinnen und Wählern der einzelnen Parteien nicht gewünscht worden sind. Nicht immer entspricht das Aggregat aus individuellen Handlungen dem, was die Individuen gewollt haben.

2.2 Systemtheoretische Ansätze

Hinter der Bezeichnung „Systemtheorie" stehen eine Vielzahl unterschiedlicher makrotheoretischer Ansätze, deren gemeinsames Ziel es ist, in theoretisch abstrakter Form integrierte und generalisierte Begriffe, Hypothesen und Annahmen zu entwickeln, die für alle gesellschaftlichen Teilsysteme – und damit für die Gesellschaft insgesamt – Gültigkeit haben. Systemtheorien sind theoretische Modelle, die helfen, allgemeine Aussagen auf der Makroebene zu treffen. Die Existenz sozialer Systeme ist eine theoretische Abstraktion, die sich selbst nicht direkt empirisch überprüfen lässt. Die analytische Leistung von Systemtheorien besteht vor allem darin, dass sie z. B. Phänomene der Selbstorganisation und Selbststabilisierung von sozialen Beziehungen und Interaktionsmustern sichtbar machen, die sich teilweise unabhängig vom bewussten Willen der Akteure vollziehen. Der Begriff „System" ist also der Name dafür, dass Kommunikationsbeziehungen dazu tendieren, innerhalb eines bestimmten Bereichs eine dauerhafte Eigenlogik zu entwickeln.

▶ Als **System** wird eine Menge von untereinander abhängigen Elementen und Beziehungen verstanden. Dabei handelt es sich um eine theoretische Konstruktion. Die Systemtheorie betrachtet Politik, Recht, Wirtschaft, Wissenschaft oder Medien als Systeme.

Daher gibt es soziale Systeme in der Realität nicht unmittelbar, sondern sie werden aufgrund eines Erkenntnisinteresses analytisch gebildet. Beispielsweise liegen verschiedene Vorschläge vor, welche Elemente und Bereiche der Wirklichkeit für kommunikationswissenschaftliche Fragestellungen den Ausgangspunkt einer Systembildung darstellen soll: die Massenmedien (vgl. Luhmann 1996), die Publizistik (vgl. Marcinkowski 1993), der Journalismus (vgl. Blöbaum 1994; Kohring 2004) oder die Öffentlichkeit (vgl. Görke 2008). Auf das Forschungsfeld politische Kommunikation ist die Systemtheorie nur vereinzelt angewandt worden (vgl. Marcinkowski 2002, 2020).

Erste systemtheoretische Ansätze entstanden in den 1950er Jahren in den USA, ihr erster wichtiger Vertreter war Talcott Parsons (1976). Obwohl es heute verschiedene und unterschiedliche Systemtheorien gibt, wird der Begriff insbesondere im Deutschen meist im Singular verwendet und mit dem Soziologen Niklas Luhmann in Verbindung gebracht. Luhmann arbeitete eine funktionalistische Systemtheorie aus, die er ab seinem Buch „Soziale Systeme" (1984) zu einer Theorie selbstreferentieller und autopoietischer Systeme weiterentwickelte.

Luhmann unterscheidet zunächst drei grundlegende Typen von Systemen (Abb. 2.2): natürliche Systeme (Tiere, Vegetation etc.), psychische Systeme (Menschen mit ihrem Bewusstsein) und soziale Systeme.

Hier deutet sich bereits eine wichtige und irritierende Theorieentscheidung an: Psychische Systeme bilden die Umwelt sozialer Systeme und sind nicht mit diesen identisch. Die kleinste Einheit sozialer Systeme ist für Luhmann „Kommunikation" und nicht „Handlung". Handeln ist, wie im nächsten Abschn. 2.3 deutlich wird, begrifflich

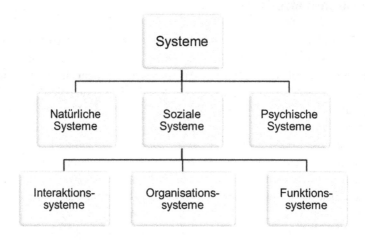

Abb. 2.2 Typen von Systemen. (Nach Luhmann)

2.2 Systemtheoretische Ansätze

mit einem subjektiven Sinn verbunden, also mit einer Form von Bewusstsein. Es gibt also bei jedem Handeln subjektive Ziele, Emotionen, Affekte etc. All dies wird in der Theorie sozialer Systeme von Luhmann ausdrücklich nicht betrachtet. Im Zentrum stehen Kommunikationsereignisse, die aufeinander bezogen sind und sich zu Systemen verdichten. Luhmann betrachtet Kommunikation dabei als eine Synthese aus Information, Mitteilung und „Verstehen" im Sinne einer Anschlusskommunikation. Relevant ist für ihn dabei der Inhalt der Kommunikation (Information), der Prozess selbst (Mitteilung) und eine wie auch immer geartete Reaktion darauf (Anschlusskommunikation). Er blendet aus, wer etwas sagt oder aus welchen subjektiven Gründen. Die Kommunikationssysteme werden insoweit unabhängig von den Menschen gedacht: Sie bedürfen zwar der „psychischen Systeme" als einer Art Infrastruktur (genauso wie es natürliche Systeme, also Organismen geben muss, damit es psychische Systeme gibt), aber für die sozialen Systeme sind psychische Systeme lediglich Teil ihrer Umwelt.

Soziale Systeme wiederum unterscheidet Luhmann nach flüchtigen Interaktionssystemen, festeren Organisationssystemen und den Funktionssystemen wie Politik, Wirtschaft, Medien etc. Damit orientiert sich Luhmann ebenfalls an der Unterscheidung von Mikroebene (Interaktionssysteme), Mesoebene (Organisationssysteme) und Makroebene (Funktionssysteme).

Die funktionalistische Systemtheorie geht davon aus, dass es soziale Systeme gibt, weil sie bestimmte Probleme lösen. Dem politischen System kann beispielsweise die Funktion zugeschrieben werden, in einer Gesellschaft kollektiv verbindliche Entscheidungen zu ermöglichen (vgl. Luhmann 2000a, S. 84). Politik löst daher das Problem jeder Gesellschaft, dass bestimmte Entscheidungen für alle verbindlich getroffen werden müssen. Der Funktionsbegriff des Politischen sagt noch nichts über die Form aus, in der dies geschieht. Kollektiv verbindliche Entscheidungen können demokratisch, autoritär oder von einer Monarchin getroffen werden, sie bleiben jeweils Politik. Die klassischen Organisationsformen der Politik auf der Makroebene – wie Demokratie, Diktatur oder Monarchie – wären dann funktionale Äquivalente des Problems, kollektiv verbindliche Entscheidungen zu treffen.

▶ **Funktionalismus** ist eine analytische Perspektive oder methodologische Position, in der soziale Phänomene unter dem Aspekt betrachtet werden, wozu sie da sind. Der Funktionalismus betrachtet folglich nicht die Form oder das Wesen sozialer Phänomene, sondern fragt nach den Problemen, für die diese Phänomene die Lösung sind. Lässt sich ein Problem auf unterschiedliche Weise lösen, so bezeichnet man die Phänomene, die funktional „gleichwertig" als mögliche Lösungen in Erscheinung treten, als funktionale Äquivalente.

Der Funktionsbegriff sagt als solcher nichts über konkrete Entscheidungen, also über die tatsächlichen Leistungen des Systems aus. Die funktionalistische Systemtheorie unterscheidet daher begrifflich zwischen **Funktion und Leistung:** Funktion benennt das zu lösende Problem und damit das Verhältnis eines Teilsystems zum Ganzen, während

Leistung die Austauschverhältnisse der Teilsysteme untereinander meint. Diese Unterscheidung wird später beim Verständnis von Medien wichtig sein (Abschn. 4.1), da wir dort die Funktion der Medien für die Gesellschaft als Lösung eines Problems von den spezifischen Leistungen für andere Teilsysteme unterscheiden, die Probleme erst auslösen können.

Ein erstes zentrales Problem in dieser funktionalistischen Perspektive ist die Beziehung eines Systems zu seiner Umwelt, genauer die **Differenz von System und Umwelt.** Eine wichtige Grundannahme Luhmanns (1984, S. 35) besteht darin, dass jedes System sich nur dann erhalten kann, wenn es die Grenze zu seiner Umwelt wahrt. Die Erhaltung der Grenze zwischen System und Umwelt ist daher gleichzusetzen mit der Systemerhaltung insgesamt. Erst durch eine Grenze werden einzelne Elemente eindeutig einem System zugeordnet, auch wenn es Beziehungen (Relationen) zwischen den Elementen gibt, die über die Systemgrenzen hinausreichen.

Das Kernproblem einer Systemerhaltung liegt aus Sicht Luhmanns darin begründet, dass die Umwelt jedes einzelnen Systems komplexer ist als das System selbst. Ein System ist daher nicht in der Lage, seine komplexere Umwelt überhaupt zu beobachten, geschweige denn, sämtliche Ansprüche aus seiner Umwelt verarbeiten zu können. Es kann aufgrund seiner niedrigeren Komplexität jeweils nur bestimmte Ausschnitte seiner Umwelt beobachten sowie verarbeiten und ist daher zur Selektion gezwungen. Dieser Selektionszwang ist für das System mit dem Risiko verbunden, bestimmte Teile seiner Umwelt, die für seinen Bestand wichtig sind, auszublenden.

Der zentrale Begriff für das Problem der Systemerhaltung aus funktionalistischer Perspektive ist die **Reduktion von Komplexität.** Systeme müssen, um ihren Bestand zu sichern, die Komplexität ihrer Umwelt reduzieren. Sie tun dies, indem sie Strukturen ausbilden, die ihre Grenzen zur Umwelt stabil halten. Strukturen sind aus dieser Sicht „generalisierte Verhaltenserwartungen" (Rühl 1969, S. 197). Dadurch, dass sie Verhaltenserwartungen selektieren, also aus der Menge möglicher Verhaltensweisen die zu erwartenden aufzeigen, tragen sie zur Reduktion gesellschaftlicher Komplexität bei. Handlungen oder Kommunikation sind aus Sicht dieses Ansatzes funktional (problemlösend), wenn sie zur Komplexitätsreduktion und der Anpassung eines Systems an seine Umwelt beitragen. Dabei können Funktionen von unterschiedlichen Strukturen erbracht werden, denn Strukturen sind nicht statisch, sondern können umstrukturiert werden, um die Problemlösung zu verbessern.

Fallbeispiel: Journalismus als funktionales System (Rühl 1969)

Manfred Rühl definiert aus einem funktional-strukturellen Ansatz heraus Journalismus als ein Sozialsystem mit der Funktion der organisatorischen „Herstellung und Bereitstellung durchsetzungsfähiger thematisierter Mitteilungen zur öffentlichen Kommunikation" (Rühl 1969, S. 129). Journalismus „reduziert die Komplexität und Veränderlichkeiten der Weltereignisse durch thematisierte Mitteilungen auf Ausmaße, die eine sinnvoll informierende Kommunikation erlauben, wobei dem

Verstehensniveau und der Kapazität für Informationsverarbeitung der Öffentlichkeit Rechnung getragen wird" (Rühl 1969, S. 128). Um diese Funktion erfüllen zu können, hat der Journalismus nach Rühl Strukturen herausgebildet, die als Vereinfachungsmechanismen die Kommunikation erleichtern, wie z. B. organisierte Redaktionen mit sozialen Rollen und Positionen. ◀

Die Systemtheorie begreift die moderne Gesellschaft als differenziert und unterscheidet dabei drei Formen der Differenzierung: segmentär, stratifikatorisch und funktional. Grundsätzlich meint Differenzierung eine Unterscheidung und ist mit Prozessen der Trennung, Absonderung und Abgrenzung von Elementen aus früheren Einheiten verbunden. Die so entstandenen neuen Teile können sich sowohl hinsichtlich ihrer Qualität (gleichartig, ungleichartig) als auch hinsichtlich ihrer Wertigkeit (gleichrangig, ungleichrangig) unterscheiden (vgl. Schimank 2000, S. 150–151) (Abb. 2.3).

Familien beispielsweise sind – trotz aller Unterschiede im Detail – gleichartige Formen des Zusammenlebens, und wir können bei Familien auch nicht sagen, dass eine besser ist als die andere, sie sind also gleichrangig. Die Herausbildung von Familien entsteht somit durch segmentäre Differenzierung.

Das Gegenteil dieser Differenzierungsform wäre die Unterscheidung in Zentrum und Peripherie, oder die Herausbildung einer Organisation mit eindeutiger Hierarchie (wie etwa das Militär). In solchen Fällen sind die Teile ungleichartig und auch ungleichrangig, d. h. es liegt eine Form der stratifikatorischen Differenzierung vor.

Funktionale Differenzierung liegt gleichsam zwischen diesen beiden Formen: Hier sind die Teile ungleichartig, unterscheiden sich also in ihrer Form, sind zugleich aber gleichrangig, da wir keine Aussagen über die Wertigkeit machen können. Politik, Wirtschaft, Recht, Medien etc. lösen in modernen Gesellschaften unterschiedliche Probleme, sind also ungleichartig. Wir können keine Aussagen darüber machen, welches dieser Systeme das wichtigste ist. Alle genannten problemlösenden Systeme sind in einer Gesellschaft unentbehrlich und können nicht ersetzt werden. Sie sind daher gleichrangig und die moderne Gesellschaft ist funktional differenziert.

Merkmale der Produkte von Differenzierung	gleichartig	ungleichartig
gleichrangig	**segmentär** ○○○	**funktional**
ungleichrangig	-	**stratifikatorisch**

Abb. 2.3 Formen der Differenzierung: Segmentär, stratifikatorisch, funktional

Mit dem Begriff der funktional differenzierten Gesellschaft ist ausdrücklich nicht gemeint, dass diese die einzige Differenzierungsform darstellt. Moderne Gesellschaften sind weiterhin auch durch segmentäre und stratifikatorische Unterscheidungen geprägt. Funktionale Differenzierung gilt aber als analytisch wichtigste Form zur Beschreibung moderner Gesellschaften (vgl. dazu kritisch Imhof 2011, S. 10–35).

▶ **Funktionale Differenzierung** meint die Entstehung von ungleichartigen und gleichrangigen Teilsystemen in der Gesellschaft. Ungleichartig bedeutet, dass jedes Teilsystem seinen eigenen, spezialisierten Beitrag zur gesellschaftlichen Reproduktion liefert. Dabei sind die Teilsysteme gleichrangig, da alle etwas Unentbehrliches beisteuern und von keinem anderen Teilsystem ersetzt werden können.

In den 1980er Jahren entwickelte Niklas Luhmann die funktionalistische Systemtheorie weiter zu einer Theorie selbstreferentieller und autopoietischer Systeme. Ausgangspunkt seiner Überlegungen ist das bereits beschriebene Problem der System-Umwelt-Differenz: Ein System gibt es nur, wenn es von einer Umwelt abgegrenzt werden kann. Dazu muss ein System eine Beschreibung von sich selbst herstellen. Flapsig formuliert: Es muss „wissen" (was Systeme nicht können), welche Elemente und Beziehungen zum eigenen System gehören und welche zur Umwelt. Dies nennt die Systemtheorie **Selbstreferenz:** „Es gibt selbstreferentielle Systeme. Das heißt zunächst nur in einem ganz allgemeinen Sinne: Es gibt Systeme mit der Fähigkeit, Beziehungen zu sich selbst herzustellen und diese Beziehungen zu differenzieren gegen Beziehungen zu ihrer Umwelt" (Luhmann 1984, S. 31). Die Unterscheidung von System und Umwelt ist nach Luhmann binär, d. h. es gibt nur zwei Möglichkeiten: Ein Element gehört zum System oder nicht. Die Selbstreferentialität wird daher durch die sogenannte **Leitdifferenz** oder auch den **binären Code** gebildet. In der Politik gilt beispielsweise Macht haben oder nicht haben als Leitdifferenz. Alles, was dem Erwerb oder dem Erhalt von Macht dient, gehört zum System der Politik. Das System der Wirtschaft wiederum lässt sich mithilfe der Leitdifferenz Zahlung/Nicht-Zahlung beschreiben. Wirtschaft besteht somit aus Zahlungskommunikation. Für das System der Medien benennt Luhmann die Unterscheidung von Information und Nichtinformation als binären Code (Abb. 2.4).

Fallbeispiel: Information als Leitdifferenz und binärer Code der Massenmedien (nach Luhmann)

Der binäre Code des Systems der Massenmedien ist Luhmann zufolge die Unterscheidung von Information und Nichtinformation: „Mit Information kann das System arbeiten. Information ist also der positive Wert, der Designationswert, mit dem das System die Möglichkeiten seines eigenen Operierens bezeichnet. Aber um die Freiheit zu haben, etwas als Information ansehen zu können oder auch nicht, muss es auch die Möglichkeit geben, etwas für nichtinformativ zu halten" (Luhmann 1996, S. 36–37).

2.2 Systemtheoretische Ansätze

Erst der binäre Code ermöglicht Komplexitätsreduktion und damit den Bestand eines Systems. Er ermöglicht es Systemen zu unterscheiden, welche Kommunikation im System anschlussfähig und welche nicht. ◄

Aus der Annahme der Selbstreferentialität sozialer Systeme heraus erfolgt eine zweite, scheinbar paradoxe Annahme: Soziale Systeme sind nach Luhmann zugleich operativ geschlossen wie strukturell gekoppelt. **Operativ geschlossen** meint: Ob ein Element zu einem System gehört oder nicht, entscheidet sich auf der Basis seiner eigenen Leitdifferenz und nicht von außen. Dabei darf operative Schließung nicht mit Autonomie verwechselt werden: Es handelt sich ja um funktional differenzierte Systeme, die gleichrangig spezifische Probleme einer Gesellschaft lösen und füreinander Leistungen erbringen. Ein politisches System kann beispielsweise die Funktion der Wirtschaft nicht übernehmen. Zugleich ist Politik auf Leistungen der Wirtschaft angewiesen, etwa in Form von Steuern. Wirtschaft wiederum braucht verlässliche kollektive Entscheidungen. Beide Systeme sind in ihren Leistungen also **strukturell gekoppelt,** obwohl sie zugleich operativ geschlossen sind und jeweils eigene Funktionen erbringen.

Auch eine weitere **wichtige** Annahme, die sogenannte **Autopoiesis,** ergibt sich aus dem Merkmal der Selbstreferentialität. Wenn selbstreferenzielle Systeme in ihren elementaren Operationen auf sich selbst Bezug nehmen, so auch in ihrer Reproduktion. Genau dies behauptet der Begriff der **Autopoiesis,** der ursprünglich von den Biologen Maturana und Varela entwickelt wurde. Der Ansatz entspringt der Beobachtung, dass es (biologische) Systeme gibt, die sich selbst reproduzieren, und zwar nicht nur im herkömmlichen Sinn der genetischen Replikation in der Generationenfolge, sondern in einer kontinuierlichen Selbsterzeugung des eigenen Systems. Luhmann überträgt dieses Konzept auf die Sozialwissenschaften: Autopoietische Systeme reproduzieren sich selbst, indem sie die Elemente, aus denen sie bestehen, mit Hilfe systemeigener Elemente selbst herstellen.

Teilsystem	Funktion	Code
Massenmedien / Publizistik	Dirigieren der Selbstbeobachtung von Gesellschaft	Information / Nichtinformation (öffentlich/nicht öffentlich)
Politik	Ermöglichung kollektiv verbindlicher Entscheidungen	Macht haben / keine Macht haben
Wirtschaft	Knappheitsminderung	Zahlung / Nichtzahlung
Wissenschaft	Erzeugung neuen Wissens	Wahrheit / Unwahrheit

Abb. 2.4 Funktionssysteme. (Nach Luhmann)

> **Fallbeispiel: Autopoiesis der Massenmedien (nach Luhmann)**
>
> Elemente des funktionalen Teilsystems der Massenmedien sind für Luhmann Informationen. Die Autopoiesis der Massenmedien liegt darin begründet, dass Informationen sich nicht wiederholen lassen, „sie werden, sobald sie Ereignis werden, zur Nichtinformation" (Luhmann 1996, S. 41). Das System der Massenmedien verwandelt fortlaufend Informationen in Nichtinformationen, erzeugt dabei gleichzeitig und unmittelbar anschließend einen Bedarf nach neuen Informationen, die es dann wieder in Nichtinformationen transformiert usw. Das System reproduziert sich also aus seinen eigenen Elementen heraus selbst. ◄

Kommunikationssysteme, funktionale Differenzierung, Selbstreferentialität und Autopoiesis – was sind die Implikationen der recht abstrakt konzipierten Systemtheorie Luhmanns? Da Funktionssysteme wie die Politik oder die Medien gleichrangig sind, hat die Gesellschaft insgesamt kein Zentrum; kein System ist wichtiger als das andere. Zwar sieht sich Politik gelegentlich als zentrales System der Gesellschaft, da hier kollektiv verbindliche Entscheidungen getroffen werden und von der Gesellschaft auch alle möglichen Probleme an die Politik zur Entscheidung adressiert werden. Nach der Systemtheorie Luhmanns ist dies jedoch nicht der Fall: Da Funktionssysteme zugleich ungleichartig sind, können sie sich nicht wechselseitig ersetzen. Ihre Selbstreferenz und operative Schließung führen zudem dazu, dass sie sich wechselseitig nicht steuern, sondern allenfalls irritieren können. Jedes Funktionssystem operiert auf der Basis seines eigenen Codes und muss Informationen aus seiner Umwelt erst in diesen übertragen, um mit ihnen etwas anfangen zu können. Politik „denkt" daher in der Leitdifferenz Macht haben/Macht nicht haben, und nicht ökonomisch, publizistisch, wissenschaftlich oder gar moralisch. Moral ist vielmehr für Luhmann eine Form der Kommunikation, die in keinem Funktionssystem richtig anschlussfähig ist. Gerade Anschlussfähigkeit der Kommunikation ist für Luhmann aber wichtig zur Stabilisierung sozialer Systeme.

2.3 Handlungstheoretische Ansätze

Unter dem Begriff Handlungstheorie werden höchst unterschiedliche Ansätze subsumiert, die die Intentionalität menschlichen Handelns zum Ausgangspunkt für Erklärungen sozialer Sachverhalte und Prozesse nehmen. Die Begriffe Verhalten, Handeln und soziales Handeln können dabei nach Max Weber wie folgt definiert werden:

▶ **Verhalten** bezeichnet die Reaktionen eines Organismus auf eine bestimmte Stimulation.

2.3 Handlungstheoretische Ansätze

▶ **Handeln** ist ein „menschliches Verhalten (einerlei ob äußerliches oder innerliches Tun, Unterlassen oder Dulden) […], wenn und insofern der oder die Handelnden mit ihm einen subjektiven Sinn verbinden."

▶ **Soziales Handeln** „aber soll ein solches Handeln heißen, welches seinem von dem oder den Handelnden gemeinten Sinn nach auf das Verhalten anderer bezogen wird und daran in seinem Ablauf orientiert ist" (Weber 1921, S. 1).

Im Mittelpunkt handlungstheoretischer Ansätze stehen **Akteure** sowie die Bedingungen, Formen und Folgen ihres Handelns. In den vielfältigen Ansätzen, die das Handeln einzelner Individuen oder Gruppen zu erklären versuchen – und von denen hier nur ein kleiner Teil thematisiert werden kann –, stehen sich grob vereinfacht zwei Paradigmen gegenüber: das Menschenbild des *homo oeconomicus,* das Verhalten aus individueller Nutzenmaximierung heraus erklärt, und das des *homo sociologicus,* das sich eher auf gruppenbezogenes und verständigungsorientiertes Verhalten bezieht. Daneben sind handlungstheoretische Ansätze relevant, die sich stärker auf die Erklärung des Verhaltens einzelner Gruppen als auf Individuen beziehen.

2.3.1 Der Begriff des Akteurs

Der zentrale Begriff in handlungstheoretischen Überlegungen ist der des Akteurs. Das konstitutive Merkmal von Akteuren ist ihre **Handlungsfähigkeit.** Grundsätzlich kann zwischen individuellen, kollektiven und korporativen Akteuren unterschieden werden:

- **Individuelle Akteure** sind einzelne Personen, die im Rahmen politischer oder sozialer Organisationen oder Prozesse eine bestimmte – zumeist herausgehobene – Rolle innehaben: Sie handeln zwar individuell, mitunter aber auch für eine Gruppe, ohne dass in diesen Fällen immer eine klare Vertretungsvollmacht vorliegen oder eine Art der Beauftragung gegeben sein muss.
- **Kollektive Akteure** sind Zusammenschlüsse von einzelnen Individuen mit einem geringen formalen Organisationsgrad, die ein gemeinsames Ziel verfolgen. Beispiele für kollektive Akteure sind etwa Bürgerinitiativen oder Gruppen aus den sozialen Bewegungen. Kollektive Akteure unterscheiden sich von korporativen Akteuren dadurch, dass sie von den Präferenzen ihrer Teilnehmerinnen und Teilnehmer abhängig sind und von diesen kontrolliert werden. Ziele, Orientierungen und Ressourcen kollektiver Akteure müssen durch Abstimmung oder Konsens unter den Teilnehmenden gefunden und können in der Regel nicht einfach hierarchisch angeordnet werden.
- **Korporative Akteure** sind Zusammenschlüsse von einzelnen Individuen mit einem hohen formalen Organisationsgrad. Beispiele für korporative Akteure sind etwa Ministerien, Behörden oder Wirtschaftsunternehmen. Korporative Akteure sind

von den Präferenzen ihrer Mitglieder weitgehend unabhängig, da Entscheidungen hierarchisch und nicht durch Abstimmung oder Konsens gefunden werden müssen (vgl. Dolata und Schrape 2018, S. 12–13; Scharpf 2000, S. 101).

Individuelle, kollektive und korporative Akteure haben **Interessen,** die sie verfolgen, und sie verfolgen ihre Interessen auf Basis bestimmter **Orientierungen** (Werthaltungen, sozialer Orientierungen, kognitiver Muster). Sie bündeln zur Zielerreichung ihre Ressourcen, um strategisch agieren zu können. Durch die Zielorientierung werden sie erkennbar und berechenbar. Ein Akteur muss zudem über die Fähigkeit verfügen, sich selbst als Akteur zu definieren **(Selbstbeschreibung),** also sein Rollenbild festzulegen, und er muss auch von anderen Personen oder sozialen Gruppen die Anerkennung als Akteur erhalten **(Fremdbeschreibung).** Akteure sind somit Personen oder Personengruppen, die nicht vorrangig individuell und privat agieren, sondern stellvertretend handeln – zumeist im Auftrag von sozialen Gruppen, einzelnen Organisationen oder für ganze Organisationseinheiten. Akteure besitzen die **Fähigkeit zur Koordination nach innen** (Abstimmungen von Handlungen zwischen Personen oder Personengruppen durch Beratung und Entscheidung) sowie zur **Ausbildung einer kollektiven Identität.** Das macht sie in der Wahrnehmung durch die Bürgerinnen und Bürger unverwechselbar. Zugleich müssen Akteure sinnhaft handeln und zielgerichtet agieren.

▶ **Merkmale von Akteuren:**
1. Ein Akteur hat Interessen und verfolgt Ziele.
2. Ein Akteur hat Orientierungen (Wertorientierungen, kognitive Muster etc.).
3. Ein Akteur verfügt über Ressourcen, um seine Ziele verfolgen zu können (Mitglieder, Unterstützerinnen und Unterstützer, Geld, Personal, Einfluss, Macht etc.).
4. Ein Akteur verfügt über eine Strategie, die es ihm ermöglicht, Mittel und Ziele miteinander zu kombinieren.
5. Ein Akteur versteht sich selbst als Akteur und wird von anderen als solcher anerkannt.

Auch kollektive und korporative Akteure sind in der Lage, so zu handeln, als wären sie eine einzelne Person. Ihr Handeln bezieht sich intentional auf ein gemeinsames Ziel, das durch das aufeinander abgestimmte individuelle Handeln erreicht werden soll. Bei kollektiven wie korporativen Akteuren entsteht aus individuellen Handlungen ein „konstruktiv geordnetes Ganzes", in dem die einzelnen Beiträge nicht nur gelegentlich, sondern systematisch aufeinander aufbauen (Schimank 2016, S. 329). Erst die Handlungsfähigkeit macht aus einem sozialen Kollektiv oder einer Gruppe einen Akteur. Daneben sind Organisations-, Kooperations-, Konflikt- oder Strategiefähigkeit variable Größen, die herangezogen werden können, um Akteure oder unterschiedliche Handlungsformen von Akteuren empirisch voneinander zu unterscheiden. Unter **Organisationsfähigkeit** wird die Fähigkeit zur formalen Organisierung kollektiver

2.3 Handlungstheoretische Ansätze

Interessen verstanden. **Kooperations- und Konfliktfähigkeit** bezeichnet die Fähigkeit zur kollektiven Einflussnahme durch Verhandlung/Kooperation und/oder Konflikt. **Strategiefähigkeit** schließlich ist definierbar durch die Fähigkeit zur Konzipierung, internen Durchsetzung und Durchführung von Strategien, d. h. das Vorhandensein von Grundregeln des Handelns für eine Vielzahl von sozialen Situationen (vgl. Raschke und Tils 2013). Insoweit sind wesentliche Teile des Handelns von Akteuren vorhersehbar. Der Begriff der Strategie wird später wichtig, wenn wir uns mit der Strategiefähigkeit der einzelnen politischen Akteure und ihrer PR auseinandersetzen.

▶ „**Strategien** sind erfolgsorientierte Konstrukte, die auf situationsübergreifenden Ziel-Mittel-Umwelt-Kalkulationen beruhen. Strategische Akteure sind strategisch denkende und (inter-)agierende Handlungsträger. Strategisches Handeln ist zeitlich, sachlich und sozial übergreifend ausgerichtet und an strategischen Kalkulationen orientiert. Strategische Politik meint eine an strategischen Bezügen orientierte und strategisch angelegte Politik; sie weist auf einen bestimmten Typ von Politik hin, der sich von anderen Politiktypen (Routinepolitik, situative Politik etc.) abgrenzen lässt" (Raschke und Tils 2013, S. 127).

Strategische Kommunikation wird „in erster Linie als kommunikatives Instrument betrachtet, das dazu dient, spezifische Organisationsinteressen zu realisieren. […] Insoweit wird strategische Kommunikation verstanden als die Vertretung von Partikularinteressen mittels des intentionalen, geplanten und gesteuerten Einsatzes von Kommunikation" (Röttger et al. 2013, S. 10–11).

Nicht mit solchen komplexen Akteuren verwechselt werden dürfen **Akteur-Aggregate oder nicht-organisierte Kollektive** d. h. Gruppen individueller Akteure, die bestimmte Merkmale teilen, aber nicht gemeinsam handlungsfähig sind. Im Unterschied zu korporativen oder kollektiven Akteuren haben sie keinen „organisierten und handlungsanleitenden Kern", sondern „basieren auf geteilten individuellen Wahrnehmungen, Konsumäußerungen oder Problemperzeptionen, die sich zu massenhaft gleichgerichtetem sozialem Verhalten verdichten können, ohne dass diesem eine kollektive Entscheidung oder Handlungsorientierung zugrunde läge" (Dolata und Schrape 2018, S. 14). Das kollektive Verhalten nicht-organisierter Kollektive ist allerdings ohne nähere Analyse vom organisierten kollektiven Handeln mitunter kaum zu unterscheiden, und es können damit auch weitreichende soziale Effekte erzielt werden. Ein Beispiel sind Proteste, die sich auf Social-Media-Plattformen wie Twitter um Hashtags herum entwickeln können. #MeToo oder #BlackLivesMatter waren zunächst nicht-organisierte Protestaktionen, die aus gleichgerichteten Verhaltensentscheidungen von Individuen resultierten, ohne dass sie sich kollektiven oder korporativen Akteuren zurechnen ließen. Auch Crowds oder Schwärme sind Beispiele für nicht-organisierte Kollektive, die zur Gewinnung von Ressourcen genutzt werden können, ohne dass sie deshalb Merkmale von Organisationen aufweisen. Auch können Kollektive mittlerweile derart dezentral organisiert sein, dass sie keinen organisierten Kern mehr benötigen, sondern nur eine eigene Plattform zur Koordination. Ein Beispiel wäre „Anonymous" zu Beginn der 2000er Jahre (vgl. Dolata und Schrape 2015, S. 20). Auch Open-Source-Communities lassen sich unter den nicht-organisierten Kollektiven fassen.

2.3.2 Ökonomische Theorien: Rationales Handeln

Im Vordergrund ökonomischer Theorien steht das einzelne Individuum, von dem angenommen wird, dass es sich in einer konkreten Situation zwischen mehreren Möglichkeiten entscheiden muss. Ökonomische Erklärungsansätze individuellen Handelns spielen vor allem in der **Rational Choice Theory** (RCT) eine wichtige Rolle (vgl. u. a. Opp 2002; Raub 2010; Schimank 2016, S. 83–127; Wiesenthal 1987). Die konkrete Entscheidungssituation wird dabei von zwei Faktoren bestimmt: den Präferenzen des Individuums, d. h. seinen Wertvorstellungen, und den Restriktionen, die seinen Handlungsspielraum begrenzen. Unterstellt wird, dass das Individuum unter den ihm zur Verfügung stehenden Alternativen jeweils diejenige auswählt, die seinen eigenen Präferenzen am ehesten entspricht (**rationale Nutzenverfolgung**). Handelnde verfolgen die eigene Nutzenorientierung grundsätzlich **vor dem Hintergrund begrenzter Ressourcen,** d. h. sie können nicht alle eigenen Ziele zugleich realisieren und müssen sich entscheiden, welche der knappen Ressourcen sie zur Verfolgung einzelner Ziele einsetzt. Die ökonomische Handlungstheorie geht nicht davon aus, dass unterschiedliche Akteure in einer konkreten Handlungssituation gleich handeln, sondern davon, dass die Situation von den Handelnden subjektiv, d. h. möglicherweise unterschiedlich wahrgenommen und bewertet wird. Dabei spielen auch die subjektiven Erwartungen hinsichtlich der Wahrscheinlichkeit des Eintretens eines bestimmten Nutzens eine Rolle, die sowohl über- als auch unterschätzt werden kann. Zur **Subjektivität der Kosten-Nutzen-Kalkulation** gehört, dass Handelnde dazu tendieren, einen möglichen Nutzen umso geringer einzustufen, je weiter in der Zukunft dessen Eintreten erwartet wird. Entscheidend dabei ist, dass diese Auswahl häufig unter den Bedingungen von Unsicherheit getroffen wird, da dem Individuum nicht alle Informationen bekannt sind, die es zu einer rationalen Entscheidung benötigt, und die Beschaffung solcher Informationen zusätzliche Kosten verursacht.

Eine Methode für die Analyse komplexer, untereinander abhängiger Entscheidungsstrukturen ist die sog. **Spieltheorie.** Diese beschreibt die Interaktion zwischen Akteuren als ein „Spiel" zweier Personen, die ihre Entscheidungen in Abhängigkeit vom Verhalten der oder des jeweils anderen treffen müssen und sich dieser Abhängigkeit auch bewusst sind. In unterschiedlichen Typen von „Spielen" werden dabei die untereinander abhängigen Entscheidungen einzelner „Spieler" theoretisch simuliert, um Aussagen über ihr mögliches Verhalten treffen zu können. Eine wesentliche Erkenntnis solcher Spieltheorien ist z. B., dass in bestimmten Entscheidungssituationen die isolierte Verfolgung individueller Interessen zu kollektiv und individuell suboptimalen Ergebnissen führt (sogenanntes „Gefangenendilemma"). Entscheidend ist dabei, ob bestimmte „Spiele" nur einmal oder mehrmals durchgeführt werden, ob die Individuen also in der Lage sind, das vergangene Verhalten ihrer Interaktionspartner in ihre Entscheidungen mit einzubeziehen.

Auch die **Theorie des kollektiven Handelns** befasst sich mit der Frage, wie aus individuellem nutzenmaximierendem Handeln ein rationales Kollektivhandeln entstehen kann. Die auf Olson (1968) zurückgehende Kollektivgutproblematik behauptet dabei, dass unter der Prämisse individuell nutzenorientierter Entscheidungen ein rationales kollektives Handeln meist nicht möglich ist. Die These bezieht sich auf sogenannte öffentliche Güter, womit jene Güter gemeint sind, die gleichzeitig von mehreren Personen genutzt werden können (Nicht-Rivalität) und von denen niemand ausgeschlossen werden kann (Nicht-Ausschließbarkeit). Beispiele für solche öffentlichen Güter wären eine Straßenbeleuchtung, saubere Luft oder Sicherheit. Die Nicht-Ausschließbarkeit führt jedoch dazu, dass bei der Nutzung öffentlicher Güter kein Unterschied gemacht werden kann, ob jemand dafür zahlt oder nicht. Im Gegenteil: Folgt man der Annahme ökonomischer Theorien zur Nutzenverfolgung, ist es für Einzelne sogar rational, sich nicht an der Herstellung öffentlicher Güter zu beteiligen, da sie sie ja trotzdem nutzen können. Olson nennt dies ein Trittbrettfahrer- oder Free-Rider-Verhalten. Eine Lösung des Problems, wie nutzenorientierte Individuen gemeinsam kollektiv handeln können, sind für Olson Organisationen: „[M]ost (though by no means all) of the action taken by or on behalf of groups of individuals is taken through organization" (Olson 1965, S. 5–6). Organisationen können das Trittbrettfahrer- oder Free-Rider-Verhalten dadurch minimieren, dass sie sogenannte selektive Anreize schaffen, von denen Nicht-Mitglieder ausgeschlossen werden können – wie beispielsweise durch die Ermöglichung einer Rechtsberatung oder auch günstige Urlaubsreisen nur für die Mitglieder.

Einwände gegen ökonomische Erklärungsansätze beziehen sich zumeist auf die Grundannahme, dass Akteure tatsächlich rational handeln. Sowohl aus der ökonomischen Theorie selbst heraus als auch aufgrund empirischer (und lebensweltlicher) Erfahrungen kann vielmehr davon ausgegangen werden, dass die Rationalität von Akteuren zumeist begrenzt ist (Konzept der „bounded rationality") (vgl. March 1978). So kann beobachtet werden, dass Akteure sich vor Entscheidungen drücken, dass sie über keine stabile und geordnete Liste von Handlungszielen verfügen, kurzfristige Ziele den langfristigen auch dann vorziehen, wenn der Nutzen erkennbar weniger hoch ist, etc. (vgl. Schimank 2016, S. 102–127). Auch handeln Akteure oftmals routiniert oder berechnen den Nutzen und die Folgen einer Handlung nicht, weil sie ihnen nicht wichtig genug erscheint (Niedrigkostensituation). Ferner lässt sich gegen die ökonomischen Erklärungsansätze einwenden, dass mit ihnen nicht hinreichend geklärt werden kann, warum Akteure bestimmte Nutzenpräferenzen haben. Präferenzen erscheinen aus Sichtweise der hier skizzierten Ansätze als Produkt einer individuellen Entscheidung, während sie jedoch zumeist sozial geprägt sind.

2.3.3 Soziologische Theorien: Rollen- und normorientiertes Handeln

Im Gegensatz zu ökonomischen Erklärungsansätzen, die das Handeln als Verfolgung individueller und rationaler Nutzenkalküle deuten, spielen bei soziologischen Erklärungsansätzen Begriffe wie **Werte, Normen, Rollen** sowie die an sie geknüpften Erwartungen die zentrale Rolle. Der Handelnde trifft als „homo sociologicus" (Dahrendorf 2006) seine Handlungsentscheidungen anhand sozialer Normen, und dies zumeist nicht freiwillig, wie bereits Durkheim in seiner klassischen Definition soziologischer Tatbestände zum Ausdruck brachte: „Sie bestehen in besonderen Arten des Handelns, Denkens und Fühlens, die außerhalb der Einzelnen stehen und mit zwingender Gewalt ausgestattet sind, kraft deren sie sich ihnen aufdrängen" (Durkheim 1999, S. 107). Soziale Rollen bilden mit Durkheims Worten „Gussformen, in die wir unsere Handlungen gießen müssen" (Durkheim 1999, S. 126).

Das Zwanghafte an Rollen liegt darin begründet, dass sie **normative Erwartungen umfassen,** und diese Erwartungen sind in erster Linie sozial begründet. Normative Erwartungen reichen von rechtlichen Regeln, die bestimmte Handlungen verbieten oder begrenzen, bis hin zu informellen Normen, z. B. bezüglich der Art der Berufsausübung oder des Auftretens. Auch bei Übertretung solcher informellen Normen kann eine soziale Missbilligung erfolgen. Über Rollen fließen auch spezifische Anforderungen von Organisationen in das Handeln der Akteure ein, sie bilden **Vermittlungsstellen zwischen Organisation und Akteur.** Im Hinblick auf den Bereich der politischen Kommunikation unterscheiden sich Journalistinnen und Journalisten, die bei einer Qualitätszeitung arbeiten, deutlich von denen einer Unterhaltungsillustrierten. Gleiches gilt für Rollen innerhalb der Politik: Von Regierungsmitgliedern wird anderes erwartet als von Angehörigen einer außerparlamentarischen Partei. Entsprechend diesen unterschiedlichen, an die Rolle gebundenen Erwartungen verhalten sich die Akteure kommunikativ unterschiedlich.

Beim Rollenhandeln können grundsätzlich „role taking" und „role making" unterschieden werden (Schimank 2016, S. 67–68). **„Role taking"** liegt dann vor, wenn die Erwartungen an eine Rolle klar und eindeutig sind. In diesem Fall können die Handelnden diese Erwartungen einfach befolgen. **„Role making"** ist vor allem dann notwendig, wenn unklar definierte oder widersprüchliche Erwartungen an eine Rolle herangetragen werden oder wenn die zur Erfüllung dieser Erwartungen notwendigen Ressourcen fehlen. In diesen Fällen müssen die Handelnden ihre Rolle selbst gestalten und definieren. Ein Beispiel für „role making" wäre das Aufkommen neuer Berufe oder Tätigkeitsbezeichnungen, wo die Antwort auf die Frage „Was macht die eigentlich?" weniger klar ist als bei Tätigkeiten, die bei möglichen Anspruchsgruppen bereits bekannt sind. In diesen Fällen besteht sowohl die Freiheit als auch die Notwendigkeit, die eigene Tätigkeit zu erklären und Erwartungen an diese mitzugestalten.

2.3.4 Praxistheorien: Dinge tun und mit Objekten umgehen

Unter dem Begriff „Praxistheorien" wird eine Pluralität vornehmlich kultursoziologischer Ansätze begriffen, die zunehmend auch in der Kommunikationswissenschaft rezipiert werden (vgl. Pentzold 2015, 2016, S. 69–110). Im Unterschied zu den oben behandelten Ansätzen, die an dem Begriff des Handelns nach Max Weber und den für ihn zentralen „subjektiven Sinn" ansetzen, steht für Praxistheorien das scheinbar alltägliche „Tun von Dingen", die „Tätigkeit im Vollzug" (Bongaerts 2007, S. 249) im Vordergrund. Diese wird nicht als Serie isolierter, aufeinander folgender Handlungen betrachtet, sondern als stetiger Strom. Im Zentrum der Theorien steht das Wissen, das mit dem „Tun von Dingen" verbunden ist, etwa der Nutzung eines Messenger-Dienstes oder einer Social-Media-Plattform. „Praktiken werden als gleichzeitig ermöglichende und einschränkende Basiselemente des Sozialen begriffen, die sowohl die Grundlage für soziale Ordnung als auch für Subjektivität bilden" (Schäfer 2019, S. 110). Damit wird das Ziel verbunden, die „Relationalität, Zeitlichkeit, Räumlichkeit, Körperlichkeit und Materialität des Sozialen" anzuerkennen (Schäfer 2019, S. 110). In Abgrenzung zu den beiden oben genannten Handlungstheorien fasst Reckwitz (2003) den Kern von Praxistheorien wie folgt zusammen:

> „Zentral für das praxeologische Verständnis des Handelns ist, dass Handeln zwar *auch* Elemente der Intentionalität enthält – wie das Paradigma des Homo oeconomicus betont –, dass es zwar *auch* mit normativen Kriterien hantiert – wie der Homo sociologicus es hervorhebt –, dass in ihm zweifellos symbolische Schemata zum Einsatz kommen – worauf die anderen Zweige des Kulturalismus verweisen –, dass Intentionalität, Normativität und Schemata in ihrem Status jedoch grundsätzlich modifiziert werden, wenn man davon ausgeht, dass Handeln im Rahmen von Praktiken zuallererst als *wissensbasierte* Tätigkeit begriffen werden kann, als Aktivität, in der ein praktisches Wissen, ein Können im Sinne eines ‚know how' und eines praktischen Verstehens zum Einsatz kommt. Jede Praktik und jeder Komplex von Praktiken – vom Zähneputzen bis zur Führung eines Unternehmens, von der Partnerschaft bis zur Verhandlung zwischen Konfliktparteien – bringt sehr spezifische Formen eines praktischen Wissens zum Ausdruck und setzt dieses bei den Trägern der Praktik voraus. Beim Vollzug einer Praktik kommen implizite soziale Kriterien zum Einsatz, mit denen sich die Akteure in der jeweiligen Praktik eine entsprechende ‚Sinnwelt' schaffen, in denen Gegenstände und Personen eine implizit gewusste Bedeutung besitzen, und mit denen sie umgehen, um routinemäßig angemessen zu handeln" (Reckwitz 2003, S. 291–292).

Stärker noch als soziologische Handlungstheorien betonen die Praxistheorien den Aspekt, dass Menschen keine isolierten Individuen sind, sondern soziale Wesen mit einer Persönlichkeit, Geschichte und Verbundenheit zu anderen Menschen. Praxistheorien verweisen beispielsweise darauf, dass Körper Handlungen ausführen, dass auch politische Praxis etwas mit sinnlichen Erfahrungen zu tun hat. Ein Beispiel ist die Praxis des Demonstrierens. Als Form politischen Protestes haben Demonstrationen eine lange Geschichte, sie sind eingebettet in eine Tradition, die Demonstrierenden bekannt ist und die sie gleichsam verinnerlicht haben. Die Praxis des Demonstrierens ist einerseits erlernt und verläuft nach bestimmten Routinen, wird andererseits aber immer wieder neu inszeniert. Sie zu verstehen setzt eine Kenntnis der Symbole voraus, die von Demonstrierenden genutzt werden. Diese Symbole kommen durch Materialien wie Banner, Flaggen, Pappschilder oder bestimmte Kleidungsstücke etc. zum Ausdruck.

2.4 Institutionalistische Theorien

Der Begriff der Institution kommt in vielen sozialwissenschaftlichen Basistheorien vor, wird dort aber unterschiedlich verwendet. Der Institutionalismus ist daher weniger eine einheitliche Theorie als vielmehr ein übergreifendes Paradigma. Der gemeinsame Kern institutionalistischer Theorien besteht in der Annahme, dass sich soziale Phänomene wie das Handeln von Individuen, aber auch der Aufbau und die Arbeitsweise von Organisationen aus der Orientierung an legitimen, d. h. akzeptierten Regeln erklären lassen.

▶ **Institutionen** sind Sets von miteinander verbundenen Regeln und Routinen, die für Rollenträger in spezifischen Situationen ein angemessenes Handeln definieren. Sie legen fest, welche Handlungssituation gerade besteht, welche Rolle zu erfüllen ist und welche Verpflichtungen daraus erwachsen (vgl. March und Olson 1989, S. 21). Institutionen bestehen aus regulativen, normativen und kulturell-kognitiven Regeln, die gemeinsam mit den damit verbundenen Aktivitäten und Ressourcen das soziale Leben mit Stabilität und Bedeutung versorgen (vgl. Scott 2001, S. 48). Insofern sie auf Dauer angelegt sind, bilden Institutionen Strukturen, die das Handeln von Akteuren sowohl begrenzen als auch ermöglichen (vgl. Giddens 1995).

In der Literatur wird der Begriff der Institution oft auch für Organisationen verwendet, etwa wenn von dem Parlament als Institution gesprochen wird. In dem hier verfolgten Verständnis ist beides zu unterscheiden: Der Deutsche Bundestag ist eine Organisation, die institutionalisierten Regeln des Parlamentarismus folgt und kann daher auch als Institution angesehen werden. Auch beim öffentlich-rechtlichen Rundfunk handelt es sich um verschiedene Organisationen, die jedoch einem gemeinsamen rechtlichen Rahmen unterworfen sind: Sie repräsentieren damit zugleich die Institution öffentlich-rechtlicher Rundfunk mit seinen Werten, Normen und Regeln.

Mit Scott (2001) lassen sich bei Institutionen drei **Typen von Regeln** unterscheiden, die alle zugleich erfüllt sein müssen (Scott spricht auch von „pillars" (Säulen) von Institutionen): regulative, normative und kulturell-kognitive Regeln (Abb. 2.5).

Regulative Regeln, wie sie etwa in Form von Gesetzen, Regelwerken oder auch Sanktionen vorliegen, begrenzen und regulieren das Handeln von Akteuren mit Hilfe

2.4 Institutionalistische Theorien

Regeltyp	regulativ	normativ	kulturell-kognitiv
Ordnung durch	regulative Regeln	bindende Erwartungen	konstitutive Schemata
Einhaltung durch	instrumentelle Berechnung	soziale Verpflichtung	„Taken-for-grantedness"
Mechanismus der Durchsetzung	Zwang	normativer Druck	Imitation

Abb. 2.5 Drei Säulen des Institutionalismus (nach Scott). (Quelle: Scott 2001, S. 52, übersetzt und gekürzt)

von Zwang. Akteure folgen regulativen Regeln, weil sie sonst mit Sanktionen rechnen müssen.

Normative Regeln sind bindende Erwartungen darüber, wie Akteure sich angemessen verhalten sollen, d. h. mit ihnen ist die vorschreibende, bewertende und verpflichtende Dimension von Institutionen angesprochen.

Kulturell-kognitive Regeln bestehen aus einem gemeinsamen und kulturell geprägten Verständnis von Rollen und Handlungssituationen, das in der Regel nicht hinterfragt, sondern als selbstverständlich angenommen und durch Nachahmung erworben wird.

Einmal institutionalisiert, greifen diese drei Typen von Regeln ineinander über. Wir halten an einer roten Ampel an, weil uns sonst eine Strafe erwartet (regulative Säule), weil wir uns anderen, z. B. anwesenden Kindern gegenüber verpflichtet fühlen (normative Säule) oder weil es uns selbstverständlich erscheint, seitdem wir dieses Verhalten bei anderen beobachtet und uns abgeschaut haben (kulturell-kognitive Säule).

Institutionalistische Theorien werden vor allem herangezogen, um das Verhalten und die Struktur von Organisationen zu erklären. Der sogenannte **Neo-Institutionalismus** geht davon aus, dass Organisationen sich vor allem an Erwartungen ihrer Umwelt wie auch ihrer Mitglieder orientieren. Organisationen streben nach Legitimität, indem sie diese Erwartungen zu erfüllen suchen. Zudem haben Organisationen solche Strukturen und Verhaltensweisen bereits derart verinnerlicht, dass sie ihnen als selbstverständlich erscheinen. Der Neo-Institutionalismus grenzt sich damit von ökonomisch orientierten Organisationstheorien ab, die die Struktur und das Verhalten von Organisationen mit der Effizienz der durch sie ermöglichten Arbeits- und Tauschprozesse erklären. Hingegen postuliert der Neo-Institutionalismus, dass Organisationen sich auch dann an der Legitimität und Angemessenheit ihrer Strukturen und ihres Verhaltens orientieren, wenn diese nach ökonomischen Kriterien nicht effizient sind. Im Fall von Unsicherheit über das angemessene Verhalten orientieren sich Organisationen vorrangig an anderen Organisationen ihres sogenannten Feldes und versuchen, diese zu imitieren. Dies führt zur sogenannten Homogenitätshypothese, die besagt, dass Organisationen innerhalb eines Feldes mit ähnlicher Umwelt (z. B. Parteien, Verbände etc.), die sich wechselseitig beobachten und interagieren, in ihren Strukturen und Verhaltensweisen immer ähnlicher werden. Für die Kommunikationswissenschaft ist vor allem von Interesse, aufgrund welcher Umwelteinflüsse sich bestimmte Strukturen und Instrumente durchsetzen und andere nicht (vgl. Sandhu 2012, 2018).

2.5 Organisationstheorien

Die moderne Gesellschaft ist von Organisationen geprägt, und deren Vorhandensein ist ein Ergebnis des gesellschaftlichen Differenzierungsprozesses. Sie tragen wesentlich dazu bei, Berechenbarkeit, Planbarkeit und Zuverlässigkeit in der sozialen Realität – und damit für alle Handelnden – zu schaffen. **Organisationen haben daher eine handlungsermöglichende Funktion:** Bestimmte soziale Aufgaben werden an sie delegiert. In Mediengesetzen wird beispielsweise festgelegt, welche Leistungen von den Medien erwartet werden (Informationsvermittlung, Bildungsaufgabe, Leistungsauftrag usw.). Andererseits **setzen Organisationen Grenzen,** schränken also durch Angebotsformen und Regeln Handlungsmöglichkeiten für andere ein: Sie treten Individuen oder Gruppen als weitgehend verselbständigte Sozialsysteme (mit Mitgliedschafts- und Entscheidungsregeln, Hierarchien etc.) gegenüber.

Die Versuche, den Begriff der Organisation zu definieren, sind so zahlreich, dass hier gar nicht erst der Versuch unternommen werden soll, die Diskussion um die Frage nach dem plausibelsten Organisationsbegriff wiederzugeben. Vielmehr konzentriert sich der Abschnitt auf zentrale Paradigmen der Organisationstheorie und ihre Anwendung.

2.5.1 Paradigmen der Organisationstheorie

In seinem Standardwerk „Organizations" differenziert Richard W. Scott drei zentrale Paradigmen der Organisationstheorie: Organisationen als rationale, natürliche und offene Systeme. Der Systembegriff ist hier nicht im Sinne Niklas Luhmanns gemeint (vgl. Abschn. 2.2), sondern eher als Paradigma oder grundlegende Perspektive.

Als **rationale Systeme** sind Organisationen „collectivities oriented to the pursuit of relatively specific goals and exhibiting relatively highly formalized social structures" (Scott 2003, S. 27). Scott ist hierbei die Kombination von relativ eindeutigen Zielen und relativ hohem Grad an Formalisierung wichtig, da dies Organisationen von anderen sozialen Kollektiven wie etwa Familien oder sozialen Bewegungen unterscheidet. Der Begriff der Rationalität bezieht sich dabei auf die Mittel, die Organisationen einsetzen, um ihre Ziele zu erreichen, nicht zwingend auf die Ziele selbst. Mit anderen Worten: Organisationen als rationale Systeme sind in der Lage, ihre Handlungen zielgerichtet zu planen und ihre Mittel entsprechend einzusetzen. Dies gilt auch für ihre Kommunikation, die in dieser Perspektive ein Instrument der Zielverfolgung ist.

2.5 Organisationstheorien

Als **natürliche Systeme** sind Organisationen „collectivities whose participants are pursuing multiple interests, both disparate and common, but who recognize the value of perpetuating the organizations as an important resource. The informal structure of relations that develops among participants is more influential in guiding the behaviour of participants than is the formal structure" (Scott 2003, S. 28). Anders als im rationalen Verständnis wird hier nicht gefragt, was Organisationen von anderen sozialen Kollektiven unterscheidet, sondern was Organisationen mit diesen verbindet. Ein wesentliches Ziel teilen alle: Sie wollen überleben. Alle weiteren Zielsetzungen von Organisationen können komplex, mehrdeutig und widersprüchlich sein und müssen nicht zwingend mit denen der Beteiligten übereinstimmen.

Als **offene Systeme** sind Organisationen „congeries of interdependent flows and activities linking shifting coalitions of participants embedded in wider material-resource and institutional environments" (Scott 2003, S. 29). Organisationen bilden nach diesem Verständnis einen sehr komplexen, aber nur lose verkoppelten Zusammenhang zwischen einzelnen internen Interessengruppen (vgl. Weick 1985, S. 161–170). Diese Sichtweise betont den Prozesscharakter von Organisationen, es geht um „organizing" als Tätigkeit des Organisierens, weniger um die statische „organization". Die Grenzen zwischen Organisation und Umwelt sind in dieser Sichtweise nicht eindeutig zu ziehen. Organisationen als offene Systeme sind in hohem Maße abhängig von ihrer Umwelt, und die Ziehung einer Grenze zwischen Organisation und Umwelt wird zu einem analytischen Problem.

Neben diesen drei Systemkonzeptionen von Scott lässt sich aus Luhmanns Ansatz selbstreferentieller Systeme ein viertes Paradigma ableiten, das Organisationen als **operativ geschlossene Systeme** betrachtet. Organisationen sind für Luhmann operativ geschlossene Systeme, die Entscheidungen kommunizieren, genauer: Sie entstehen und reproduzieren sich, wenn es zur Kommunikation von Entscheidungen kommt (vgl. Luhmann 2000b, S. 63). Entscheidungen von Organisationen werden somit immer aus früheren Entscheidungen heraus gebildet, und Organisationen transformieren durch Entscheidungen „weltbedingte Unsicherheiten in systeminterne Sicherheiten" (Luhmann 1997, S. 838).

Aus den hier genannten Paradigmen der Organisationstheorie lassen sich unterschiedliche **Forschungsperspektiven** ableiten. So findet sich in Forschungsfeldern wie Public Relations oder Strategische Kommunikation „mehrheitlich eine organisationszentrierte, am Kommunikator ausgerichtete Perspektive, die Rationalität, Intentionalität und Steuerung in den Vordergrund stellt" (Wehmeier et al. 2013, S. 14). Das Forschungsfeld Organisationskommunikation folgt hingegen eher dem natürlichen Paradigma. Es wendet den Blick stärker nach innen und fragt, wie sich Organisationen aus formalen wie informellen Kommunikationsprozessen zwischen Individuen und Gruppen überhaupt herausbilden und beispielsweise eigene Identitäten entwickeln können. Die Perspektive rationaler Systeme ist nach Scott heute die dominante, da sie sowohl von den Wirtschaftswissenschaften als auch von Organisationspraktikern (Managerinnen und Managern,

Beraterinnen und Beratern etc.) geteilt werde. Dass Organisationen sich selbst als rational, gestaltet und geführt beschreiben, ist allerdings wenig erstaunlich, so dass aus der Dominanz dieser Perspektive nicht ohne Weiteres auf eine überlegene wissenschaftliche Erklärungskraft des Ansatzes geschlossen werden kann.

2.5.2 Elemente und Ziele von Organisationen

Auf Basis dieser vier Paradigmen lassen sich nun bestimmte grundlegende theoretische Fragen über Organisationen angehen und die Unterschiede im Verständnis von Organisationen ausarbeiten.

Eine erste Frage lautet: **Woraus bestehen Organisationen?** Folgt man einzelnen Definitionen, so bestehen Organisationen aus **Personen,** die sich zur Verwirklichung spezifischer Ziele zusammengeschlossen haben (vgl. Büschges 2002, S. 392). Andere Theorien betonen hingegen, dass Organisationen nicht aus Individuen bestehen, sondern aus deren **Handlungen.** Dies wurde schon in einer klassischen Definition von Chester I. Barnard 1938 formuliert: „Formal organization is that kind of cooperation among men that is conscious, deliberate, purposeful" (Barnard 1938, S. 4). Die Personen, die diese Handlungen vollziehen, sind somit nicht mehr Bestandteil der Organisation, sondern gehören zur Umwelt. Daher spricht man in der auf Barnard aufbauenden verhaltenswissenschaftlichen Entscheidungstheorie nicht mehr von Mitgliedern, sondern von Teilnehmerinnen und Teilnehmern einer Organisation: „An organization is a system of interrelated social behaviors of a number of persons whom we shall call the participants in the organizations" (March und Simon 1958, S. 103). In der Systemtheorie bestehen Organisationen wiederum aus **Kommunikation,** d. h. hier wird noch stärker von den Menschen abstrahiert.

Der Umstand, dass Organisationen aus Handlungen und nicht aus Personen bestehen, ist gerade für politische Organisationen relevant. Folgt man ökonomischen Handlungstheorien, so ist anzunehmen, dass Menschen sich nicht selbstlos für politische Organisationen engagieren, sondern aus einem rationalen Nutzenkalkül heraus. Sie leisten damit **Beiträge** („contributions") an die Organisation im Austausch gegen **Anreize** („inducements"). Politische Organisationen müssen ihren Mitgliedern „etwas bieten", insbesondere selektive Anreize wie Vergünstigungen, um sie zur Leistung von Beiträgen an die Organisation zu überzeugen (vgl. March und Simon 1958). Illustrieren lässt sich dies am Beispiel der Gewerkschaften: Da die von ihnen erzielten Lohnabschlüsse für alle Beschäftigten gelten, und nicht nur für ihre Mitglieder, haben Gewerkschaften mit dem im Abschn. 2.3.2 beschriebenen Problem des Trittbrettfahrens zu kämpfen. Oft werben solche Organisationen dann mit selektiven Anreizen wie bspw. einer kostenlosen Rechtsberatung oder anderen Vergünstigen für ihre Mitglieder.

Die Unterschiede zwischen den Auffassungen von Organisationen als „rationale", „offene" oder „natürliche" Systeme lassen sich auch anhand eines zentralen Merkmals jeder Organisation deutlich machen: ihrer **Ziele.** In vielen Definitionen des Begriffs

2.5 Organisationstheorien

der Organisation wird darauf verwiesen, dass diese Ziele haben und verfolgen. Insbesondere in rationalen Systemmodellen ist „the pursuit of relatively specific goals" (Scott 2003, S. 27) das entscheidende Kriterium, das Organisationen von anderen sozialen Kollektiven unterscheidet. Im Feld der politischen Kommunikation trifft dies vor allem auf Organisationen zu, die sehr spezifische Interessen verfolgen und die Ziele ihrer Mitglieder zum Zwecke der Durchsetzung von Zielen bündeln, wie etwa Berufsverbände. Natürliche Systemmodelle gehen wiederum davon aus, dass die Mitglieder von Organisationen nicht primär kollektive Ziele verfolgen, sondern individuelle. Individuen und Gruppen versuchen, aus dem kollektiven Handeln mit anderen Organisationsmitgliedern Nutzen für die eigenen Präferenzen zu ziehen. Aus diesen Interaktionen entsteht die Organisation. Pfeffer und Salancik (1978, S. 36) formulieren diesen Grundsatz wie folgt: „The organization is a coalition of groups and interests, each attempting to obtain something from the collectivity by interacting with others, and each with its own preferences and objectives. The result of these interactions and exchanges is the collectivity we call the organization." Nach diesem Verständnis **entstehen Ziele erst durch Verhandlungen und Auseinandersetzungen** zwischen den Subkoalitionen einer Organisation. Es kann sich auch um mehrere Ziele handeln, die nur teilweise rational begründbar und sogar in sich widersprüchlich sein können. Das „offizielle" Organisationsziel ist dann jenes, das von einer dominanten Gruppe innerhalb der Organisation durchgesetzt wurde (vgl. Simon 1945, S. 163). Das gilt beispielsweise für große Organisationen wie politische Parteien, die zahlreiche individuellen Mitglieder und sowohl räumliche Untergliederungen (Ortsgruppe, Kreisverband) als auch Gruppen mit besonderen sozialen Interessen (Selbständige, Jugendorganisation u. a. m.) mit unterschiedlichen Interessen haben, aus denen ein gemeinsames Ziel erst mühsam gebildet werden muss.

In der Organisationstheorie wird dieser Prozess von Karl Weick als **Organizing** bezeichnet. Er geht davon aus, dass sich Organisationen zunächst auf Basis gemeinsamer Mittel bilden und erst danach aus den verschiedenen Zielen ihrer Teilnehmerinnen und Teilnehmer gemeinsame Ziele entwickelt werden. Mitunter werden Ziele erst retrospektiv entwickelt und kommunikativ verwandt. Das wichtigste gemeinsame Ziel ist für Weick, dem Ansatz des natürlichen Systemmodells folgend, die Erhaltung der Organisationsstruktur, die gemeinsame Mittel bereitstellt (vgl. Weick 1985, S. 133–138).

Uwe Schimank schlägt dagegen vor, bei „aller ansonsten berechtigten Kritik am organisationssoziologischen Zielparadigma" an dem grundlegenden Wesen von Zielen festzuhalten: „Eine Organisation ist in dem Maße kollektiv handlungsfähig, wie die Handlungen der einzelnen Mitglieder eine konstruktiv geordnete Gestalt ergeben, also nicht bloß gelegentlich, sondern systematisch so ineinander greifen, dass an Stelle von Individualinteressen eine übergreifende Zielsetzung verfolgt wird" (Schimank 2002, S. 36). Organisationsziele – mögen sie noch so vage und ungenau definiert sein – sind aus dieser Sicht eine Voraussetzung für die kollektive Handlungsfähigkeit des Akteurs: „Über Organisationsziele wird der korporative Akteur ausgeflaggt – nach außen ebenso wie nach innen" (Schimank 2002, S. 36).

Dieser Begriff des „Ausflaggens" verweist darauf, dass die Ziele einer Organisation von ihrer Kommunikation und deren Wahrnehmung durch andere Akteure abhängig sind. **Organisationsziele entstehen durch Kommunikation, indem die einzelnen Interessengruppen oder Subkoalitionen sie aushandeln, und sie werden dadurch wirksam, dass sie kommunikativ vermittelt werden.** Und erst durch einen Akt der Rezeption werden Ziele für eine Organisation handlungsleitend – sowohl nach innen als auch nach außen. Gerade das macht die Kommunikation politischer Ziele so relevant.

2.5.3 Politische Kommunikation als organisierte Kommunikation

Organisationen (und damit auch Organisationstheorien) sind für das Forschungsfeld politische Kommunikation in hohem Maße relevant. Abgesehen von persönlichen Gesprächen über Politik ist politische Kommunikation in der Regel eine organisierte Form der Kommunikation. Darauf hat bereits Mancur Olson in seiner Theorie des kollektiven Handelns hingewiesen: „Most (though by no means all) of the action taken by or on behalf of groups of individuals is taken through organization" (Olson 1965, S. 5–6) – nur vermittelt durch Organisation kann aus individuellen Interessen ein gemeinsames, politisch wirksames Handeln werden. Damit wird auch die Frage relevant, wie politische Kommunikation durch diese Organisationen geprägt wird, wie etwa die Strukturen einer Organisation ihr Kommunikationsverhalten beeinflussen und umgekehrt. Damit ist das Forschungsfeld der **Organisationskommunikation** angesprochen; dieser Begriff umfasst die Kommunikation in und von Organisationen, also sowohl deren Binnen- als auch deren Außenkommunikation in einem weiten Sinne (vgl. Theis-Berglmair 2003, S. 18). Der Zusammenhang zwischen Kommunikation und Organisation lässt sich insgesamt in fünf zentrale Dimensionen differenzieren (vgl. Donges 2011) (Abb. 2.6).

Abb. 2.6 Organisationsperspektive auf Kommunikation. (Quelle: Donges 2011, S. 219)

2.5 Organisationstheorien

Organisationen bestehen aus Kommunikation: Entgegen einer alltagsweltlichen Vorstellung bestehen Organisationen nicht einfach aus ihren Mitgliedern, d. h. einzelnen Personen. Zum einen gehören Menschen nie ganz zu einer Organisation, zum anderen bestehen Organisationen auch dann weiter, wenn weite Teile ihres Personals ausscheiden oder ersetzt werden. Organisationen bestehen vielmehr aus der Kommunikation, die sich auf die Organisation bezieht. Vor allem politische Organisationen leisten wenig anderes als Beschlüsse zu fassen, Anhörungen durchzuführen, Interessen zu artikulieren etc. Außerhalb dieser Kommunikationsakte sind Organisationen nur leere Gebäude. Bereits der Ökonom Simon (1945, S. 18–19) definierte Organisationen als „the pattern of communications and relations among a group of human beings, including the processes for making and implementing decisions". Der Bezug organisationaler Kommunikation auf Entscheidungen ist wichtig und zieht sich durch viele Organisationstheorien. Auch in der Systemtheorie Luhmanns wird betont, dass Organisationen aus Kommunikation bestehen und als einziger Typ sozialer Systeme in der Lage seien, Entscheidungen zu treffen (vgl. Luhmann 1997, S. 830; 2000b, S. 63). Grund hierfür ist ihre interne Struktur, beispielsweise durch die Unterscheidung zwischen einem Vorstand und „einfachen" Mitgliedern. Einfache Interaktionssysteme, Netzwerke oder Funktionssysteme verfügen nicht über solche Strukturen und können daher keine eigenen Entscheidungen treffen, auch wenn wir das umgangssprachlich so nennen. Es ist nicht „die Politik", die Entscheidungen trifft, sondern es sind immer konkrete Organisationen wie die Regierung oder das Parlament im Rahmen entsprechender Institutionen (Bundesstaat, parlamentarische Demokratie etc.).

Organisationen sind Kommunikatoren oder Sprecher: Organisationen sind korporative Akteure, die Entscheidungen treffen und denen Handlungen – und damit auch Kommunikation – von außen zugeschrieben werden können. Sie können Beschlüsse fassen und verkünden. Dabei ist es unerheblich, dass es zunächst einmal Individuen sind, die kommunizieren. Politische Organisationen kommunizieren durch Individuen, die idealerweise aber sowohl intern als auch extern als Sprecherinnen oder Sprecher anerkannt sind. Bei Berufsverbänden oder Gewerkschaften ist oft einfach zu erkennen, dass nur die oder der Vorsitzende für die Organisation spricht. Für Parteien ist das schon schwieriger: neben den formalen Vorsitzenden von Parteiorganisationen oder Fraktionen melden sich auch andere Mitglieder oder Abgeordnete zu Wort, und es ist dann nicht immer erkennbar, ob sie als Sprecherin oder Sprecher der gesamten Organisation fungieren. Soziale Bewegungen oder Netzwerke wie „Fridays for Future" sind noch weniger in der Lage, legitimierte Sprecherinnen und Sprecher auszuflaggen, weil sie als Akteur ohne eine dauerhafte Hierarchie oder klar geregelten Organisationen gelten wollen. Oft sind es Medien, die nach prägnanten Persönlichkeiten in solchen Netzwerken suchen und diese als Sprecherinnen und Sprecher markieren, ohne dass dies zwingend von allen Mitgliedern des Netzwerkes geteilt wird.

Organisationen sind Kommunikationsräume oder -strukturen, innerhalb derer Kommunikation stattfindet. Das ist die klassische Perspektive des Forschungsfeldes

Organisationskommunikation, die mit Miller (2008, S. 3415) mit der Frage umschrieben werden kann, „how the context of the organization influences communication processes and how the symbolic nature of communication differentiates it from other forms of organizational behavior". Für die Kommunikation in Organisationen ist entscheidend, ob diese beispielsweise streng hierarchisch oder eher „flach" organisiert sind, ob es sich um große, heterogen zusammengesetzte Organisationen oder um kleine, eher homogen strukturierte handelt. Auch für die Kommunikation in Organisationen gibt es (institutionelle) Regeln, die beachtet werden müssen: ein „Dienstweg" für Mitteilungen, die Struktur eines Meetings, informelle Kommunikation im Rahmen von Plattformen etc.

Organisationen sind Gegenstand von Kommunikation, und zwar sowohl der medialen, öffentlichen als auch der interpersonalen. Im Rahmen solcher Kommunikationsprozesse können sich Organisationsimages herausbilden, d. h. vereinfachte, typisierte und meist bewertete Vorstellungsbilder, die für die Organisationen höchst folgenreich sein können. In der Regel ist Organisationen und ihren Mitgliedern dieses Image nicht egal. Vielmehr sind sie um eine positive Wahrnehmung oder Reputation bemüht.

▶ **„Reputation** bezeichnet das Ansehen, das eine Person, Organisation oder Institution für ihren spezifischen Beitrag zur Realisierung kollektiv geteilter Ziele und Werte in der Öffentlichkeit genießt. Positive Reputation entsteht, wenn Akteure dauerhaft die Erwartungen wichtiger Bezugsgruppen erfüllen und wenn die Information der Erwartungskonformität in Prozessen öffentlicher Kommunikation diffundiert. Reputation ist ein dreidimensionales Konstrukt. Erwartet wird erstens, dass der Akteur dauerhaft teilsystemspezifische, funktionale Rollenanforderungen kompetent erfüllt (funktionale Reputation), zweitens, dass er sich moralisch korrekt verhält (soziale Reputation), und drittens, dass er über ein attraktives und authentisches Profil verfügt, das eine Differenz markiert und Identifikationsmöglichkeiten schafft (expressive Reputation)" (Eisenegger 2015, S. 450).

Organisationen sind Indikatoren für Kommunikationswandel: Organisationen verändern sich, beispielsweise in Folge eines Gerüchts, einer bestimmten Berichterstattung oder bereits durch die Beobachtung, von Medien beobachtet zu werden. Folgen von Kommunikation werden in der Kommunikationswissenschaft gemeinhin als Medienwirkung bezeichnet. Dieser Begriff umfasst „alle Veränderungen bei Individuen und in der Gesellschaft, die durch Aussagen der Massenkommunikation oder durch die Existenz von Massenmedien entstehen" (Maletzke 1982, S. 10). Der letzte Halbsatz, der in heutigen Definitionen von Medienwirkung meist fehlt, ist in diesem Zusammenhang wichtig: Auch strukturelle Veränderungen, die Organisationen vornehmen, um gesellschaftliche Kommunikation besser beobachten und schneller auf sie reagieren zu können, können als Kommunikationsfolgen betrachtet werden. So wird die zunehmende

Relevanz von Social-Media-Plattformen beispielsweise auch daran sichtbar, dass politische Organisationen sie zur eigenen Kommunikation nutzen und entsprechende Abteilungen in ihrer Organisation gebildet haben.

2.6 Akteurtheorien

Innerhalb der Sozialwissenschaften gibt es seit den 1980er Jahren Versuche, system- und handlungstheoretische Ansätze so miteinander zu verbinden, dass die Vorteile beider theoretischen Zugangsweisen genutzt werden können. Einen solchen Versuch stellen insbesondere die akteurtheoretischen Ansätze dar, die einerseits den Systembegriff antizipieren, d. h. nicht rein handlungstheoretisch argumentieren, die aber andererseits das Handeln von interessen- und normengeleiteten Akteuren in den Mittelpunkt ihrer Argumentation stellen. Einen fruchtbaren Versuch dieser Verbindung stellen die Arbeiten des Kölner Max-Planck-Instituts für Gesellschaftsforschung dar. Schimank kritisiert auf der einen Seite an der Systemtheorie, dass diese lediglich die Folgewirkungen funktionaler Differenzierung zum Gegenstand habe, die Frage jedoch, welche Ursachen und Mechanismen gesellschaftliche Differenzierung überhaupt erst hervorgebracht haben und weitertreiben, nicht systematisch beantwortet wird. Seine These lautet: Gesellschaftliche Differenzierung ist „nur als Ergebnis von Interessen- und Einflusskonstellationen gesellschaftlicher Akteure im Rahmen funktionaler Erfordernisse gesellschaftlicher Reproduktion angemessen rekonstruierbar" (Schimank 1985, S. 422), d. h. es muss sowohl auf handlungstheoretische Erkenntnisse (Interessen- und Einflusskonstellationen) als auch auf solche der Systemtheorie (funktionale Erfordernisse) zurückgegriffen werden, um die Gesellschaft und ihre Dynamik sinnvoll analysieren zu können.

Auf der anderen Seite kritisiert Schimank an der Handlungstheorie, dass sie die substanziellen Ausprägungen von Akteurinteressen nicht zum Erklärungsgegenstand macht, also nicht erklären kann, warum ein Akteur bestimmte Interessen verfolgt. Dies gelingt erst, wenn man die Erklärung eines bestimmten Akteurhandelns zweistufig anlegt: **Funktionale Teilsysteme bilden aus akteurtheoretischer Perspektive den Rahmen, der Handlungsorientierungen konditioniert. Innerhalb dieses Rahmens treffen Akteure aber Handlungsentscheidungen auf Basis ihrer Interessen** (vgl. Schimank 1988, S. 623). Dabei muss jedoch der Begriff des Systems handlungstheoretisch formuliert werden. Nach Schimank wird das Handeln einzelner Akteure durch **drei Orientierungshorizonte** geprägt: ihre Zugehörigkeit zu einem gesellschaftlichen Teilsystem, zu institutionellen Ordnungen und zu Akteurskonstellationen. Diese drei Orientierungshorizonte modulieren die drei verschiedenen Handlungsprägungen eines Akteurs: das „Wollen", das „Sollen" und das „Können" (Abb. 2.7).

Gesellschaftliche Teilsysteme definiert Schimank handlungstheoretisch **als teilsystemische Orientierungshorizonte,** d. h. als „abgegrenzte Zusammenhänge hoch-

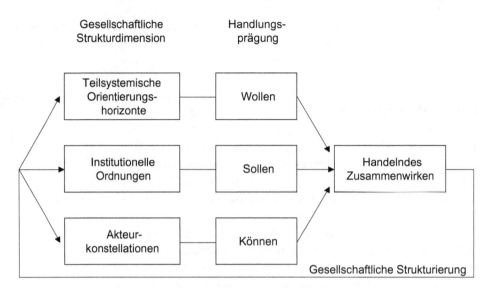

Abb. 2.7 Akteur-Struktur-Dynamiken (nach Schimank). (Quelle: Schimank 2000, S. 247)

gradig generalisierter sinnhafter Orientierungen, die den Akteuren als allgemein verbreitete situationsdefinierende Fiktionen gegenwärtig sind" (Schimank 2000, S. 243). Vereinfacht ausgedrückt: Wir können politischen Akteuren grundsätzlich unterstellen, dass sie an politischer Macht interessiert sind, ebenso wie Akteure der Wirtschaft Zahlungen und Gewinne anstreben. Die Zugehörigkeit zu einem Teilsystem legt die grundsätzlichen Interessen eines Akteurs (das **„Wollen"**) fest.

Institutionelle Ordnungen: Die durch das gesellschaftliche Teilsystem vorgegebenen Interessen sind aber für sich genommen noch zu allgemein, um spezifische Ziele eines Akteurs erklären oder bestimmen zu können. Konkretisiert werden diese teilsystemischen Orientierungen auf der Ebene der institutionellen Ordnungen. Institutionen definiert Schimank als „operationale Vorgaben dazu, wie Akteure bestimmte Situationen wahrnehmen und beurteilen und wie sie demzufolge dann handeln sollten" (Schimank 1992, S. 170), also als „Spielregeln" für bestimmte Situationen. Institutionen modulieren damit die normativen Orientierungen der Akteure, das **„Sollen"**.

Akteurskonstellationen: Eine weitere Prägung erfahren die Interessen von Akteuren auf der Ebene der Akteurskonstellationen. Andere Akteure bilden hier mögliche Hindernisse der Realisierung der eigenen Interessen, der handelnde Akteur muss also abschätzen, ob er seine Interessen in dieser Konstellation realisieren kann (das **„Können"**).

Bei der Analyse des Handelns von Akteuren müssen nach Schimank alle drei Orientierungshorizonte berücksichtigt werden, da diese zusammenwirken. Umgekehrt hat das Handeln der Akteure wiederum Auswirkungen auf die Orientierungshorizonte, so etwa dadurch, dass institutionelle Ordnungen verändert werden oder sich Verschiebungen in den Akteurskonstellationen ergeben. Es gilt daher, die systemtheoretisch ableitbaren teilsystemischen Orientierungszusammenhänge mit handlungstheoretischen Erkenntnissen über Institutionen und Akteurskonstellationen zu verbinden. Zusammenfassend schreibt Schimank: „So geht das teilsystemisch geprägte ‚Wollen' in das institutionell geprägte ‚Sollen' und dieses schließlich in das durch die Akteurskonstellation geprägte ‚Können' der Akteure ein" (Schimank 1992, S. 172). Für die Art und Weise, wie die Logik gesellschaftlicher Teilsysteme das Handeln von Akteuren restringiert, hat sich der Begriff **„constraints"** eingebürgert. Constraints sind die Funktionserfordernisse handlungsprägender Sozialsysteme, in denen sich Akteure als handlungsfähige Sozialsysteme bewegen. Anders formuliert: Constraints „bezeichnen die strukturellen Restriktionen, unter denen Akteure ihre Wahlen, ihre ‚choices', treffen und entsprechend handeln. [...] Akteure wählen innerhalb der durch Systeme aufgespannten ‚constraints', durch die abstrakte Ziele substantiell vorgegeben und Mittel zur Erreichung der Ziele definiert sind, diejenigen Handlungen, die ihre spezifischen Ziele mit dem geringsten Aufwand erreichbar machen" (Gerhards 1994, S. 80–81).

Ein vergleichbarer Ansatz ist die **Theorie der Strukturation** von Giddens. Der Ansatz geht im Gegensatz zu älteren soziologischen Erklärungsansätzen nicht davon aus, dass soziale Strukturen etwas dem Handeln Äußerliches und Eigenständiges darstellen: „Struktur besitzt keine Existenz unabhängig von dem Wissen, das die Akteure von ihrem Alltagshandeln haben" (Giddens 1995, S. 79). **Strukturen** definiert Giddens dabei **als Regeln und Ressourcen.** Akteure handeln innerhalb von Strukturen, die ihr Handeln durch Regeln und die Zuweisung von Ressourcen zum einen begrenzen, zum anderen aber auch erst ermöglichen, und indem sie innerhalb von Strukturen handeln, reproduzieren sie diese Strukturen dauerhaft selbst: „Eine der Hauptaussagen der Theorie der Strukturierung ist, dass die Regeln und Ressourcen, die in die Produktion und Reproduktion sozialen Handelns einbezogen sind, gleichzeitig die Mittel der Systemreproduktion darstellen" (Giddens 1995, S. 70). So werden etwa Regeln, die dauerhaft befolgt werden, durch diese Befolgung ständig erneuert, oder aber sie werden durch Handeln verändert, etwa wenn neue Regeln vereinbart werden: „Gemäß dem Begriff der Dualität von Struktur sind die Strukturmomente sozialer Systeme sowohl Medium wie Ergebnis der Praktiken, die sie rekursiv organisieren. Struktur ist dem Individuum nicht ‚äußerlich': in der Form von Erinnerungsspuren und als in sozialen Praktiken verwirklicht, ist sie in gewissem Sinne ihrer Aktivitäten eher ‚inwendig' [...] Struktur darf nicht mit Zwang gleichgesetzt werden: sie schränkt Handeln nicht nur ein, sondern ermöglicht es auch" (Giddens 1995, S. 77–78). In einem Beispiel ausgedrückt: Die Regel „an roter Ampel anhalten" schränkt unser aktuelles Fortkommen ein, ermöglicht damit jedoch erst Verkehr. Durch das Anhalten an einer roten Ampel reproduzieren wir die Regel und tragen damit zu ihrer Wirksamkeit bei.

Der Vorteil der Ansätze von Schimank und Giddens liegt darin, dass durch die Analyse der Wechselbeziehung von Handeln und Strukturen beide Dimensionen in den Blick geraten. Diese Betrachtungsweise macht zugleich systemtheoretische Analysen für empirische Forschung nutzbar, indem Teilsysteme als „constraints" oder als regelmäßige Praktiken beschreibbar werden und zugleich Hypothesen über das Handeln von Akteuren innerhalb dieser Strukturen formuliert und überprüft werden können. Im Unterschied zum autopoietischen Ansatz weisen solche Ansätze zur Verknüpfung von Handlungs- und Systemtheorie zudem darauf hin, dass einzelne Akteure auch innerhalb mehrerer handlungsprägender Sozialsysteme agieren können.

> **Zusammenfassung**
>
> Grundlage der Analyse politischer Kommunikation können system-, handlungs-, akteur- und organisationstheoretische Ansätze sein. Systemtheoretische Ansätze legen den Schwerpunkt dabei auf die Eigenständigkeit und Selbstreferentialität von Systemen wie Politik und Massenmedien (wie bei Luhmann), handlungstheoretische Ansätze gehen von Akteuren und dem Begriff des sozialen Handelns aus. Sie erklären soziales Handeln entweder aus der Nutzenmaximierung rational handelnder Akteure (wie die ökonomischen Erklärungsansätze) oder aus den Zwängen sozialer Normen und Rollen (wie die soziologischen Erklärungsansätze). Institutionalistische Theorien verweisen auf die Regeln, an denen sich Akteure orientieren. Organisationstheoretische Ansätze wiederum betonen die Eigendynamik und die Eigenlogik von Organisationen. So sind insbesondere politische Organisationen dadurch gekennzeichnet, dass sie mehrere Ziele zugleich verfolgen und die Grenze zwischen Außen und Innen fließend ist. Akteurtheoretische Ansätze versuchen, system- und handlungstheoretische Argumente zu verknüpfen, indem sie einerseits handelnde Akteure in den Mittelpunkt stellen, andererseits aber davon ausgehen, dass diese innerhalb von Strukturen handeln. Strukturen begrenzen und ermöglichen das Handeln von Akteuren durch Regeln und die Zuweisung von Ressourcen. Zugleich reproduzieren die Akteure diese Strukturen durch ihr Handeln dauerhaft selbst. ◄

Literatur

Barnard, Chester I. (1938). *The Functions of the Executive*. Cambridge, MA: Harvard UP.
Blöbaum, Bernd. (1994). *Journalismus als soziales System. Geschichte, Ausdifferenzierung und Verselbständigung*. Opladen: Westdeutscher Verlag.
Bongaerts, Gregor. (2007). Soziale Praxis und Verhalten – Überlegungen zum Practice Turn in Social Theory/Social Practice and Behavior – Reflections on the Practice Turn in Social Theory. *Zeitschrift für Soziologie, 36*(4), 246–260.
Büschges, Günter. (2002). Organisationssoziologie. In Günter Endruweit & Gisela Trommsdorff (Hrsg.), *Wörterbuch der Soziologie* (2., völlig neubearb. u. erw. Aufl., S. 391–395). Stuttgart: Lucius und Lucius.
Dahrendorf, Ralf. (2006). *Homo Sociologicus* (16. Aufl.). Wiesbaden: VS Verlag für Sozialwissenschaften.
Dolata, Ulrich, & Schrape, Jan-Felix. (2015). Zwischen Ermöglichung und Kontrolle: Kollektive Formationen im Web. *Forschungsjournal Soziale Bewegungen, 28*(3), 17–25.
Dolata, Ulrich, & Schrape, Jan-Felix. (2018). Kollektives Handeln im Internet. In Ulrich Dolata & Jan-Felix Schrape (Hrsg.), *Kollektivität und Macht im Internet: Soziale Bewegungen – Open Source Communities – Internetkonzerne* (S. 7–38). Wiesbaden: Springer VS.

Donges, Patrick. (2011). Politische Organisationen als Mikro-Meso-Makro-Link. In Thorsten Quandt & Bertram Scheufele (Hrsg.), *Ebenen der Kommunikation. Mikro-Meso-Makro-Links in der Kommunikationswissenschaft* (S. 217–231). Wiesbaden: VS Verlag für Sozialwissenschaften.

Durkheim, Emile. (1999). *Die Regeln der soziologischen Methode. Hrsg und eingeleitet von René König* (4. Aufl.). Frankfurt/M.: Suhrkamp.

Eisenegger, Mark. (2015). Identität, Image und Reputation – Eine kommunikationssoziologische Begriffsarchitektur. In Romy Fröhlich, Peter Szyszka & Günter Bentele (Hrsg.), *Handbuch der Public Relations: Wissenschaftliche Grundlagen und berufliches Handeln. Mit Lexikon* (S. 431–460). Wiesbaden: Springer VS.

Gerhards, Jürgen. (1994). Politische Öffentlichkeit. Ein system- und akteurstheoretischer Bestimmungsversuch. In Friedhelm Neidhardt (Hrsg.), *Öffentlichkeit, öffentliche Meinung, soziale Bewegungen* (S. 77–105). Opladen: Westdeutscher Verlag.

Giddens, Anthony. (1995). *Die Konstitution der Gesellschaft. Grundzüge einer Theorie der Strukturierung*. Frankfurt/M., New York: Campus.

Görke, Alexander. (2008). Perspektiven einer Systemtheorie öffentlicher Kommunikation. In Carsten Winter, Andreas Hepp & Friedrich Krotz (Hrsg.), *Theorien der Kommunikations- und Medienwissenschaft. Grundlegende Diskussionen, Forschungsfelder und Theorieentwicklungen* (S. 173–191). Wiesbaden: VS Verlag für Sozialwissenschaften.

Imhof, Kurt. (2011). *Die Krise der Öffentlichkeit. Kommunikation und Medien als Faktoren des sozialen Wandels*. Frankfurt/M.: Campus.

Kohring, Matthias. (2004). Journalismus als soziales System Grundlagen systemtheoretischer Journalismustheorie. In Martin Löffelholz (Hrsg.), *Theorien des Journalismus. Ein diskursives Handbuch* (2., vollst. überarb. u. erw. Aufl., S. 185–200). Wiesbaden: VS Verlag für Sozialwissenschaften.

Kuhn, Thomas S. (1962). *The Structure of Scientific Revolutions*. Chicago: University of Chicago Press.

Luhmann, Niklas. (1984). *Soziale Systeme. Grundriß einer allgemeinen Theorie*. Frankfurt/M.: Suhrkamp.

Luhmann, Niklas. (1996). *Die Realität der Massenmedien* (2., erw. Aufl.). Opladen: Westdeutscher Verlag.

Luhmann, Niklas. (1997). *Die Gesellschaft der Gesellschaft*. Frankfurt/M.: Suhrkamp.

Luhmann, Niklas. (2000a). *Die Politik der Gesellschaft*. Frankfurt/M.: Suhrkamp.

Luhmann, Niklas. (2000b). *Organisation und Entscheidung*. Wiesbaden: VS.

Maletzke, Gerhard. (1982). Medienwirkungsforschung Gedanken zu einer Forschungsstrategie in der Bundesrepublik Deutschland. *Publizistik, 27*(1), 9–20.

March, James G. (1978). Bounded Rationality, Ambiguity, and the Engineering of Choice. *The Bell Journal of Economics, 9*(2), 587–608.

March, James G., & Olson, Johan P. (1989). *Rediscovering Institutions*. New York: Free Press.

March, James G., & Simon, Herbert A. (1958). *Organizations* (2. Aufl. 1993). Cambridge, MA: Blackwell.

Marcinkowski, Frank. (1993). *Publizistik als autopoietisches System Politik und Massenmedien Eine systemtheoretische Analyse*. Opladen: Westdeutscher Verlag.

Marcinkowski, Frank. (2002). Politische Öffentlichkeit. Systemtheoretische Grundlagen und politikwissenschaftliche Konsequenzen. In Kai-Uwe Hellmann & Rainer Schmalz-Bruns (Hrsg.), *Theorie der Politik. Niklas Luhmanns politische Soziologie* (S. 85–108). Frankfurt/M.: Suhrkamp.

Marcinkowski, Frank. (2020). Systemtheorie und politische Kommunikation. In Isabelle Borucki, Katharina Kleinen-von Königslöw, Stefan Marschall & Thomas Zerback (Hrsg.), *Handbuch Politische Kommunikation*. Wiesbaden: Springer VS.

Miller, Katherine I. (2008). Organizational Communication. In Wolfgang Donsbach (Hrsg.), *The International Encyclopedia of Communication* (S. 3415–3426). Oxford, Malden: Wiley-Blackwell.

Olson, Mancur. (1965). *The logic of collective action.* Cambridge: Harvard UP.

Olson, Mancur. (1968). *Die Logik kollektiven Handelns. Kollektivgüter und die Theorie der Gruppen.* Tübingen: Mohr.

Opp, Karl-Dieter. (2002). Rational Choice Theory/Theorie der rationalen Wahl. In Günter Endruweit & Gisela Trommsdorff (Hrsg.), *Wörterbuch der Soziologie* (2., völlig neubearb. u. erw. Aufl., S. 424–427). Stuttgart: Lucius und Lucius.

Parsons, Talcott. (1976). *Zur Theorie sozialer Systeme.* Opladen: Westdeutscher Verlag.

Pentzold, Christian. (2015). Praxistheoretische Prinzipien, Traditionen und Perspektiven kulturalistischer Kommunikations- und Medienforschung. *M&K Medien & Kommunikationswissenschaft, 63*(2), 229–245.

Pentzold, Christian. (2016). *Zusammenarbeiten im Netz: Praktiken und Institutionen internetbasierter Kooperation.* Wiesbaden: Springer VS.

Pfeffer, Jeffrey, & Salancik, Gerald R. (1978). *The External Control of Organizations. A Resource Dependence Perspective.* Stanford: Stanford University Press.

Quandt, Thorsten, & Scheufele, Bertram. (2011). Die Herausforderung einer Modellierung von Mikro-Meso- Makro-Links in der Kommunikationswissenschaft. In Thorsten Quandt & Bertram Scheufele (Hrsg.), *Ebenen der Kommunikation. Mikro-Meso-Makro-Links in der Kommunikationswissenschaft* (S. 9–22). Wiesbaden: VS Verlag für Sozialwissenschaften.

Raschke, Joachim, & Tils, Ralf. (2013). *Politische Strategie. Eine Grundlegung* (2. Aufl.). Wiesbaden: VS Verlag für Sozialwissenschaften.

Raub, Werner. (2010). Rational Choice. In Christian Stegbauer & Roger Häußling (Hrsg.), *Handbuch Netzwerkforschung* (S. 269–280). Wiesbaden: VS Verlag für Sozialwissenschaften.

Reckwitz, Andreas. (2003). Grundelemente einer Theorie sozialer Praktiken. *Zeitschrift für Soziologie, 32*(4), 282–301.

Röttger, Ulrike, Gehrau, Volker, & Preusse, Joachim. (2013). Strategische Kommunikation. Umrisse und Perspektiven eines Forschungsfeldes. In Ulrike Röttger, Volker Gehrau & Joachim Preusse (Hrsg.), *Strategische Kommunikation* (S. 9–17). Wiesbaden: Springer VS.

Rühl, Manfred. (1969). Systemdenken und Kommunikationswissenschaft. *Publizistik, 14*(2), 185–206.

Sandhu, Swaran. (2012). Grundlagen und Kernbegriffe des Neo-Institutionalismus *Public Relations und Legitimität: Der Beitrag des organisationalen Neo-Institutionalismus für die PR-Forschung* (S. 73–150). Wiesbaden: VS Verlag für Sozialwissenschaften.

Sandhu, Swaran. (2018). Kommunikativer Institutionalismus und Accounts. In Annika Schach & Cathrin Christoph (Hrsg.), *Handbuch Sprache in den Public Relations: Theoretische Ansätze – Handlungsfelder – Textsorten* (S. 21–36). Wiesbaden: Springer VS.

Schäfer, Hilmar. (2019). Praxistheorie als Kultursoziologie. In Stephan Moebius, Frithjof Nungesser & Katharina Scherke (Hrsg.), *Handbuch Kultursoziologie: Band 2: Theorien – Methoden – Felder* (S. 109–130). Wiesbaden: Springer VS.

Scharpf, Fritz W. (2000). *Interaktionsformen. Akteurzentrierter Institutionalismus in der Politikforschung.* Opladen: Leske+Budrich.

Schimank, Uwe. (1985). Der mangelnde Akteurbezug systemtheoretischer Erklärungen gesellschaftlicher Differenzierung – Ein Diskussionsvorschlag. *Zeitschrift für Soziologie, 14*(6), 421–434.

Schimank, Uwe. (1988). Gesellschaftliche Teilsysteme als Akteurfiktionen. *Kölner Zeitschrift für Soziologie und Sozialpsychologie, 40*(3), 619–639.

Schimank, Uwe. (1992). Determinanten politischer Steuerung – akteurtheoretisch betrachtet Ein Themenkatalog. In Heinrich Bußhoff (Hrsg.), *Politische Steuerung. Steuerbarkeit und Steuerungsfähigkeit. Ein Beitrag zur Grundlagendiskussion* (S. 165–191). Baden-Baden: Nomos.

Schimank, Uwe. (2000). *Theorien gesellschaftlicher Differenzierung* (2. Aufl.). Opladen: Leske+Budrich.

Schimank, Uwe. (2002). Organisationen: Akteurkonstellationen – Korporative Akteure – Sozialsysteme. In Jutta Allmendinger & Thomas Hinz (Hrsg.), *Organisationssoziologie* (S. 29–54). Wiesbaden: Westdeutscher Verlag.

Schimank, Uwe. (2016). *Handeln und Strukturen. Einführung in die akteurtheoretische Soziologie* (5., durchgesehene Aufl.). Weinheim, München: Juventa.

Scott, W. Richard. (2001). *Institutions and Organizations* (2. Aufl.). Thousand Oaks u.a.: Sage.

Scott, W. Richard. (2003). *Organizations. Rational, Natural, and Open Systems* (5. Aufl.). Upper Saddle River: Prentice Hall.

Simon, Herbert A. (1945). *Administrative Behaviour A Study of Decision-Making Processes in Administrative Organizations.* New York: Free Press.

Theis-Berglmair, Anna Maria. (2003). *Organisationskommunikation. Theoretische Grundlagen und empirische Forschungen.* Münster: Lit.

Weber, Max. (1921). *Wirtschaft und Gesellschaft. Grundriss der verstehenden Soziologie* (5., rev. Aufl.). Tübingen: Mohr.

Wehmeier, Stefan, Rademacher, Lars, & Zerfaß, Ansgar. (2013). Organisationskommunikation und Public Relations: Unterschiede und Gemeinsamkeiten. Eine Einleitung. In Ansgar Zerfaß, Lars Rademacher & Stefan Wehmeier (Hrsg.), *Organisationskommunikation und Public Relations* (S. 7–24). Wiesbaden: Springer VS.

Weick, Karl E. (1985). *Der Prozess des Organisierens* (zuerst 1969: The Social Psychology of Organizing Aufl.). Frankfurt/M.: Suhrkamp.

Wiesenthal, Helmut. (1987). Rational Choice Ein Überblick über Grundlinien, Theoriefelder und neuere Themenakquisition eines sozialwissenschaftlichen Paradigmas. *Zeitschrift für Soziologie, 16*(6), 434–449.

Strukturen politischer Kommunikation I: Politik und politische Systeme

> **Überblick**
>
> Bereits in der Einleitung wurde Politik als soziales Handeln definiert, das auf kollektiv verbindliche Entscheidungen ausgerichtet ist. Ferner wurde auf die Dimensionen des Politischen als Rahmen oder Normengefüge (Polity), Prozess (Politics) und Inhalt (Policy) verwiesen. Im zweiten Kapitel wurde das Denken in Systemen als theoretische Konstruktion vorgestellt. Diese Überlegungen werden nun vertieft und das politische System aus Sicht unterschiedlicher Theorien dargestellt (Abschn. 3.1). Wie Merkmale einzelner politischer Systeme die politische Kommunikation beeinflussen, wird in Abschn. 3.2 erläutert. Stärker auf die Ebene institutioneller Ordnungen setzt der Begriff der Governance, der Politik als eine Form der Handlungskoordinierung definiert (Abschn. 3.3).

3.1 Das politische System aus Sicht sozialwissenschaftlicher Basistheorien

Die verschiedenen Basistheorien haben sich nach Maßgabe ihrer jeweils unterschiedlichen Vorstellungen zum Begriff des Systems auch mit Politik und dem politischen System beschäftigt.

3.1.1 Politik als selbstreferentielles System

Aus Sicht der Systemtheorie lässt sich Politik als ein aus funktionaler Differenzierung hervorgegangenes, selbstreferenzielles und autopoietisches System beschreiben, d. h. als ein System, das eine spezialisierte Funktion für die Gesellschaft erbringt, sich in allen seinen Operationen auf sich selbst bezieht und sich auch auf Basis seiner eigenen Elemente selbst reproduziert (Abschn. 2.2).

In den verschiedenen Systemtheorien wird Politik in der Regel anhand der **Funktion** definiert, **kollektiv verbindliche Entscheidungen** hervorzubringen. Diese Formulierung folgt im Grundsatz Easton (1953), der Politik als die autoritative und damit verbindliche Verteilung von Gütern in der Gesellschaft beschreibt, ohne Aussagen darüber zu treffen, nach welchen Regeln diese Verteilung erfolgt. Niklas Luhmann (2000, S. 84) beschreibt in seiner Systemtheorie die Funktion der Politik im „Bereithalten der Kapazität zu kollektiv bindendem Entscheiden". Das politische System kann kollektiv verbindliche Entscheidungen erzeugen, muss dies aber nicht zwingend tun. Entscheiden umfasst auch die Entscheidung, in einem bestimmten Fall keine Entscheidung zu treffen. Aber auch bei Nicht-Entscheidungen müssen andere Systeme damit rechnen, dass das politische System zu einem zukünftigen Zeitpunkt eine Entscheidung hervorbringt, d. h. die Möglichkeit einer Entscheidung bleibt für die Politik immer offen. Und da Entscheidungen immer auf früheren Entscheidungen aufbauen, erreicht das politische System eine operative Geschlossenheit und kann sich im Sinne der Autopoiesis auf Basis seiner eigenen Entscheidungen selbst reproduzieren. Kollektiv verbindlich sind die Entscheidungen des politischen Systems, weil es **Macht als Kommunikationsmedium** einsetzen kann. Macht wird hierbei definiert als „Inaussichtstellen von Sanktionen" (Luhmann 2000, S. 39), d. h. Politik verfügt aufgrund des staatlichen Gewaltmonopols über die Fähigkeit, weitreichende Sanktionen in Aussicht zu stellen, sollten ihre Entscheidungen in Frage gestellt oder nicht befolgt werden. Zugleich wird durch politische Entscheidungen überhaupt erst ein Kollektiv hergestellt, für das diese gelten (vgl. Nassehi 2002).

Die **Leitdifferenz** oder der binäre Code des politischen Systems erfuhr in historischer Perspektive eine Veränderung. Mit dem Beginn der Ausdifferenzierung des politischen Systems lautete er machtüberlegen/machtunterlegen, wobei Macht hier die Fähigkeit meint, kollektiv bindende Entscheidungen zu treffen. Machtwechsel waren in dieser Phase häufig mit Bürgerkriegen und Staatsstreichen verbunden; erst die Durchsetzung von Demokratie und rechtsstaatlichen Prinzipien erlaubte einen in der Regel unblutigen Übergang der Macht auf andere Akteure. Luhmann spricht deshalb davon, dass der ursprüngliche Code des politischen Systems durch die Demokratisierung überformt wurde zum **Code Regierung/Opposition:**

> „Man ist lieber an der Regierung beteiligt als an der Opposition. Nur die Regierung besetzt die Ämter, in denen kollektiv verbindlich entschieden werden kann. Die Opposition kann nur lamentieren, Kritik üben, Forderungen artikulieren [...]. Wie immer bei

Unterscheidungen, die dem Beobachten zugrunde gelegt werden, sind auch hier beide Seiten gleichzeitig relevant, auch wenn nur die eine bezeichnet oder benutzt wird. Die regierende Gruppierung muss bei allem, was sie politisch tut, mit bedenken, welche Möglichkeiten daraus für die Opposition entstehen, welche Gegendarstellungen sich anbieten und wie sich das Licht von Erfolgen und Misserfolgen durch ein Arrangieren der Beleuchtung beurteilen lässt" (Luhmann 2000, S. 99).

Aus Sicht der Theorie selbstreferenzieller Systeme geht es Politik nicht darum, das Gemeinwohl zu sichern oder die Gesellschaft in irgendeiner Form sinnvoll zu gestalten. Dies wären für Luhmann moralische Anforderungen, die das politische System nicht erfüllen kann. Politische Entscheidungen und politische Kommunikation zielen nach seinem Ansatz darauf ab, an der Regierung zu bleiben oder von der Opposition in die Regierung zu wechseln, unabhängig von den Inhalten politischer Entscheidungen oder Forderungen. Erst unterhalb dieses binären Codes werden dann andere Unterscheidungen relevant, wie etwa jene zwischen rechts und links, konservativ und progressiv. Mit diesen Unterscheidungen wird versucht, politische Positionen zu ordnen und damit verstehbarer zu machen. Auch aus systemtheoretischer Perspektive wird kritisiert, dass diese Unterscheidungen in einer modernen, differenzierten Gesellschaft zunehmend ungenügend sind (vgl. Nassehi 2015).

Das politische System ist nach der Theorie selbstreferenzieller Systeme auch kein Zentrum der Gesellschaft, da es – wie im Konzept der funktionalen Differenzierung angelegt – gleichrangig neben anderen Systemen existiert, die jeweils eigenen Leitdifferenzen folgen. **Politik kann die Gesellschaft** insgesamt und selbst einzelne Teilsysteme **nicht „steuern"**, denn dazu müsste sie in die Selbstreferentialität anderer Systeme eingreifen und diese dadurch zerstören. Würde das politische System den Massenmedien beispielsweise vorschreiben, was diese zu veröffentlichen haben und was nicht, wäre die Differenz des Systems zerstört und es gäbe kein eigenständiges System der Massenmedien mehr. Die Systemtheorie ist daher gegenüber Versuchen einer direkten Steuerung anderer Systeme durch Politik sehr skeptisch (vgl. Marcinkowski 2020). Dass die politisch erzeugten „kollektiv verbindlichen" Entscheidungen überhaupt einen Effekt auf die Gesellschaft und ihre Teilsysteme haben, ist auf der theoretischen Ebene so aufzufassen, dass sie die Umweltbedingungen der Funktionssysteme verändern, nicht aber in deren spezifische Operationen eingreifen.

3.1.2 Politik als Handlungs- bzw. Verhandlungssystem

Vertreter der akteurtheoretischen Perspektive, mit der sowohl system- als auch handlungstheoretische Ansätze verbunden werden, gehen wie die Anhänger systemtheoretischer Ansätze von der Existenz eines politischen Systems, zugleich aber auch von eigensinnig handelnden politischen Akteuren aus. Politik wird aus dieser Perspektive zumeist als ein arbeitsteiliger Prozess begriffen, der an den institutionellen Rahmenbedingungen des Handelns von Akteuren und an den spezifischen Akteurskonstellationen ansetzt und zugleich den Eigensinn der funktionalen Teilsysteme berücksichtigt. Funktionale Teilsysteme werden als Orientierungshorizonte oder Akteurfiktionen interpretiert, die als soziale Schließungsmechanismen die Möglichkeit politischer Steuerung begrenzen.

Der Staat ist auch aus der akteurtheoretischen Perspektive kein Zentrum der Gesellschaft, das alle gesellschaftlichen Probleme zu lösen vermag. Vielmehr wird der Staat als ein zwar mächtiger, aber doch als ein Teilnehmer in Verhandlungssystemen verstanden. Solche Formen der Verhandlung zwischen staatlichen und anderen Akteuren werden ergänzt durch Verhandlungsprozesse innerhalb des Staates, der in der handlungstheoretischen Perspektive keinen homogenen Akteur darstellt, sondern ebenfalls ein **Netzwerk verschiedener Akteure** mit je unterschiedlichen Interessen. Dies betrifft zum einen Gliedstaaten in föderalistischen Systemen wie die Bundesländer in Deutschland, zum anderen die Einbindung von Staaten in transnationale oder globale Netzwerke im Rahmen der Globalisierung (siehe Abschn. 3.3 zu Politik als Governance). Für Handlungs- und Verhandlungssysteme innerhalb föderalistischer Systeme ist innerhalb der Politikwissenschaft seit den 1970er Jahren der Begriff der **Verhandlungsdemokratie** gebräuchlich. Er bedeutet „auf eine kurze Formel gebracht, dass wesentliche politische Entscheidungen nicht mit Stimmenmehrheit, sondern auf dem Wege von Aushandlungsprozessen getroffen werden" (Czada 2010, S. 285). Dabei lassen sich mit Czada drei Ausprägungen unterscheiden:

- **Konkordanz:** Als Konkordanzdemokratien werden jene politischen Systeme bezeichnet, in denen weniger dem Prinzip der Mehrheitsentscheidung (wie in Konkurrenzdemokratien) gefolgt wird, sondern ein Konsens der wichtigsten gesellschaftlichen Gruppen in allen wesentlichen politischen Entscheidungen angestrebt wird. Konkordanz äußert sich zumeist dadurch, dass die relevanten politischen Gruppen entweder institutionell in der Exekutive vertreten sind oder die parlamentarische Opposition informell an den Staatsgeschäften beteiligt wird. Beispiele für Konkordanzsysteme sind insbesondere die Schweiz und die Niederlande (vgl. auch Schmidt 2019, S. 322).
- **Korporatismus:** Als Korporatismus wird die „auf Kontinuität abzielende Beteiligung von Interessengruppen an der Formulierung und Implementation von politischen Programmen und zwar auf der Basis von Interorganisationsnetzwerken zwischen Regierung und politischer Verwaltung einerseits und zentralisierten gesellschaftlichen Verbänden andererseits" (Czada 2010, S. 290) bezeichnet, d. h. Verhandlungen erfolgen hier zwischen dem Staat und gesellschaftlichen Gruppen. Mit seinen machtvollen Verbänden gilt insbesondere Deutschland als Beispiel einer korporatistischen Verhandlungsdemokratie (vgl. Winter und Willems 2009).
- **Verhandlung in Form von Politikverflechtung:** Politikverflechtung bezeichnet „konstitutionelle Arrangements, in denen die Regierungsmacht zwischen verschiedenen staatlichen Organen formal geteilt ist, deren Repräsentanten der gleichen oder teilweise gleichen Wählerschaft verantwortlich sind" (Czada 2010, S. 292).

Diese Organe können sich wechselseitig durch konstitutionelle Vetos blockieren, was wiederum Verhandlungsprozesse zwischen den staatlichen Organen notwendig macht. Solche konstitutionellen Vetos können ihre Ursachen in mehreren Systemmerkmalen haben, beispielsweise in Form einer föderalen Politikverflechtung (wie in Deutschland und der Schweiz), einer Gewaltentrennung zwischen Parlament und Präsident (wie in den USA) oder der Möglichkeit eines Vetos durch Volksentscheid (wie in der Schweiz).

Fallbeispiel: Verhandlungen im deutschen Föderalismus

Deutschland ist ein parlamentarischer Bundesstaat. Die höchste Staatsgewalt liegt beim Bund (Bundesrecht bricht Landesrecht). Nach der Verfassung haben die Länder das Recht der Gesetzgebung, soweit das Grundgesetz es nicht auf den Bund übertragen hat. Dadurch verfügen die 16 Bundesländer über die Möglichkeit eines konstitutionellen Vetos und müssen bei Entscheidungen, die ihre Zuständigkeit betreffen, zustimmen. Institutioneller Ausdruck des Föderalismus in Deutschland ist der Bundesrat, in dem jedes Land gemäß der Zahl seiner Einwohnerinnen und Einwohner mit drei bis sechs Stimmen vertreten ist, wobei die Stimmen eines Bundeslandes jeweils nur geschlossen abgegeben werden können. Der Bundesrat ist zur Wahrung der Länderinteressen an der Gesetzgebung beteiligt, über die Hälfte aller Bundesgesetze können nur mit seiner ausdrücklichen Zustimmung in Kraft treten. Gesetze, durch die Interessen der Länder berührt werden, können nur in Kraft treten, wenn ihnen der Bundesrat ausdrücklich zustimmt (Zustimmungsgesetze). Bei Einspruchsgesetzen hat der Bundesrat nur die Möglichkeit, seine abweichenden Auffassungen über ein Vermittlungsverfahren einzubringen. Gelingt dies nicht, kann er nach Abschluss des Vermittlungsverfahrens gegen das Gesetz Einspruch einlegen, der jedoch vom Bundestag „überstimmt" werden kann. ◄

Fallbeispiel: Verhandlungen im Schweizer Konkordanzsystem

Das schweizerische Parlament besteht aus zwei Kammern, dem National- und dem Ständerat. Der Nationalrat besteht aus 200 Mitgliedern, die in den Kantonen gewählt werden, wobei die Anzahl der Sitze pro Kanton proportional zur Zahl der Einwohnerinnen und Einwohner bestimmt werden. In den 46 Mitglieder umfassenden Ständerat entsendet das Wahlvolk jedes Kantons hingegen zwei, aus den Halbkantonen je ein Mitglied. Beide Kammern sind von einer relativ unabhängigen Stellung gegenüber der Regierung geprägt. Mitglieder der Regierung (des Bundesrates) dürfen dem Parlament nicht angehören, umgekehrt kann die Mehrheit des Parlaments in bestimmten Fragen gegen die Regierung entscheiden, ohne dass dies ihren Sturz zur Folge hätte. Auch gegenüber der Judikative ist das Parlament angesichts der fehlenden Verfassungsgerichtsbarkeit weitgehend unabhängig. Aufgrund des Konkordanzprinzips kennt das schweizerische Parlament keine institutionalisierte Opposition – und damit auch keine „Oppositionskommunikation" –, sondern nur eine „fallweise Opposition" (vgl. Lüthi 2006). Innerhalb der Schweizer Regierung gilt das Kollegialprinzip, d. h. Beschlüsse des siebenköpfigen Kollegiums sollen im Konsens gefällt und das Mehrheitsprinzip nur im Ausnahmefall angewandt werden. Hinter einer Entscheidung sollen alle Mitglieder des Kollegiums stehen, auch wenn sie abweichend abgestimmt haben (vgl. Klöti 2006). ◄

3.2 Politik in verschiedenen Regierungssystemen

Neben den erläuterten Formen der Verhandlungsdemokratie ist für die politische Kommunikationsforschung vor allem die Unterscheidung zwischen präsidentiellen und parlamentarischen Regierungssystemen von Bedeutung. **Präsidentielle Regierungssysteme,** wie etwa in den USA, zeichnen sich durch eine strikte Trennung von Legislative (Parlament) und Exekutive (Regierung) aus. Präsidentinnen oder Präsidenten werden direkt vom Volk gewählt und vereinigen die Funktionen des Staatsoberhauptes und des Regierungschefs. Das Parlament kann sie nicht abwählen, sondern nur im Fall rechtlicher Verfehlungen in komplizierten Amtsenthebungsverfahren absetzen. Diese Form des „divided government" verschafft der Präsidentin oder dem Präsidenten auf der einen Seite eine starke Stellung, schwächt sie oder ihn aber auch, da die Regierung selbst keine Anträge im Parlament einbringen kann, sondern Gesetzgebungsprozesse über den Umweg der Öffentlichkeit zu beeinflussen sucht. Dies führt zu dem in Abschn. 3.1.2 beschriebenen offenen Kommunikationsprozess und den „Going-public"-Strategien der Akteure.

In **parlamentarischen Regierungssystemen,** wie etwa in Deutschland, sind die Funktionen Legislative und Exekutive nicht getrennt, sondern stärker miteinander verzahnt. Hier ist die Regierung in ihrer Amtsausübung direkt oder indirekt auf die Unterstützung des Parlamentes angewiesen. Das Parlament besitzt mehr Kompetenzen, insbesondere die der Abwahl der Regierung. Regierungsmitglieder können auch Mitglieder des Parlamentes sein, in einigen Ländern (Großbritannien) ist dies sogar obligatorisch. Die Zusammenarbeit zwischen Regierung und Parlament ist daher in der Regel von der Logik „Regierungsmehrheit vs. Opposition" geprägt. Dies bringt eine stärkere Partei- oder Fraktionsdisziplin mit sich, da die Regierung ihre Mehrheit kontrollieren muss. Ferner sind in parlamentarischen Systemen die Aufgaben des Regierungschefs und des Staatsoberhauptes getrennt. In Deutschland etwa hat der Bundespräsident als Staatsoberhaupt kaum politische Kompetenzen und nimmt hauptsächlich repräsentative Funktionen sowie die völkerrechtliche Vertretung wahr. Gleichwohl haben die bisherigen Bundespräsidenten das Amt in unterschiedlicher Art und Weise durch ihre Persönlichkeit geprägt.

Eine Mischform zwischen präsidentiellen und parlamentarischen Regierungssystemen ist das **semipräsidentielle Regierungssystem,** für das vor allem Frankreich bekannt ist. Im Unterschied zum Präsidentialismus gibt es im Semipräsidentialismus neben dem Präsidenten noch einen Regierungschef, der vom Parlament abgewählt werden kann.

Als vierter Grundtyp eines Regierungssystems lässt sich die direkte Demokratie nennen, die es jedoch in Reinform nicht gibt. Mit seinen **Elementen direkter Demokratie** unterscheidet sich das politische System der Schweiz jedoch wesentlich von der in anderen Ländern weit verbreiteten repräsentativen Wahldemokratie. Die Existenz von Elementen direkter Demokratie hat für die politische Kommunikation in der Schweiz zwei Auswirkungen: Zum einen gehen mit ihnen **Abstimmungskampagnen** einher, die in anderen Ländern unbekannt sind. Ferner tragen Formen der direkten Demokratie zu einer generell **schwachen Stellung der Parteien** im politischen System der Schweiz bei. Sie sind nicht, wie in anderen Ländern, die dominanten Akteure der Interessenaggregation, da die direkte Demokratie es finanz- und aktionskräftigen Interessenverbänden und Organisationen der Neuen Sozialen Bewegungen stärker als in anderen Ländern ermöglicht, auf politische Entscheidungsprozesse direkt Einfluss zu nehmen.

Neben diesen Grundunterscheidungen eines präsidentiellen, semipräsidentiellen, parlamentarischen und direktdemokratischen Regierungssystems ist auch die **Stellung der Regierungschefin oder des Regierungschefs** relevant. In Europa gelten Deutschland, Großbritannien und Spanien als Länder mit institutionell relativ starken Regierungschefinnen und Regierungschefs (vgl. Helms 2008, S. 32). In Deutschland beruht die starke Stellung darauf, dass die Bundeskanzlerin oder der Bundeskanzler vom Bundestag gewählt wird und der Bundespräsidentin oder dem Bundespräsidenten die weiteren Ministerinnen und Minister zur Ernennung vorschlägt. Ferner besitzt die Bundeskanzlerin bzw. der Bundeskanzler eine Richtlinienkompetenz. Diese beschränkt sich auf die Vorgabe eines Rahmens für das Regierungshandeln, den die einzelnen Ministerien mit Inhalten ausfüllen. Innerhalb der von der Bundeskanzlerin oder vom Bundeskanzler bestimmten Richtlinien leitet jede Bundesministerin und jeder Bundesminister ihren bzw. seinen Geschäftsbereich selbständig und in eigener Verantwortung (Ressortprinzip). In Großbritannien beruht die starke Stellung des Premierministers darauf, dass er zugleich Anführer der Mehrheitsfraktion des Parlamentes ist und das britische Wahlsystem Einparteienregierungen begünstigt.

Eine große Bedeutung für das politische Regierungssystem hat in Deutschland ferner das **Bundesverfassungsgericht,** das im internationalen Vergleich über weitreichende Kompetenzen verfügt. Im Rahmen der sogenannten Normenkontrolle prüft das Gericht, ob ein Gesetz mit dem Grundgesetz vereinbar ist. Wenn ein anderes Gericht ein Gesetz für verfassungswidrig hält und es deshalb nicht anwenden will, muss es zuvor die Entscheidung des Bundesverfassungsgerichts einholen (konkrete Normenkontrolle). Darüber hinaus können die Bundesregierung, eine Landesregierung oder ein Drittel der Mitglieder des Bundestages die Verfassungsmäßigkeit einer Rechtsnorm überprüfen lassen (abstrakte Normenkontrolle). Zweitens kann das Bundesverfassungsgericht auch dann angerufen werden, wenn zwischen Verfassungsorganen oder zwischen Bund und Ländern Meinungsverschiedenheiten über die gegenseitigen verfassungsmäßigen Rechte und Pflichten bestehen (Organstreit, Bund-Länder-Streit). Drittens kann jede und jeder, der sich durch die öffentliche Gewalt in seinen Grundrechten verletzt fühlt, eine Verfassungsbeschwerde erheben. Sie kann sich gegen die Maßnahme einer Behörde, gegen das Urteil eines Gerichts oder gegen ein Gesetz richten. Das Bundesverfassungsgericht setzt sich aus sechzehn Richterinnen und Richtern zusammen, die in zwei Senaten organisiert sind. Acht Mitglieder wählt der Bundestag, die andere Hälfte der Bundesrat, jeweils mit Zweidrittelmehrheit. Die Amtszeit beträgt zwölf Jahre, eine Wiederwahl ist ausgeschlossen.

3.3 Politik als Governance

Der Begriff „Governance" hat in den vergangenen Jahren in der Wissenschaft wie auch in der Politik einen rasanten Aufstieg erlebt. Dabei haben sich verschiedene wissenschaftliche Disziplinen des Begriffs angenommen, unterscheiden sich aber in der konkreten Begriffsbestimmung.

Aus Perspektive der **Soziologie** resultiert Governance aus Abstimmungsproblemen zwischen Akteuren, die geregelt oder zumindest bewältigt werden müssen. Governance meint somit die „Muster der Interdependenzbewältigung zwischen Akteuren" (Lange und Schimank 2004, S. 19). Demnach sind Akteure einerseits aufeinander angewiesen und wissen andererseits nicht, wie der jeweils andere sich in bestimmten Situationen verhalten wird. Diese Unsicherheit wird durch Regelsysteme (Institutionen) reduziert. Beispiele für solche grundlegenden Institutionen sind etwa Hierarchie, Polyarchie (Abstimmungen), Netzwerke, Gemeinschaften, Märkte etc. So erfolgt die Interdependenzbewältigung vereinfacht ausgedrückt in Hierarchien über Anweisungen, in Polyarchien über eine Abstimmung, in Netzwerken durch Austausch, in Gemeinschaften über Vertrauen und Nähe, auf Märkten über Angebot und Nachfrage.

▶ **Governance aus soziologischer Perspektive:** „The relations between actors pose specific risks and uncertainties, and different sectors have developed different institutions to reduce these in order to make cooperation possible or easier" (Van Kersbergen und Van Waarden 2004, S. 152).

In den **Wirtschaftswissenschaften,** und hier vor allem in der Institutionenökonomik, wird Governance häufig mit Überwachung und Durchsetzung übersetzt (vgl. Richter und Furubotn 2003, S. 581). Governance-Strukturen sind eine Antwort auf das Problem, wie in Vertragsbeziehungen ausgehandelte Regeln unter der Annahme eines opportunistischen Verhaltens effizient kontrolliert und durchgesetzt werden können. Eine Governance-Struktur enthält sowohl die Regeln als auch die Instrumente ihrer Durchsetzung, etwa in Form von Sanktionen. Effizient ist eine Governance-Struktur (wie etwa der Markt) dann, wenn die Transaktionskosten seiner Überwachung und Durchsetzung niedrig sind.

Die **Politikwissenschaft** verbindet den Governance-Begriff stärker mit dem spezifisch politischen Gegenstandsbereich der kollektiv verbindlichen Entscheidungen. An die Stelle einer allgemeinen Handlungsabstimmung zwischen Akteuren tritt bei Benz „Steuern und

Koordinieren (oder auch Regieren) mit dem Ziel des Managements von Interdependenzen zwischen (in der Regel kollektiven) Akteuren" (Benz 2004, S. 25) (vgl. zur politikwissenschaftlichen Perspektive grundlegend Möltgen-Sicking und Winter 2019).

▶ **Governance aus politikwissenschaftlicher Perspektive:** „Das Gesamt aller nebeneinander bestehenden Formen der kollektiven Regelung gesellschaftlicher Sachverhalte: von der institutionalisierten zivilgesellschaftlichen Selbstregulation über verschiedene Formen des Zusammenwirkens staatlicher und privater Akteure bis hin zu hoheitlichem Handeln staatlicher Akteure" (Mayntz 2005, S. 15).

Ungeachtet der hier nur skizzierbaren Unterschiede zwischen einzelnen wissenschaftlichen Disziplinen weist der Governance-Begriff einen gemeinsamen **Kern** auf: die **Mechanismen und Wirkungen der Handlungskoordinierung mehr oder weniger autonomer Akteure innerhalb einer bestimmten institutionellen Struktur** (vgl. u. a. Mayntz 2005; Schuppert 2005, 2008). Die wissenschaftlichen Disziplinen unterscheiden sich dabei darin, auf welche Theorieebene sie Bezug nehmen: die Mikroebene individueller Akteure, die Mesoebene kollektiver Akteure oder die Makroebene der Gesellschaft. Ferner werden unterschiedliche Ziele der Handlungskoordination formuliert, von der Reduktion von Unsicherheiten über die Durchsetzung von Verträgen bis hin zur kollektiven Regelung gesellschaftlicher Sachverhalte.

Angesichts der Vielschichtigkeit der Definitionen verwundert es nicht, dass die wissenschaftliche Analyse von Governance im Allgemeinen nicht als eine eingrenzbare Theorie bezeichnet wird, zumal sich **drei Lesarten** unterscheiden lassen:

1. Die Fokussierung auf Governance kann als eine **wissenschaftlich-analytische Perspektive** betrachtet werden, als ein Programm oder eine „Leitlinie für die Analyse komplexer Strukturen kollektiven Handelns" (Benz 2004, S. 27), die Wissenschaftlerinnen und Wissenschaftlern Begriffe liefert, auf Probleme aufmerksam macht, Erklärungen anbietet, zu neuen Fragestellungen führt etc.
2. Der Governance-Begriff beschreibt bestimmte **Veränderungen im Gegenstandsbereich.** Veränderungen im Medienbereich wie auch im Bereich der Politik führen dazu, dass sich die Art und Weise, wie politische Entscheidungen getroffen und kommuniziert werden, verändert: Vormals feste Grenzen werden durchlässiger, neue Akteure treten hinzu, es entstehen neue Koordinationsformen innerhalb wie außerhalb einzelner Nationalstaaten etc.
3. Governance wird schließlich **normativ-beratend** im Sinne bestimmter **Handlungsempfehlungen** („Good Governance") verwendet. Gefragt wird hier nach bestimmten Zielen von Medienpolitik. Zudem wird die Frage diskutiert, ob Medienpolitik bestimmten normativen Vorstellungen entspricht.

Diese drei Lesarten beruhen auf einer idealtypischen Unterscheidung; die jeweils gemeinten Phänomene können sich in ihrem konkreten Auftreten wechselseitig bedingen und ineinander übergehen. So erfordern Veränderungen im Gegenstand Politik auch eine andere wissenschaftlich-analytische Perspektive, und es können andere normative Handlungsempfehlungen abgeleitet werden.

Für das Verständnis der Strukturen politischer Kommunikation ist der Governance-Begriff insbesondere deshalb wichtig, weil er nicht auf den Staat als einen einheitlichen Akteur abstellt, der steuernd und koordinierend in die Gesellschaft eingreift. Vielmehr wird der **Staat** erstens **als** ein **„differenziertes Geflecht nur teilweise hierarchisch miteinander verbundener Akteure**" (Mayntz 2005, S. 15) gesehen, der die Steuerung und Koordination gemeinsam mit nicht-staatlichen Akteuren vornimmt. Ferner überschreiten die Prozesse und Strukturen, die der Governance-Begriff umfassen will, sowohl die Grenzen von Organisationen als auch die „Grenzen von Staat und Gesellschaft, die in der politischen Praxis fließend geworden sind" (Benz 2004, S. 25). Insbesondere wenn die europäische oder supranationale Ebene ins Spiel kommt, verdeutlicht der Governance-Begriff, dass Steuerung und Koordination sich nicht mehr in Form eines Regierens im klassischen Sinn vollziehen, sondern in Form komplex institutionalisierter Abstimmungsprozesse in **Mehrebenensystemen** (vgl. Benz 2004), was auch als **Multilevel Governance** bezeichnet wird. Kern des Begriffs ist die „Tatsache, dass in einem institutionell differenzierten politischen System Akteure unterschiedlicher Ebenen aufeinander angewiesen sind und ihre Entscheidungen koordinieren müssen" (Benz 2007, S. 297; vgl. auch Benz 2009). Dabei können die institutionellen Strukturen eines solchen Mehrebenensystems ebenso variieren wie die Modi der Politikkoordination, z. B. Anpassung, Verhandlung, Netzwerke, Wettbewerb oder hierarchische Steuerung.

Ein prägnantes Beispiel für ein solches Mehrebenensystem ist die **Europäische Union.** Entscheidend ist hierbei, dass in der Europäischen Union die funktionalen Aufgaben der staatlichen Institutionen nicht mit den territorialen Grenzen der Ebenen zusammenfallen. „Im europäischen Mehrebenensystem ist der Staat sowohl vertikal als auch horizontal stark segmentiert. Öffentliche Akteure auf wenigstens zwei staatlichen Ebenen teilen sich politische Autorität in institutionellen Arrangements. Die Akteure auf der höheren Ebene sind in einem gewissen Maße autonom, aber die Einheiten auf der niedrigeren Ebene sind ihnen nicht untergeordnet und partizipieren an Entscheidungsprozessen auf der höheren Ebene" (Eising und Lenschow 2007, S. 328). Das Europäische Mehrebenensystem ist von verschiedenen Formen der Handlungskoordination geprägt. Intergouvernementale Verhandlungen, institutionalisierte Verhandlungssysteme, Hierarchie, Wettbewerb und gegenseitige Anpassung stehen nebeneinander. So kann die Europäische Kommission mit Verordnungen und Richtlinien weitreichende Entscheidungen treffen, ist umgekehrt aber immer auf Entscheidungen der Mitgliedstaaten angewiesen. Das Fehlen eines Zentrums und einer klaren Kompetenzverteilung führt dazu, dass Mehrebenensysteme für die Bürgerinnen und Bürger häufig nicht transparent und schwer nachzuvollziehen sind. Für die politische Kommunikation fehlt daher eine Adresse, an die Forderungen oder auch Kritik gerichtet werden können. In Mehrebenensystemen können negative Effekte von Entscheidungen leichter „versteckt" und Akteuren der anderen Ebene zugeschrieben werden („die in Brüssel") (vgl. Gerhards et al. 2009).

Zusammenfassung

Das politische System und der Staat als sein Zentrum bilden den Rahmen, innerhalb dessen sich politische Kommunikation vollzieht. Solche institutionellen Parameter ermöglichen und beschränken das Handeln politischer Akteure wie auch ihre politische Kommunikation. In diesem Kapitel wurden zentrale Parameter vorgestellt, die ein politisches System kennzeichnen: das politische System als autopoietisches System oder als Verhandlungssystem von Akteuren, das Regierungssystem mit seinen Formen Präsidentialismus, Parlamentarismus und verschiedenen Elementen direkter Demokratie. Auch die Governance-Perspektive betont die Rolle institutioneller Parameter bei der Koordinierung und Regelung von Konflikten zwischen staatlichen und nicht-staatlichen Akteuren auf unterschiedlichen Ebenen. ◄

Literatur

Benz, Arthur. (2004). Einleitung: Governance – Modebegriff oder nützliches sozialwissenschaftliches Konzept? In Arthur Benz (Hrsg.), *Governance – Regieren in komplexen Regelsystemen. Eine Einführung* (S. 11–28). Wiesbaden: Verlag für Sozialwissenschaften.

Benz, Arthur. (2007). Multilevel Governance. In Arthur Benz, Susanne Lütz, Uwe Schimank & Georg Simonis (Hrsg.), *Handbuch Governance. Theoretische Grundlagen und empirische Anwendungsfelder* (S. 297–310). Wiesbaden: Verlag für Sozialwissenschaft.

Benz, Arthur. (2009). *Politik in Mehrebenensystemen*. Wiesbaden: VS Verlag für Sozialwissenschaften.

Czada, Roland. (2010). Demokratietypen, institutionelle Dynamik und Interessenvermittlung: Das Konzept der Verhandlungsdemokratie. In Hans-Joachim Lauth (Hrsg.), *Vergleichende Regierungslehre: Eine Einführung* (S. 283–305). Wiesbaden: VS Verlag für Sozialwissenschaften.

Easton, David. (1953). *The Political System. An Inquiry into the State of Political Science*. New York: Alfred A. Knopf.

Eising, Rainer, & Lenschow, Andrea. (2007). Die Europäische Union. In Arthur Benz, Susanne Lütz, Uwe Schimank & Georg Simonis (Hrsg.), *Handbuch Governance. Theoretische Grundlagen und empirische Anwendungsfelder* (S. 325–338). Wiesbaden: Verlag für Sozialwissenschaft.

Gerhards, Jürgen, Offerhaus, Anke, & Roose, Jochen. (2009). Wer ist verantwortlich? Die Europäische Union, ihre Nationalstaaten und die massenmediale Attribution von Verantwortung für Erfolge und Misserfolge. In Frank Marcinkowski & Barbara Pfetsch (Hrsg.), *Politik in der Mediendemokratie*. (S. 529–558). Wiesbaden: VS Verlag für Sozialwissenschaften.

Helms, Ludger. (2008). Governing in the Media Age: The Impact of the Mass Media on Executive Leadership in Contemporary Democracies. *Government and Opposition, 43*(1), 26–54.

Klöti, Ulrich. (2006). Regierung. In Ulrich Klöti, Peter Knoepfel, Hanspeter Kriesi, Wolf Linder, Yannis Papadopoulos & Pascal Sciarini (Hrsg.), *Handbuch der Schweizer Politik* (4., vollst. überarb. Aufl., S. 151–175). Zürich: NZZ Verlag.

Lange, Stefan, & Schimank, Uwe. (2004). Governance und gesellschaftliche Integration. In Stefan Lange & Uwe Schimank (Hrsg.), *Governance und gesellschaftliche Integration* (S. 9–44). Wiesbaden: VS Verlag für Sozialwissenschaften.

Luhmann, Niklas. (2000). *Die Politik der Gesellschaft*. Frankfurt/M.: Suhrkamp.

Lüthi, Ruth. (2006). Das Parlament. In Ulrich Klöti, Peter Knoepfel, Hanspeter Kriesi, Wolf Linder, Yannis Papadopoulos & Pascal Sciarini (Hrsg.), *Handbuch der Schweizer Politik*. (4., vollst. überarb. Aufl., S. 125–149). Zürich: NZZ Verlag.

Marcinkowski, Frank. (2020). Systemtheorie und politische Kommunikation. In Isabelle Borucki, Katharina Kleinen-von Königslöw, Stefan Marschall & Thomas Zerback (Hrsg.), *Handbuch Politische Kommunikation*. Wiesbaden: Springer VS.

Mayntz, Renate. (2005). Governance Theory als fortentwickelte Steuerungstheorie? In Gunnar Folke Schuppert (Hrsg.), *Governance-Forschung. Vergewisserung über Stand und Entwicklungslinien* (S. 11–20). Baden-Baden: Nomos.

Möltgen-Sicking, Katrin, & Winter, Thorben. (2019). Governance: Begriff, Varianten, Steuerungsformen, Akteure und Rollen. In Katrin Möltgen-Sicking & Thorben Winter (Hrsg.), *Governance: Eine Einführung in Grundlagen und Politikfelder* (S. 1–21). Wiesbaden: Springer VS.

Nassehi, Armin. (2002). Politik des Staates oder Politik der Gesellschaft? Kollektivität als Problemformel des Politischen. In Kai-Uwe Hellmann & Rainer Schmalz-Bruns (Hrsg.), *Theorie der Politik. Niklas Luhmanns politische Soziologie* (S. 38–59). Frankfurt/M.: Suhrkamp.

Nassehi, Armin. (2015). *Die letzte Stunde der Wahrheit. Warum rechts und links keine Alternativen mehr sind und Gesellschaft ganz anders beschrieben werden muss*. Hamburg: Murmann.

Richter, Rudolf, & Furubotn, Eirik G. (2003). *Neue Institutionenökonomik. Eine Einführung und kritische Würdigung* (3., überarb. u. erw. Aufl.). Tübingen: Mohr Siebeck.

Schmidt, Manfred G. (2019). *Demokratietheorien: Eine Einführung*. Wiesbaden: Springer VS.

Schuppert, Gunnar Folke. (2005). Governance im Spiegel der Wissenschaftsdisziplinen. In Gunnar Folke Schuppert (Hrsg.), *Governance-Forschung. Vergewisserung über Stand und Entwicklungslinien* (S. 371–469). Baden-Baden: Nomos.

Schuppert, Gunnar Folke. (2008). Governance – auf der Suche nach Konturen eines „anerkannt uneindeutigen Begriffs". In Gunnar Folke Schuppert & Michael Zürn (Hrsg.), *Governance in einer sich wandelnden Welt* (S. 13–40). Wiesbaden: VS Verlag für Sozialwissenschaften.

Van Kersbergen, Kees, & Van Waarden, Frans. (2004). 'Governance' as a bridge between disciplines: Cross-disciplinary inspiration regarding shifts in governance and problems of governability, accountability and legitimacy. *European Journal of Political Research, 43*(2), 143–171.

Winter, Thomas von, & Willems, Ulrich. (2009). Zum Wandel der Interessenvermittlung in Politikfeldern. Vergleichende Befunde der Policy- und Verbändeforschung. In Britta Rehder, Thomas von Winter & Ulrich Willems (Hrsg.), *Interessenvermittlung in Politikfeldern. Vergleichende Befunde der Policy- und Verbändeforschung* (S. 9–29). Wiesbaden: VS Verlag für Sozialwissenschaften.

4 Strukturen politischer Kommunikation II: Medien und Plattformen

> **Überblick**
>
> Der Begriff des Mediums wird im Alltag wie in der Wissenschaft zwar vielfach verwendet, jedoch in höchst unterschiedlichen Zusammenhängen und mit verschiedenen Bedeutungen. Wir nennen technische Geräte wie einen Fernseher ebenso „Medium" wie den Sender als Organisation, der ein entsprechendes Programm herstellt. Alle Formen von Medien zusammen werden dann noch als ein Mediensystem bezeichnet. Das Kapitel führt in die verschiedenen Medienbegriffe ein (Abschn. 4.1) und unterscheidet später verschiedene Formen der Medien (Abschn. 4.2). Ferner werden der Begriff des Mediensystems und verschiedene Typologien von Mediensystemen vorgestellt, die vor allem für die international vergleichende Forschung im Feld der politischen Kommunikation relevant sind (Abschn. 4.3). Einer grundlegend anderen Logik als traditionelle Medien folgen Plattformen (Abschn. 4.4).

4.1 Medienbegriffe

Es gibt in der kommunikationswissenschaftlichen Literatur zahlreiche Unterscheidungen von Medien anhand ihrer verschiedenen Merkmale. Häufig ist die eingesetzte Technik dabei ein erstes Unterscheidungskriterium. Mit Kubicek (1997) lassen sich zunächst **Medien erster und zweiter Ordnung** unterscheiden. Medien erster Ordnung sind inhaltsneutrale, technische Plattformen. Erst bei Medien zweiter Ordnung spielen zeichentheoretische, organisatorische und institutionelle Aspekte eine Rolle. Das Internet beispielsweise ist demnach zunächst ein Medium erster Ordnung, eine technische

Infrastruktur, in der verschiedene Medien zweiter Ordnung, wie etwa Social-Media-Plattformen, angeboten werden.

Eine weitere technisch geprägte Unterscheidung ist die zwischen Druck- oder **Printmedien, Rundfunk** (Radio und Fernsehen) und **Telemedien,** wie Online-Angebote im Medienrecht genannt werden. Insbesondere zwischen Rundfunk und Telemedien ist die Unterscheidung nicht immer einfach und lässt sich angesichts der Entwicklungen der Medientechnik immer weniger aufrechterhalten.

Medien lassen sich weiter danach unterscheiden, wie viele Akteure an der Kommunikation beteiligt sind. Vereinfacht ausgedrückt findet Kommunikation in der Konstellation **one to one** (oder auch interpersonale Kommunikation), **one to many** (etwa in Form von Massenkommunikation) oder **few to few** (etwa in Form von Diskussionsplattformen im Internet) statt. Damit verbunden ist die Unterscheidung von **öffentlichen oder publizistischen Medien,** die sich potenziell an einen größeren Kreis von Rezipienten richten, und **privaten Medien** wie etwa einem Tagebuch. Gerade im Internet lassen sich Kommunikationsformen mit unterschiedlichen Graden an Öffentlichkeit beobachten.

Bezogen auf das Internet ist weiter die Unterscheidung zwischen Push- und Pull-Modus relevant. Medien im **Push-Modus,** wie etwa Zeitungen oder das Fernsehen, „drücken" ihre Botschaft der Empfängerin oder dem Empfänger förmlich auf. Bereits ein kurzer Blick auf das Zeitungsangebot am Kiosk informiert uns über die Schlagzeilen des Tages, die Fernsehnachrichten strukturieren die Ereignisse des Tages, indem sie sie in eine Reihenfolge bringen und mit dem Wichtigsten beginnen. Medien im **Pull-Modus,** wie etwa Online-Angebote, verlangen hingegen eine stärkere Aktivität der Nutzerinnen und Nutzer: Diese müssen wissen, was sie im Netz suchen, es gezielt ansteuern und nehmen weniger Mitteilungen „nebenbei" auf als etwa beim Durchblättern einer Zeitung. Beide Varianten der Nutzung können auch innerhalb eines Mediums vorkommen, beispielsweise wenn beim Abfragen von E-Mails (Pull-Modus) nebenbei Informationen auf der Startseite des Anbieters rezipiert werden (Push-Modus). So stand 2020 t-online.de in der Liste der regelmäßig genutzten Online-Nachrichtenanbieter an dritter Stelle (vgl. Hölig et al. 2021, S. 23).

Ebenfalls vor allem auf das Internet bezogen ist der schillernde Begriff der **„Interaktivität" von Medien.** In Form des Attributs „interaktiv" ist er positiv konnotiert und wird sogar zu Werbezwecken eingesetzt. Hinter dem Begriff der Interaktivität stecken letztendlich Beteiligungsmöglichkeiten für die Nutzerinnen und Nutzer, die diese jedoch unterschiedlich wahrnehmen und nutzen können. Medien sind daher nicht als solche interaktiv, sondern weisen unterschiedlich hohe Grade an Interaktivitätspotenzial auf. Damit ist noch nichts darüber ausgesagt, ob diese Möglichkeiten auch genutzt werden. Das Interaktivitätspotenzial von Medien kann zudem für Nutzerinnen und Nutzer bei der Suche nach bestimmten Inhalten mit einem höheren Aufwand verbunden sein (vgl. Höflich 2013).

▷ **„Interaktivität'** ist das Potenzial eines technischen Einzelmediums oder einer Kommunikationssituation, das interaktive Kommunikation begünstigt, also den Prozess der Interaktion [...]. Grundvoraussetzung ist die Möglichkeit des Wechsels zwischen der Rolle des Kommunikators und jener des Rezipienten. […] Ein weiterer Faktor, der zwischen Potenzial und Prozess vermittelt, ist die Wahrnehmung der Interaktivität eines Mediums durch seine Nutzer" (Neuberger 2007, S. 44).

Angesichts dieser vielen Unterscheidungsmöglichkeiten wundert es nicht, dass der Begriff des Mediums kaum auf einen Nenner gebracht und allgemein definiert werden kann. Als Definition wird hier eine alte Begriffsbestimmung von Ulrich Saxer (1980) vorgeschlagen. Sie verweist darauf, dass Medien als technische Infrastrukturen und die Art und Weise ihrer Nutzung nur dann adäquat erfasst werden können, wenn man die organisatorischen und gesellschaftlichen Rahmenbedingungen nicht vernachlässigt, in denen es zur Ausbildung, Bereitstellung und Nutzung dieser Infrastrukturen kommt.

▶ „**Medien** sind komplexe institutionalisierte Systeme um organisierte Kommunikationskanäle von spezifischem Leistungsvermögen" (Saxer 1980, 1999, S. 6) und damit zugleich (!)

- technische Kommunikationskanäle,
- Organisationen mit eigenen Zielen und Interessen,
- institutionalisiert im Sinne kollektiver Regelungsmuster,
- Sozialsysteme mit funktionalen und dysfunktionalen Auswirkungen auf andere Teilbereiche oder -systeme der Gesellschaft.

Als **technische Kommunikationskanäle** sind Medien geeignet, Zeichensysteme (visuelle, auditive, audiovisuelle) mit unterschiedlicher Kapazität zu transportieren (vgl. Saxer 1999, S. 5). Medien werden hier primär als ein Mittel, als eine Transport- und Verbreitungstechnik begriffen und mit dieser gleichgesetzt: Zeitungen, Fernsehen, Radio etc. sind Massenmedien. Ein solcher Medienbegriff findet sich etwa bei Niklas Luhmann, der mit dem Begriff der Massenmedien „alle Einrichtungen der Gesellschaft erfasst […], die sich zur Verbreitung von Kommunikation technischer Mittel zur Vervielfältigung bedienen" (Luhmann 1996, S.10) und die in hoher Anzahl für unbestimmte Adressaten erzeugt werden. Luhmanns Argument für seinen rein technisch induzierten Medienbegriff ist, dass „erst die maschinelle Herstellung eines Produktes als Träger der Kommunikation – aber nicht schon Schrift als solche – zur Ausdifferenzierung eines besonderen Systems der Massenmedien geführt hat" (Luhmann 1996, S. 11).

Massenmediale Kommunikation ist immer eine organisierte Form der Kommunikation und setzt zwingend Medien als **Organisationen bzw. korporative Akteure** voraus. Als solche haben sie Interessen und verfolgen Ziele, verfügen über normative Orientierungen, Ressourcen sowie Strategien, die es ihnen ermöglichen, Mittel und Ziele miteinander zu kombinieren (Abschn. 2.3.1). Altmeppen (2006) verweist darauf, dass wir es im Medienbereich mit zwei Typen von Organisationen zu tun haben, den journalistisch-redaktionellen sowie den unternehmerischen. Das Medium „Süddeutsche Zeitung" beispielsweise bezeichnet sowohl eine Organisation

„Redaktion", welche das Medium im Sinne eines auf Papier zu druckenden, teils illustrierten Textes herstellt, als auch eine Organisation „Verlag", die das Medium vertreibt, um damit ökonomischen Gewinn zu erzielen.

Medienorganisationen mit ähnlichen Aufgaben können für analytische Zwecke zu spezifischen **Feldern** zusammengefasst werden, wenn für alle Organisationen ähnliche Bedingungen und Regeln gelten. So können, unabhängig vom unterschiedlichen rechtlichen Status, alle Hörfunk- und Fernsehsender zum Bereich „Rundfunk" zusammengefasst werden. Dort herrschen, bezogen auf publizistische Leistungen, ähnliche Technikformen und ähnliche Organisations- und Arbeitsweisen vor. Vielfach wird, um den Zusammenhang unterschiedlicher Organisationen in einem Sektor deutlich zu machen, von einer Branche (Medienbranche) gesprochen. Mit dem Begriff wird jedoch zu sehr die ökonomische Dimension der Medien betont, die eben auch eine publizistische (und somit gesellschaftliche) Funktion haben. Sozialwissenschaftlich angemessener ist deshalb die Bezeichnung derartiger Organisationsensembles als Struktur (Rundfunkstruktur) oder als soziales System (Rundfunk als publizistisches Teilsystem). Der Strukturbegriff verweist eher auf handlungs- und der Systembegriff eher auf systemtheoretische Denkmodelle und Theorien. **Medienstrukturen sind aus dieser Sicht auf relative Dauer gestellte Ensembles von Organisationen, in denen sich zudem spezifische Normen und Interaktionsweisen nachweisen lassen.** So unterscheiden sich beispielsweise die Strukturen (Organisationsformen, Interaktionen etc.) innerhalb des öffentlich-rechtlichen Rundfunks von den Strukturen privater Rundfunkanbieter. Allein die Ressourcen (Personal, Redaktionen), die für Informations- und Nachrichtensendungen vorgehalten werden, unterscheiden sich je nach Ausrichtung der Sender beträchtlich.

Medien haben den Status von **Institutionen** (zum Begriff der Institution siehe Abschn. 2.4). Medien sind zum einen in das Regelsystem einer Gesellschaft eingefügt, d. h. institutionalisiert, zum anderen nehmen sie selbst den Status von Institutionen ein. Mit Scott (2001) wurden in Abschn. 2.4 drei Typen institutioneller Regeln (regulativ, normativ, kulturell-kognitiv) unterschieden, die sich auch auf Medien beziehen lassen.

- Medien wirken auf Akteure regulierend ein, indem sie Handlungsverläufe strukturieren und Handlungsmöglichkeiten begrenzen – beispielsweise durch sogenannte Nachrichtenfaktoren, die relativ verlässlich festlegen, über welche Ereignisse Medien berichten und wie Akteure Kommunikationsangebote aufbauen müssen, um von den Medien beachtet zu werden.
- Medien wirken auf Akteure normierend ein, indem sie die Einhaltung normativer Vorgaben und die Schaffung von wechselseitiger Erwartungssicherheit ermöglichen. Alle gesellschaftlich relevanten Organisationen müssen permanent mit einer Medienberichterstattung über sich rechnen und sind gezwungen, sich präventiv auf eine solche einzustellen. Die Beobachtung, von Medien beobachtet zu werden oder jederzeit beobachtet werden zu können, ist für den Auf- und Ausbau normativer Erwartungssicherheit in hohem Maß relevant (vgl. Marcinkowski 2002).

- Medien verfügen über Selektions-, Präsentations- und Interpretationsregeln, die politische Akteure kennen und beachten müssen, wenn sie ihre Aufmerksamkeit und eine in ihrem Sinne positive Thematisierung erreichen wollen. Politische Akteure haben immer eine Vorstellung davon, wie Medien funktionieren und welche Wirkung sie entfalten können. Diese Annahmen erscheinen ihnen selbstverständlich und werden kaum hinterfragt. Gerade aus dieser Selbstverständlichkeit heraus können Medien ihre Wirkung auf die Gesellschaft entfalten: „Media are powerful because people have adopted a media logic. Since people perceive, interpret, and act on the basis of the existing media logic, that logic has become a way of life" (Altheide und Snow 1979, S. 237). Dadurch wird der Status von Medien als Institutionen immer wieder reproduziert.

Der institutionelle Charakter von Medien wird auch mit Begriffen wie „Medienlogik" oder **„media logic"** bezeichnet. Media logic bezeichnet in der Literatur sowohl allgemein die Art, wie die Medien soziale Realität wahrnehmen und abbilden (vgl. Altheide und Snow 1979), der Begriff kann aber auch spezifischer verwendet werden. So beschreibt Mazzoleni (2008a, b) media logic als die Kombination technischer, organisatorischer und kultureller Elemente, von denen die kommerzielle Logik, d. h. sowohl die Kommerzialisierung der Medien wie auch die der Gesellschaft, die wichtigste ausmache. Diese Medienlogik wird dann oft einer politischen oder Parteienlogik gegenübergestellt. Kritisiert werden kann an diesem Konzept, dass die verschiedenen Medien vermutlich keiner einheitlichen Medienlogik folgen, sondern sich die Logiken beispielsweise von Boulevard- und Qualitätszeitungen unterscheiden und sogar widersprechen. Ferner wandelt sich die Medienlogik über die Zeit (vgl. Karidi 2017). Von daher wäre es angebrachter, von verschiedenen „media logics" auszugehen (vgl. u. a. Donges und Jarren 2014; Lundby 2009).

In einer Makroperspektive können wir Medien schließlich als ein **System** betrachten. Ein System ist, wie in Abschn. 2.2 dargelegt, ein analytischer Begriff: ähnliche Phänomene werden zu einem System zusammengefasst, so um sie von andersartigen Phänomenen zu unterscheiden. Daher hängt es auch von der Betrachtungsperspektive und konkreten Forschungsfragen ab, was zu einem Mediensystem oder zur Medienbranche gezählt wird und was nicht. Aus der Charakterisierung von Medien als System ergeben sich ferner eine Reihe von Anschlussfragen (vgl. Beck 2018, S. 2–30): Sind Medien ein unabhängiges (oder selbstreferentielles) oder ein abhängiges System, beispielsweise von Wirtschaft oder Politik? Ist das System im Sinne Luhmanns als geschlossen oder als offen zu bezeichnen? Ist es ein starres oder eher ein dynamisches System? Mit der Wahl des Systembegriffs sind zunächst einmal keine weiteren Festlegungen verknüpft. Der Begriff drückt aber aus, dass die Handlungen bzw. Kommunikationen, die zur Erstellung von Medienaussagen führen, zusammengehören und dass Medien spezifische Funktionen erfüllen.

> **Die Funktion der Massenmedien (Luhmann)**
>
> Als Funktion weist Luhmann dem System der Massenmedien das „Dirigieren der Selbstbeobachtung des Gesellschaftssystems" zu (Luhmann 1996, S. 173). Massenmedien „garantieren allen Funktionssystemen eine gesellschaftsweit akzeptierte, auch den Individuen bekannte Gegenwart", indem sie Kommunikation zu Themen strukturieren und damit Objekte erzeugen, „die in der weiteren Kommunikation vorausgesetzt werden können" (Luhmann 1996, S. 176–178). ◄

In der oben genannten Definition von Medien nach Saxer (1980) wird Medien als komplex institutionalisierten Systemen ein **„spezifisches Leistungsvermögen"** zugeschrieben. Medien erbringen eine Funktion für die gesamte Gesellschaft und Leistungen für andere Teilsysteme. Medien können – so ließe sich Saxers Position umformulieren – in anderen Teilsystemen Probleme sowohl lösen als auch bereiten. Die Demokratie ist auf Medienberichterstattung und Öffentlichkeit angewiesen, zugleich können Medienberichte beispielsweise auch Krisen auslösen.

Der hier zugrunde gelegte Medienbegriff von Saxer ist erstmals 1980 formuliert worden, lange vor der Erfindung und Durchsetzung des Internets. Dennoch ist er in seiner abstrakten Formulierung auch auf Onlinemedien und Social-Media-Plattformen anwendbar. Auch sie lassen sich hinsichtlich der vier Aspekte Technik, Organisation, Institution und System unterscheiden (Abschn. 4.4).

4.2 Differenzierungen der Medien

Aus Sicht der politischen Akteure sind immer die Medien relevant, die ihren Informations- und Kommunikationszielen am dienlichsten sind. Medienstrukturen und die konkreten Medienorganisationen sind ein Bedingungsfaktor für ihre Informations- und Kommunikationsstrategien. So streben politische Akteure auf der kommunalen, der Kreis-, Landes- bzw. Kantons- oder Bundesebene die möglichst flächendeckende und rasche Verbreitung von Informationen an und wählen die dafür geeigneten Medien aus.

Relevant für die eigene Informationsverarbeitung sind aus der Sicht politischer Akteure die **Leitmedien.** Welche Medien als Leitmedien fungieren, ist von zahlreichen Bedingungen abhängig, so vom Politikfeld oder davon, ob es sich um Kommunal-, Landes- bzw. Kantonal- oder Bundespolitik handelt. Auf allen diesen körperschaftlichen Ebenen und in den meisten sachlichen Feldern finden sich Medien, die aus der Sicht des Publikums wie auch anderer Akteure als besonders beachtenswert, als besonders relevant gelten. In Deutschland wird insbesondere den öffentlich-rechtlichen Rundfunkanstalten und der überregionalen Tagespresse aufgrund der starken Verbreitung wie auch des journalistischen Qualitätsanspruchs der Status von Leitmedien zugesprochen. In anderen Arenen können aber auch Boulevardzeitungen die Funktion von Leitmedien wahrnehmen.

4.2 Differenzierungen der Medien

▶ Innerhalb der Medienöffentlichkeit nehmen **Leitmedien** in einzelnen Arenen eine führende Stellung ein, an denen sich Folgemedien in ihrer Berichterstattung orientieren. Leitmedien gelten damit sowohl aufgrund ihres eigenen Anspruchs wie in der Außenwahrnehmung als Referenzmedien. Der Begriff **Qualitäts- oder Prestigemedien** bezieht sich auf die Wertschätzung dieser Medien durch Journalistinnen und Journalisten und die Anerkennung der Relevanz publizistischer Leistungen vor allem durch die Elite. Die Thematisierung und Kommentierung in Qualitätsmedien wird in besonderer Weise von anderen Journalistinnen und Journalisten, von der Elite und den Teilen der Bevölkerung beobachtet, die zur aktiven Öffentlichkeit gerechnet werden können (vgl. Jarren und Vogel 2011).

Im Rahmen der allgemeinen politischen Öffentlichkeit übernehmen in der Regel die **Qualitätsmedien oder Prestigemedien,** also die überregionalen Qualitätszeitungen, Nachrichtenmagazine sowie die Nachrichtensendungen des öffentlichen Rundfunks die Funktion von Leitmedien, da sie sowohl von breiten Kreisen der Bevölkerung als auch von politischen Akteuren zur Information genutzt werden. Der **Unterschied zwischen Beachtung und Nutzung ist wichtig,** nicht allein bezogen auf die Elite: Anerkannte Qualitätsmedien finden bei allen Akteuren und beim Publikum anhaltend hohe Beachtung, unabhängig von der Höhe ihrer Auflage oder ihrer Nutzung. Diese **Zuschreibung von Relevanz** hat im Wesentlichen mit ihrer Stellung innerhalb der Struktur des Mediensystems und der damit verbundenen Position im Informations- und Rezeptionsmarkt zu tun. Zudem sind die **Qualitätsmedien** in besonderer Weise für die Journalistinnen und Journalisten (in- wie ausländische) in allen anderen Medien relevant. Diesen Medien kommt eine Leitfunktion zu. Politische Magazine, politische Wochenzeitungen und die überregional verbreiteten Tageszeitungen finden besondere Beachtung bei anderen Journalistinnen und Journalisten: Themensetzung, Interpretationen und Kommentare werden unter professionellen Kriterien beachtet und können eine entsprechende Folgekommunikation auslösen. Auch die Journalistinnen und Journalisten wissen um diese Zuschreibung und nehmen deshalb bestimmte Medien sowie bestimmte Kolleginnen und Kollegen der eigenen Zunft besonders sensibel wahr. Es gibt eine **allgemein akzeptierte Bewertung** von Medien, eine Art **Medienhierarchie,** um die auch wesentliche Teile der Menschen wissen, die diese Medien gar nicht nutzen. Prestige- oder Elitemedien verfügen beim allgemeinen Publikum über einen hohen Imagewert bezüglich Kompetenz und Glaubwürdigkeit, was sich insbesondere in Konflikt- oder Krisenphasen zeigt, in denen diese Medien eine erhöhte Beachtung finden.

Die Einteilung in Prestige- bzw. Elite- und Populärmedien ist vor allem mit Blick auf den politischen Journalismus und seine Infrastrukturen von Bedeutung: Bei den Populärmedien sind die Politikredaktionen zumeist klein und wenig ausdifferenziert, das entsprechende Fachwissen ist eher gering, so dass hier vor allem auf Agenturmaterial, Korrespondenten oder auf andere Medienberichte zurückgegriffen wird. Seitens dieser Medien wird die Bearbeitung politischer Themen in den Elitemedien besonders beachtet. Dieser Befund lässt sich generalisieren: **Journalistinnen und Journalisten orientieren**

sich an relativ wenigen **Leitmedien,** was sich auch an den Pressezitaten zeigt, die sich in der Medienberichterstattung finden.

Ein weiterer wichtiger Medientyp sind **Fachmedien,** die vor allem für die interne Kommunikation des politischen Systems relevant sind. Fachmedien können als „alle Formen von Verschriftlichungen (Print- oder Online-Medien) definiert werden, die zur Mitteilung sowie Rezeption von themen- oder fachspezifischen Informationen oder Botschaften genutzt werden" (Grenz und Donges 2018, S. 398). Sie sind vor allem für Verbände und Interessengruppen wichtige Kommunikationsmedien (vgl. Jentges et al. 2012, S. 394-395). Mit Hilfe von Fachmedien können gezielt Informationen und Stellungnahmen innerhalb von Politikfeldern vermittelt werden. In der englischsprachigen Literatur werden Fachmedien als „specialized media" thematisiert. Wolfe et al. (2013) charakterisieren das Ziel dieser Medien innerhalb der politischen Sphäre als „marshaling analyses and communicating them among members of a specialized policy community" (Wolfe et al. 2013, S. 182). Ihre Rolle dürfe nicht unterschätzt werden: „Sometimes specialized media can mobilize policy communities, resulting in access to the relevant policy subsystem either directly or as a link to mass media" (Wolfe et al. 2013, S. 182). Fachmedien konstituieren somit eigene Formen von Fachöffentlichkeit. Indem sie einzelne Policy-Netzwerke untereinander verbinden bzw. Verbindungen zwischen politischen Fachdiskursen und anderen Teilsystemen herstellen, können sie das Konfliktniveau zwischen konkurrierenden Koalitionen reduzieren (vgl. Donges und Gerner 2019).

Ferner sind Nachrichten- und andere Formen von **Agenturen** relevant. Agenturen sind Selektionsfilter, die Informationen sammeln, bearbeiten und diese dann beispielsweise an journalistische Redaktionen weiterleiten. Auf Agenturmaterial wird auch in Politikredaktionen von Qualitätsmedien zurückgegriffen, weil mit dem eigenen Korrespondentenstab die Vielzahl allein an nationalen Politikereignissen auf der Bundes- als auch Landes- bzw. Kantonalebene nicht erfasst werden kann. Nachrichtenagenturen stellen aber vor allem jenen Redaktionen, die vergleichsweise schlecht ausgestattet sind und die beispielsweise über kein breites politisches Korrespondentennetz im In- und Ausland verfügen, wesentliche Informationen bereit. Für politische Akteure gilt es, diese Hürde zu nehmen: Was über Agenturen vermittelt wird, hat eine deutlich größere Chance zur Verbreitung in Medien als das, was direkt an die Medien gesandt wird. Agenturen liefern damit das Basisangebot für politische Themen an alle Medien und treffen auf diese Weise eine Vorauswahl.

4.3 Typologien von Mediensystemen

Von Bedeutung ist der Begriff des Mediensystems vor allem in der komparativen Forschung, wenn es darum geht, **Mediensysteme einzelner Länder** miteinander zu vergleichen. Was dabei unter den Begriff des Mediensystems fällt, wird in der Regel eher pragmatisch als theoriegeleitet entschieden. Häufig werden in der Literatur die traditionellen Medien wie Presse und Rundfunk zum Mediensystem gerechnet, Social-

4.3 Typologien von Mediensystemen

	Mediteranes oder polarisiert-pluralistisches Modell	Nordeuropäisches oder demokratisch-korporatistisches Modell	Nordatlantisches oder liberals Modell
politischer Parallelismus	hoch	hoch ➔ niedrig	niedrig, neutral und kommerzielle Presse
Rolle des Staates	starker Interventionismus	Interventionismus, starker öffentlicher Rundfunk	marktdominiert
Länder	Frankreich, Italien, Spanien	Deutschland, Schweiz, nordische Länder	Großbritannien, USA

Abb. 4.1 Drei Modelle von Mediensystemen (nach Hallin und Mancini). (Quelle: nach Hallin und Mancini 2004, S. 67–68, gekürzt)

Media-Plattformen hingegen nicht. In dem international sehr erfolgreichen Buch „Comparing Media Systems" von Hallin und Mancini (2004) wird auf eine Definition des Begriffs des Mediensystems gar gänzlich verzichtet. Hallin und Mancini unterscheiden die Mediensysteme der westlichen Länder in drei Modelle: ein mediterranes „polaristisch-pluralistisches", ein nordeuropäisches „demokratisch-korporatistisches" und das nordatlantische (oder angelsächsische) „liberale" Modell. Die Kriterien dieser Unterscheidung sind einmal der politische Parallelismus, zweitens die Rolle des Staates und drittens die Bedeutung von Tageszeitungen im Vergleich zur Relevanz des Fernsehens in der politischen Kommunikation. Der Begriff des politischen Parallelismus („political parallelism", auch „press/party-parallelism") wurde von Seymour-Ure (1974) geprägt und meint die inhaltliche wie auch organisatorische Übereinstimmung zwischen Medien und politischen Parteien. In Mediensystemen mit einem hohen politischen Parallelismus lassen sich vor allem Tageszeitungen und ihre Leserschaft politischen Parteien sehr gut zuordnen, die Medienlandschaft spiegelt die politischen Lager wider (Abb. 4.1).

- Das mediterane oder **polaristisch-pluralistische Modell** ist nach Hallin/Mancini von einer starken Form des politischen Parallelismus geprägt, d. h. die Orientierungen des Mediensystems folgen jenen der Politik. Der Staat greift stark in das Mediensystem ein, beispielsweise durch eine direkte Steuerung des öffentlichen Rundfunks. Das polaristisch-pluralistische Modell ist vor allem in südeuropäischen Ländern wie Frankreich, Italien, Griechenland, Spanien oder Portugal zu finden.
- Das nordeuropäische oder **demokratisch-korporatistische Modell** ist ein Modell des Wandels: Die Bindung der Medien an die Parteien nimmt ab, die Intervention des Staates in das Mediensystem ist jedoch noch stark. Eine wichtige Rolle in diesem Mediensystem nimmt der öffentliche Rundfunk ein. Das Modell findet sich vor allem in den nordischen Ländern Dänemark, Finnland, Norwegen und Schweden sowie den mitteleuropäischen Ländern Deutschland, Österreich, der Schweiz, Belgien und den Niederlanden.
- Das nordatlantische oder **liberale Modell** ist durch Neutralität der Medien und eine starke Kommerzialität des Mediensystems geprägt. Der politische Parallelismus ist niedrig, d. h. die Medien orientieren sich wenig an den inhaltlichen Konfliktlinien

zwischen den Parteien. Dieses Modell findet sich vor allem in den angelsächsischen Ländern, den USA, Kanada, Irland und Großbritannien.

Die Einteilung von Hallin und Mancini wird häufig zitiert, ist aber auch auf viel Kritik gestoßen (vgl. dazu die Replik von Hallin und Mancini 2017). Insbesondere zwischen dem britischen Mediensystem mit einer starken BBC als öffentlichem Rundfunk und den USA, in denen privat-kommerzielle Medien dominieren, gibt es so viele Unterschiede, dass ihre Zuordnung zu ein und demselben Modell irritiert. Gleiches gilt für die Unterschiede zwischen den nordischen und den mitteleuropäischen Ländern. Die osteuropäischen Länder fehlen ganz. Hallin und Mancini berücksichtigen auch kaum die Größe eines Landes, die aber das jeweilige Mediensystem sehr stark prägt. Gerade die Schweiz und Österreich als kleine Länder mit einem großen, gleichsprachigen Nachbarn wie Deutschland (Next-door-giant-neighbor-Phänomen) haben ganz andere Bedingungen als beispielsweise Finnland, dessen Mediensystem allein aufgrund der Sprache wesentlich geschlossener ist.

Blum (2014) schlägt eine andere Typologie vor, die sich nicht nur auf jene Länder beschränkt, die bereits vor 1990 als „westlich" galten. Seine Typologie umfasst sechs Modelle: Das liberale Modell, das Public-Service-Modell (zu dem er auch die deutschsprachigen Länder zählt), das Klientel-Modell, das Schock-Modell, das Patrioten-Modell und schließlich das Kommando-Modell (Abb. 4.2).

Arnold (2014) unterteilt die Mediensysteme der EU-Länder nach vier **Medienregulierungsstilen,** die er als minimalistisch-liberal (Beispiel: Luxemburg, die baltischen Staaten), „light-touch" für einen geringfügigen Eingriff mit Elementen der Selbst- und Ko-Regulierung (Beispiele: Deutschland, Großbritannien und Österreich), interventionistisch (Beispiel: Frankreich) und klientelistisch (Beispiel: Ungarn) bezeichnet.

Kritisch ist zu solchen Typologien von Mediensystemen anzumerken, dass sie zum einen immer nur Momentaufnahmen darstellen, da sich die Einordnung bestimmter Länder mit der Zeit verändern kann. Blum (2014, S. 394) nennt als Beispiel die Länder des arabischen Raums, in denen Demokratisierungsbewegungen unterschiedliche Auswirkungen hatten. Zum anderen lässt sich über die Zuordnung einzelner Länder zu den Typen immer wieder trefflich streiten, und auch darüber, ob vier bis sechs Typen die ganze Vielfalt an Mediensystemen abbilden können. Gleichwohl ist eine solche Verallgemeinerung stets der Preis für Typologien.

Das **Konzept des Mediensystems** war schon immer mit dem **Problem** konfrontiert, dass Systeme analytische Konstrukte sind. Es gibt Systeme nicht im Sinne eines einfach vorgefundenen Faktums, sondern wir gehen davon aus, dass es sinnvoll ist, Phänomene als zu einem System zugehörig zu betrachten. Das Konzept des Mediensystems ist daher das Ergebnis von empirischen Vergleichen und darauf aufbauenden theoretischen Begründungen, warum eine bestimmte Systemkonzeption sinnvoll ist und andere nicht. Insbesondere in Deutschland ist der Systembegriff eng an Niklas Luhmanns Theorie selbstreferentieller und autopoietischer Systeme gekoppelt, obwohl es in der Literatur auch zahlreiche andere Verwendungszusammenhänge des Systembegriffs und starke

4.3 Typologien von Mediensystemen

Das liberale Modell	Das Public-Service-Modell	Das Klientel-Modell
- Demokratisches Regierungssystem und kapitalistisches Wirtschaftssystem - Polarisierte politische Kultur - Umfassende Pressefreiheit und private Medien, die sich durch den Markt finanzieren: Kommerz regiert - Staat reguliert sehr zurückhaltend im Medienbereich - Distanz der Medien zur Politik, kritischer, investigativer Journalismus - Gut ausgebildete Journalisten, hoher Stellenwert von Medienethik und Selbstkontrolle - Beispiele: USA, Brasilien, Luxemburg	- Ebenfalls demokratische und marktwirtschaftliche Gesellschaft - In politischer Kultur teils Polarisierung, teils Konsensorientierung - Medienfreiheit mit privaten, teils öffentlichen (Rundfunk-)Medien (durch Gebühren finanziert) - Kaum mehr politischer Parallelismus - Publizistische Ideale (Public Service) dominieren nicht nur bei vielen Rundfunk- sondern auch bei vielen Printmedien (Sozialverantwortung) - Ambivalente Journalismuskultur, teilweise Ethikdiskurs - Beispiele: Großbritannien, Frankreich, Deutschland, Österreich, Schweiz	- Demokratisch-kapitalistisch, aber starker, aktiver Staat - Polarisierte politische Kultur - Medienfreiheit; Staat kontrolliert einen Teil der Medien - Weiterhin Bindungen zwischen Medien und Parteien, Religionen, Sippen/Stämmen etc.; viele Seilschaften - Medien zwischen gesellschaftlicher und kommerzieller Orientierung, machtnahe Journalisten, aber auch kritischer Journalismus - Geringe Rolle von Selbstkontrolle und Medienethik - Beispiele: Italien, Lettland, Libanon, Ghana
Das Schock-Modell	**Das Patrioten-Modell**	**Das Kommando-Modell**
- Formale Demokratien mit autoritär-dominanter Zentralregierung - Ambivalente politische Kultur - Grundsätzlich Medienfreiheit, aber immer wieder schockartige Eingriffe der staatlichen Macht, starke Staatskontrolle - Medienbesitz teils öffentlich, teils privat - Medien suchen mehrheitlich Harmonie mit der Macht, aber ein Teil ist konsequent kritisch - Professionalität teilweise fraglich - Beispiele: Russland, Türkei, Thailand, Senegal	- Autoritäre Regierungssysteme, gemischte Wirtschaft - Ziel: Konsens im nationalen Interesse - Vielfach eingeschränkte Pressefreiheit, starke Staatskontrolle - Medien gehören teils dem Staat, teils Privaten - Starker politischer Parallelismus - Patriotischer, machtnaher, konkordanter Journalismus - Eher schwache Berufskultur - Beispiele: Ägypten, Iran, Weißrussland	- Totalitäres Regierungssystem mit herrschender Partei oder Kaste - Konsensorientierte politische Kultur - Permanente Zensur; Medienfreiheit im Rahmen der Partei- und Staatsdoktrin - Öffentlicher Medienbesitz, weitgehend vom Staat finanzierte Medien, Lautsprecher des politischen Systems - Beispiele: China, Nordkorea, Kuba, Syrien

Abb. 4.2 Sechs Modelle von Mediensystemen (nach Blum). (Quelle: nach Blum 2014, Zusammenfassung durch den Autor)

Zweifel an der ausschließlichen Orientierung des Mediensystems an einer Selbstreferenz gibt (vgl. Beck 2015, 2019). Die Kommunikationswissenschaft hat sich von diesem engen Verständnis der Systemtheorie freilich gelöst und einen pragmatischeren Weg eingeschlagen: Für den Vergleich von Mediensystemen untereinander „ist es zunächst ausreichend, das Mediensystem als etwas Zusammengesetztes mit komplexen Strukturen und Entwicklungslogiken zu begreifen", ohne allen „Definitionen und Unterscheidungen [der Systemtheorie] zu entsprechen" (Thomaß 2013, S. 15; vgl. auch Thomaß 2020). Häufig wird in der Forschung das Konzept Mediensystem implizit an den (politischen) Journalismus gekoppelt, und unter Medien werden dann aktuelle journalistisch-redaktionell erstellte Angebote verstanden. Zudem fokussiert sich diese Forschung stark auf Leitmedien wie Qualitätszeitungen oder den öffentlichen Rundfunk, denen eine hohe Relevanz für die politische Kommunikation bzw. den politischen Diskurs zugeschrieben wird. Wissenschaftliche Fachzeitschriften wurden beispielsweise nie unter dem Konzept Mediensystem subsumiert, obwohl sie die relevanten Medien der Wissenschaft sind. Auch Fachmedien oder Verbandszeitschriften wurden in den Analysen nicht beachtet, obwohl sie durch die Artikulation, Organisation und Repräsentation von Interessen gegenüber anderen Akteuren Relevanz für politische Meinungs- und Willensbildungsprozesse besitzen (vgl. Donges und Jarren 2019; Oehmer et al. 2020).

Nur ganz wenige Autorinnen und Autoren haben den Begriff des Mediensystems schon immer abgelehnt. McQuail (2005, S. 178) beispielsweise hält das Konzept des Mediensystems für „unable to cope with the diversity of media and changing technology and times", zumal es Medien wie Schallplatten, Kino, Unterhaltungsprogramme etc. gar nicht umfasse. „In most countries today, the media do not constitute a single system with a distinctive philosophy or rational" (McQuail 2005, S. 178). Die mit dem Medienwandel verbundene permanente Erreichbarkeit und Verbundenheit der Nutzerinnen und Nutzer führt zudem dazu, dass die Metapher der Medienumwelt wieder an Bedeutung gewinnt (vgl. Van Aelst et al. 2017; Vorderer et al. 2017).

4.4 Plattformen

Neben den traditionellen, journalistisch-redaktionellen Massenmedien sind in den vergangenen Jahren Plattformen für die politische Kommunikation relevant geworden.

▶ **Plattformen** „**Digitale, datenbasierte** und **algorithmisch** strukturierende **soziotechnische Infrastrukturen,** über die Informationen ausgetauscht, Kommunikation strukturiert oder Arbeit organisiert, ein breites Spektrum an Dienstleistungen angeboten oder digitale wie nichtdigitale Produkte vertrieben werden" (Dolata 2018, S. 6).

„Plattformen vereinfachen unerwartete Interaktionsselektion, indem sie mittels Standardisierung auf der einen und algorithmischer Vorauswahl auf der anderen Seite die eigentlichen Selektionen vorbereiten". Daher sind Plattformen „erwartete Vorselektionen potentieller Verbindungen, die unerwartete Anschlussselektionen konkreter Verbindungen wahrscheinlicher machen" (Seemann 2021, S. 30, 31).

4.4 Plattformen

Seemann (2021, S. 33) unterscheidet drei Arten von Plattformen: Schnittstellen-, Protokoll- und Dienstplattformen. Dolata (2018) spezifiziert die einzelnen Arten weiter und unterscheidet zwei Plattformtypen, die für die politische Kommunikation bedeutsam sind:

- Such-, Networking- und Messaging-Plattformen (Google, Facebook (mit WhatsApp und Instagram), Twitter oder Snapchat) sowie
- Medienplattformen (YouTube, Netflix, Apple oder Spotify) (vgl. Dolata 2018, S. 6).

Plattformen unterscheiden sich in allen wesentlichen Aspekten von traditionellen Medien: Sie funktionieren auf Basis einer anderen Technik, werden von anderen Typen von Organisationen dominiert (vor allem Google und Facebook) und unterscheiden sich bezüglich der institutionellen Regeln, die für sie gelten. Daher können Plattformen nicht einfach dem Mediensystem zugerechnet werden, sondern bilden eine eigenständige Kommunikationssphäre.

▶ „**Social Media** are Internet-based channels that allow users to opportunistically interact and selectively self-present, either in real-time or asynchronously, with both broad and narrow audiences who derive value from user-generated content and the perception of interaction with others" (Carr und Hayes 2015, S. 50).

Wichtig ist hierbei, dass Social-Media-Plattformen es auch individuellen Nutzerinnen und Nutzern ermöglichen, an einer größeren Öffentlichkeit teilzunehmen. Traditionelle Medien setzten immer Organisationen voraus, insbesondere in Form von Organisationen zur Erstellung von Inhalten (Redaktionen) und solchen der Distribution (Medienunternehmen). Auch hinter den Plattformen stehen freilich wenige mächtige Organisationen. Diese lehnen es zwar ab, als Medienunternehmen angesehen zu werden (vgl. Napoli und Caplan 2017), nehmen aber Schlüsselstellungen auf den unterschiedlichen Ebenen ein, von der interpersonalen bis hin zur globalen Kommunikation. Auch bei Plattformen müssen daher die vier Aspekte des oben erwähnten Medienbegriffs von Saxer zugleich gedacht werden: Sie verfügen über eine eigene Form von Technik (automatisierte Algorithmen), Organisationen, institutionelle Regeln und bilden damit ein eigenständiges Kommunikationssystem mit spezifischen Funktionen.

Van Dijck und Poell (2013) nennen vier Merkmale einer **„social media logic"**, die sich als institutionelle Regeln auf alle Plattformen anwenden lassen: Programmierbarkeit, Popularität, Konnektivität und Datafizierung.

- **Programmierbarkeit** meint die Fähigkeit von Plattformen, Beiträge der Nutzerinnen und Nutzer auszulösen und zu steuern. Zwar erstellen Plattformen mitunter auch eigene Inhalte, ihr wesentliches Merkmal aber ist, dass sie „nur" die Infrastrukturen für Beiträge Dritter bereitstellen. Traditionelle Medien hingegen erstellen in der Regel selbst Inhalte und führen diese zu einem Angebot oder Programm zusammen.

- **Popularität** meint die Fähigkeit von Plattformen, die Popularität unmittelbar und mit den gleichen Mitteln zu messen, mit denen versucht wird, sie zu beeinflussen oder zu manipulieren. Popularitätsindikatoren wie „Likes" oder „Followers" sind für Social-Media-Plattformen wichtig, da sie Hinweise auf Relevanz und Qualität der Beiträge ermöglichen. Anders als bei traditionellen Medien, die für die Popularitätsmessung aufwendige Verfahren wie Leserbefragungen durchführen oder Einschaltquoten ermitteln, kann die Popularität bei digitalen Plattformen permanent und in Echtzeit gemessen werden. Nutzerinnen und Nutzer orientieren sich an diesen Popularitätswerten, auch wenn sie wissen, dass diese gefälscht sein können.
- **Konnektivität** meint die durch Plattformen ermöglichte Vernetzung von Menschen und Organisationen. Diese geschieht in der Regel automatisiert, d. h. ohne eine bewusste Entscheidung etwa durch Journalistinnen und Journalisten wie bei den traditionellen Massenmedien.
- **Datafizierung** meint die Fähigkeit von Plattformen, Aspekte der Welt, die noch nie quantifiziert wurden, in Echtzeit in Daten umzuwandeln. Datafizierung ist damit sowohl Grundlage wie auch Ergebnis der anderen genannten Merkmale der social media logic nach van Dijck und Poell (2013). Bei jeder Nutzung von Plattformen fallen Daten über die Nutzerinnen und Nutzer an, die dann wiederum zur weiteren Optimierung der Plattform sowie für die personalisierte Schaltung von Werbung verwendet werden. Einen Schritt weiter geht Hepp (2016, S. 229), der die Datafizierung als eine Repräsentation sozialen Lebens in computerisierten Daten beschreibt, insoweit nämlich Menschen wie auch Organisationen „verstärkt die Produktion und Auswertung solcher Daten als Grundlage unserer sozialen Prozesse der Wirklichkeitskonstruktion akzeptieren" (vgl. kritisch dazu Jarren 2016). Datafizierung steht daher in einem engen Zusammenhang mit der Dominanz quantitativer Daten in unserer Gesellschaft (vgl. Mau 2017).

Traditionelle Medien und Plattformen folgen demzufolge unterschiedlichen institutionellen Regeln und Legitimationsmustern (vgl. Beck und Donges 2020). Plattformbetreiber wie Google und Facebook sind im Kern Werbe- und Mediaagenturen, die personenbezogene Daten ihrer Nutzerinnen und Nutzer sammeln und zum Zweck der Profitmaximierung verkaufen. Die im Sinne der Programmierbarkeit von den Nutzerinnen und Nutzern selbst erstellten Beiträge sind dabei nur Mittel zum Zweck.

4.5 Zur Abgrenzung von Medien, Plattformen und Intermediären

Mit der Durchsetzung zunächst von Onlinemedien, Diensten wie Suchmaschinen und später Social-Media-Plattformen wie Facebook oder YouTube hat der Begriff der **Intermediären** an Bedeutung gewonnen und wird in unterschiedlichen Zusammenhängen angewandt. Im Forschungsfeld politische Kommunikation war der Begriff zuvor nur für

4.5 Zur Abgrenzung von Medien, Plattformen und Intermediären

politische Organisationen wie Parteien, Verbände und soziale Bewegungen gebräuchlich (siehe Kap. 6 und 7). Daneben wird der Begriff des Intermediären auch auf jene technischen Infrastrukturen angewandt, die keine Medien im klassischen Sinne sind, aber entsprechende Vermittlungsleistungen erbringen. Intermediäre ermöglichen Kommunikation („enable communication of information from one party to another", Cotter 2006, S. 68), etwa indem Akteure verbunden und ein Austausch zwischen ihnen ermöglicht wird („bring together or facilitate transactions between third parties", Perset 2010, S. 9). Dieser Austausch kann verschiedene Formen annehmen. Perset (2010, S. 6) begreift Vermittlung in erster Linie ökonomisch und bezeichnet „Intermediation" als „the process by which a firm [...] leverages its middleman position to foster communication with other agents in the marketplace". Just und Latzer (2017, S. 240) unterscheiden neun Grundfunktionen von Intermediären: das Suchen von Informationen, die Aggregation von Daten, die Observation bzw. Überwachung von Personen, Handlungen oder Daten, die Prognose oder Vorhersage aufgrund bestehender Datensätze, das Filtern von Informationen, das Vorschlagen von Alternativen, das „Scoring" und andere Formen der Abbildung von Reputation, die Produktion von Inhalten und schließlich die Allokation von Ressourcen, beispielsweise von Werbeeinnahmen. Die Liste dieser Grundfunktionen ist sicher nicht abschließend. Schmidt et al. (2017, S. 20) benennen etwas einfacher drei „Organisationsprinzipien" von Intermediären: „Ent- und Neubündelung von Informationen", die Förderung der Personalisierung von Informationsangeboten sowie die Unterstützung von Anschlusskommunikation zu veröffentlichten Inhalten. Dabei betonen sie, dass „Intermediäre durch ihre technische Gestaltung immer [auch] Selektionsleistungen erbringen und aufgrund ihrer Geschäftsmodelle möglicherweise auch bestimmte Inhalte und Praktiken bevorzugen oder erschweren" (Schmidt et al. 2017, S. 20). Insbesondere die Leistung des Ent- und Neubündelns von Inhalten erbringen Intermediäre in der Regel auf Basis der Entscheidung von Algorithmen und ohne Transparenz der Kriterien (vgl. Schmidt et al. 2017). Intermediäre im Online-Bereich zeichnen sich demnach nicht dadurch aus, dass sie eigene Inhalte produzieren, sondern dadurch, dass sie bestehende Inhalte „aufschnüren" und neu zusammensetzen. So definiert auch Mansell (2015, S. 8): „[D]igital intermediaries are selling tools, products and services based on the reuse of data." Dieses Merkmal trifft jedoch häufig auch auf traditionelle journalistische Medien zu. Gleichwohl übernehmen Intermediäre wichtige Funktionen für die öffentliche Kommunikation. Angebote wie Facebook werden gerade von jüngeren Menschen immer mehr als politische Informationsquelle genutzt, weshalb sie in der Kommunikationswissenschaft auch als „Informationsintermediäre" bezeichnet werden (Stark et al. 2018).

Das Verhältnis der Begriffe Medien, Plattformen und Intermediäre ist in der Literatur umstritten. Oft wird versucht, traditionelle Medien und Intermediäre voneinander abzugrenzen. Für Gasser und Schulz (2015, S. 3) sind Intermediäre „not traditional journalistic-editorial (,media') services". Der 2020 in Deutschland in Kraft getretene Medienstaatsvertrag definiert als „Medienintermediär jedes Telemedium, das auch journalistisch-redaktionelle Angebote Dritter aggregiert, selektiert und allgemein zugänglich präsentiert, ohne diese zu einem Gesamtangebot zusammenzufassen" (MStV § 2 (2), 16). Das Gesamtangebot, differenziert nach einem Sendeplan, ist dann ein wesentliches Merkmal des Rundfunks.

Im Unterschied dazu schlagen Beck und Donges (2020, S. 46) vor, dem Begriff der Vermittlung – und damit auch der Figur des Intermediären – Priorität einzuräumen. Unter dem Oberbegriff der Intermediäre können Plattformen als Kommunikationsinfrastruktur mit automatisierter algorithmischer Vermittlung und Medien als journalistisch-redaktionell vermittelte Angebote unterschieden werden (Abb. 4.3).

Donges und Jarren (2019) haben vorgeschlagen**, Medien und Plattformen als Teil eines Medien- und Kommunikationssystems** zu betrachten und anhand der **Funktionen** zu unterscheiden, die sie für die Gesellschaft erbringen. Wie oben dargelegt ist das „Dirigieren der Selbstbeobachtung des Gesellschaftssystems" (Luhmann 1996, S. 173) die klassische Funktionszuschreibung der Medien. Diese Funktion wird auch weiterhin von den aktuellen, universellen Massenmedien (General Interest Media) erfüllt. Daneben haben sich jedoch zugleich immer mehr Special Interest sowie Very Special Interest Media ausdifferenziert und etabliert. Während die aktuellen, universellen (Massen-)Medien aufgrund ihrer politischen Bedeutung für die Gesellschaft auch in der Wissenschaft besondere Aufmerksamkeit fanden, gilt dies für die spezialisierten Medien nicht. Infolgedessen wurde und wird übersehen, dass auch sie für die gesellschaftliche Entwicklung, für die Findung wie die Organisation von gesellschaftlichen Interessen und damit auch für die politische Meinungs- wie Willensbildung von Bedeutung sind – dies zumal aufgrund der zunehmenden gesellschaftlichen Differenzierung, die sich in Individualisierung, Wertepluralismus und Diversität ausdrückt. Mit der Etablierung von Social-Media-Plattformen kommt es nun zu einer Neuinstitutionalisierung wie auch einer weiteren Differenzierung im Mediensystem und zur Ausbildung eines globalen Medien- und Kommunikationssystems (Abb. 4.4).

Special-Interest-, Very-Special-Interest- wie auch Fach- oder andere Peer-Medien dienen der Interessenfindung, -aushandlung und -repräsentation. Sie ermöglichen sozialen Gruppen interne Selbstverständigungsdiskussionen. Die spezialisierten Medien

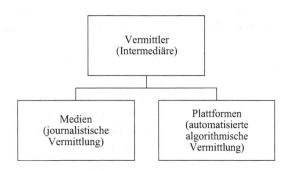

Abb. 4.3 Intermediäre, Medien und Plattformen (nach Beck und Donges). (Quelle: Beck und Donges 2020, S. 46)

4.5 Zur Abgrenzung von Medien, Plattformen und Intermediären

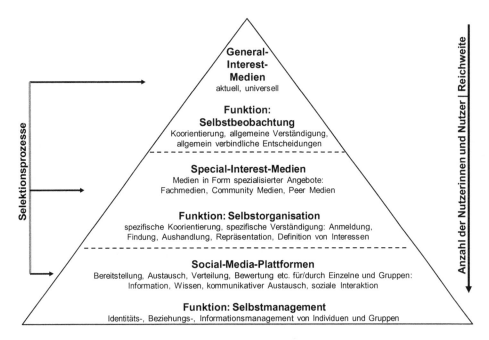

Abb. 4.4 Drei-Ebenen-Modell des Kommunikations- und Mediensystems. (Quelle: Donges und Jarren 2019, S. 34, überarbeitet)

konstituieren für Individuen wie Gruppen konkrete und spezielle Kommunikationszusammenhänge, mittels deren sie einerseits ihre Interessen finden, entwickeln und austauschen und mit denen sie andererseits für Organisationen als potenzielle Leistungsempfänger erreichbar, ansprechbar werden. Sie tragen durch die Bereitstellung von Wissen und spezialisierten Informationen sowie durch die Teilhabe an spezifischen Diskussionen zur internen Selbstorganisation der Gesellschaft bei. Für das Selbstmanagement in der Gesellschaft sind nun internetbasierte Formen der Kommunikation wie Social-Media-Plattformen von großer Bedeutung: Sie sind Ausdruck, Katalysator und Beschleuniger der gesellschaftlichen Differenzierung. Andere Autorinnen und Autoren gehen noch einen Schritt weiter und prognostizieren ein „Ende der staatlich organisierten repräsentativen Demokratie", das durch Plattformen herbeigeführt werde:

> „Die repräsentative Demokratie braucht repräsentative Medien. Die Massenmedien waren insoweit repräsentativ, als sie geographische und politische Milieus – deren Identitäten, Interessen und Probleme – abzubilden versuchten. Die sozialen Medien versuchen gar nicht erst zu repräsentieren, sondern stellen stattdessen die Verbindungen zur Verfügung, über die sich verschiedene Identitäten ausdrücken, gründen, finden und organisieren. Das etabliert eine völlig neue Form von Politik" (Seemann 2021, S. 368).

Literatur

Altheide, David L., & Snow, Robert P. (1979). *Media Logic*. Beverly Hills, London: Sage.

Altmeppen, Klaus-Dieter. (2006). *Journalismus und Medien als Organisation: Leistungen, Strukturen und Management*. Wiesbaden: VS Verlag für Sozialwissenschaften.

Arnold, Dirk. (2014). *Medienregulierung in Europa. Vergleich der Medienregulierungsinstrumente und -formen der EU-Mitgliedstaaten vor dem Hintergrund technischer Konvergenz und Europäisierung*. Baden-Baden: Nomos.

Beck, Klaus. (2015). Systemtheorie/Mediensystem. In Jan Krone & Tassilo Pellegrini (Hrsg.), *Handbuch Medienökonomie* (S. 1–18). Wiesbaden: Springer VS

Beck, Klaus. (2018). *Das Mediensystem Deutschlands. Strukturen, Märkte, Regulierung* (2. Aufl.). Wiesbaden: Springer VS.

Beck, Klaus. (2019). Öffnung oder Auflösung des Mediensystems? *MedienJournal, 43*(3), 5–26.

Beck, Klaus, & Donges, Patrick. (2020). Vermittlung: Begriffe und Modelle für die Kommunikationswissenschaft. In Otfried Jarren & Christoph Neuberger (Hrsg.), *Gesellschaftliche Vermittlung in der Krise: Medien und Plattformen als Intermediäre* (S. 21–50). Baden-Baden: Nomos.

Blum, Roger. (2014). *Lautsprecher und Widersprecher: Ein Ansatz zum Vergleich der Mediensysteme*. Köln: Herbert von Halem Verlag.

Carr, Caleb T., & Hayes, Rebecca A. (2015). Social Media: Defining, Developing, and Divining. *Atlantic Journal of Communication, 23*, 46–65.

Cotter, Thomas F. (2006). Some Observations on the Law and Economics of Intermediaries. *Michigan State Law Review, 67*, 67–82.

Dolata, Ulrich. (2018). Privatisierung, Kuratierung, Kommodifizierung. Kommerzielle Plattformen im Internet. *SOI Discussion Paper, 2018-04*.

Donges, Patrick, & Gerner, Alexandra. (2019). Fachmedien als Policy-Broker. Empirische Befunde zur Vermittlungsleistung in Politikfeldern. *M&K Medien & Kommunikationswissenschaft, 67*(4), 417–436.

Donges, Patrick, & Jarren, Otfried. (2014). Mediatization of Political Organizations: Changing Parties and Interest Groups? In Frank Esser & Jesper Strömbäck (Hrsg.), *Mediatization of Politics: Understanding the Transformation of Western Democracies* (S. 181–199). Basingstoke: Palgrave Macmillan.

Donges, Patrick, & Jarren, Otfried. (2019). Differenzierung und Institutionalisierung des Medien- und Kommunikationssystems. *MedienJournal, 43*(3), 27–45.

Gasser, Urs, & Schulz, Wolfgang. (2015). *Governance of Online Intermediaries: Observations from a Series of National Case Studies* Cambridge, MA: Berkman Klein Center for Internet & Society (Research Publication No. 2015-5).

Grenz, Fabian, & Donges, Patrick. (2018). Fachöffentlichkeiten in der politischen Kommunikation. Erkundungen zwischen Medienöffentlichkeit und Policy-Netzwerken. *SCM Studies in Communication and Media, 7*(3), 392–422.

Hallin, Daniel C., & Mancini, Paolo. (2004). *Comparing Media Systems. Three Models of Media and Politics*. Cambridge: Cambridge University Press.

Hallin, Daniel C., & Mancini, Paolo. (2017). Ten Years After Comparing Media Systems: What Have We Learned? *Political Communication, 34*(2), 155–171.

Hepp, Andreas. (2016). Kommunikations- und Medienwissenschaft in datengetriebenen Zeiten. *Publizistik, 61*(3), 225–246.

Höflich, Joachim E. (2013). Interaktivität. In Günter Bentele, Hans-Bernd Brosius & Otfried Jarren (Hrsg.), *Lexikon Kommunikations- und Medienwissenschaft* (S. 131). Wiesbaden: Springer VS.

Hölig, Sascha, Hasebrink, Uwe, & Behre, Julia. (2021). *Reuters Institute Digital News Report 2021. Ergebnisse für Deutschland*. Hamburg: Leibniz-Institut für Medienforschung | Hans-Bredow-Institut.

Jarren, Otfried. (2016). Nicht Daten, sondern Institutionen fordern die Publizistik-und Kommunikationswissenschaft heraus. *Publizistik, 61*(4), 373–383.

Jarren, Otfried, & Vogel, Martina. (2011). Leitmedien als Qualitätsmedien. Theoretisches Konzept und Indikatoren. In Roger Blum, Heinz Bonfadelli, Kurt Imhof & Otfried Jarren (Hrsg.), *Krise der Leuchttürme öffentlicher Kommunikation. Vergangenheit und Zukunft der Qualitätsmedien* (S. 17–29). Wiesbaden: VS Verlag für Sozialwissenschaften.

Jentges, Erik, Brändli, Matthias, Donges, Patrick, & Jarren, Otfried. (2012). Die Kommunikation politischer Interessengruppen in Deutschland: Adressaten, Instrumente und Logiken. *SCM, 1*(3–4), 381–409.

Just, Natascha, & Latzer, Michael. (2017). Governance by algorithms: reality construction by algorithmic selection on the Internet. *Media, Culture & Society, 39*(2), 238–258.

Karidi, Maria. (2017). *Medienlogik im Wandel: Die deutsche Berichterstattung 1984 und 2014 im Vergleich*. Wiesbaden: Springer VS.

Kubicek, Herbert (1997). Das Internet auf dem Weg zum Massenmedium? Ein Versuch, Lehren aus der Geschichte alter und neuer Medien zu ziehen. In Raymund Werle & Christa Lang (Hrsg.), *Modell Internet? Entwicklungsperspektiven neuer Kommunikationsnetze* (S. 213–239). Frankfurt/M., New York: Campus.

Luhmann, Niklas. (1996). *Die Realität der Massenmedien* (2., erw. Aufl.). Opladen: Westdeutscher Verlag.

Lundby, Knut. (2009). Media Logic: Looking for Social Interaction. In Knut Lundby (Hrsg.), *Mediatization: Concept, Changes, Consequences* (S. 101–119). New York: Peter Lang.

Mansell, Robin. (2015). The public's interest in intermediaries. *Information Systems Frontiers, 17*(6), 8–18.

Marcinkowski, Frank. (2002). Massenmedien und die Integration der Gesellschaft aus Sicht der autopoietischen Systemtheorie: Steigern die Medien das Reflexionspotential sozialer Systeme? In Kurt Imhof, Otfried Jarren & Roger Blum (Hrsg.), *Integration und Medien* (S. 110–121). Wiesbaden: Westdeutscher Verlag.

Mau, Steffen. (2017). *Das metrische Wir. Über die Quantifizierung des Sozialen*. Frankfurt/M.: edition suhrkamp.

Mazzoleni, Gianpietro. (2008a). Media Logic. In Wolfgang Donsbach (Hrsg.), *The International Encyclopedia of Communication* (S. 2930–2932). Oxford, Malden: Wiley-Blackwell.

Mazzoleni, Gianpietro. (2008b). Mediatization of Politics. In Wolfgang Donsbach (Hrsg.), *The International Encyclopedia of Communication* (S. 3047–3051). Oxford, Malden: Wiley-Blackwell.

McQuail, Denis. (2005). *Mass Communication Theory. An Introduction* (5. Aufl.). London, Thousand Oaks, New Delhi: Sage.

Napoli, Philip M., & Caplan, Robyn. (2017). Why media companies insist they're not media companies, why they're wrong, and why it matters. *First Monday, 22*(5).

Neuberger, Christoph. (2007). Interaktivität, Interaktion, Internet. *Publizistik, 52*(1), 33–50.

Oehmer, Franziska, Dioh, Yuvviki, & Jarren, Otfried. (2020). Zeitschriften in der kommunikationswissenschaftlichen Forschung. *Publizistik, 65*(3), 361–380.

Perset, Karine. (2010). The Economic and Social Role of Internet Intermediaries. *OECD Digital Economy Papers*(171).

Saxer, Ulrich. (1980). Grenzen der Publizistikwissenschaft. Wissenschaftswissenschaftliche Reflexionen zur Zeitungs-/Publizistik-/Kommunikationswissenschaft seit 1945. *Publizistik, 25*(4), 525–543.

Saxer, Ulrich. (1999). Der Forschungsgegenstand der Medienwissenschaft. In Joachim-Felix Leonhard, Hans-Werner Ludwig, Dietrich Schwarze & Erich Straßner (Hrsg.), *Medienwissenschaft. Ein Handbuch zur Entwicklung der Medien und Kommunikationsformen. 1. Teilband* (S. 1–14). Berlin, New York: Walter de Gruyter.

Schmidt, Jan-Hinrik, Merten, Lisa, Hasebrink, Uwe, Petrich, Isabelle, & Rolfs, Amelie. (2017). *Zur Relevanz von Online-Intermediären für die Meinungsbildung*. Hamburg: Hans-Bredow-Institut.

Scott, W. Richard. (2001). *Institutions and Organizations* (2. Aufl.). Thousand Oaks u. a.: Sage.

Seemann, Michael. (2021). *Die Macht der Plattformen. Politik in Zeiten der Internetgiganten*. Berlin: Ch. Links.

Seymour-Ure, Colin. (1974). *The political impact of mass media*. London: Constable.

Stark, Birgit, Magin, Melanie, & Jürgens, Pascal. (2018). Politische Meinungsbildung im Netz: Die Rolle der Informationsintermediäre. *UFITA, 82*(1), 103–130.

Thomaß, Barbara. (2013). Mediensysteme vergleichen. In Barbara Thomaß (Hrsg.), *Mediensysteme im internationalen Vergleich* (S. 12–45). Konstanz: UVK.

Thomaß, Barbara. (2020). Mediensysteme und Systemtypologien. In Isabelle Borucki, Katharina Kleinen-von Königslöw, Stefan Marschall & Thomas Zerback (Hrsg.), *Handbuch Politische Kommunikation* (S. 1–14). Wiesbaden: Springer VS.

Van Aelst, Peter, Strömbäck, Jesper, Aalberg, Toril, Esser, Frank, de Vreese, Claes, Matthes, Jörg, et al. (2017). Political communication in a high-choice media environment: a challenge for democracy? *Annals of the International Communication Association, 41*(1), 3–27.

van Dijck, José, & Poell, Thomas. (2013). Understanding social media logic. *Media and Communication, 1*(1), 2–14.

Vorderer, Peter, Hefner, Dorothée, Reinecke, Leonard, & Klimmt, Christoph. (2017). *Permanently Online, Permanently Connected: Living and Communicating in a POPC World*: Routledge.

Wolfe, Michelle, Jones, Bryan D., & Baumgartner, Frank R. (2013). A Failure to Communicate: Agenda Setting in Media and Policy Studies. *Political Communication, 30*(2), 175–192.

Strukturen politischer Kommunikation III: Politische Öffentlichkeiten

5

> **Überblick**
>
> Der Begriff der Öffentlichkeit ist eine **zentrale Kategorie zum Verständnis von Gesellschaft.** Im folgenden Kapitel werden verschiedene Definitionen von Öffentlichkeit (Abschn. 5.1) und grundlegende theoretische Modelle vorgestellt (Abschn. 5.2). Diese unterschiedlichen Vorstellungen von Öffentlichkeit werden später auf den Begriff der öffentlichen Meinung übertragen (Abschn. 5.3). In einem darauf aufbauenden Modell werden verschiedene Ebenen mit jeweils unterschiedlich relevanten Akteuren der Öffentlichkeit unterschieden (Abschn. 5.4). Anhand des Beispiels einer europäischen Öffentlichkeit (Abschn. 5.5) werden die vorgestellten Theorien und Modelle dann auf konkrete Phänomene angewandt.

5.1 Öffentlich und Öffentlichkeit: Definition und Begriffsgeschichte

Der Begriff Öffentlichkeit ist im deutschen Sprachraum im 18. Jahrhundert entstanden. Er umfasste als Kollektivsingular das, was der Allgemeinheit zugänglich sein sollte und was der Staat nicht mehr als geheim reklamieren konnte. Öffentlichkeit ist somit das Produkt eines Prozesses gesellschaftlicher Differenzierung, der mit der Moderne beginnt (vgl. grundlegend Imhof 2011). Verstanden als Rede-, Meinungs-, Presse- und Versammlungsöffentlichkeit, wurde von der liberal-bürgerlichen Bewegung des 18. Jahrhunderts Öffentlichkeit angestrebt und als Prinzip gegenüber dem absoluten Staat Stück für Stück durchgesetzt. Mit der Entwicklung der Gesellschaft zur modernen Massengesellschaft, die unterschiedliche soziale Gruppen umfasst, verwandelte sich

Öffentlichkeit auch zu einem sozial-räumlichen Begriff. In der Literatur wird Öffentlichkeit häufig mit den Metaphern eines Forums oder Netzwerkes umschrieben (vgl. u. a. Friemel und Neuberger 2021; Jünger 2018, S. 11–23).

▶ **Öffentlichkeit**
„Die Öffentlichkeit lässt sich am ehesten als ein **Netzwerk** für die Kommunikation von Inhalten und Stellungnahmen, also von Meinungen beschreiben; dabei werden die Kommunikationsflüsse so gefiltert und synthetisiert, dass sie sich zu themenspezifisch gebündelten öffentlichen Meinungen verdichten" (Habermas 1992, S. 436).

„(Politische) Öffentlichkeit besteht aus einer Vielzahl von **Kommunikationsforen,** deren Zugang prinzipiell offen und nicht an Mitgliedschaftsbedingungen gebunden ist und in denen sich individuelle und kollektive Akteure vor einem breiten Publikum zu politischen Themen äußern. Das Produkt der Kommunikationen in der Öffentlichkeit bezeichnet man als öffentliche Meinung, die man von den aggregierten Individualmeinungen der Bürger unterscheiden kann" (Gerhards 1998, S. 694).

„Unter Öffentlichkeit wird ein **Kommunikationssystem** verstanden, das prinzipiell für alle Mitglieder einer Gesellschaft offen und auf Laienorientierung festgelegt ist" (Gerhards und Neidhardt 1990, S. 17).

„Öffentlichkeit definiere ich demzufolge als **Verständigungsprozess der Gesellschaft über sich selbst.** Durch die Thematisierung, Verallgemeinerung und Bewertung von Erfahrungen werden im Prozess Öffentlichkeit gesellschaftliche Wirklichkeitskonstruktionen verhandelt, gefestigt, ent- oder verworfen, die Regeln und Normen des gesellschaftlichen Zusammenlebens, also konsensuale soziale Werte, aufgestellt, bestätigt oder modifiziert, sowie kulturelle Ziele überprüft und kulturelle Identitäten geschaffen" (Klaus 2001, S. 20).

Die Herausbildung und Geschichte demokratischer politischer Systeme ist durchzogen von **Auseinandersetzungen um die Grenzziehung zwischen öffentlichen und privaten Handlungsbereichen:** Was soll durch die Öffentlichkeit im Sinne einer politischen Gemeinschaft verbindlich geregelt und entschieden werden? Was soll dem privaten Bereich an Handlungsfreiheit überlassen bleiben? Inwieweit schadet oder nützt eine Vermischung öffentlicher und privater Bereiche sowohl dem Individuum als auch der Gesellschaft?

Öffentlichkeit ist somit nicht vorrangig ein beschreibbares, empirisches Phänomen, sondern ein **normatives Postulat** und ein anzustrebender Zustand. In den Sozialwissenschaften wird der Begriff Öffentlichkeit sowohl normativ als auch empirisch-analytisch, also sehr unterschiedlich verwendet. Aber auch in empirisch-analytischen Zusammenhängen tritt Öffentlichkeit keineswegs als wertfreie Kategorie in Erscheinung. Normative Vorstellungen oder Verwendungszusammenhänge aus der Alltagskommunikation können vom Verständnis von Öffentlichkeit nicht getrennt werden. Normative Vorstellungen von Öffentlichkeit liegen auch den meisten wissenschaftlichen Studien – wenn nicht explizit, so doch implizit – zugrunde. Das erfordert eine Auseinandersetzung mit den jeweiligen normativen Prämissen.

Öffentlichkeit, weitgehend von den Medien hergestellt, aber eben nicht allein von ihnen definiert und bestimmt, kann als ein **offenes Kommunikationsforum** begriffen werden (vgl. Neidhardt 1994). Öffentlichkeit ist nicht spezifisch institutionalisiert, es gibt also keine eigene Instanz dafür. Öffentlichkeit ist aber dennoch sozial dauerhaft vorhanden, weil sie eng mit gewissen Strukturen, Akteuren und Themen korreliert ist und dauerhaft von den Bürgerinnen und Bürgern gleichsam beobachtet und somit „nachgefragt" wird. Öffentlichkeit ist und funktioniert insoweit wie ein intermediäres System: Sie vermittelt zwischen den einzelnen Teilen der Gesellschaft wie auch zwischen den unterschiedlichen Organisationen (vgl. Habermas 2006). Im Zuge des Vermittlungsprozesses wird öffentliche Meinung erzeugt, d. h. eine Meinung, die sich in den Arenen öffentlicher Meinungsbildung weitgehend durchzusetzen vermag („herrschende Meinung"). Öffentlichkeit als ein intermediäres System konstituiert sich durch den Austausch von Informationen und Meinungen durch Personen, Gruppen und Organisationen, durch prinzipielle Zugangsoffenheit für alle Akteure, durch Offenheit für potenziell alle Themen (**„Laienöffentlichkeit"**) und durch die Möglichkeit der Teilnahme im Kreis der Anwesenden wie auch der Teilhabe im Kreis der Abwesenden (zum Begriff des intermediären Systems siehe Kap. 6).

Öffentlichkeit als ein im Prinzip allen Individuen wie auch Akteuren gleichermaßen zugängliches Kommunikationssystem kann nach verschiedenen **Akteuren und Rollen** differenziert werden: Sprecherinnen und Sprecher, Vermittlerinnen und Vermittler und Publikum.

Sprecherinnen und Sprecher sind Angehörige kollektiver oder korporativer Akteure, die sich in der Öffentlichkeit zu bestimmten Themen zu Wort melden. Dabei können sie unterschiedliche **Rollen** wahrnehmen (vgl. Neidhardt 1994, S. 14). Sie können in der Öffentlichkeit auftreten als

1. Repräsentantinnen und Repräsentanten, die sich für gesellschaftlicher Gruppierungen und Organisationen äußern,
2. Advokaten, die ohne politische Vertretungsmacht im Namen von Gruppierungen auf- und deren Interessen vertreten,
3. Expertinnen und Experten mit wissenschaftlich-technischen Sonderkompetenzen,
4. Intellektuelle, die sozialmoralische Sinnfragen aufnehmen, oder
5. Kommentatoren; als solche bezeichnet Neidhardt Journalistinnen und Journalisten, die sich zu öffentlichen Angelegenheiten nicht nur berichtend, sondern auch mit eigenen Meinungen zu Wort melden.

Als **Vermittler im klassischen Verständnis** werden die Journalistinnen und Journalisten bezeichnet. Auch sie sind zunächst einmal Personen, aber sie wirken in ihrer überwiegenden Mehrzahl innerhalb von Organisationen. Sie arbeiten in Redaktionen und sind für Medienunternehmen auf Basis eines redaktionellen und publizistischen Programms tätig. Aufgrund dieser „Programmorientierung" beobachten sie die soziale Entwicklung auf allen Öffentlichkeitsebenen, wenden sich an Sprecherinnen und

Sprecher, greifen Themen auf und kommentieren diese. Kontinuierlich und entsprechend ihrer jeweiligen Umsetzung des redaktionellen und publizistischen Programms verfolgen sie systematisch gesellschaftliche Bereiche. Mit der Durchsetzung von Social-Media-Plattformen kommen neue Vermittler ins Spiel wie beispielsweise Portale, in denen die Vermittlungsleistung nicht mehr journalistisch, sondern anhand von Algorithmen vorgenommen wird. Auch Laien können vermehrt Vermittlungsfunktionen übernehmen. Die Erweiterung der Öffentlichkeit bringt neue Konstellationen von Intermediation bzw. Vermittlung mit sich, an denen technische, partizipative und professionelle Akteure beteiligt sind (vgl. Schmidt 2011, S. 138).

Das **Publikum** ist Adressat der Äußerungen von Sprechern und Vermittlern. Beide Akteursgruppen wollen die Aufmerksamkeit und – im Bereich der politischen Kommunikation – letztlich die Zustimmung des Publikums zu einer Maßnahme oder zu einer getroffenen Entscheidung erhalten. Erst durch die Anwesenheit eines Publikums wird Öffentlichkeit konstituiert. Die Beteiligung des Publikums und seine Zusammensetzung schwanken in Abhängigkeit von Themen und Meinungen, die in der Öffentlichkeit verhandelt werden, sowie von Sprecherinnen bzw. Sprechern und Medien. Allgemeine Merkmale des Publikums sind jedoch, (1.) dass sich das Publikum vorwiegend aus Laien zusammensetzt, und zwar umso mehr, je größer das Publikum ist, (2.) dass es sozial heterogen ist und (3.) in der Regel nicht organisiert ist. Letzteres bedeutet, dass es auch nicht als Akteur handeln kann: Es kann weder Ziele formulieren noch diese strategisch verfolgen. Die Sprecherinnen und Sprecher stehen ihrerseits vor dem Problem, sich der Laienorientierung des Publikums anpassen zu müssen, obwohl sie im Einzelfall gar nicht wissen, wer ihr Publikum ist. Allerdings sind durch die Ausbreitung von Onlinemedien und den Bedeutungszuwachs von Social-Media-Plattformen Publikumspräferenzen insgesamt transparenter geworden. Auf der einen Seite kann das Verhalten der Nutzerinnen und Nutzer im Netz wesentlich genauer und schneller analysiert werden als bei den traditionellen Medien, zum anderen stehen dem Publikum auch mehr Möglichkeiten zur Verfügung, seine Präferenzen zu artikulieren. Beck und Jünger (2019) bezeichnen dies als **Publizitätsparadox:**

> „Je einfacher es ist, etwas (bzw. alles Mögliche) unselektiert zu publizieren, umso größer ist das Gesamtangebot des Publizierten. Da aber Rezeptionszeit und Aufmerksamkeit knappe Güter bleiben, sinkt – gerade durch die Umgehung bzw. den Wegfall professioneller Gatekeeper und professioneller Standards – die Chance gesellschaftlicher Wahrnehmung und gelingender Kommunikation. Zudem stellt sich die Frage der Glaubwürdigkeit im Netz […] dann noch stärker, wenn professionelle journalistische Standards – zum Teil gezielt – ignoriert werden" (Beck und Jünger 2019, S. 21).

5.2 Öffentlichkeitstheorien

Theorien von Öffentlichkeit unterscheiden sich in ihren normativen Ansprüchen an deren Funktionen. Neidhardt (1994) hat auf drei mögliche Funktionsbestimmungen von Öffentlichkeit hingewiesen: In Anlehnung an Etzioni definiert er Öffentlichkeit als ein Kommunikationssystem, „in dem Themen und Meinungen (A) gesammelt (Input), (B) verarbeitet (Throughput) und (C) weitergegeben (Output) werden" (Neidhardt 1994, S. 8). Für diese drei Prozesselemente lassen sich nach Neidhardt unterschiedliche normative Ansprüche formulieren:

- **Transparenzfunktion** im Bereich des Inputs: „Öffentlichkeit soll offen sein für alle gesellschaftlichen Gruppen sowie für alle Themen und Meinungen von kollektiver Bedeutung."
- **Validierungsfunktion** im Bereich des Throughputs: „Öffentlichkeitsakteure sollen mit den Themen und Meinungen anderer diskursiv umgehen und ihre eigenen Themen und Meinungen unter dem Druck der Argumente anderer gegebenenfalls revidieren."
- **Orientierungsfunktion** im Bereich des Outputs: „Öffentliche Kommunikation, die von den Öffentlichkeitsakteuren diskursiv betrieben wird, erzeugt ‚öffentliche Meinungen', die das Publikum als überzeugend wahrnehmen und akzeptieren kann" (Neidhardt 1994, S. 8–9).

Öffentlichkeitstheorien unterscheiden sich darin, welchen Stellenwert sie den einzelnen Funktionen zuweisen und welche normativen Ansprüche sie dazu erheben. Dazu gibt es unterschiedliche Typologien. Ferree et al. (2002) unterscheiden Öffentlichkeitstheorien danach, welches Verständnis von Demokratie ihnen zugrunde liegt. Sie kommen dabei auf vier Typen: repräsentativ-liberale, partizipatorisch-liberale, diskursive und „konstruktionistische" (bei anderen Autorinnen und Autoren auch „agonistische"). Die Modelle unterscheiden sich je nach ihrer Antwort auf die Frage, was einen „guten" öffentlichen Diskurs ausmacht: wer kommuniziert in welcher Weise und mit welchem Ergebnis? (vgl. auch Raupp 2021, S. 215; Wessler et al. 2020, S. 2–5) (Abb. 5.1).

Modell	Verständnis von Öffentlichkeit	Rolle der Medien	Fokus auf Medientyp
liberal	Marktplatz von Ideen, Resonanzboden oder Spiegel	Herstellung von Transparenz	journalistisch-redaktionell
deliborativ	rationaler Diskurs, konsensorientiert	Vermittlung, Rationalisierung	journalistisch-redaktionell, stärker reflektierend
partizipatorisch	Kontrolle, Selbstbestimmung	Förderung Empowerment, „Bridging"	partizipativer Journalismus
konstruktionistisch	erzählend (narrativ), gruppenbildend	Empowerment, Anerkennung, „Bonding"	themen- und gruppenbezogen

Abb. 5.1 Normative Modelle von Öffentlichkeit. (Quelle: Donges 2020; Ferree et al. 2002; Martinsen 2009; eigene Darstellung)

5.2.1 Liberales Verständnis von Öffentlichkeit

Das liberale Verständnis von Öffentlichkeit korrespondiert mit der normativen Idee einer repräsentativen Demokratie. Ziel ist eine „vollständige Repräsentation der vorhandenen gesellschaftlichen Interessenströmungen" (Martinsen 2009, S. 46), d. h. alle relevanten sozialen Gruppen müssen sich zu allen kollektiv bedeutsamen Themen äußern können. Der zentrale Wert des liberalen Modells ist die sogenannte Transparenzfunktion, d. h. die Abbildung aller Wortmeldungen in der Gesellschaft, ohne dass Gruppen systematisch ausgeschlossen werden. Nur Transparenz ermöglicht einen Wettstreit der Meinungen auf dem „Marktplatz der Ideen". Martinsen vergleicht die Rolle der liberalen Öffentlichkeit mit einem Resonanzboden, der politischen Akteuren für ihre Entscheidungen relevante Informationen liefert, die Entscheidungen selbst aber nicht determiniert. Damit ist normativ auch impliziert, dass das Verhältnis der Sprecherinnen und Sprecher in der Öffentlichkeit den Interessenlagen in der Gesellschaft in etwa entsprechen sollte (Gerhards 1997, S. 10). Es geht dem liberalen Modell folglich nicht um die Teilnahme möglichst vieler Menschen an öffentlichen Diskursen, sondern um die Repräsentation von Interessen und Ideen. Insbesondere Dahrendorf (1993) hat argumentiert, dass die „aktive Öffentlichkeit" immer nur einen kleinen Teil der Gesellschaft darstellt, ihr Anwachsen aber als Indikator für eine gesellschaftliche Krise verstanden werden kann. Daher „können die kollektiven Akteure, die durch Wahlen legitimiert sind, auch eine besondere Legitimation in der Öffentlichkeit für sich reklamieren. Die Stärke des Zentrums der Politik in der Öffentlichkeit wäre aus dieser Perspektive kein pathologischer Befund, sondern ganz im Gegenteil Ausdruck einer demokratischen Öffentlichkeit" (Gerhards 1997, S. 10). Diese Verbindung von repräsentativer Demokratie und (liberaler) Öffentlichkeit steht damit aber zugleich in Gefahr, von Eliten dominiert zu werden und zu einer Schließung zu tendieren (vgl. Ferree et al. 2002).

Das liberale Verständnis von Öffentlichkeit kann auch aus einer **systemtheoretischen Perspektive** begründet werden. In der Vorstellung der Systemtheorie ist Öffentlichkeit ein Medium, das die Selbstbeobachtung und die Herstellung einer Selbstbeschreibung von Gesellschaft mittels Veröffentlichung von Themen ermöglicht (vgl. Gerhards 1994; Gerhards und Neidhardt 1990; Luhmann 2000; Marcinkowski 2002). Damit ähnelt das systemtheoretische Verständnis dem oben beschriebenen liberalen Paradigma, da es auf die Outputseite von Öffentlichkeit fokussiert und nach der Zurechenbarkeit von Kommunikationen in der Öffentlichkeit fragt. An die Stelle des Begriffs eines Resonanzbodens setzt Niklas Luhmann in einer frühen Publikation das Bild des Spiegels (daher oft auch **Spiegelmodell** der Öffentlichkeit): Wie durch einen Spiegel sieht ein Beobachter der Öffentlichkeit nicht nur, wie er selbst in der öffentlichen Meinung abgebildet wird, sondern er „sieht auch die Konkurrenten, die quertreibenden Bestrebungen, die Möglichkeiten, die nicht für ihn, aber für andere attraktiv sein könnten" (Luhmann 1990, S. 181). Dies ist vor allem für jene Akteure relevant, die auf ein breites Publikum angewiesen sind, beispielsweise weil sie durch Wahlen Legitimation erhalten müssen. Zum einen nutzen vor allem politische Akteure die

Medien, um zu erfahren, welche Themen in der Gesellschaft relevant und wichtig sind. Zudem erfahren sie über die Medien, was andere Akteure für Positionen vertreten. Sie benötigen diese Informationen, um politisch selbst handeln zu können. Zum anderen nutzen politische Akteure die Medien, um beabsichtigte Entscheidungen vorzubereiten, die Bürgerinnen und Bürger quasi einzustimmen, oder getroffene Entscheidungen so zu begründen, dass sie allgemeine Zustimmung erhalten. Politische Akteure lösen ein Stück weit die mit jedem sozialen Handeln und insbesondere mit dem politischen Handeln verbundenen Ungewissheitsprobleme durch die „Nutzung" und „Beobachtung" der Öffentlichkeit. Daher ist politische Öffentlichkeitsarbeit für sie generell von großer Bedeutung.

> **Beobachtung der Öffentlichkeit durch Politik (Jürgen Gerhards)**
>
> Das Handeln politischer Akteure wird wesentlich dadurch geprägt, dass sie von den Massenmedien beobachtet werden: „Akteure des politischen Systems beobachten aber nicht nur sich und die anderen Akteure des politischen Systems durch Beobachtung der Massenmedien, sondern sie handeln in der Folge oder in der Antizipation dessen, dass sie wissen, dass sie beobachtet werden; sie kommunizieren im Hinblick auf die Tatsache, dass es ein Beobachtungssystem gibt, und sie versuchen selbst mit ihren Handlungen, das Bild in den Medien zu gestalten" (Gerhards 1994, S. 97). ◄

Normativ betrachtet lässt sich im systemtheoretischen Modell nur die Forderung nach Offenheit auf der Inputseite (Transparenzfunktion) sowie Zurechenbarkeit auf der Outputseite ableiten, während über die diskursive Validierung durch überzeugende Argumente keine Aussagen gemacht werden. Entscheidend ist aus systemtheoretischer Sicht nur, dass in dem „Spiegel Öffentlichkeit" alle Akteure und Meinungen abgebildet werden und die Selbstbeobachtung der Gesellschaft nicht durch den systematischen Ausschluss einzelner Gruppen oder Meinungen beeinträchtigt wird.

5.2.2 Deliberatives Verständnis oder Diskursmodelle

Das deliberative Verständnis von Öffentlichkeit orientiert sich sehr stark an Jürgen Habermas' (1990, 1992) Arbeiten, die auf der sogenannten Diskurstheorie aufbauen. Daher wird das Modell in einigen der hier zitierten Texte auch als „diskursive Öffentlichkeit" bezeichnet (vgl. Gerhards 1997), beide Begriffe werden hier synonym verwendet. In dem Modell ist vor allem die Validierungsfunktion der öffentlichen Kommunikation wichtig. Dabei wird angenommen, dass es durch einen freien Diskurs, in dem Behauptungen begründet und hinterfragt werden, zu einer höheren Form der Rationalität kommt. Partizipation steht damit unter dem Vorbehalt, dass sich die Teilnehmenden an gewisse Stilstandards halten: zivil, vernünftig, universalistisch, unter Beachtung der

Geltungsansprüche Wahrheit, Richtigkeit und Wahrhaftigkeit, die Habermas (1988) an anderer Stelle in der Theorie des kommunikativen Handelns formuliert hat. Auch dem deliberativen Modell kann daher eine Tendenz zur elitären Schließung unterstellt werden, sofern sich nicht alle Diskursbeteiligten an diesen Stilstandards orientieren. Den Medien wird die Aufgabe zugewiesen, die Rationalität der Debatte zu unterstützen und die Rolle eines „Anwaltes" des Diskurses wahrzunehmen (vgl. Brosda 2010).

Die Grundlagen des Modells hat Jürgen Habermas bereits in seinem 1962 erstmals erschienenen Buch **„Strukturwandel der Öffentlichkeit"** dargestellt. Habermas unterscheidet einen sozialen Strukturwandel und einen politischen Funktionswandel der Öffentlichkeit. Idealtypisch charakterisiert Habermas die bürgerliche Öffentlichkeit als „Sphäre der zum Publikum versammelten Privatleute" (Habermas 1990, S. 86), die aus einer literarischen Öffentlichkeit in Form von Salons, Debattierzirkeln etc. hervorgeht. Diese bürgerliche Öffentlichkeit wendet sich zunächst in der Aufklärungsbewegung gegen die absolutistische Herrschaft des Adels, wird aber dann selbst durch mächtige Akteure aus Staat, Politik oder Wirtschaft okkupiert. Habermas diagnostiziert hier eine „Refeudalisierung" der Öffentlichkeit, die auch durch die Massenmedien bewirkt werde. An die Stelle des kritischen Diskurses der bürgerlichen Öffentlichkeit trete die Manipulation eines entmachteten Publikums (vgl. Habermas 1990). Zum Zeitpunkt der Abfassung des „Strukturwandels der Öffentlichkeit" war Habermas noch sehr stark von der Tradition der Kritischen Theorie geprägt, insbesondere durch Adornos und Horkheimers Thesen zur Kulturindustrie. Ferner überstilisierte er den Idealtypus der bürgerlichen Öffentlichkeit und ihrer Rationalitätspotenziale, so dass ihm die Heterogenität des bürgerlichen Publikums der Aufklärungsära und die verschiedenen Formen von Gegenöffentlichkeit, die sich in der zweiten Hälfte des 18. Jahrhunderts abzeichneten, entgingen. Anlässlich einer Neuauflage des Buches 1990 revidierte er selbstkritisch einen Teil seiner Prognosen von 1962 (vgl. Habermas 1990, S. 30).

Das deliberative Modell der Öffentlichkeit macht normative Aussagen zu allen drei Funktionen von Öffentlichkeit.

- Zur **Transparenzfunktion** schreibt Habermas: „Die bürgerliche Öffentlichkeit steht und fällt mit dem Prinzip des allgemeinen Zugangs. Eine Öffentlichkeit, von der angebbare Gruppen eo ipso ausgeschlossen wären, ist nicht etwa nur unvollständig, sie ist vielmehr gar keine Öffentlichkeit" (Habermas 1990, S. 156). Für Habermas zählt daher die Möglichkeit, als Bürgerin bzw. Bürger am öffentlichen Diskurs teilzunehmen (Mitgliedschaftsrechte), zu den Grundrechten von Individuen. Dazu zählen für ihn auch materielle Lebensbedingungen, welche die chancengleiche Wahrnehmung der Mitgliedschaftsrechte gewährleisten.
- Die **Validierungsfunktion** ist nach Habermas dann erfüllt, wenn die Akteure in der Öffentlichkeit kommunikativ handeln. Handlungen sind nach Habermas dann kommunikativ, „wenn die Handlungspläne der beteiligten Aktoren nicht über egozentrische Erfolgskalküle, sondern über Akte der Verständigung koordiniert werden. Im kommunikativen Handeln sind die Beteiligten nicht primär am eigenen Erfolg

orientiert; sie verfolgen ihre individuellen Ziele unter der Bedingung, dass sie ihre Handlungspläne auf der Grundlage gemeinsamer Situationsdefinitionen aufeinander abstimmen können" (Habermas 1988, S. 385). Kommunikatives Handeln setzt also auf Verständigung und Einverständnis. An den Akt der Verständigung knüpft Habermas hohe Erwartungen: Die Äußerung einer Sprecherin bzw. eines Sprechers setzt im kommunikativen Handeln immer auch Gründe voraus. Das Einverständnis einer Hörerin bzw. eines Hörers liegt für Habermas erst dann vor, wenn dieser nicht nur der Äußerung der Sprecherin bzw. des Sprechers zustimmen kann, sondern auch den Gründen. Habermas unterstellt der öffentlichen Meinung in seinem Diskursmodell der Öffentlichkeit grundsätzlich Rationalität, sofern sie das Ergebnis freier, für alle zugänglicher und diskursiver Beratungen ist. „Rational" ist eine Äußerung für Habermas dann, wenn sie kritisierbar und begründungsfähig ist: „Eine Äußerung erfüllt die Voraussetzungen für Rationalität, wenn und soweit sie fehlbares Wissen verkörpert, damit einen […] Tatsachenbezug hat, und einer objektiven Beurteilung zugänglich ist. Objektiv kann eine Beurteilung dann sein, wenn sie anhand eines transsubjektiven Geltungsanspruchs vorgenommen wird, der für beliebige Beobachter und Adressaten dieselbe Bedeutung hat wie für das jeweils handelnde Subjekt selbst" (Habermas 1988, S. 27).

- Auf der Outputseite geht es in der **Orientierungsfunktion** darum, das politische System und seine Entscheidungsträger institutionell möglichst eng an die öffentliche Meinung zu binden, wobei öffentliche Meinung hier verstanden wird als das Ergebnis freier, kommunikativer Beratungen, zu denen alle Bürgerinnen und Bürger Zugang hatten. Habermas bezeichnet dies als „Prinzip der Volkssouveränität, wonach alle Staatsgewalt vom Volke ausgeht, [und] sich das subjektive Recht und die chancengleiche Teilnahme an der demokratischen Willensbildung mit der objektiv-rechtlichen Ermöglichung einer institutionalisierten Praxis staatsbürgerlicher Selbstbestimmung" trifft (Habermas 1992, S. 209).

Mit der Durchsetzung von Social-Media-Plattformen kommt es nach Habermas (2021) zu einem „erneuten Strukturwandel der Öffentlichkeit".

5.2.3 Partizipatorisches Verständnis

Das partizipatorische Verständnis von Öffentlichkeit orientiert sich daran, dass möglichst viele Menschen an der Öffentlichkeit aktiv teilnehmen und ihre Interessen ausdrücken können. Der Kernbegriff dieses Modells ist für Ferree et al. (2002) „empowerment", d. h. die Möglichkeit, dass vor allem marginalisierte Gruppen ihre Interessen ausdrücken, in den Diskurs einbringen und die Kontrolle über ihre Darstellung übernehmen. Partizipation beschränkt sich in diesem Verständnis nicht auf das Politische im Sinne kollektiv verbindlicher Entscheidungen, sondern umfasst auch Aspekte der kulturellen Repräsentation und des Sozialen. Barber (1984) nennt das partizipatorische Modell daher auch „strong democracy". „It rests on the idea of a self-governing community of citizens who are united less by homogenous interests than by civic education and who are made capable of common purpose and mutual action by virtue of their civic attitudes and participatory institutions rather than their altruism or their good nature" (Barber 1984, S. 117). Partizipation selbst wird im Modell der starken Demokratie zu einem „way of life".

In partizipativen Modellen wird auf die Inputseite der Öffentlichkeit fokussiert und die Frage gestellt, ob alle, d. h. auch marginalisierte Gruppen der Gesellschaft sich dort einbringen und ihre Interessen selbst artikulieren können. Solche partizipativen Vorstellungen greifen gerne auf den Begriff der **Gegenöffentlichkeit** zurück. Gegenöffentlichkeit meint nach Krotz (1998, S. 653) eine „gegen eine hegemoniale Öffentlichkeit gerichtete Teilöffentlichkeit, die um einen spezifischen gesellschaftlichen Diskurs oder Standpunkt herum strukturiert ist" (vgl. auch Downey und Fenton 2003). Analog zu Ebenenmodellen der Öffentlichkeit (siehe Abschn. 5.4) unterscheidet Wimmer (2007, S. 238) drei Ebenen von Gegenöffentlichkeit: den Medienaktivismus, partizipative und alternative Öffentlichkeiten. Problematisch am Begriff der Gegenöffentlichkeit ist, dass er definitorisch die Existenz einer hegemonialen Öffentlichkeit voraussetzt. Es ist jedoch fraglich, ob in modernen und differenzierten Gesellschaften wirklich von einer Hegemonie bestimmter Positionen gesprochen werden kann. Plausibler scheint die Vorstellung, dass die verschiedenen Öffentlichkeiten aufeinander reagieren und daher in einem dynamischen Verhältnis zueinander stehen (vgl. Scholl 2009). Dann wären Gegenöffentlichkeiten aber auch als Teil- oder themenspezifische Öffentlichkeiten beschreibbar, so dass unter analytischen Gesichtspunkten auf die normativ aufgeladene „Gegen"-Semantik verzichtet werden könnte (vgl. zum Stand der Debatte auch Wimmer 2015).

5.2.4 Konstruktionistisches Verständnis

Konstruktionistische Vorstellungen von Öffentlichkeit unterscheiden sich nicht stark von partizipatorischen, weshalb sie in anderen vergleichenden Aufzählungen dem partizipatorischen Modell zugerechnet werden (vgl. Friedrich und Jandura 2012; Martinsen 2009). Auch das konstruktionistische Modell setzt auf „empowerment" als zentralen Wert, betont jedoch den Wert des „Unter-sich-Bleibens", d. h. der Ausbildung eigener Teilöffentlichkeiten beispielsweise von Minderheiten. In diesen Teilöffentlichkeiten wird oft erzählend (narrativ) kommuniziert, ohne dass versucht wird, Einfluss auf die gesamte Öffentlichkeit zu nehmen. Angehörige bestimmter Gruppen, beispielsweise Marginalisierte, sollen nach konstruktionistischer Vorstellung „ihre Geschichten erzählen" und mit anderen „Betroffenen" ins Gespräch kommen können. Die Öffentlichkeit hat eher eine intern bindende Funktion, was mit Putnam (1999) auch als „bonding" bezeichnet werden kann. Demgegenüber sollen in der partizipativen Öffentlichkeit auch Brücken zu anderen Teilöffentlichkeiten geschlagen werden, was Putnam (1999) „bridging" nennt.

5.3 Öffentliche Meinung

Wie schon für den Begriff der Öffentlichkeit gibt es auch für das „Ergebnis" von Öffentlichkeit, die öffentliche Meinung, eine Vielzahl von Definitionen. Diese lassen sich nach Herbst in vier Kategorien einteilen (vgl. Herbst 1993).

1. Die häufigste Variante der Definition basiert auf dem **Aggregationsprinzip.** Die Öffentlichkeit wird dabei als eine Masse von Individuen gesehen, die jeweils eigene Meinungen vertreten. Öffentliche Meinung gilt dann als die durch Umfragen oder Wahlen gewonnene Summe dieser Einzelmeinungen.
2. Nach dem **Majoritätsprinzip** gilt das als öffentliche Meinung, was bei einer Aufsummierung der Einzelmeinungen von einer Mehrheit als Meinung vertreten wird.
3. Das **Diskurs- oder Konsensprinzip** begreift öffentliche Meinung als das Ergebnis rationaler und kritischer Diskussionen in der Öffentlichkeit. So geht etwa Jürgen Habermas (1990) davon aus, dass es keine öffentliche Meinung als solche gibt, sondern dass allenfalls Tendenzen durch Vergleich ermittelt werden können. Sein Interesse gilt der Chance einer Meinung auf öffentliche Resonanz und Anschlusskommunikation, mithin den Zutrittsbedingungen der Öffentlichkeit: „Der Grad der Öffentlichkeit einer Meinung bemisst sich daran: in welchem Maße diese aus der organisationsinternen Öffentlichkeit eines Mitgliederpublikums hervorgeht; und wie weit diese organisationsinterne Öffentlichkeit mit einer externen Öffentlichkeit kommuniziert, die sich im publizistischen Verkehr über die Massenmedien zwischen gesellschaftlichen Organisationen und staatlichen Institutionen bildet" (Habermas 1990, S. 358).
4. Für Vertreterinnen und Vertreter des **Projektionsprinzips** („reification") ist öffentliche Meinung eine Konstruktion; sie wird erst durch den Versuch, sie zu messen, hergestellt. Dabei wird öffentliche Meinung auch als ein rhetorisches Instrument der politischen Akteure gesehen, die sich auf eine behauptete öffentliche Meinung berufen.

Auch aus systemtheoretischer Sicht lässt sich die öffentliche Meinung als ein Konstrukt beschreiben. Für Luhmann (2000, S. 286) ist **öffentliche Meinung „das, was als öffentliche Meinung beobachtet und beschrieben wird".** Es gibt sie daher nicht an sich und unabhängig von ihrer Beobachtung, sondern sie entsteht erst in deren Folge.

Daneben lassen sich die Bestimmungen des Begriffs der öffentlichen Meinung danach unterscheiden, wer Träger der öffentlichen Meinung ist. Dabei lassen sich allgemein drei Konzepte ausmachen:

1. **Medienkonzept:** Die Medien werden hier als Träger der öffentlichen Meinung angesehen. Folglich wird die öffentliche Meinung mit der veröffentlichten Meinung gleichgesetzt.
2. **Elitenkonzept:** Die öffentliche Meinung ist das, was die politischen Eliten in politischer, kultureller oder politischer Hinsicht für relevant erachten.
3. **Demoskopiekonzept:** Die öffentliche Meinung ist das, was die Mehrzahl der befragten Bürgerinnen und Bürger zu einem bestimmten Thema für relevant erachten.

Mit den unterschiedlichen Konzepten der Trägerschaft öffentlicher Meinung geht auch das methodische Problem einher, ob und wie öffentliche Meinung gemessen werden kann. Nach dem Medienkonzept kann öffentliche Meinung durch Inhaltsanalysen der „meinungsbildenden" Zeitungen und Rundfunksendungen gemessen werden, nach den Eliten- und Demoskopiekonzepten hat dies durch Befragung zu geschehen.

5.4 Ebenenmodelle der Öffentlichkeit

Es gibt verschiedene Vorschläge, Öffentlichkeit zu analytischen Zwecken in einzelne Ebenen zu unterscheiden. Ein wichtiges heuristisches Modell geht auf die Arbeiten von Jürgen Gerhards und Friedhelm Neidhardt zurück (vgl. Gerhards und Neidhardt 1990; Neidhardt 1989, 1994), die drei Ebenen unterscheiden: die Encounter-Ebene, die Themen- oder Versammlungsöffentlichkeiten sowie die Medienöffentlichkeit (Abb. 5.2).

- Bei der **Encounter-Ebene** handelt es sich um die zum Teil spontane öffentliche Kommunikation auf der Straße, am Arbeitsplatz oder im Wohnbereich. Auf dieser Ebene entsteht Öffentlichkeit spontan und ist ein einfaches Interaktionssystem ohne eine Differenzierung in Leistungs- oder Publikumsrolle, d. h. jede Teilnehmerin und jeder Teilnehmer einer solchen Form von Öffentlichkeit kann zugleich als Sprecherin bzw. Sprecher oder als Publikum auftreten. Die Rolle des Vermittlers

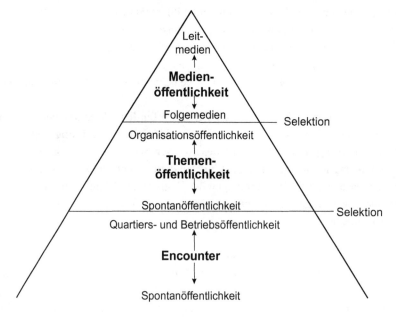

Abb. 5.2 Ebenenmodell der Öffentlichkeit (nach Gerhards und Neidhardt). (Quelle: Begriffe nach Gerhards und Neidhardt 1990; Neidhardt 1989, eigene Visualisierung)

ist auf dieser Ebene nicht vorhanden. Die Encounter-Ebene ist meist räumlich, zeitlich und sozial beschränkt. Ihr Kennzeichen ist der fließende Übergang zwischen privater Kommunikation mit wechselseitig hoch selektiven Publikumsbezügen und öffentlicher Kommunikation gegenüber einem prinzipiell unbegrenzten Publikum.
- Die zweite Ebene stellen **Themen- oder Versammlungsöffentlichkeiten** dar. Darunter sind thematisch zentrierte Interaktions- oder Handlungssysteme zu verstehen, beispielsweise in Form von Veranstaltungen oder Demonstrationen. Diese können sowohl spontan entstehen (etwa in Form spontaner, nicht organisierter Demonstrationen), aber auch einen hohen Organisationsgrad aufweisen. Die Differenzierung von Leistungs- und Publikumsrollen ist in der Themen- oder Versammlungsöffentlichkeit ausgeprägter als auf der Encounter-Ebene, d. h. Sprecher, Vermittler und Publikum wechseln weniger oft die Rollen. Themenöffentlichkeiten weisen ferner gegenüber der Encounter-Ebene eine größere innere Stabilität auf und erlangen eher allgemeine Aufmerksamkeit, weil sie von Journalistinnen und Journalisten systematisch beobachtet werden. Die Themen können zu Medienthemen werden.
- Am folgenreichsten vollzieht sich öffentliche Kommunikation auf der dritten Ebene, in der **Medienöffentlichkeit.** Die Medien sind als Organisationen auf Dauer existent, die Differenzierung von Leistungs- und Publikumsrollen ist hier am stärksten ausgeprägt. Die Bereitstellung und Herstellung von Themen erfolgt durch spezialisierte Personen (Journalistinnen und Journalisten), die kontinuierlich und auf Basis spezifischer Berufsregeln (beispielsweise Selektion aufgrund von Nachrichtenfaktoren) arbeiten. Im Unterschied zu den anderen Formen der Öffentlichkeit weist die Medienöffentlichkeit ein mehr oder minder dauerhaft vorhandenes Publikum auf, da Medien potenziell alle Mitglieder der Gesellschaft erreichen. Innerhalb der Medienöffentlichkeit lassen sich die sogenannten Leitmedien differenzieren, die in einzelnen Arenen eine führende Stellung einnehmen und Anschlusskommunikation ermöglichen.

Zwischen den einzelnen Ebenen der Öffentlichkeit befinden sich **Selektionsstufen,** die vor allem bei den traditionellen Medien relevant sind. Von der Vielzahl der Themen, die auf der Encounter-Ebene verhandelt werden, gelangt nur ein Bruchteil auf die Ebene der Themen- oder Versammlungsöffentlichkeit und wiederum nur ein Teil davon auf die Ebene der Medienöffentlichkeit.

Die **Ausweitung der Öffentlichkeit durch Onlinemedien und Social-Media-Plattformen** hat diese Selektionsstufen weitgehend beseitigt, heute können die einzelnen Ebenen der Öffentlichkeit wesentlich schneller übersprungen werden. Christian Nuernbergk (2013) zieht aus diesen Veränderungen den Schluss, auf die Unterscheidung von Ebenen der Öffentlichkeit ganz zu verzichten: „Im Internet sind die Übergänge zwischen kleinen und großen Öffentlichkeiten vielmehr fließend; kleine und große Teilnehmerzahlen lassen sich im selben Medium stufenweise oder direkt erreichen" (Nuernbergk 2013, S. 41). Andere verweisen in diesem Zusammenhang auf das Ebenenmodell der Öffentlichkeit nach Elisabeth Klaus (2001, 2017). Das Modell unterscheidet ebenfalls drei Ebenen, diese aber anhand der **Einfachheit bzw. Komplexität** ihrer

Ebene von Öffentlichkeit	Kommunikator_innenrolle	Beziehung zwischen Kommunikator_innen und Publikum	Funktion
einfach	voraussetzungslos	interpersonal und relativ gleichberechtigt	Erfahrungen und »Gefühlskulturen«; widerständige Positionen
mittel	statuarisch geregelt, Kompetenz gefordert	i. W. direkt, bei gleichzeitiger Rollendifferenzierung	»Übersetzerrolle«: Bündelung und Bereitstellung von Themen
komplex	anspruchsvoll und professionalisiert	einseitig und indirekt	hegemoniale Themenselektion und -verbreitung, Entscheidungsfindung

Abb. 5.3 Ebenenmodell der Öffentlichkeit (nach Klaus) (Klaus 2017, S. 23)

Strukturen und nicht anhand der Medien, in denen öffentliche Kommunikation stattfindet. Auf der einfachen Ebene tauschen sich nach Klaus vor allem individuelle Akteure in Formen der interpersonalen Kommunikation aus. Für die mittlere Ebene sind Gruppen und Gruppenbeziehungen konstitutiv, auf der komplexen agieren Organisationen. Den mittleren Öffentlichkeiten kommt daher eine Übersetzungsfunktion zu (vgl. Klaus 2017, S. 23) (Abb. 5.3).

Hartmut Wessler et al. (2020) legen ein Drei-Ebenen-Modell vor, dass sich am Grad ihrer strukturellen Verankerung und der Ausdifferenzierung unterschiedlicher Rollen orientiert. Sie benennen die drei Ebenen als journalistisch-mediale Öffentlichkeit, veranstaltete Öffentlichkeit sowie Bürgeröffentlichkeit. Der Vorteil dieser Einteilung liege darin, dass sie nicht technologiegebunden sei, also prinzipiell auch auf Öffentlichkeiten angewendet werden könne, die durch neue Medientechnologien geprägt sind (vgl. Wessler et al. 2020, S. 6).

Aufbauend auf dem Drei-Ebenen-Modell der Öffentlichkeit von Gerhards und Neidhardt (1990) schlagen Donges, Gerner und Grenz vor, die **Fachöffentlichkeiten** der politischen Kommunikation stärker zu berücksichtigen und ebenfalls nach Ebenen zu differenzieren (vgl. Donges und Gerner 2019; Grenz und Donges 2018) (Abb. 5.4).

Fachöffentlichkeiten sind thematisch zentrierte Interaktionssysteme, die der mittleren Ebene der Themen- oder Versammlungsöffentlichkeit zugerechnet werden können. Sie sind gerade nicht, wie die allgemeine Öffentlichkeit, durch eine Laienorientierung geprägt, sondern durch das Fachwissen der an politischen Entscheidungsprozessen beteiligten Akteure. Das Modell greift den Advocacy-Coalition-Ansatz von Sabatier (1993) auf, wonach politische Entscheidungen in Subsystemen („policy subsystems")

5.4 Ebenenmodelle der Öffentlichkeit

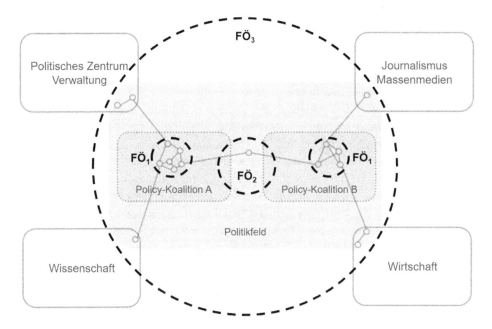

Abb. 5.4 Ebenenmodell der Fachöffentlichkeiten. (Quelle: Donges und Gerner 2019, S. 421; Grenz und Donges 2018, S. 404)

von Akteuren getroffen werden, die sich auf Grundlage gemeinsamer Überzeugungssysteme („belief systems") zu Koalitionen („advocacy coalitions") zusammenschließen, um so ihre gemeinsamen Interessen im politischen Prozess gegenüber anderen Koalitionen effektiv durchzusetzen (vgl. Sabatier und Weible 2007). Vorgeschlagen wird, für das Feld der politischen Kommunikation drei Formen von Fachöffentlichkeiten zu unterscheiden: Fachöffentlichkeiten innerhalb von Koalitionen eines Politikfeldes (FÖ1), zwischen den Koalitionen eines Politikfeldes (FÖ2) sowie zwischen dem Politikfeld und seinen relevanten externen Umwelten (FÖ3). Die Annahme lautet, dass Fachmedien Akteursgruppen verbinden und damit spezifische Fachöffentlichkeiten herstellen können. Fachöffentlichkeiten des ersten Typs (FÖ1) haben vor allem eine verbindende Funktion, in der die Koalition zusammengehalten werden soll („bonding"), während die beiden anderen Typen von grenzüberschreitenden Formen der Kommunikation geprägt sind („bridging").

Eine weitere Ebene der Öffentlichkeit bilden die sogenannten **Mini-Publics.** Mini-Publics sind nach Thimm (2018, S. 167) kleinere Foren, die wenig Beteiligung aufweisen, jedoch das Potenzial haben, sich rasant zu einer digitalen Öffentlichkeit zu entwickeln. Mini-Publics orientieren sich an bestimmten Themen und werden durch diese beeinflusst, so dass jede Mini-Public eigentümliche Strukturmerkmale nach Maßgabe dieser Themensetzung aufweist. Mini-Publics zeichnen sich durch eine sogenannte polymediale Mediennutzung aus, also durch die Nutzung mehrerer Medien zur Verarbeitung von Kommunikationsbeiträgen. Sie stellen eine Vielzahl von kleinen Öffentlichkeiten dar, sind deshalb aber nicht als minderwertig anzusehen. Nach Thimm (2018, S. 169) sind sie „eine eigenständige Formierung von Öffentlichkeit in einer zahlenmäßig kleineren diskursiven Umgebung, wie zum Beispiel einem Forum oder einer Facebook-Gruppe". Aufgrund der verschiedenen Merkmale der Mini-Publics, welche auch durch die Medienlogiken der Plattformen selbst entstehen, lassen sich verschiedene Typen von Mini-Publics unterscheiden. Nutzerinitiierte Mini-Publics werden von einzelnen Personen moderiert und das Thema durch sie initiiert. Anders als bei den ereignisbezogenen Mini-Publics benötigt man bei den nutzerinitiierten keinen Anlass für die Beteiligung. Ereignisbezogen bedeutet in diesem Falle, dass realweltliche Ercignisse eine Beteiligung auslösen und die Aktivität der Mini-Publics steuern. Diese Form zeichnet sich häufig durch ein zum Zeitpunkt des Ereignisses intensives Aktivitätsmuster aus, das sich mit wachsendem zeitlichem Abstand zum Ursprungsereignis abschwächt. Im Gegensatz zu den kurzlebigen Mini-Publics, die man auch als Ad-hoc-Mini-Publics bezeichnet, gibt es auch Over-Time-Mini-Publics, die Themen längerfristig in der Öffentlichkeit verankern. Ereignisse, auf denen diese Formen der Mini-Publics basieren, können z. B. Naturkatastrophen oder auch kulturelle Ereignisse darstellen. Auch Unternehmen haben die Macht der kleinen Öffentlichkeiten entdeckt und setzen sie vermehrt für Marketingzwecke ein. Diese Form der Mini-Publics kann für Unternehmen oftmals wirksamer sein als große Werbekampagnen, sie kann jedoch auch misslingen und einen Shitstorm hervorrufen.

Ein Ansatz, der wieder stärker die Erosion politischer Öffentlichkeit betont, ist der der **dissonanten** oder auch **disruptiven Öffentlichkeit** (vgl. Bennett und Pfetsch 2018; Pfetsch et al. 2018). Dabei können „Dissonanzen in Öffentlichkeiten als Situationen verstanden werden, in denen vielfältige Akteure synchron und asynchron Themen, Informationen und Meinungen artikulieren, zwischen denen Spannungen, Gegensätze oder Brüche bestehen. Dissonanz umfasst dabei sowohl ein bezugloses Nebeneinander verschiedener Öffentlichkeitsbeiträge als auch die explizite Gegenrede zur (vermeintlich) hegemonialen Perspektive" (Pfetsch et al. 2018, S. 482). Mit Bezug auf das oben beschriebene Drei-Ebenen-Modell von Gerhards und Neidhardt betont das Konzept, dass Öffentlichkeiten längst nicht mehr nur „au trottoir" auf der Encounter-Ebene, in Versammlungen oder Massenmedien hergestellt werde, sondern „durch Suchmaschinen, Netzwerk- und Multimediaplattformen, Instant-Messaging-Systeme, Videoplattformen und Blogs" (Pfetsch et al. 2018, S. 486). Bennett und Pfetsch (2018) betonen darüber hinaus das Nebeneinander eines schrumpfenden Publikums für Qualitätsnachrichten, einer sinkenden Loyalität der Wählerinnen und Wähler für Parteien des Zentrums sowie des Aufstiegs populistischer, häufig rechtsradikaler Parteien, die sowohl die etablierten Parteien wie auch die Medien angreifen. So entstünden innerhalb digitaler Netzwerke zweifelhafte Informationen, Gerüchte und Verschwörungen (sogenannte „Fake News" oder „Posttruth") aus digitalen Netzwerken, die einerseits Journalistinnen und Journalisten als traditionelle Vermittler der Öffentlichkeit umgehen, dann aber häufig in die traditionellen Medien zurückwirkten, um Desinformation und Verwirrung zu erzeugen (Bennett und Pfetsch 2018, S. 244).

Die Schwächung des Journalismus als traditionelle Vermittlungsinstanz wird auch in dem Konzept einer **„unedited public sphere"** (Bimber und Gil de Zúñiga 2020) beschrieben. Bimber und Zúñiga wenden sich sowohl gegen die traditionelle Metapher des liberalen Modells von Öffentlichkeit als „Marktplatz der Ideen" als auch gegen die Vorstellung des deliberativen Modells, wonach es im Diskurs zu einer höheren Rationalität durch Selektion wahrer und falscher Argumente komme. Die Erfüllung dieser Funktion von Öffentlichkeit sei durch den Wegfall vermittelnder Instanzen nicht mehr zu erwarten. Auch Jürgen Habermas hat sich zuletzt kritisch zu der Frage geäußert, zu welchem neuen „Strukturwandel der Öffentlichkeit" die Durchsetzung von Onlinemedien und Social-Media-Plattformen und die Schwächung des Journalismus als traditioneller vermittelnder Instanz führt:

> „Ich weiß einfach nicht, wie in der digitalen Welt ein funktionales Äquivalent für die seit dem 18. Jahrhundert entstandene, aber heute im Zerfall begriffene Kommunikationsstruktur großräumiger politischer Öffentlichkeiten aussehen könnte. Das Netz ist von seinen Pionieren gerade wegen seiner anarchischen Infrastruktur zu Recht als befreiend gefeiert worden. Aber gleichzeitig verlangt das Moment der Gemeinsamkeit, das für die demokratische Meinungs- und Willensbildung konstitutiv ist, auch eine Antwort auf die spezielle Frage: Wie lässt sich in der virtuellen Welt des dezentrierten Netzes – also ohne die professionelle Autorität einer begrenzten Anzahl von Verlagen und Publikationsorganen mit geschulten, sowohl redigierenden wie auswählenden Lektoren und Journalisten – eine Öffentlichkeit mit Kommunikationskreisläufen aufrechterhalten, die die Bevölkerung inklusiv erfassen?" (Habermas 2020, S. 27)

5.5 Europäische Öffentlichkeit

Innerhalb der Kommunikations- wie auch der Politikwissenschaft findet eine breite Debatte darüber statt, ob es eine „europäische Öffentlichkeit" gibt, geben kann, und was das Fehlen einer solchen Öffentlichkeit für den europäischen Einigungsprozess bedeutet (vgl. Gerhards 1993; Koopmans 2007; Koopmans und Erbe 2004; Trenz 2015, 2018). Dabei werden mehrere Begriffe verwendet, die zunächst unterschieden werden müssen: **Transnationalisierung** meint, dass gesellschaftliche Prozesse immer öfter, immer weitreichender und immer nachhaltiger den nationalstaatlichen Rahmen überschreiten (vgl. Wessler 2007, S. 51). **Internationalisierung** hingegen bezeichnet einen Prozess der verstärkten Interaktion und Koordination zwischen Staaten. Und **Supranationalisierung** meint schließlich die verstärkte Herausbildung überstaatlicher Institutionen (vgl. Wessler 2007, S. 51). **Europäisierung** ist nach Wessler daher ein Spezialfall von Transnationalisierung, Internationalisierung und Supranationalisierung, da sie sowohl den gesellschaftlichen wie den staatlichen Bereich betrifft (vgl. Brüggemann et al. 2009; Wessler et al. 2008).

Betrachtet man das oben entwickelte Ebenen-Modell, so lässt sich zunächst feststellen, dass es **kaum Voraussetzungen für eine europäische Öffentlichkeit** gibt:

- Auf der **Encounter-Ebene** mag es zwar Gruppen geben, die europäische Themen aufgreifen, sie werden diese aber aufgrund der derzeitigen politischen Kompetenzsituation an Akteure auf der Nationalstaatsebene adressieren müssen. Die Reichweite derartiger Aktivitäten ist zudem in sozialer Hinsicht zu gering, um übernational Aufmerksamkeit zu finden.
- **Themenöffentlichkeit** zu europäischen Themen ist hingegen eher möglich, aber vom weiteren Vermittlungsprozess abhängig. Auch dafür sind die Chancen aufgrund des relativ fragilen und hochgradig fragmentierten Akteurnetzes sowie der teils ungeklärten Zuständigkeiten und Kompetenzen staatlich-politischer Akteure eher als gering zu veranschlagen.
- Vor allem aber fehlt es an einer **Medienöffentlichkeit,** an einem gesamteuropäischen Mediensystem. Es existieren nur wenige gesamteuropäische Print- und Fernsehangebote. Nutzungsdaten zeigen, dass Europäerinnen und Europäer nach wie vor überwiegend ihre jeweiligen inländischen Rundfunkangebote nutzen. Die bisherigen länderübergreifenden Angebote finden, sieht man einmal von Film-, Unterhaltungs- oder Sportangeboten ab, hingegen nur eine geringe Resonanz. Es gibt sogar Anzeichen dafür, dass gerade lokale und regionale Angebote an Attraktivität gewinnen.

Jürgen Gerhards (1993) hat bereits früh darauf verwiesen, dass wir analytisch die **Herausbildung einer europäischen Öffentlichkei**t von der **Europäisierung nationaler Öffentlichkeiten** unterscheiden müssen. Unter einer Europäisierung der nationalen Öffentlichkeiten versteht Gerhards „zum einen die Thematisierung europäischer Themen in den jeweiligen nationalen Medien, zum zweiten die Bewertung dieser Themen unter einer europäischen, nicht nationalstaatlichen Perspektive" (Gerhards 1993, S. 102). Gegen eine Europäisierung der nationalen Öffentlichkeiten spricht nach Gerhards die Prägung des Entscheidungsprozesses durch Verwaltungshandeln, das für die Medien nur geringe Nachrichtenwertfaktoren aufweist. Zudem betrachten viele Medien europäische Fragen als außenpolitisch. Insgesamt betrachtet Gerhards damit das **Demokratiedefizit der EU als Ursache des Öffentlichkeitsdefizites,** was im Umkehrschluss auch bedeutet, dass eine Europäisierung der nationalen Öffentlichkeiten zwangsläufig dann eintreten werde, wenn Entscheidungsträger und -prozesse innerhalb der EU stärker an die Bürgerinnen und Bürger gekoppelt würden: „Die Öffentlichkeit hinkt einer Transnationalisierung der Politik hinterher, sie bleibt nationalstaatlich verhaftet, während sich die Politik europäisiert hat" (Gerhards 2000, S. 299).

Koopmans und Erbe (2004, S. 101) haben Gerhards Unterscheidung später weiter differenziert und nennen drei mögliche Formen der Europäisierung öffentlicher Kommunikation:

- Die **Herausbildung einer supranationalen europäischen Öffentlichkeit.** Diese konstituiert sich durch die Interaktion zwischen EU-Akteuren und kollektiven Akteuren zu einem europäischen Thema und wird – idealerweise – von europaweit erscheinenden Medien aufgegriffen und berichtet.
- Die **vertikale Europäisierung.** Diese konstituiert sich durch Kommunikationsverbindungen zwischen EU- und nationalen Akteuren. Koopmans und Erbe unterscheiden zwei Richtungen: bottom-up, etwa durch Forderungen nationaler Akteure an die EU, sowie top-down, etwa durch ein Eingreifen von EU-Akteuren in nationale Debatten.
- Die **horizontale Europäisierung.** Diese konstituiert sich durch Kommunikationsbeziehungen zwischen verschiedenen Mitgliedstaaten. In einer schwachen Variante berichten Medien einfach über Debatten in anderen Ländern, in einer stärkeren Variante adressieren nationalstaatliche Akteure Forderungen an ein anderes Land.

In ihren empirischen Studien verweisen Koopmans und Erbe darauf, dass die Antwort auf die Frage nach einer europäischen oder europäisierten Öffentlichkeit sehr stark vom jeweiligen Politikfeld abhängig sei. In Bereichen wie der Finanzpolitik, die durch den Euro stark europäisiert sind, sei auch die Berichterstattung „europäischer" als in Politikfeldern, die stark national geprägt sind, wie etwa der Bildungspolitik.

Neben der Unterscheidung einer vertikalen und einer horizontalen Europäisierung führen Brüggemann et al. (2009) vier weitere **Dimensionen der Europäisierung nationaler Öffentlichkeiten** in die Debatte ein:

- In der Dimension **Regieren unter öffentlicher Beobachtung** wird nach der Sichtbarkeit der Europäischen Union und der Relevanz von EU-Themen in den Medien gefragt.
- In der Dimension **Diskurskonvergenzen** geht es um die Frage, ob und inwieweit sich nationale öffentliche Diskurse einander angleichen. Hier lassen sich Indikatoren wie die Ähnlichkeit von Themenzuschreibungen und Problemdefinitionen, der Diskurskoalitionen und der Begründungsmuster nennen.
- In der Dimension **diskursive Integration** geht es um die gegenseitige Beobachtung der europäischen Länder. Gefragt wird hier nach der Aufmerksamkeit für Themen und Diskurse in anderen europäischen Ländern sowie um diskursive Bezugnahmen über die Grenzen hinweg.
- In der Dimension **kollektive Identität** stellt sich schließlich die Frage, inwieweit in öffentlichen Diskursen ein Gefühl für Zugehörigkeit sichtbar wird, beispielsweise durch Verwendung von Ausdrücken wie „wir Europäer" oder die Hervorhebung kultureller Gemeinsamkeiten.

Auf diesen Dimensionen basierende empirische Studien zeigen, dass selbst in Qualitätszeitungen keine „Europäisierung" der Berichterstattung festzustellen ist.

„Das was sehr verkürzend ‚Europäische Öffentlichkeit' genannt wird, scheint heute in zwei ganz unterschiedliche Phänomene zu zerfallen. In eine zunehmende, aber eben von Regierungsvertretern dominierte europapolitische Debatte in der vertikalen Achse und eine transnational vernetzte, aber gerade nicht auf EU-Europa begrenzte mediale Debattengemeinschaft ohne ansteigende Tendenz in der horizontalen Achse. ‚Europäische Öffentlichkeit' in diesem doppelt verzerrten oder verdünnten Sinne konstituiert gerade keine spezifisch europäische Gesellschaftlichkeit, die als adäquates Korrelat zu den Machtzentren der europäischen Politik dienen könnte. In diesem präzisierten Sinne müssen wir also weiterhin von einem vorhandenen europäischen Öffentlichkeits*defizit* ausgehen" (Wessler 2007, S. 69).

Zudem zeigen empirische Studien zu den **Akteuren** einer europäisierten Öffentlichkeit, dass es ohnehin die „Machtzentren" sind, die von einer Europäisierung profitieren. So werden etwa die Befunde der international vergleichend angelegten Europub-Studie wie folgt zusammengefasst:

„Our results clearly demonstrate that thus far European integration has remained a project by political elites and, at least in as far as discursive influence is concerned, also to the benefit of political elites. Core state actors such as heads of state and government, cabinet ministers and central banks are by far the most important beneficiaries of the Europeanisation of public debates, in whichever form it occurs. Legislative and party actors – those actors from the core of the political system who are directly accountable to the electorate – are much less well represented in Europeanised public debates, both in an absolute sense and even more so relative to government and executive actors" (Koopmans 2007, S. 205).

Benert und Pfetsch (2020, S. 2) kommen bilanzierend zu dem Schluss, dass Europäische Öffentlichkeit „daher am wenigsten als demokratisch wünschbare Arena der gegenseitigen Verständigung [fungiert], sondern in erster Linie als Kommunikationsraum der gegenseitigen Beobachtung und Bezugnahme von Akteuren in unterschiedlichen nationalen Öffentlichkeiten". Die Autorinnen vertreten dabei die Thesen, dass die Europäisierung politischer Öffentlichkeit von politischen Strukturen und Opportunitäten der Politik und der Medien geprägt sei. Aufseiten der Politik waren dies vor allem als politische und ökonomische Krisen wahrgenommene Themen wie die Eurokrise 2010, die Migration ab 2015 sowie der Brexit nach dem britischen Referendum. Aufseiten der Medien waren es die Durchsetzung von Onlinemedien und Social-Media-Plattformen, die neue Möglichkeiten einer Transnationalisierung von Öffentlichkeit schufen.

Zusammenfassung

Der Begriff der Öffentlichkeit bildet eine der zentralen Kategorien der Analyse von politischer Kommunikation. Theoretische Modelle der Öffentlichkeit treffen dabei unterschiedliche normative Annahmen über die Funktion von Öffentlichkeit und machen unterschiedliche Aussagen darüber, welche empirischen Bezugspunkte gesetzt werden können. Bei der Anwendung des Begriffs der Öffentlichkeit muss beachtet werden, auf welche Ebene Bezug genommen wird, denn relevant für politische Akteure und den politischen Prozess ist vor allem die Medienöffentlichkeit. Diese verliert aber durch die Durchsetzung von Social-Media-Plattformen ihre zentrale Stellung. ◄

Literatur

Barber, Benjamin. (1984). *Strong democracy: Participatory politics for a new age*. Berkeley: University of California Press.

Beck, Klaus, & Jünger, Jakob. (2019). Soziologie der Online-Kommunikation. In Wolfgang Schweiger & Klaus Beck (Hrsg.), *Handbuch Online-Kommunikation* (2. Aufl., S. 7–33). Wiesbaden: Springer VS.

Benert, Vivien, & Pfetsch, Barbara. (2020). Europäische Öffentlichkeit unter dem Einfluss von Digitalisierung und Politisierung. In Isabelle Borucki, Katharina Kleinen-von Königslöw, Stefan Marschall & Thomas Zerback (Hrsg.), *Handbuch Politische Kommunikation*. Wiesbaden: Springer VS.

Bennett, W. Lance, & Pfetsch, Barbara. (2018). Rethinking Political Communication in a Time of Disrupted Public Spheres. *Journal of Communication, 68*(2), 243–253.

Bimber, Bruce, & Gil de Zúñiga, Homero. (2020). The unedited public sphere. *New Media & Society, 22*(4), 700–715.

Brosda, Carsten. (2010). Diskursethik. In Christian Schicha & Carsten Brosda (Hrsg.), *Handbuch Medienethik* (S. 83–106). Wiesbaden: VS Verlag für Sozialwissenschaften.

Brüggemann, Michael, Hepp, Andreas, Kleinen-von Königslöw, Katharina, & Wessler, Hartmut. (2009). Transnationale Öffentlichkeit in Europa: Forschungsstand und Perspektiven. *Publizistik, 54*(3), 391–414.

Dahrendorf, Ralf. (1993). Aktive und passive Öffentlichkeit. Über Teilnahme und Initiative im politischen Prozess moderner Gesellschaften. In Wolfgang R. Langenbucher (Hrsg.), *Politische Kommunikation. Grundlagen, Strukturen, Prozesse* (2., überarb. Aufl., S. 42–51). Wien: Braumüller.

Donges, Patrick. (2020). Die Rolle der Medien in der Ermöglichung oder Behinderung politischer Partizipation. In Astrid Lorenz, Christian Pieter Hoffmann & Uwe Hitschfeld (Hrsg.), *Partizipation für alle und alles? Fallstricke, Grenzen und Möglichkeiten* (S. 283–298). Wiesbaden: Springer VS.

Donges, Patrick, & Gerner, Alexandra. (2019). Fachmedien als Policy-Broker. Empirische Befunde zur Vermittlungsleistung in Politikfeldern. *M&K Medien & Kommunikationswissenschaft, 67*(4), 417–436.

Downey, John, & Fenton, Natalie. (2003). New Media, Counter Publicity and the Public Sphere. *New Media & Society, 5*(2), 185–202.

Ferree, Myra Marx, Gamson, William A., Gerhards, Jürgen, & Rucht, Dieter. (2002). Four models of the public sphere in modern democracies. *Theory and Society, 31*(3), 289–324.

Friedrich, Katja, & Jandura, Olaf. (2012). Politikvermittlung durch Boulevardjournalismus. *Publizistik, 57*(4), 403–417.

Friemel, Thomas N., & Neuberger, Christoph. (2021). Öffentlichkeit als dynamisches Netzwerk. In Mark Eisenegger, Marlis Prinzing, Patrik Ettinger & Roger Blum (Hrsg.), *Digitaler Strukturwandel der Öffentlichkeit: Historische Verortung, Modelle und Konsequenzen* (S. 81–96). Wiesbaden: Springer VS.

Gerhards, Jürgen. (1993). Westeuropäische Integration und die Schwierigkeiten der Entstehung einer europäischen Öffentlichkeit. *Zeitschrift für Soziologie, 22*(2), 96–110.

Gerhards, Jürgen. (1994). Politische Öffentlichkeit. Ein system- und akteurstheoretischer Bestimmungsversuch. In Friedhelm Neidhardt (Hrsg.), *Öffentlichkeit, öffentliche Meinung, soziale Bewegungen* (S. 77–105). Opladen: Westdeutscher Verlag.

Gerhards, Jürgen. (1997). Diskursive versus liberale Öffentlichkeit. Eine empirische Auseinandersetzung mit Jürgen Habermas. *Kölner Zeitschrift für Soziologie und Sozialpsychologie, 49*(1), 1–34.

Gerhards, Jürgen. (1998). Öffentlichkeit. In Otfried Jarren, Ulrich Sarcinelli & Ulrich Saxer (Hrsg.), *Politische Kommunikation in der demokratischen Gesellschaft. Ein Handbuch mit Lexikonteil* (S. 694–695). Opladen, Wiesbaden: Westdeutscher Verlag.

Gerhards, Jürgen. (2000). Europäisierung von Ökonomie und Politik und die Trägheit der Entstehung einer europäischen Öffentlichkeit. In Maurizio Bach (Hrsg.), *Die Europäisierung nationaler Gesellschaften.* (Kölner Zeitschrift für Soziologie und Sozialpsychologic, Sonderheft 40 Aufl., S. 277–305). Wiesbaden: Westdeutscher Verlag.

Gerhards, Jürgen, & Neidhardt, Friedhelm. (1990). *Strukturen und Funktionen moderner Öffentlichkeit. Fragestellung und Ansätze.* (WZB Paper FS III 90–101). Berlin: Wissenschaftszentrum Berlin für Sozialforschung.

Grenz, Fabian, & Donges, Patrick. (2018). Fachöffentlichkeiten in der politischen Kommunikation. Erkundungen zwischen Medienöffentlichkeit und Policy-Netzwerken. *SCM Studies in Communication and Media, 7*(3), 392–422.

Habermas, Jürgen. (1988). *Theorie des kommunikativen Handelns. Band I Handlungsrationalität und gesellschaftliche Rationalisierung.* Frankfurt/M.: Suhrkamp.

Habermas, Jürgen. (1990). *Strukturwandel der Öffentlichkeit. Untersuchungen zu einer Kategorie der bürgerlichen Gesellschaft.* Frankfurt/M.: Suhrkamp.

Habermas, Jürgen. (1992). *Faktizität und Geltung. Beiträge zur Diskurstheorie des Rechts und des demokratischen Rechtsstaats.* Frankfurt/M.: Suhrkamp.

Habermas, Jürgen. (2006). Political Communication in Media Society: Does Democracy Still Enjoy an Epistemic Dimension? The Impact of Normative Theory on Empirical Research. *Communication Theory, 16*(4), 411–426.

Habermas, Jürgen. (2020). Moralischer Universalismus in Zeiten politischer Regression. Jürgen Habermas im Gespräch über die Gegenwart und sein Lebenswerk. *Leviathan, 48*(1), 7–28.

Habermas, Jürgen. (2021). Überlegungen und Hypothesen zu einem erneuten Strukturwandel der politischen Öffentlichkeit. In Martin Seeliger & Sebastian Sevignani (Hrsg.), *Ein neuer Strukturwandel der Öffentlichkeit?* (S. 470–500). Baden-Baden: Nomos.

Herbst, Susan. (1993). The meanings of public opinion citizens' constructions of political reality. *Media, Culture & Society, 15*(4), 437–454.

Imhof, Kurt. (2011). *Die Krise der Öffentlichkeit. Kommunikation und Medien als Faktoren des sozialen Wandels.* Frankfurt/M.: Campus.

Jünger, Jakob. (2018). *Unklare Öffentlichkeit: Individuen in Situationen zwischen öffentlicher und nichtöffentlicher Kommunikation.* Wiesbaden: Springer VS

Klaus, Elisabeth. (2001). Das Öffentliche im Privaten – Das Private im Öffentlichen. Ein kommunikationstheoretischer Ansatz. In Friederike Hermann & Margreth Lünenborg (Hrsg.), *Tabubruch als Programm. Privates und Intimes in den Medien* (S. 15–37). Opladen: Leske+Budrich.

Klaus, Elisabeth. (2017). Öffentlichkeit als gesellschaftlicher Selbstverständigungsprozess und das Drei-Ebenen-Modell von Öffentlichkeit. Rückblick und Ausblick. In Elisabeth Klaus & Ricarda Drüeke (Hrsg.), *Öffentlichkeiten und gesellschaftliche Aushandlungsprozesse. Theoretische Perspektiven und empirische Befunde* (S. 17–38). Bielefeld: transcript.

Koopmans, Ruud. (2007). Who inhabits the European public sphere? Winners and losers, supporters and opponents in Europeanised political debates. *European Journal of Political Research, 46*(2), 183–210.

Koopmans, Ruud, & Erbe, Jessica. (2004). Towards a European Public Sphere? Vertical and horizontal dimensions of Europeanized political communication. *Innovation, 17*(2), 97–118.

Krotz, Friedrich. (1998). Gegenöffentlichkeit. In Otfried Jarren, Ulrich Sarcinelli & Ulrich Saxer (Hrsg.), *Politische Kommunikation in der demokratischen Gesellschaft. Ein Handbuch mit Lexikonteil* (S. 653–654). Opladen, Wiesbaden: Westdeutscher Verlag.

Luhmann, Niklas. (1990). Gesellschaftliche Komplexität und öffentliche Meinung. In Niklas Luhmann (Hrsg.), *Soziologische Aufklärung 5. Konstruktivistische Perspektiven* (S. 170–182). Opladen: Westdeutscher Verlag.

Luhmann, Niklas. (2000). *Die Politik der Gesellschaft*. Frankfurt/M.: Suhrkamp.

Marcinkowski, Frank. (2002). Politische Öffentlichkeit. Systemtheoretische Grundlagen und politikwissenschaftliche Konsequenzen. In Kai-Uwe Hellmann & Rainer Schmalz-Bruns (Hrsg.), *Theorie der Politik. Niklas Luhmanns politische Soziologie* (S. 85–108). Frankfurt/M.: Suhrkamp.

Martinsen, Renate. (2009). Öffentlichkeit in der „Mediendemokratie". In Frank Marcinkowski & Barbara Pfetsch (Hrsg.), *Politik in der Mediendemokratie* (S. 37–69). Wiesbaden: VS Verlag für Sozialwissenschaften.

Neidhardt, Friedhelm. (1989). Auf der Suche nach Öffentlichkeit. In Walter Nutz (Hrsg.), *Kunst, Kommunikation, Kultur. Festschrift zum 80. Geburtstag von Alphons Silbermann* (S. 25–35). Frankfurt/M. u. a.: Lang.

Neidhardt, Friedhelm. (1994). Öffentlichkeit, öffentliche Meinung, soziale Bewegungen. In Friedhelm Neidhardt (Hrsg.), *Öffentlichkeit, öffentliche Meinung, soziale Bewegungen* (S. 7–41). Opladen: Westdeutscher Verlag.

Nuernbergk, Christian. (2013). *Anschlusskommunikation in der Netzwerköffentlichkeit: Ein inhalts- und netzwerkanalytischer Vergleich der Kommunikation im „Social Web" zum G8-Gipfel von Heiligendamm*. Baden-Baden: Nomos.

Pfetsch, Barbara, Löblich, Maria, & Eilders, Christiane. (2018). Dissonante Öffentlichkeiten als Perspektive kommunikationswissenschaftlicher Theoriebildung. *Publizistik, 63*(4), 477–495.

Putnam, Robert D. (1999). *Bowling Alone. The Collapse and Revival of American Community*. New York Simon & Schuster.

Raupp, Juliana. (2021). Vernetzte Öffentlichkeiten als Rahmenbedingung für Public Affairs In Ulrike Röttger, Patrick Donges & Ansgar Zerfaß (Hrsg.), *Handbuch Public Affairs. Politische Kommunikation für Unternehmen und Organisationen* (S. 209–231wess). Wiesbaden: Springer Gabler.

Sabatier, Paul. (1993). Policy Change over a Decade or More. In Paul Sabatier & Hank C. Jenkins-Smith (Hrsg.), *Policy change and learning. An advocacy coalition approach* (S. 13–39). Boulder, CO: Westview Press,.

Sabatier, Paul, & Weible, Christopher M. (2007). The ACF. Innovations and Clarifications. In Paul A. Sabatier (Hrsg.), *Theories of the Policy Process* (2. Aufl., S. 189–222). Boulder, CO: Westview Press.

Schmidt, Jan-Hinrik. (2011). *Das neue Netz. Merkmale, Praktiken und Folgen des Web 2.0*. (2., erw. Aufl.). Konstanz: UVK.

Scholl, Armin. (2009). Vom Dissens zur Dissidenz. Die Bedeutung alternativer Gegenöffentlichkeit für die Gesellschaft. In Klaus Merten (Hrsg.), *Konstruktion von Kommunikation in der Mediengesellschaft* (S. 83–95). Wiesbaden: VS Verlag für Sozialwissenschaften.

Thimm, Caja. (2018). Digitale Partizipation–Das Netz als Arena des Politischen? In Andreas Kalina, Friedrich Krotz, Matthias Rath & Caroline Roth-Ebner (Hrsg.), *Mediatisierte Gesellschaften. Medienkommunikation und Sozialwelten im Wandel* (S. 161–180). Baden-Baden: Nomos.

Trenz, Hans-Jörg. (2015). Europeanising the Public Sphere – Meaning, Mechanisms, Effects. In Ulrike Liebert & Janna Wolff (Hrsg.), *Interdisziplinäre Europastudien* (S. 233–251). Wiesbaden: Springer VS

Trenz, Hans-Jörg. (2018). Öffentlichkeit, europäische. In Maurizio Bach & Barbara Hönig (Hrsg.), *Europasoziologie. Handbuch für Wissenschaft und Studium* (S. 359–368). Baden-Baden: Nomos.

Wessler, Hartmut. (2007). Politische Öffentlichkeit jenseits des Nationalstaats? In Otfried Jarren, Dominik Lachenmeier & Adrian Steiner (Hrsg.), *Entgrenzte Demokratie? Herausforderungen für die politische Interessenvermittlung* (S. 49–71). Baden-Baden: Nomos.

Wessler, Hartmut, Freudenthaler, Rainer, Jakob, Julia, & Haffner, Hans Patrik. (2020). Öffentlichkeitstheorien. In Isabelle Borucki, Katharina Kleinen-von Königslöw, Stefan Marschall & Thomas Zerback (Hrsg.), *Handbuch Politische Kommunikation*. Wiesbaden: Springer VS

Wessler, Hartmut, Peters, Bernhard, Brüggemann, Michael, Kleinen-von Königslow, Katharina, & Sifft, Stefanie. (2008). *Transnationalization of Public Spheres*. Basingstoke: Palgrave Macmillan.

Wimmer, Jeffrey. (2007). *(Gegen-)Öffentlichkeit in der Mediengesellschaft. Analyse eines medialen Spannungsverhältnisses*. Wiesbaden: VS Verlag für Sozialwissenschaften.

Wimmer, Jeffrey. (2015). Alternative Medien, Soziale Bewegungen und Medienaktivismus. In Andreas Hepp, Friedrich Krotz, Swantje Lingenberg & Jeffrey Wimmer (Hrsg.), *Handbuch Cultural Studies und Medienanalyse* (S. 191–199). Wiesbaden: Springer VS

6 Strukturen politischer Kommunikation IV: Das intermediäre System der Interessen- und Entscheidungsvermittlung

> **Überblick**
>
> Innerhalb des politischen Systems lässt sich ein intermediäres System der Interessenvermittlung als relevante Struktur politischer Kommunikation ausmachen. Das intermediäre System vermittelt zwischen der Lebenswelt der Bürgerinnen und Bürger auf der einen und den politischen Entscheidungsträgern auf der anderen Seite. Im folgenden Kapitel werden zunächst die Begriffe der Interessen- und Entscheidungsvermittlung definiert und auf die Komplexität dieser Prozesse hingewiesen (Abschn. 6.1). Später werden die einzelnen Vermittlungsebenen des intermediären Systems eingeführt und dieses als constraints für politische Akteure modelliert (Abschn. 6.2). Somit stellen Veränderungen des intermediären Systems, etwa in Folge der Medialisierung von Politik, unmittelbar eine Herausforderung für die politischen Akteure dar (Abschn. 6.3). Die drei wichtigsten Typen von intermediären Akteuren innerhalb der Politik – Parteien, Verbände und soziale Bewegungen – werden dann im nächsten Kapitel behandelt.

6.1 Interessen- und Entscheidungsvermittlung

Im Forschungsfeld politische Kommunikation ist der Begriff des Intermediärs bereits seit vielen Jahren eingeführt. Er bezieht sich hier auf Parteien, Verbände oder Interessengruppen, die seit den 1980er Jahren als „intermediäre Organisationen" bezeichnet werden (Streeck 1987), die gemeinsam ein „intermediäres System" der Interessen- und Entscheidungsvermittlung (Rucht 1991) oder auch einen „intermediären Sektor des politischen Systems" (Winter 2013, S. 387) bilden. Der Begriff der „Vermittlung" bezieht sich dabei auf beide möglichen Richtungen der Kommunikation. Einerseits findet im intermediären System eine **Interessenvermittlung** von der Gesellschaft an die politischen Entscheidungsträger statt, die aus Sicht des politischen Systems auch als Input-Kommunikation bezeichnet wird. Als Output-Kommunikation – oder **Entscheidungsvermittlung** – wird dann die umgekehrte Kommunikation von den politischen Entscheidungsträgern zu den Bürgerinnen und Bürgern bezeichnet. Entscheidungsvermittlung bedeutet, dass sich politische Entscheidungsträger für ihre Entscheidung vor der Öffentlichkeit rechtfertigen, sie erklären und für sie um Zustimmung werben. Dabei erfolgt quasi eine Abnahme und Bewertung der kollektiv verbindlichen und implementierten Entscheidung durch die Bürgerinnen und Bürger, die dann wieder in Form neuer Interessen und Ansprüche in den politischen Prozess einfließen kann. Somit kommt intermediären Akteuren eine für die Demokratie konstitutive Aufgabe zu (vgl. Sarcinelli 2014, S. 29).

Interessenvermittlung ist ein Oberbegriff für vier analytisch unterscheidbare Grundfunktionen: die Generierung von Interessen, ihre Aggregation, Transformation sowie Artikulation (vgl. Rucht 1991, 2007).

- Die Funktion der **Interessengenerierung** verweist zunächst darauf, dass Interessen nicht einfach da sind, sondern stimuliert, geweckt oder auch erzeugt werden müssen. Im Prozess der Interessengenerierung werden diffuse Gefühle, etwa Unbehagen mit sozialen Situationen oder der Verteilung von Ressourcen, in konkretere Interessen transformiert, und dies sowohl seitens der Individuen wie auch seitens von Organisationen.
- Die **Interessenaggregation** meint die Bündelung von Interessen zu Forderungen, Programmen oder Gesetzentwürfen. Diese Bündelung ist vor allem für kleine, homogene Organisationen einfacher als für große und heterogene, die mit sehr unterschiedlichen Anforderungen konfrontiert werden. Sichtbar wird dieses Problem beispielsweise bei den großen Volksparteien, aber auch Wirtschaftsverbände und Gewerkschaften haben zunehmend Schwierigkeiten, ihren Mitgliederstamm zu halten und ein Auseinanderbrechen der gebündelten Interessen zu verhindern.
- Die Funktion der **Interessentransformation** ist ein Oberbegriff für eine Vielzahl einzelner Vermittlungsprozesse wie Selektion, Gewichtung und Umdeutung, die vor allem innerhalb politischer Organisationen stattfinden. Organisationen können sich nicht gleichzeitig um alle Interessen kümmern, die von Personen oder Gruppen an sie herangetragen werden. Sie müssen eine Auswahl oder Selektion treffen, welche Interessen sie sich als Organisation zu eigen machen wollen. Diese Aneignung ist oft mit einer Umdeutung verbunden, etwa wenn Widersprüche zwischen einzelnen Interessen geglättet werden oder ein anderes Framing vorgenommen wird.
- Durch die **Interessenartikulation** werden politische Interessen sichtbar. Diese Sichtbarmachung betrifft unterschiedliche Umwelten der Organisation: nach innen die eigenen Mitglieder oder Anhänger, nach außen andere Organisationen oder das politische Entscheidungszentrum.

Erst Interessenartikulation stellt etwas her, was Wagner (1995, S. 246) als Kommunikationsrepräsentanz bezeichnet, nämlich „die Tatsache [...], dass die Mitteilungen bestimmter Zugehöriger von Wissens- und/oder Meinungspositionen (Repräsentanten) den übrigen (Repräsentierten) zugerechnet werden und von diesen als für sie verbindlich ausgesprochen erkannt und anerkannt werden" (vgl. auch Schönhagen 2004, S. 180). Zum Wesen politischer Kommunikation gehört daher nicht nur die Artikulation eines bestimmten Interesses, sondern auch die **Interessenrepräsentation,** die Information darüber, wer Interesse artikuliert. Mit der Sichtbarmachung ist auch eine Zurechenbarkeit verbunden, denn Interesse X ist nun mit Organisation Y verbunden. Nur über sichtbare und zurechenbare Interessen kann in der Gesellschaft gesprochen, politisch diskutiert und entschieden werden (vgl. auch Donges 2009).

Interessenvermittlung bezeichnet zusammengefasst mehr als einen reinen Transport von Interessen und Entscheidungen. Sowohl einzelne intermediäre Organisationen als auch das intermediäre System als Ganzes entwickeln ein **Eigenleben und Eigeninteresse.** Akteure des politischen Systems generieren häufig erst Interessen, deuten sie um und transformieren sie nach Maßgabe ihrer eigenen Interessen als Akteur. Daher wird hier auch bewusst von einem eigenständigen intermediären System und nicht von einem „intermediären Sektor des politischen Systems" (Winter 2013, S. 387) gesprochen.

▶ **Intermediäres System:** „Ganz allgemein bezeichnet ein intermediäres Element oder System ein Bindeglied. Damit wird auf zwei weitere Elemente verwiesen, die durch das intermediäre Element verknüpft, also in einen Funktionszusammenhang gebracht werden. Intermediäre Systeme verbinden (mindestens) zwei externe Systeme, zwischen denen Kommunikationsschranken existieren oder die sogar in einem spannungsreichen bzw. widersprüchlichen Verhältnis zueinander stehen" (Rucht 1991, S. 5).

Im intermediären System – verstanden als ein Interaktions- und Kommunikationsraum – werden sowohl bei der Interessen- als auch bei der Entscheidungsvermittlung nicht einfach die „Sprachen" der externen Systeme Staat und Lebenswelt ineinander „übersetzt", sondern es entwickelt sich auch eine **eigene Kommunikationsweise,** um an beide externen Systemen anschlussfähig zu sein (vgl. Neidhardt 2007; Rucht 2007; Streeck 1987). Um dies zu leisten, müssen intermediäre Systeme in der Lage sein, unterschiedlichste kommunikative Anforderungen zu erfüllen. Das intermediäre System kann nicht einfach als Subsystem des politischen Systems angesehen werden, sondern muss als ein offener und grundsätzlich für alle individuellen und kollektiven Akteure zugänglicher Handlungs- und Kommunikationsraum verstanden werden. Beim intermediären System handelt es sich um ein **differenziertes, flexibles und multifunktionales Handlungsfeld, dem ein systemischer Charakter zuerkannt werden kann.** Intermediäre Systeme sind „somit formal gesehen selbst demokratische politische Systeme en miniature" (Steiner und Jarren 2009, S. 257).

6.2 Das intermediäre System als constraint für politische Akteure

Bezogen auf die Möglichkeiten der politischen Kommunikation setzen Verfassungen und Gesetze den Akteuren Grenzen. So können sich nicht alle Akteure an formalen Prozessen, sei es in Gebietskörperschaften, in parlamentarischen Prozessen oder bei Anhörungen, beteiligen. Durch rechtliche Bestimmungen gelten für Parteien (beispielsweise in Deutschland durch Art. 21 Grundgesetz und durch das Parteiengesetz) bestimmte Vorgaben hinsichtlich ihrer inneren Verfasstheit („innerparteiliche Demokratie"), die für Verbände oder Bürgerinitiativen nicht gelten. Diese normativen Verpflichtungen können wir zu den **strukturellen Faktoren** zählen, denen die Akteure des intermediären Systems unterworfen sind – und die sich auch auf die kommunikativen Möglichkeiten bzw. ihre Strategien auswirken. Zu den strukturellen Faktoren gehören vor allem:

- die Position eines Akteurs im intermediären System;
- die normativen Verpflichtungen und demokratisch motivierten Selbstbindungen eines Akteurs (Grenzen);
- die Nähe oder Distanz eines Akteurs zum politisch-administrativen System, zu Entscheidungsträgern und damit zum politischen Entscheidungsprozess;
- der Organisationstypus eines Akteurs (Dauerhaftigkeit);
- Ressourcenoptionen;
- Mitgliederoptionen;
- Medienzugangsoptionen.

Durch den Hinweis auf Optionen soll darauf verwiesen werden, dass die Möglichkeiten in den genannten Bereichen für die Akteure grundsätzlich – also strukturell – unterschiedlich sind: Verbände oder Parteien verfügen aufgrund gesetzlicher Bestimmungen oder besserer finanzieller Möglichkeiten über andere Optionen zur Ausbildung von Organisationen und für politische Handlungen als beispielsweise Bürgerinitiativen. Aufgrund ihrer zentralen Bedeutung für das parlamentarisch-politische System und ihrer relativen Dauerhaftigkeit haben Parteien grundsätzlich auch bessere Zugangsmöglichkeiten zu den Medien als neu gebildete Akteure. Auch zwischen Parteien kann dann wieder unterschieden werden: Regierungsparteien haben gegenüber Oppositionsparteien einen Vorteil beim Medienzugang, weil sie Entscheidungen treffen können. Daher wird ihren Sprechern und Aktivitäten eine größere Medienaufmerksamkeit zuteil als denjenigen von Oppositionsvertretern.

Auf der anderen Seite gibt es eine Vielzahl von historischen und situativen Faktoren, die den Akteuren spezifische Handlungen ermöglichen oder eben nicht ermöglichen. Zu den **historischen Faktoren** zählen Handlungsmuster und -regeln, die sich beispielsweise in einer Stadt oder einem Land aufgrund der langjährigen Dominanz einer politischen Partei oder bestimmter Personengruppen herausgebildet haben. Jedes politische

Handlungsfeld – sei es eine Gemeinde, ein bestimmtes Parlament oder ein Politikfeld – entwickelt sich im Laufe der Zeit; es bilden sich bestimmte Interaktionsweisen (Muster), Mehrheits- und Minderheitskulturen und spezifische persönliche Beziehungen zwischen Handelnden heraus. Bestimmte Bedingungen erleichtern oder erschweren die Anmeldung und Durchsetzung von Interessen.

Situative Faktoren sind zu einem bestimmten historischen Zeitpunkt vorherrschende Konstellationen; insbesondere zählen dazu:

- das spezifische Ensemble der Akteure in einem politischen Handlungsfeld (beispielsweise anhaltende Majoritäts- oder Minoritätsverhältnisse);
- die faktische Stellung eines Akteurs im politisch-administrativen System (beispielsweise „Regierung" oder „Opposition");
- die Verfügbarkeit von Ressourcen (Geld, Mitgliederaktivitäten) in einem konkreten Fall;
- die Möglichkeit zur Nutzung bereits vorhandener oder erst zu begründender Beziehungen zum Mediensystem;
- im engeren Sinne situative Faktoren im politischen Prozess (Vorhandensein von „Gelegenheiten").

Historische und situative Faktoren sind für das unterschiedliche Einflusspotenzial von einzelnen Akteuren relevant. Durch anhaltende Interaktionen bilden sich Kooperationsgemeinschaften, Zweckbündnisse oder Koalitionen zwischen Akteuren heraus, die wir als **Akteurskonstellationen** bezeichnen. Im politischen Alltag wird vielfach von Milieus oder – polemisch gewendet – von Filz gesprochen. Situative Faktoren bestimmen die Handlungsmöglichkeiten von Akteuren in bestimmten Prozessen, wobei die situativen Faktoren vor dem Hintergrund einer historischen Folie zu sehen und zu interpretieren sind.

Zwischen den strukturellen und den hier als historisch und situativ bezeichneten Faktoren gibt es **Interdependenzen.** Die Interdependenzen sind nicht zuletzt auf normative Grundentscheidungen bei der Etablierung politischer Systeme zurückzuführen: In einem repräsentativ verfassten politischen System kommen den politischen Parteien normativ andere Aufgaben zu als in einem System wie der Schweiz, in dem direkt-demokratische Elemente gleichsam für das politische System – und damit natürlich auch für die politische Kultur in einem weiten Sinne – konstitutiv sind. Damit sind nun zahlreiche Faktoren angesprochen, die in der einen oder anderen Weise für die empirische Forschung relevant sein können.

6.3 Veränderungen des intermediären Systems als Herausforderung für politische Akteure

Der vielschichtige Wandlungsprozess bei den Medien ist unübersehbar, die Entwicklungen wie auch die Folgen für das intermediäre System und seine Organisationen sind aber insgesamt schwer abschätzbar. Dies liegt auch darin begründet, dass es

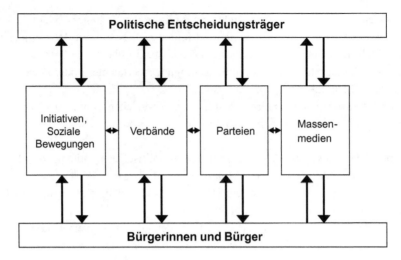

Abb. 6.1 Intermediäres System (Traditionelles Modell)

keinen übergreifenden Forschungsstand zur politischen Kommunikation intermediärer Organisationen gibt: „Die Forschung ist stark akteurspezifisch geprägt und befasst sich entweder mit Parteien, mit Verbänden oder mit Bewegungen, wobei man sich innerhalb der Forschung zudem einseitig an den jeweiligen teildisziplinären Traditionen und Ansätzen orientiert" (Steiner und Jarren 2009, S. 254). Abb. 6.1 stellt ein eher traditionelles Modell des intermediären Systems dar, in dem die vier wichtigsten Gruppen von Akteuren gleichrangig nebeneinanderstehen und zwischen Lebenswelt (Bürgerinnen und Bürgern) und der politischen Spitze in beide Richtungen vermitteln.

Aufgrund ihrer Entkopplung von den gesellschaftlichen Organisationen und ihrer stärker gewordenen ökonomischen Ausrichtung sind die Massenmedien mehr und mehr aus dem Schatten der anderen intermediären Organisationen herausgetreten und haben sich – wenn wir die Struktur des intermediären Systems betrachten – eigenständig positioniert. Aber durch den Wandel hin zu einer „Mediengesellschaft" (Abschn. 1.2) ist es innerhalb des intermediären Systems zu einer Verschiebung der Bedeutung der Massenmedien gekommen: Sie stehen nicht mehr quasi „neben" den anderen Akteuren des intermediären Systems, sondern schieben sich zunehmend zwischen die Bürgerinnen und Bürger und die übrigen Akteure des intermediären Systems, wie in Abb. 6.2 veranschaulicht wird. Die Abbildung macht auch deutlich, dass Bürgerinitiativen und Neue Soziale Bewegungen mehr als die anderen Typen politischer Akteure auf die Vermittlungsleistung der Massenmedien angewiesen sind.

Mit der Ausbreitung von Onlinemedien und Social-Media-Plattformen hat sich das intermediäre System wiederum verändert. Die traditionellen Massenmedien bleiben für die Interessen- und Entscheidungsvermittlung wichtig, und sie sind auch für die intermediären Organisationen weiterhin zentral. Zugleich haben sich neue Kommunikationskanäle etabliert, mittels deren politische Entscheidungsträger „direkt", d. h. ohne Umweg

6.3 Veränderungen des intermediären Systems als Herausforderung ...

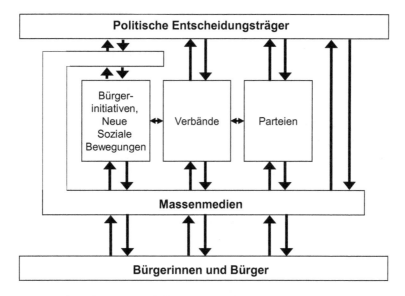

Abb. 6.2 Intermediäres System (Mediatisiertes Modell)

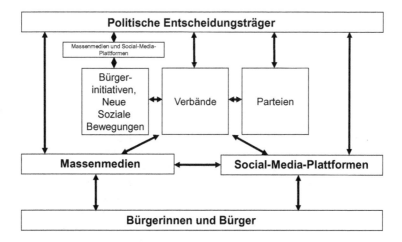

Abb. 6.3 Intermediäres System (Mediatisiertes Modell II)

über intermediäre Organisationen und Massenmedien, mit den Bürgerinnen und Bürgern in Kontakt treten können (Abb. 6.3).

Für diese direkte Kommunikation zwischen Bürgerinnen und Bürgern und politischen Entscheidungsträgern gibt es durch den ehemaligen US-Präsidenten Donald Trump und andere, die seinen Kommunikationsstil imitieren, eindrucksvolle Beispiele. Gleichwohl dürfen diese auch nicht überschätzt werden. Gerade Twitter erreicht seine starke Resonanz auch dadurch, dass hier eine gemeinsame Kommunikationsplattform zwischen

Politik und Journalismus entstanden ist, d. h. Mitteilungen werden einerseits auf der Plattform verbreitet, dann aber auch durch journalistische Medien aufgegriffen, weiterverbreitet und erreichen so eine breitere Öffentlichkeit. Auch das intermediäre System der Interessenvermittlung wird durch Social-Media-Plattformen keinesfalls obsolet. Politische Organisationen nutzen sie für ihre Kommunikation, können aber unterschiedlich von den sich daraus ergebenden Möglichkeiten profitieren. Neue Soziale Bewegungen profitieren von ihnen stärker als Parteien. Warum das so ist, ist Gegenstand des nachfolgenden Kapitels, in dem die einzelnen Akteure und Organisationen des intermediären Systems der Interessenvermittlung näher betrachtet werden.

> **Zusammenfassung**
>
> Das intermediäre System der Interessenvermittlung strukturiert das Verhalten zentraler Akteure der politischen Kommunikation – Parteien, Verbände sowie Neuer Sozialer Bewegungen. Auch an der sich wandelnden Struktur dieses intermediären Systems lässt sich Medialisierung im Sinne einer Bedeutungszunahme der Medien festmachen. Diese Medialisierung umfasste zunächst journalistische Medien, später auch Onlinemedien und Social-Media-Plattformen. ◄

Literatur

Donges, Patrick. (2009). Sichtbarkeit und Zurechenbarkeit: Kommunikation als Voraussetzung von Politik. In Peter J. Schulz, Uwe Hartung & Simone Keller (Hrsg.), *Identität und Vielfalt der Kommunikationswissenschaft* (S. 105–114). Konstanz: UVK.

Neidhardt, Friedhelm. (2007). Massenmedien im intermediären System moderner Demokratien. In Otfried Jarren, Dominik Lachenmeier & Adrian Steiner (Hrsg.), *Entgrenzte Demokratie? Herausforderungen für die politische Interessenvermittlung* (S. 33–47). Baden-Baden: Nomos.

Rucht, Dieter. (1991). *Parteien, Verbände und Bewegungen als Systeme politischer Interessenvermittlung.* (WZB Discussion Paper FS III 91–107). Berlin: Wissenschaftszentrum.

Rucht, Dieter. (2007). Das intermediäre System politischer Interessenvermittlung. In Otfried Jarren, Dominik Lachenmeier & Adrian Steiner (Hrsg.), *Entgrenzte Demokratie? Herausforderungen für die politische Interessenvermittlung* (S. 19–32). Baden-Baden: Nomos.

Sarcinelli, Ulrich. (2014). Gesellschaftlicher Wandel, Demokratie und Politikvermittlung - Entwicklungen und Perspektiven. In Franziska Oehmer (Hrsg.), *Politische Interessenvermittlung und Medien. Funktionen, Formen und Folgen medialer Kommunikation von Parteien, Verbänden und sozialen Bewegungen* (S. 27–48). Baden-Baden: Nomos.

Schönhagen, Philomen. (2004). *Soziale Kommunikation im Internet: Zur Theorie und Systematik computervermittelter Kommunikation vor dem Hintergrund der Kommunikationsgeschichte.* Bern: Peter Lang.

Steiner, Adrian, & Jarren, Otfried. (2009). Intermediäre Organisationen unter Medieneinfluss? Zum Wandel der politischen Kommunikation von Parteien, Verbänden und Bewegungen. In Frank Marcinkowski & Barbara Pfetsch (Hrsg.), *Politik in der Mediendemokratie* (S. 251–269). Wiesbaden: VS Verlag für Sozialwissenschaften.

Streeck, Wolfgang. (1987). Vielfalt und Interdependenz. Überlegungen zur Rolle von intermediären Organisationen in sich ändernden Umwelten. *Kölner Zeitschrift für Soziologie und Sozialpsychologie, 39*(4), 471–495.

Wagner, Hans. (1995). *Journalismus I: Auftrag. Gesammelte Beiträge zur Journalismustheorie.* Erlangen: Junge&Sohn.

Winter, Thomas von. (2013). Parteien, Verbände und Bewegungen. In Oskar Niedermayer (Hrsg.), *Handbuch Parteienforschung* (S. 387–412). Wiesbaden: Springer VS.

7 Akteure politischer Kommunikation I: Politik

Überblick

An Prozessen politischer Kommunikation sind zahlreiche Akteure beteiligt. Relevant sind dabei nicht nur die politischen Eliten wie Angehörige der Regierung, des Parlaments oder die Spitzen der dort vertretenen Parteien. Auch Akteure aus den Bereichen der Ökonomie, der Kultur, der Erziehung, der Wissenschaft etc. beteiligen sich folgenreich an der Formulierung und Artikulation politischer Interessen, ihrer Aggregation zu entscheidbaren Programmen sowie der Durchsetzung und Legitimierung politischer Entscheidungen. In diesem Kapitel werden wir uns näher mit den politischen Akteuren beschäftigen – die Medien als Akteure werden erst im darauf folgenden Kapitel 8 thematisiert. Zunächst werden wir die Akteure politischer Kommunikation unterscheiden und klassifizieren (Abschn. 7.1). Das Ergebnis sind drei Typen von Akteuren: Akteure der Interessenartikulation (vor allem Verbände und soziale Bewegungen, Abschn. 7.2), der Interessenaggregation (vor allem Parteien, Abschn. 7.3) sowie der Politikdurchsetzung (vor allem Parlament, Regierung und Verwaltung, Abschn. 7.4). Ein abschließender Abschnitt widmet sich der Rolle individueller Akteure in der politischen Kommunikation (Abschn. 7.5) sowie den „Gewinnern" und „Verlierern" der Digitalisierung (Abschn. 7.6).

7.1 Differenzierung der Akteure politischer Kommunikation

In Kapitel 2 wurde bereits der **Begriff des Akteurs** eingeführt und definiert. Akteure sind jene Personen, Kollektive oder Organisationen (korporative Akteure), die bestimmte Handlungsziele und Interessen verfolgen, über Ressourcen und normative Orientierungen verfügen, die Fähigkeit strategischen Handelns besitzen und sowohl sich selbst als Akteur verstehen wie auch von anderen als solcher anerkannt werden (Abschn. 2.3.1). Das Handeln von Akteuren wird grundsätzlich durch drei Orientierungshorizonte geprägt: ihre Zugehörigkeit zu einem gesellschaftlichen Teilsystem (das allgemeine „Wollen"), zu institutionellen Ordnungen (das „Sollen") und zu Akteurskonstellationen (das konkrete „Können") (Abschn. 2.6).

Man kann Akteure anhand zahlreicher Kriterien unterscheiden und klassifizieren. Für die Analyse politischer Kommunikation bietet sich eine **Unterscheidung der Akteure nach ihren Funktionen im Kommunikationsprozess** an. Eingeführt wurde in Kapitel 6 bereits der **Begriff des intermediären Systems.** Das intermediäre System vermittelt zwischen der Lebenswelt der Bürgerinnen und Bürger auf der einen und den politischen Entscheidungsträgern auf der anderen Seite. Benannt wurden auch bereits die zentralen Akteure des intermediären Systems: Parteien, Verbände, Organisationen aus (neuen) Sozialen Bewegungen sowie die Massenmedien. Definiert man politische Kommunikation als den zentralen Mechanismus bei der Formulierung und Artikulation politischer Interessen, ihrer Aggregation zu entscheidbaren Programmen sowie der Durchsetzung und Legitimierung politischer Entscheidungen (Abschn. 1.1.3), so werden drei kommunikative Funktionen deutlich: Interessenartikulation, Interessenaggregation und Politikdurchsetzung. Anhand dieser Funktionen lässt sich eine brauchbare Unterscheidung der Akteure politischer Kommunikation vornehmen:

- Zu den **Akteuren der Interessenartikulation** gehören **Verbände, Neue Soziale Bewegungen** sowie sonstige soziale Organisationen, die – zum Teil sogar nur bereichsspezifisch und punktuell – politische Anliegen verfolgen. Sie greifen Themen auf oder versuchen sie für politisch relevant zu erklären.
- Zu den **Akteuren der Interessenaggregation** gehören vor allem die politischen Parteien, die sich selbst an der Artikulation von Interessen beteiligen, vorrangig aber formulierte Interessen in Bezug auf die eigene (wahltaktische oder ideologische) Position prüfen und ggf. aufgreifen. Da Parteien in allen Politikfeldern agieren und unterschiedlichste Interessen zur Optimierung ihrer Wahlchancen verbinden müssen, übernehmen sie in der Regel nur einen Teil der zuvor artikulierten Anliegen.
- Zu den **Akteuren der Politikdurchsetzung** gehören alle Akteure, die im politisch-administrativen System beteiligt sind, wie Regierung, Verwaltung und das Parlament. Sie setzen das durch, was die Akteure in den jeweils formal zuständigen Entscheidungsgremien miteinander ausgehandelt haben. Wesentliche Aushandlungsprozesse (Gesetzgebung) vollziehen sich jedoch im Parlament, zu dem spezifische Arbeitsformen (so Ausschüsse) wie auch Arbeitsweisen (so Anhörungen) gehören. Im Zuge des parlamentarischen Diskussions- und Entscheidungsprozesse können weitere Interessen einbezogen und ebenso neue Erkenntnisse oder neues Wissen beachtet werden. Kollektive Akteure der Interessendurchsetzung gehören nicht zum intermediären System, sind mit diesem aber auf vielfältige Weise verbunden.

Vor allem die **Unterscheidung** zwischen Akteuren der Interessenartikulation und Interessenaggregation **hat** eher **idealtypischen Charakter:** So haben kleine Oppositionsparteien in der Regel wenig Chancen, Interessen wirksam zu aggregieren. Andererseits aber können einflussreiche Verbände wie beispielsweise die Gewerkschaften nachhaltig an der Interessenaggregation mitwirken. Jedoch unterscheiden sich diese Akteure hinsichtlich ihrer Kernziele (Operationsmodus), der einsetzbaren Ressourcen und der internen Regeln (Abb. 7.1).

Ein **gemeinsames Merkmal von** intermediären Akteuren wie Parteien, Verbänden und Bewegungen besteht darin, dass sie sowohl Mitglieder haben (Individuen oder andere Organisationen) als auch ihrerseits Mitglieder eines übergeordneten intermediären Systems der Interessenvermittlung sind (vgl. Streeck 1987). Für politische Organisationen folgt aus diesem „Zwitter-Sein" das Problem, dass unterschiedliche Handlungslogiken ins Spiel kommen, die Streeck (1987) klassisch als **Mitgliedschafts- und Einflusslogik** bezeichnet hat. Bereits 1987, und damit lange vor der Durchsetzung der Online-Kommunikation, diagnostizierte er eine „nachlassende Bindungsfähigkeit formal organisierter gesellschaftlicher Aggregate gegenüber ihrer sozialen Basis", eine „affektive Verarmung" von Mitgliedschaftsverhältnissen und eine „Austrocknung der vororganisatorischen Quellen formaler Organisierung und organisatorischer Loyalität" (Streeck 1987, S. 474–475; vgl. auch Strünck und Sack 2017). Weitere institutionelle Anforderungen kommen hinzu. So ergänzte beispielsweise Berkhout (2010) die Mitgliedschafts- und Einflusslogik um eine **Logik der Reputation,** der Organisationen des intermediären Systems gegenüber Öffentlichkeit und Medien unterliegen. Die verschiedenen Logiken stellen für politische Organisationen nicht lösbare Dilemmata dar. Sie können sich nicht festlegen und sich beispielsweise einer Logik anpassen, sondern müssen jeweils mehrere Logiken ausbalancieren. Auch die Medien folgen nicht einer einheitlichen Medienlogik, sondern weisen je nach ihrer institutionellen Verankerung (Leit- oder Folgemedien etc.) unterschiedliche Logiken auf.

Kriterium	Partei	Verband	Bewegung
Operationsmodus	Besetzung politischer Ämter	Repräsentation von Mitgliederinteressen	Protesthandlungen
zentrale Ressource	Wahlerstimmen	Expertonwissen; Geld; Zugang zum Entscheidungssystem; Leistungsverweigerung	Emphase der Anhängerschaft
interne Verfahrensgrundlage	Satzung; hohe Rollenspezifikation	Satzung; hohe Rollenspezifikation	freies Aushandeln; geringe Rollenspezifikation

Abb. 7.1 Unterscheidungskriterien zwischen Parteien, Verbänden und Bewegungen (nach Ruchl). (Quelle: Ruchl 1991, S. 5)

Den Organisationen des intermediären Systems obliegt die Vermittlung von Interessen zwischen Staat und Gesellschaft, aber auch zwischen den Akteuren selbst und Teilen der Gesellschaft. Diese Vermittlungsleistung wird weitgehend durch Formen der politischen Kommunikation erbracht:

Auf der **horizontalen Ebene** findet Kommunikation in Konflikt und Kooperation zwischen den intermediären Organisationen statt. Zum einen **interagieren** und **verhandeln die Organisationen** miteinander als kollektive Akteure. Zum anderen existiert hier eine Form von Durchdringung, denn einzelne Personen gehören verschiedenen Organisationen zugleich an: Parteimitglieder üben Vorstandsfunktionen in Sportvereinen aus oder Parlamentarier wirken hauptberuflich als Verbandsfunktionäre. Diese Art von **Funktions- und Rollenverknüpfung** finden wir vor allem bei Mitgliedern politischer Parteien. Sie vernetzen damit unterschiedliche Organisationen und politische Prozesse. Mögliche Forschungsfragen sind hier: Welche Beziehungen bestehen zwischen den intermediären Organisationen (etwa Kooperation, Koalition oder Konkurrenz) und welche formalen oder informellen Austauschverhältnisse finden wir vor?

Auf der **vertikalen Ebene** findet Kommunikation in Konflikt und Kooperation **zwischen den intermediären Organisationen** sowie den Organisationen, die wir zum politischen System zählen können, statt. Hier agieren vor allem Akteure, die bei der Politikformulierung, Programmentwicklung und Politikrealisierung mitwirken. Vor allem die politischen Parteien wie auch wichtige Verbände haben für diese Informations- und Kommunikationsprozesse eine besondere Bedeutung, weil sie **sowohl als intermediäre Organisationen agieren als auch Positionen im politischen System innehaben** (etwa Regierungs- oder Verwaltungspositionen). Sie können aufgrund dieser herausragenden Stellung in besonderer Weise politische Prozesse vernetzen, auch weil ihre Organisationsvertreter auf allen Ebenen agieren. Wegen ihrer einflussreichen Position sind sie für andere Akteure gesuchte Kooperations- oder Verhandlungspartner. Mögliche Forschungsfragen sind hier: Mithilfe welcher Kommunikationsformen wird versucht, Einfluss auf politisches Entscheidungshandeln (beispielsweise durch Konflikt- oder Kooperationsstrategien) zu gewinnen? Auf Basis welcher Strategien versucht das politisch-administrative System, Einfluss auf die Akteure des intermediären Systems wie auch auf die Bürgerinnen und Bürger zu gewinnen?

Als **organisationsinterne oder binnenkommunikative** Ebene wird die Kommunikation innerhalb der Akteure des intermediären Systems bezeichnet. Diese ist vor allem bei Großorganisationen, wie etwa den Volksparteien, von Bedeutung. Innerhalb solcher Großorganisationen existieren unterschiedliche Gruppierungen (**„Flügel"**), die jeweils eigene Ansprüche an die Ziele und Programme der Organisationen richten und ihre Differenzen untereinander zum Teil öffentlich austragen. Mögliche Forschungsfragen sind hier: Wie organisiert und koordiniert sich der Akteur selbst (innerorganisatorische Kommunikation; Beziehungen zu Unterstützern oder Mitgliedern)?

Die **gesellschaftliche Ebene** steht schließlich ein wenig quer zu den anderen: Zwischen einzelnen Personen wie Bürgergruppen, kollektiven Akteuren und den Medien findet kontinuierlich ein Austauschprozess über zahlreiche soziale Vorgänge statt, in dem immer auch mit darüber debattiert wird, **was denn politische Angelegenheiten sein sollen.** Auf der gesellschaftlichen Ebene wird darüber entschieden, was als politisches Problem definiert, ob und wie es bearbeitet werden soll. Findet ein Thema Beachtung, in den Medien, bei anderen Akteuren? Zur Formulierung und Durchsetzung von (neuen) Interessen werden vielfach auch neue soziale Organisationen entwickelt. Beispiele sind Bürgerinitiativen oder Ad-hoc-Zusammenschlüsse, die zu den sozialen Bewegungen gerechnet werden können.

7.2 Akteure der Interessenartikulation

Die Akteure der Interessenartikulation können insgesamt als **problemnah** und **spezialisiert** (Verbände) bzw. als **gesellschaftsnah oder sensibel** (soziale Bewegungen) angesehen werden.

7.2.1 Verbände

Verbände sind als Gegenstand sozialwissenschaftlicher Forschung **nicht eindeutig zu definieren.** Dies wird daran deutlich, dass Bezeichnungen wie „Interessengruppe", „Verbände", „organisierte Interessen", „Interessenorganisationen" oder „Interessenverbände" häufig synonym verwendet werden oder die Wahl des jeweiligen Begriffes nicht begründet wird. Je nach Forschungsperspektive, wissenschaftlicher Disziplin und theoretischem Ansatz werden unter dem Begriff verschiedene Organisationsformen und Akteurstypen subsumiert oder ausgeschlossen (vgl. Koch-Baumgarten 2014; Lengfeld 2013; Oehmer 2012, 2020; Schiffers und Körner 2019; Sebaldt und Straßner 2004; Willems und von Winter 2007; Winter und Willems 2009).

▶ **Verbände** sind „auf Dauer und auf freiwilliger Mitgliedschaft konzipierte, nichtstaatliche Non-Profit-Organisationen, die versuchen, die auf wenige Issues konzentrierten Interessen ihrer Mitglieder zu aggregieren, im politisch-öffentlichen Raum zu artikulieren und durchzusetzen sowie relevante Entscheidungen und Informationen des politischen Systems an ihre Mitglieder zu vermitteln" (Oehmer 2012, S. 416).

Die Abgrenzung zu Parteien wird nach dem Merkmal vorgenommen, dass Verbände nicht an Wahlen teilnehmen, sondern vorrangig die Interessen ihrer Mitgliedschaft repräsentieren. Von Organisationen der Neuen Sozialen Bewegungen unterscheiden sie sich vor allem durch ihre innere Struktur mit in der Regel festen Mitgliedschaftsregeln, Satzungen und Rollenspezifikationen. Verbände sind formeller organisiert als Gruppen innerhalb der sozialen Bewegungen mit ihren häufig spontanen und informellen internen Strukturen (vgl. Sebaldt und Straßner 2004).

Wichtig für die Analyse der politischen Kommunikation von Verbänden sind Ergebnisse der soziologischen Organisationsforschung, die auf **Dilemmata der Handlungslogiken** aufmerksam machen. Vor allem Verbände als eigenständige Akteure, die in Interaktionszusammenhängen agieren, in denen weitere Organisationen als strategische Akteure auftreten, verfolgen im Wesentlichen drei Handlungsziele (vgl. Wiesenthal 1987, 1993):

1. Repräsentation der Mitgliederinteressen, d. h. Interessenselektion und -aggregation,
2. Administration der Organisation, d. h. Bestandssicherung und effektive Zielverfolgung sowie
3. Mitgliederrekrutierung und Sicherung von Teilnahmebereitschaft.

In der Regel, so argumentiert Wiesenthal, können nicht alle drei Handlungsziele gleichzeitig verfolgt werden, da zwischen ihnen jeweils Zielkonflikte auftreten:

> „Repräsentative strategische Akteure sind mit drei Generalproblemen befasst: (1) Mitglieder gegen den Trittbrettfahreranreiz des Kollektivgutdilemmas zu rekrutieren, (2) administrative und repräsentative Rationalität im Interesse der kollektiven Handlungsfähigkeit auszubalancieren und (3) aus einem heterogenen Interessenspektrum einen operativen und Identifikation ermöglichenden Kollektivwillen zu destillieren. […] Keine dieser Aufgaben kann ohne nachteilige Rückwirkungen auf mindestens eine der beiden übrigen bearbeitet werden" (Wiesenthal 1993, S. 6).

Verbände stehen damit vor dem grundsätzlichen **Dilemma, Repräsentation und Effektivität vereinbaren zu müssen:** Je stärker die Interessen der einzelnen Mitglieder berücksichtigt werden, desto geringer ist der Handlungsspielraum der Funktionäre. Dies wird insbesondere dann problematisch, wenn Organisationen in Netzwerken agieren, d. h. die Interessen der Mitglieder verhandelbar machen, diplomatisch taktieren und ggf. flexibel reagieren müssen. Je mehr die Organisationen ihren Handlungsspielraum durch verstärkte Selektion der Mitgliederinteressen erweitern, desto mehr laufen sie Gefahr, Mitglieder und damit ihre Beiträge zu verlieren, welche die Ressourcen der Vereinigung darstellen. Reutter (2018) sieht die Verbände in Deutschland sogar in einem „unauflöslichen „Trilemma". Sie sind gesellschaftlich verankerte Vereinigungen, erbringen öffentliche Leistungen und erfahren keine aus allgemeinen Wahlen resultierende generalisierte Legitimation. Dieses „Trilemma" ist in der deutschen Verfassungsdemokratie lediglich zu kanalisieren und zu moderieren, aber nicht endgültig aufzulösen" (S. 1).

Der gesellschaftliche Trend zur Individualisierung und zur Auflösung traditioneller sozialer Milieus bewirkt auf der Ebene der Verbände, so beispielsweise bei den Gewerkschaften, ein **Nachlassen der Bindungsfähigkeit** gegenüber der sozialen Basis. Mitgliedschaftsverhältnisse „verarmen" affektiv und vororganisatorische Quellen formaler Organisierung und organisatorischer Loyalität trocknen aus (Streeck 1987, S. 474–475). Individuen kalkulieren ihre Mitgliedschaft in Interessengruppen zunehmend nach Kosten

7.2 Akteure der Interessenartikulation

und Nutzen, während früher die Zugehörigkeit zu bestimmten Gruppen durch die soziale Stellung quasi vorgegeben war. Punktuelle, einmalige und funktional spezifische Unterstützung von Interessengruppen, etwa durch die einmalige Zahlung einer Spende für ein bestimmtes Projekt, löst andere Formen der Unterstützung wie feste und dauerhafte Mitgliedschaft ab.

▶ „Als **Verbandskommunikation** werden alle Kommunikationen in und von einem Verband bezeichnet. Die zentralen Disziplinen der Verbandskommunikation können aus den drei zentralen Problemen bzw. Herausforderungen von Verbänden abgeleitet werden. Die Außen- bzw. Legitimationskommunikation zielt auf die Legitimation verbandlicher Interessen und damit auf die Interessendurchsetzung gegenüber dem politisch-administrativen System. Die Binnen- bzw. Mitgliederbindungskommunikation bearbeiten das Problem der Mitgliederbindung, die zu einem zentralen Problem der Verbandskommunikation geworden ist" (Hoffjann 2021, S. 385).

Die **Kommunikation von Verbänden ist insgesamt vielfältig** und kann sich laufend ändern. Dies liegt auch darin begründet, dass sie weniger normativen Verpflichtungen unterliegen als beispielsweise Parteien. In einer in Deutschland und der Schweiz durchgeführten Studie fand Oehmer (2013) zunächst heraus, dass rund 70 % der in Verzeichnissen aufgeführten Verbände binnen eines Jahres in ausgewählten überregionalen Tageszeitungen gar nicht in Erscheinung treten. Anders als Parteien oder soziale Bewegungen suchen Verbände nicht immer mediale Resonanz. Vielmehr versuchen sie eher, ihre Anliegen durch direkte Ansprache (Lobbying) zur Sprache zu bringen. Eine hohe Medienresonanz erfahren vor allem Verbände aus dem Bereich Wirtschaft, Politik allgemein sowie die Sozialverbände. Auch das Politikfeld Umwelt wird eher öffentlich verhandelt. Die Medienresonanz der einzelnen Verbände hängt nach Oehmer (2013) am stärksten von der medienbezogenen Öffentlichkeitsarbeit ab: „Als Grundregel gilt: Je mehr Pressematerial erstellt wird, das den Bedürfnissen der Medien gerecht wird, desto stärker auch die mediale Resonanz" (Oehmer 2013, S. 172). Dieser zunächst banal klingende Befund verdeutlicht, dass die Medienresonanz von Verbänden weniger von ihrem Zugang zum politischen Entscheidungssystem oder der Stärke ihrer Konkurrenz abhängt als vielmehr von ihren eigenen Kommunikationsstrategien. Die mediale Aufmerksamkeit kann von Verbänden in hohem Maße selbst gesteuert werden und sie können sich der medialen Aufmerksamkeit bei Bedarf auch leichter entziehen als beispielsweise Parteien.

Spezifischer mit der **Online-Kommunikation von Interessenorganisationen** beschäftigt sich eine spätere Studie von Nitschke (2019). Ihre Befunde zeigen, dass Interessenorganisationen in der Onlinewelt mit anderen Publika kommunizieren als über traditionelle Medien: „Die klassischen Zielgruppen, die von der Verbändeforschung unterschieden werden, haben in der Onlinewelt eine weitaus geringere Relevanz. Ein gewichtiger Grund für diese Verschiebung ist die algorithmengesteuerte Verbindung von Organisation und Publikum durch die Suchmaschine Google" (Nitschke 2019, S. 151).

Immer häufiger treten Personen mit Verbänden deshalb in Verbindung, weil sie sich über ein Thema informieren wollten und die Suchmaschine den Verband weit oben in der Vorschlagsliste geführt hat. Daher seien Suchmaschinenoptimierung und spezielle Angebote für Social-Media-Nutzende für Verbände von hoher Relevanz, was auch ihren Kommunikationsoutput verändere: „Wen die Algorithmen von Facebook, Instagram und Co. als Publikum vermitteln, ist für den Kommunikator kaum zu beeinflussen und in hohem Maß intransparent. Aus diesem Grund sind spezialisierte Kommunikationsprodukte, wie zum Beispiel ein Politikbrief mit klarer Ausrichtung auf das politische Entscheidungssystem, in den Social Media nicht zu finden. Die Onlineoutputs müssen stattdessen einer Catch-All-Attract-All-Maxime folgen" (Nitschke 2019, S. 152).

7.2.2 Soziale Bewegungen

Soziale Bewegungen sind keine einheitlichen Akteure, sondern Netzwerke von Organisationen und individuellen Aktivistinnen und Aktivisten. Die Organisationen innerhalb sozialer Bewegungen sind zumeist durch eine spezifische kollektive Identität und geteilte Überzeugungen gekennzeichnet. Dabei handelt es sich bezüglich ihrer Organisationsformen, ideologischen Ausrichtungen und Ziele um höchst unterschiedliche Organisationen (vgl. u. a. Dolata 2018; Schade 2018).

▶ **Soziale Bewegung**
Kollektive Akteure, die „mit einem gewissen Maß an Organisation und Kontinuität außerhalb institutionalisierter Kanäle handeln, mit dem Ziel, etablierte Autoritäten im Namen von gesellschaftlich benachteiligten Gruppen herauszufordern" (Kriesi 2007, S. 145).

„[E]in auf gewisse Dauer gestelltes und durch kollektive Identität abgestütztes Handlungssystem mobilisierter Netzwerke von Gruppen und Organisationen, welche sozialen Wandel mittels öffentlicher Proteste herbeiführen, verhindern oder rückgängig machen wollen" (Rucht 1994, S. 338–339).

In der Literatur findet sich oft die Bezeichnung **Neue Soziale Bewegungen (NSB)**. Mit dem Adjektiv „neu" soll der Unterschied zwischen Protestbewegungen der 1970er Jahre wie der Umweltschutz- oder Friedensbewegung zur früheren Arbeiterbewegung markiert werden (vgl. Rucht 2021, S. 65). Da auch die Neuen Sozialen Bewegungen mittlerweile 50 Jahre alt geworden sind, wird auf die Unterscheidung oft verzichtet und nur von sozialen Bewegungen gesprochen.

Organisationen innerhalb sozialer Bewegungen sind zumeist durch eine spezifische kollektive Identität und geteilte Überzeugungen (Vertretung bestimmter Werte) gekennzeichnet. Die Handlungen von Akteuren der sozialen Bewegungen basieren auf ähnlichen, gemeinsam geteilten Problemdeutungen, die wesentlich über gemeinsam getragene Öffentlichkeitsformen („alternative Öffentlichkeit") oder Lebensstile hergestellt werden.

7.2 Akteure der Interessenartikulation

Die Abgrenzung zwischen sozialen Bewegungsorganisationen und Verbänden wird nach Willems und von Winter (2007, S. 23) dadurch erschwert, dass soziale Bewegungen in ihrem Lebenszyklus einen Prozess der Institutionalisierung durchlaufen, in dessen Verlauf sie sich strukturell immer mehr an den Typus des Interessenverbandes angleichen. So bilden sich auch innerhalb sozialer Bewegungsorganisationen spezialisierte Kommunikationsabteilungen heraus. Solche Organisationen sind dann in der Lage, die klassische Protestkommunikation durch andere Formen wie beispielsweise Lobbying zu ergänzen.

Konstitutiv für Akteure der sozialen Bewegungen sind Formen des **kollektiven öffentlichen Protestes.** Ziel politischen Protestes ist es, außerhalb parlamentarischer Entscheidungsprozesse Resonanz bei politischen, ökonomischen oder gesellschaftlichen Machteliten zu erzeugen (vgl. Baringhorst 2009, S. 609; Baringhorst und Yang 2020). Dies führt dazu, dass soziale Bewegungen noch stärker als andere Akteursgruppen in der politischen Kommunikation auf massenmediale Vermittlung angewiesen sind. Präsenz in der Berichterstattung der Massenmedien ist für Akteure der dieser Bewegungen daher eine notwendige, wenn auch keine hinreichende Voraussetzung für ihren politischen Erfolg (vgl. bereits Schmitt-Beck 1998, S. 476). Zugleich wird durch die öffentliche Kommunikation und Interaktion die kollektive Identität einer sozialen Bewegung immer wieder neu hergestellt. Durch öffentlich wahrnehmbare Aktivitäten werden Unterstützerinnen und Unterstützer gewonnen, und es wird zugleich der Versuch gemacht, ein neues politisches oder gesellschaftliches Verständnis deutlich zu machen. Die Akteure der hier im Fokus stehenden Bewegungen sind häufig nicht auf die unmittelbare Beeinflussung von politischen Prozessen oder Entscheidungen im engeren Sinne aus, wohl aber versuchen sie, auf ihre Vorstellung von Gesellschaft und Politik insgesamt hinzuweisen (etwa in der Organisationsform der Selbsthilfegruppe). Aufgrund ihrer anhaltenden Ressourcenschwäche – in der Regel verfügen sie nicht über feste Mitglieder und dauerhafte Organisationsformen – sind sie in besonderer Weise darauf angewiesen, mittels öffentlicher (Protest-)Aktionen oder über die Mobilisierung von Akteuren wie Parteien auf Willensbildungs- und Entscheidungsprozesse einzuwirken („Bündnispartner"). Aufgrund der vielfach nicht vorhandenen Zugänge zu politischen Entscheidungszentren sind die auf Medien bezogenen Aktivitäten besonders ausgeprägt (auffällige und in ihrer Form und in ihrem Motiv wiederholte Protestaktionen etc.).

Zu den Akteuren im Rahmen sozialer Bewegungen zählen häufig auch **Initiativen.** Darunter werden lose Zusammenschlüsse von Personen verstanden, deren Ziel es ist, einen bestimmten Missstand zu thematisieren oder einem bestimmten Anliegen zur Durchsetzung zu verhelfen. Die Formen dieser Initiativen sind ausgesprochen vielfältig. Sie sind in der Regel weniger dauerhaft organisiert und zugleich weiter entfernt vom politisch-administrativen System als beispielsweise Verbände. Zu ihren Merkmalen gehört, dass die Mitgliedschaft zumeist formal nicht geregelt ist, keine formalen Leitungs- und Entscheidungsstrukturen auf Dauer existieren und die Ressourcenbeschaffung von Fall zu Fall geschieht. Da sie über keine (sichere) Mitgliedschaft verfügen, sind sie in hohem Maße abhängig vom anhaltenden Engagement ihrer Unterstützerinnen und Unterstützer und von öffentlicher, medialer Aufmerksamkeit. So können sie Ressourcen gewinnen, wenn sie über die Medien auf sich aufmerksam machen (Spenden, Unterstützeraktivitäten, Paten, Förderer). Stärker als in Verbänden, in denen auf Basis einer Satzung und geregelter Aufgabenzuweisungen programmatisch gehandelt wird, muss in Initiativen immer wieder intern über die politische Ausrichtung und die Aufgabenerledigung debattiert und entschieden werden. Auch die Beschaffung und Verwendung von Ressourcen obliegt den Beteiligten und ist in hohem Maße von den gerade verfolgten Zielen und Möglichkeiten abhängig. Die Kommunikationsstrategie ist daher im Inneren auf die Findung von Positionen und Zielformulierungen für Außenaktivitäten ausgerichtet. Nach außen wird eine gezielte Öffentlichkeitsarbeit betrieben, die auch demonstrative Züge annehmen kann (Demonstration, Besetzungen). Auf diese Weise sollen, vielfach über die Medien, die bereits vorhandenen Beteiligten zur Weiterarbeit motiviert, neue Personen für die Sache gewonnen und Entscheidungsträger auf die verfolgten Anliegen aufmerksam gemacht werden. Initiativen können in ideologischer Hinsicht vielfältig sein, während bei anderen Akteuren, die man den sozialen Bewegungen zurechnet, spezifische ideologische Grundmuster angenommen oder unterstellt werden. Ob diese Unterstellung zutrifft, kann jeweils nur empirisch beantwortet werden.

7.3 Akteure der Interessenaggregation: Parteien

Der zentrale Unterschied zwischen Parteien und anderen politischen Organisationen besteht darin, dass Parteien an Wahlen mitwirken und die formalisierte Besetzung politischer Ämter anstreben. Dieser Fokus auf die Funktion, Wahlämter zu besetzen, findet sich auch in rechtlichen Definitionen, wie beispielsweise dem deutschen Parteiengesetz (§ 2):

▶ "**Parteien** sind Vereinigungen von Bürgern, die dauernd oder für längere Zeit für den Bereich des Bundes oder eines Landes auf die politische Willensbildung Einfluss nehmen und an der Vertretung des Volkes im Deutschen Bundestag oder einem Landtag mitwirken wollen, wenn sie nach dem Gesamtbild der tatsächlichen Verhältnisse, insbesondere nach Umfang und Festigkeit ihrer Organisation, nach der Zahl ihrer Mitglieder und nach ihrem Hervortreten in der Öffentlichkeit eine ausreichende Gewähr für die Ernsthaftigkeit dieser Zielsetzung bieten" (Parteiengesetz).

Parteien sind vorrangig Akteure der Interessenaggregation: Sie fassen Interessen zusammen, bündeln und selektieren diese und sind bestrebt, sie in den politischen Entscheidungsprozess einzubringen, um daraus Nutzen zu ziehen (Wiederwahl von Amtsinhaberinnen und -inhabern, Erringung von Mandaten, Erringung von Machtpositionen). Parteien sind damit zum einen **voluntaristische Mitglieder- und Willensbildungsorganisationen** und zum anderen aber auch professionelle **Machterwerbsorganisationen** (vgl. Wiesendahl 1998). Bei der Rekrutierung ihrer Mitglieder beschränken sich Parteien in der Regel nicht auf Angehörige bestimmter sozialer Gruppen, sondern halten sich für Anhängerinnen und Anhänger beliebiger sozialer Herkunft offen. So bestehen Parteien aus ehrenamtlich tätigen Mitgliedern und solchen Personen, die Politik als Beruf betreiben oder aufgrund ihrer Parteizugehörigkeit öffentliche, administrative Ämter innehaben. Vor allem diese heterogene Struktur bestimmt die politische Kommunikation von und in Parteien.

In der politikwissenschaftlichen Literatur wird vielfach versucht, die verschiedenen **Ausprägungen von Parteiorganisationen** zu einzelnen Typen oder „Spezien" zu verdichten (vgl. u. a. Gunther und Diamond 2003; Lucardie 2018). Zumeist wird in den Typologien der historischen Entwicklung von Parteiorganisationen gefolgt.

- **Eliteparteien** bilden die früheste Form politischer Parteien: kleine Netzwerke, die bewusst ohne breite Mitgliedschaft und auf Basis persönlicher Beziehungen zwischen einzelnen „Honoratioren" tätig sind. Grabow (2000, S. 14) bezeichnet diesen Parteityp auch als „Rahmenpartei", bei der es sich um eine ausschließlich wahlorientierte Gruppierung handelt, die von Eliten, vornehmlich Parlamentariern, kontrolliert wird und nur schwach und diskontinuierlich organisiert ist.
- **Massenparteien** zeichnen sich vor allem durch zahlreiche Mitglieder aus, weshalb dieser Parteityp auch als Mitgliederpartei bezeichnet wird. Weitere Merkmale sind eine weitgehende Homogenität ihrer sozialen Basis, da Massenparteien sich bis in die 1950er und 60er Jahre stark an Klassen und Konfessionen und damit an klar abgrenzbaren sozialen Milieus orientierten. Gunther und Diamond (2003) unterscheiden Massenparteien nach ihrer ideologischen Ausrichtung in sozialistische, nationalistische und religiöse Parteien.
- Kirchheimers Modell der **Allerwelts- oder Catch-All-Partei** geht davon aus, dass die ideologische Basis von Parteien immer mehr schwindet und diese ihren Blick zunehmend auf die allgemeine Wählerschaft richten (vgl. Kirchheimer 1965; Krouwel 2003). Catch-All-Parteien orientieren sich auf kurzfristige Wahlerfolge und richten ihre Organisation zunehmend auf dieses Ziel hin aus, d. h. zentraler Orientierungspunkt ist die Wählerschaft, Entscheidungen werden zentralisiert, die Parteispitze wird gestärkt und die Rolle des einzelnen Parteimitglieds entwertet.
- Der von Katz und Mair (1995) geprägte Begriff der **Kartellpartei** (cartel party) geht von einer Interpenetration von Staat und Parteien aus. Kartellparteien beziehen ihre Ressourcen vor allem aus staatlichen Subventionen und sind daher nicht mehr, wie etwa die Massenparteien, auf Beiträge ihrer Mitglieder angewiesen. Sie haben den Staat unterwandert, der ihnen nicht nur als Quelle finanzieller Ressourcen, sondern auch zur Abwehr möglicher Alternativen dient (vgl. auch Biezen und Kopecky 2014). Durch die dadurch mögliche Abkopplung der Parteien von ihrer sozialen Basis wird nach Katz und Mair (1995) eine Professionalisierung der Parteipolitik überhaupt erst möglich.
- Einen neuen Typ von Parteiorganisation stellt die **Bewegungspartei** („movement party") dar. Gunther und Diamond (2003, S. 173) differenzieren sie nach dem Kriterium der ideologischen Ausrichtung in linksliberale und post-industrielle Parteien einerseits, rechtsextreme andererseits. Beispiele für links-liberale Bewegungs-

parteien sind grüne Parteien, die aus verschiedenen postmaterialistisch eingestellten sozialen Bewegungen wie der Umwelt-, Friedens- oder Frauenbewegung entstanden sind. Als Beispiele für den „rechten" Typ sind die populistischen Parteien zu nennen (siehe unten). Allerdings muss hier beachtet werden, dass die Charakterisierung als Bewegungspartei auch Teil einer Inszenierung traditioneller Parteien sein kann, die so ihre Ablehnung vermeintlich „etablierter" politischer Eliten und ihren Bezug zur „sozialen Basis" betonen möchten.
- In den weiteren Typisierungen von Parteiorganisationen spielen die Aspekte des Wahlkampfs und der (Wahlkampf-)Kommunikation eine zunehmend größere Rolle. Panebianco (1988) entwirft das Modell einer **professionellen Wählerpartei** (electoral-professional party) und grenzt diese von bürokratischen Massenparteien ab. Wie bei der Catch-All-Partei bilden die potenziellen Wählerinnen und Wähler den zentralen Orientierungspunkt der Partei. Die Verbindungen innerhalb der Partei sind nur schwach, thematisch findet eine Konzentration auf wenige Issues statt. Die Parteiführung ist personalisiert und öffentlich präsent.
- Als weiterer Parteityp oder Parteifamilie gelten **populistische Parteien** (vgl. Loch 2019). Mit dem Begriff werden unterschiedliche Parteien bezeichnet, die auch aus unterschiedlichen politischen Lagern kommen können. Als rechtspopulistisch gelten etwa der Front National in Frankreich, die FPÖ in Österreich, die SVP in der Schweiz oder die AfD in Deutschland. Der Begriff des Populismus bezeichnet auf der einen Seite eine Kommunikationsstrategie, auf der anderen Seite ein politisches Programm.

▶ **Populismus** lässt sich als eine Ideologie definieren „that considers society to be ultimately separated into two homogeneous and antagonistic groups, ‚the pure people' versus ‚the corrupt elite', and which argues that politics should be an expression of the volonté générale (general will) of the people" (Mudde 2004, S. 543).

„Populisten sind nicht nur antielitär, sondern grundsätzlich antipluralistisch. Ihr Anspruch lautet stets: Wir – und nur wir – vertreten das wahre Volk" (Müller 2016, S. 129).

Der Rechtspopulismus fasst „the people" dabei als Angehörige einer Nation auf, während der Linkspopulismus den Begriff auf eine ökonomische Klasse bezieht (Kriesi 2014, S. 362). Die heute häufiger auftretenden Rechtspopulisten unterstellen „dem Volk" im Sinne aller Angehörigen einer Nation einen einheitlichen und homogenen Willen, der sowohl gegen die Eliten innerhalb des Landes wie auch gegenüber ausländischen Institutionen wie der Europäischen Union oder bestehenden Menschenrechtskonventionen durchgesetzt werden muss. Als Kommunikationsstrategie ist Populismus meist auf den charismatischen Anführer einer Partei ausgerichtet. Populisten inszenieren sich als Tabubrecher, die gegen einen angeblichen Mainstream argumentieren und eine „Outgroup" (beispielsweise Zugewanderte) definieren, die nicht dazugehört (vgl. die Beiträge in Aalberg et al. 2017; de Vreese et al. 2018).

Eine allgemeinere **Bewertung dieser Typologisierungsversuche** muss sicherlich bei der Vielzahl der Begriffe und Parteitypen ansetzen. Es bleibt der Eindruck zurück, dass

7.3 Akteure der Interessenaggregation: Parteien

hier Wandlungsprozesse von Parteiorganisationen „oft vorschnell – quasi journalistisch – zu dauerhaften Veränderungen hochstilisiert" werden (Beyme 2000, S. 204). Suggeriert wird von den Autorinnen und Autoren, die natürlich „ihren" Typenbegriff durchsetzen wollen, eine evolutionäre Entwicklung von Typ A zu Typ B. Empirisch lässt sich aber innerhalb einzelner Parteiensysteme eher ein Nebeneinander verschiedener Parteiorganisationstypen feststellen, ohne dass es zur Herausbildung eines Modells kommt, das anderen überlegen wäre (vgl. Poguntke 2000, S. 268). Der Wandel von Parteiorganisationen „passiert" nicht einfach, sondern solche Veränderungen sind anspruchsvolle Prozesse, die möglicherweise gegen starke Widerstände von Akteuren innerhalb der Organisation durchgesetzt werden müssen (vgl. Harmel und Janda 1994, S. 261). Harmel und Tan (2003) konnten zeigen, dass organisationaler Wandel von und in Parteien häufig auf Konflikte zwischen rivalisierenden Gruppen oder Subsystemen zurückzuführen ist.

Von Katz und Mair (1993) stammt die Unterscheidung der drei **Gesichter (faces) einer Parteiorganisation,** der party in public office, party on the ground und dem party central office.

- Zur **party on the ground (Parteibasis)** zählen neben den Mitgliedern einer Partei alle Personen, welche die Partei freiwillig, aktiv und regelmäßig unterstützen, d. h. beispielsweise auch Stammwählerinnen und Stammwähler. Ihre Handlungsmotivation ist „purposive (policy), symbolic and solidaristic".
- Das **party central office (Parteizentrale)** setzt sich aus zwei Personengruppen zusammen, der Parteiführung und den bezahlten Mitarbeiterinnen und Mitarbeitern der Parteizentrale. Harmel und Janda (1994, S. 274) unterscheiden zusätzlich die „top leaders who constitute the party's key national decision makers" von den „middle-level leaders who head its divisions". Die Parteiführung muss nicht zwingend durch Wahl bestellt werden, sie kann auch aus Amtsträgern bestehen, die qua Amt an der Parteiführung teilnehmen.
- Party in **public office (Amtsträger)** meint die Organisation der Partei innerhalb einer Regierung, politischen Verwaltung und des Parlaments. Ihre Mitglieder sind gewählt und von einem weiteren Wahlerfolg abhängig, um ihre momentane Position zu erhalten. Ihr Handeln orientiert sich demnach primär an Wahlerfolgen (vgl. Katz und Mair 1993).

Unabhängig von spezifischen Organisationstypen lässt sich jedoch festhalten: **Politische Parteien sind eng mit Akteuren des politisch-administrativen (Entscheidungs-) Systems verbunden, auf relative Dauer hin angelegt und verfügen aufgrund normativer Festlegungen über besondere Privilegien.** Zum Teil genießen sie finanzielle Förderung oder Unterstützung durch den Staat oder können auf staatliche Ressourcen zugreifen. Die **Ziele** sind aufgrund ideologischer Grundüberzeugungen zumindest grob (in Partei- oder Wahlprogrammen) fixiert und vielfältig. In der Regel verfolgen Parteien mehrere der oben genannten **Handlungsorientierungen** zugleich, die in bestimmten Situationen auch in Widerspruch zueinander geraten können, wie etwa:

- **Vote-seeking** als Maximierung von Wählerstimmen und das Gewinnen von Wahlen,
- **Policy-seeking** als Durchsetzung bestimmter politischer Ziele und Gewinnung von Aufmerksamkeit für einzelne politische Inhalte,
- **Office-Seeking** als Übernahme öffentlicher Ämter und Machtpositionen (vgl. Strøm 1990; Wolinetz 2002) sowie zusätzlich
- **Democracy-seeking** als Steigerung von Partizipation, die nach Harmel und Janda (1994) ein Parteiziel an sich sein kann.

Ferner ist insbesondere bei großen Parteiorganisationen davon auszugehen, dass nicht alle Teile der Partei die gleichen Ziele verfolgen und die verschiedenen innerparteilich relevanten Gruppen in ihren Zielpräferenzen deutlich differieren.

Parteien verfügen aufgrund ihrer normativen Grundausrichtung und ihrer Tradition über einen mehr oder minder festen Stamm von **Mitgliedern,** Förderern und – allerdings mit nachlassender Tendenz – Wählerinnen und Wählern (Zunahme der Wechselwählerinnen und -wähler).

Parteien agieren bezogen auf die Wählerschaft in Konkurrenz und sind deshalb **stark kommunikativ orientiert,** und zwar sowohl bezogen auf die Gesellschaft wie auch auf die Medien. Hier sind jedoch Unterschiede festzustellen: Eine Minderheiten- oder Oppositionspartei, die beispielsweise nicht in (allen) Parlamenten oder Regierungen vertreten ist, ist auf andere Kommunikationsformen angewiesen als eine Partei, die Regierungsmitglieder stellt und auch auf anderen (föderalen) politischen Handlungs- und Entscheidungsebenen präsent ist. In der **Binnenkommunikation** sind Parteien sowohl territorial als auch sozial, sowohl nach Politikfeldern als auch nach gesellschaftlichen Problemen, dauerhaft wie auch temporär **vielfach gegliedert.** Selbst auf den unterschiedlichen politischen Ebenen existieren höchst differenzierte Gremien und Entscheidungsstrukturen, so in Form von Ausschüssen, Kommissionen oder Suborganisationseinheiten. Es handelt sich bei **Parteien** also um **komplexe Kommunikationsnetzwerke** oder Handlungssysteme (vgl. Donges 2008, 2020). Auffällig ist jedoch, dass die Binnenkommunikation politischer Parteien sehr stark von unvermittelten Formen der Kommunikation bestimmt wird (Fachgruppen, Ausschüsse, Parteitage und dergleichen). Aufgrund der Notwendigkeit, innerhalb von politischen Parteien bestimmte Positionen anzustreben und zu erlangen, um Entscheidungen herbeizuführen oder die mediale Außenkommunikation zu steuern, ist der gesamte Diskussionsprozess stark von Eliten kontrolliert bzw. abhängig. Unter den Bedingungen der „Mediengesellschaft" (Abschn. 1.2) müssen Parteien auch außerhalb von Wahlkampfzeiten ihre **Kampagnenfähigkeit** unter Beweis stellen – auch das erfordert, wie bei einem Wahlkampf, ein hohes Maß an Aufwand (vgl. Jun et al. 2013).

Akteure politischer Parteien sind, aufgrund der immer vorhandenen lokalen bzw. regionalen Präsenz, im Vergleich zu anderen politischen Akteuren stark in der **Lebenswelt** verankert – auch wenn sich diese Verankerung durch die geringere Mitgliederzahl bei allen Parteien abschwächt. Parteimitglieder wirken an unterschiedlichen gesellschaftlichen Organisationen, wie beispielsweise Vereinen, aktiv mit und übernehmen vielfach Ämter und Aufgaben „vor Ort", also auch in sozialen, karitativen oder religiösen Bereichen. Für Akteure politischer Parteien ist dieses Umfeld zentral: Hier werden sie bekannt, hier können sie Unterstützerinnen und Unterstützer für mögliche Wahlen oder für öffentliche Ämter finden. Die ausgesprochen starke Orientierung politischer Parteien auf das zivilgesellschaftliche Leben wird mitunter kritisiert, indem unterstellt wird, Parteien würden zu stark und dominant den nicht-politischen Bereich gleichsam besetzen oder unnötig politisieren. Dieser Vorgang ist jedoch ambivalent, weil er zugleich eine Verankerung der Parteien in der Zivilgesellschaft anzeigt. Prinzipiell können Parteien sowohl auf der Gesellschaftsebene wie auch im politischen Entscheidungsbereich mitwirken.

Die **Präsenz auf allen Ebenen macht die politischen Parteien zu Schlüsselorganisationen in der politischen Kommunikation und für politische Entscheidungen.** Da Parteien normativ wie auch faktisch eine besondere Stellung im politischen Prozess zukommt, sind die Medienzugangsmöglichkeiten von Akteuren politischer Parteien im Unterschied zu den anderen Akteuren grundsätzlich besser: Aussagen statushoher Parteienvertreter haben eher Nachrichtenwert, weil eine Äußerung Hinweise auf eine politische Entscheidung oder Nicht-Entscheidung beinhaltet, es sich also um einen Akteurtypus handelt, dem üblicherweise Entscheidungsmacht unterstellt wird.

7.4 Akteure der Politikdurchsetzung

Bei Parlament und Regierung handelt es sich um Akteure des politisch-administrativen Systems, die eng mit den Akteuren der Interessenaggregation (Vertreterinnen und Vertretern politischer Parteien) verbunden sind. Sie **handeln allgemein öffentlich** und in der Eigenschaft als Angehörige kollektiver Akteure der Interessenaggregation bezogen auf die Wählerschaft. Von den Medien erwarten sie die Vermittlung ihrer Entscheidungen und Positionen und genießen grundsätzlich einen Bonus (Beachtung, Aufmerksamkeit) aufgrund ihres Status als Elite. Vor allem Angehörige des administrativen Teils des politisch-administrativen Systems, also die Ministerialbeamten bzw. die Angehörigen der Verwaltung, sind weniger auf Wählerinnen und Wähler und Publikum angewiesen und agieren daher eher nicht öffentlich. Durch verwaltungs- und verfahrensrechtliche Bestimmungen wird dieser Bereich, in dem faktisch aber Gesetze und Verordnungen als politische Entscheidungen formuliert werden, dem öffentlichen Blick stark entzogen (Abschn. 10.1 und 10.2).

7.4.1 Parlament

Forschungsbefunde zur Parlamentskommunikation weisen darauf hin, dass die „kommunikativen Binnenstrukturen eines Parlamentes durch im Einzelfall schwer nachvollziehbare, mitunter lähmende, im Durchschnitt aber sehr kreative Überlagerungen formeller bzw. vertikaler und informeller bzw. horizontaler Kommunikationsprozesse gekennzeichnet" sind (Patzelt 1998, S. 437). Patzelt unterscheidet dabei drei parlamentarische Kommunikationsformen: **Arbeits-, Durchsetzungs- und Darstellungskommunikation.** Die Arbeitskommunikation vollzieht sich weitgehend unter Ausschluss einer breiteren Öffentlichkeit und ist nach Patzelt durch Kollegialität und Sachlichkeit geprägt. In der nach innen und außen vollzogenen Durchsetzungskommunikation geht es darum, die Mehrheitsfähigkeit der eigenen Position vorzubereiten. Für die massenmediale politische Kommunikation relevant ist vor allem die Darstellungskommunikation in Form „zweckvolle[r] Zusammenfassungen und Interpretationen tatsächlich abgelaufener Kommunikations- und Entscheidungsprozesse [...]; sie zielt darauf ab, die Attraktivität des eigenen politischen Lagers zu steigern, bezogenen Positionen nachträgliche Zustimmung zu verschaffen und abgelehnte Entscheidungen fragwürdig zu halten" (Patzelt 1998, S. 437).

Einzelne Parlamentarier wie auch Gruppen von Abgeordneten oder Fraktionen nehmen formell wie auch informell auf politische Regierungsentscheidungen in vielfacher Weise Einfluss. Die **„parlamentarische Mitsteuerung"** (Schwarzmeier 2001) des Regierungshandelns ist sowohl durch die parlamentarischen Minderheiten (Opposition) als auch durch die parlamentarische Mehrheit beeindruckend groß, wobei dies vor allem durch ein komplexes und stark informelles Instrumentarium, also überwiegend durch Informations- und Kommunikationsbeziehungen geschieht.

Empirische Studien weisen bezüglich der Parlamentskommunikation auf eine **Reihe von spezifischen Kommunikationsproblemen** hin (vgl. Marschall 2009, 2013). Nicht jede Art der politischen Entscheidung ist für die Medien in gleicher Weise relevant. Auch entsprechen Abläufe und Relevanzstrukturen parlamentarischer Willensbildungs- und Entscheidungsprozesse nicht von vornherein – und oft auch gar nicht – den Prioritäten in der Berichterstattung der Massenmedien. Bis aktuelle Probleme in einen parlamentarischen Vorgang münden, sind sie bereits vom „Bildschirm" der journalistischen bzw. massenmedialen Aufmerksamkeit verschwunden. Auch sind die Massenmedien in hohem Maße auf die Plenarsitzungen fixiert, während die – für den Parlamentsbetrieb relevanteren – Sitzungen von Ausschüssen, Arbeitsgruppen etc. nur wenig beachtet werden (vgl. u. a. Patzelt 1998). Die (zumeist hochkomplexe) **Sachpolitik,** wie sie in den meisten Politikfeldern heute vorkommt, findet somit bei den allgemeinen Massenmedien erwartbar **wenig Aufmerksamkeit.** An Aufmerksamkeit gewinnt diese Politik immer dann, wenn Entscheidungen von allgemeiner Relevanz anstehen oder wenn es zu einem politischen Streit innerhalb von Gruppierungen eines Akteurs (Parteien, Fraktionen, Regierungen) oder zwischen politischen Akteuren kommt. Eine systematische Beobachtung der zahlreichen parlamentarischen Vorgänge durch die allgemeinen Massenmedien ist nicht anzunehmen, zumal der Platz dafür in Zeitungen wie auch Radio- und Fernsehprogrammen eher gering ist.

Zu den besonderen Problemen der Parlamentskommunikation gehört, dass der Akteur Parlament insgesamt keine politischen Positionen im Alltagsgeschäft vertritt und deshalb zwar als Ort, aber nicht in Form von Sprecherinnen und Sprechern des Gesamtparlaments in der (Medien)Öffentlichkeit vorkommt. Es ist als Institution, repräsentiert

7.4 Akteure der Politikdurchsetzung

von Abgeordneten zumeist aller Parlamentsfraktionen in Form seines Präsidiums, vor allem bei hoheitlichen Akten und Feierlichkeiten in der Öffentlichkeit als „das Parlament" erkennbar. Zumeist wird das Parlament durch das Gesicht seiner Präsidentin oder seines Präsidenten geprägt. Ansonsten bestimmen Fraktionen und führende Parlamentarier, vor allem jene der großen Regierungs- und Oppositionsparteien, das Bild von einem bestimmten politischen Alltag, der sich teilweise, aber nicht ausschließlich im parlamentarischen Raum abspielt.

Marschall (2013) sieht die parlamentarische Kommunikation zusammengefasst mit mehreren substanziellen Herausforderungen konfrontiert: der Mediendemokratie, der Parteiendemokratie, der Kanzlerdemokratie (vgl. auch Hurzlmeier und da Silva 2016), der Mehrebenen- sowie der Verhandlungsdemokratie. Einen Ausweg aus diesen Dilemmata sieht Marschall (2013, S. 201) in einem Prozess der „kommunikativen Reparlamentarisierung", in dem aus einem reinen Arbeits- wieder ein Redeparlament werde. Damit könnte deutlich werden, dass das Parlament der Ort ist, in dem die maßgeblichen politischen Debatten, über den engeren Gesetzgebungsprozess hinaus, geführt werden. Beispielsweise wurde im Kontext der Corona-Pandemie von den Oppositionsparteien im Deutschen Bundestag ein stärkerer Einbezug des Parlaments sowohl bei der Meinungsbildung wie bei der Mitwirkung an Beschlüssen gefordert, so auch um für die allgemeine Öffentlichkeit die Begründungen bspw. für bestimmte Maßnahmen sicht- und nach nachvollziehbarer werden zu lassen. Dadurch könnte die Gesamtgesellschaft stärker an den politisch-parlamentarischen Debatten teilhaben. Allerdings erfolgt die Wahrnehmung der parlamentarischen Arbeit unter mediengesellschaftlichen Bedingungen wesentlich über die Medien. Zudem sind nur die Plenardebatten öffentlich und allgemein sichtbar, nicht jedoch die Debatten und Entscheidungsprozesse in den Ausschüssen.

7.4.2 Regierung

Der Begriff der Regierung kann auf verschiedene Weise definiert werden. Im angelsächsischen wie zunehmend auch im deutschen Sprachraum setzt sich eine Zweiteilung des Begriffes durch: „Government" bezeichnet die Regierung als Organisation im politischen Entscheidungssystem, „Governance" den Prozess des Regierens im Sinne einer allgemeinen Wahrnehmung politischer Aufgaben. Zwischen den beiden Dimensionen gibt es Verbindungen, denn die Art des Regierens (und der Regierungskommunikation) ist in hohem Maß vom politischen Entscheidungssystem und der Stellung der Regierung darin abhängig (vgl. Helms 2008).

▶ **Regieren** bedeutet die Herbeiführung und die Durchsetzung gesellschaftlich verbindlicher Entscheidungen. Der Begriff des Regierens soll das institutionelle Arrangement der demokratischen Herrschaft (der politischen Institutionen, durch welche Regieren im weitesten Sinne ausgeübt wird) ebenso problematisieren wie die akteursbezogenen und kommunikativen Konstellationen. Regieren erfordert somit eine

Mischung aus Koordination und Steuerung, Leitung und Entscheidung sowie die Fähigkeit zur Durchsetzung der Politik" (Korte und Fröhlich 2009, S. 16).

Mit Regierungskommunikation „verbindet man herkömmlich vor allem Öffentlichkeitsarbeit und Informationspolitik, im Schwerpunkt also **Politikvermittlung im Sinne von Entscheidungsvorbereitung nach innen und außen**" (Gebauer 1998, S. 464) (vgl. auch Diermann 2013). Kocks und Raupp (2014, S. 272) unterscheiden eine „regierungsamtliche Öffentlichkeitsarbeit", definiert als „öffentlich finanzierte Kommunikation von gewählten Amtsträgern und staatlichen Organen aus ihrer Funktion heraus", von allgemeiner politischen Public Relations (vgl. auch Raupp und Kocks 2018). Kamps (2013, S. 327) hingegen spricht von „gouvernementaler Öffentlichkeitsarbeit oder Regierungs-PR" als jener „Facette politischer Kommunikation, die sich auf die (direkten wie indirekten) öffentlichen Vermittlungs- und Darstellungsleistungen von Regierungen konzentriert". Für die Schweiz verweist Baumgartner (2010, S. 78) darauf, dass für Konkordanzdemokratien der Blick erweitert werden müsse, da hier die Einbindung aller Akteure, Kooperation und Kompromisse wesentliche Elemente der Regierungskommunikation seien.

Regieren bzw. Regierungstätigkeiten sind in hohem Maße kommunikativ, weil Akteure des Entscheidungssystems auf vielfältige Weise im Austausch mit anderen Akteuren eine Entscheidung vorbereiten und durchsetzen müssen. Dies geschieht formell oder informell wie auch in Formen von medialer und nicht-medialer (unvermittelter) Kommunikation. Die Palette ist ausgesprochen breit; sie umfasst „Regierungserklärungen", „Kamingespräche", „Runde Tische", „Gipfelkonferenzen", Rundfunkansprachen zu bestimmten Ereignissen und Anlässen, Reden, Interviews etc. Die Regierungskommunikation insgesamt ist aber trotz der Vielfalt an Möglichkeiten eingebunden in parlamentarisch-politische Institutionen und Prozesse, d. h. sie bedarf letztlich der Zustimmung von Parlamentariern wie auch der Rechtsprechung. Insoweit sind die Möglichkeiten von Regierungen in der politischen Kommunikation begrenzt: In der Entscheidung und der damit verbundenen Kommunikation ist eine Regierung auf Zustimmung, letztlich auf die des Wahlvolks, angewiesen. Das politische Handeln von Regierungen erfolgt auf Basis von „Versprechungen", so von Partei- und Regierungsprogrammen oder von Koalitionsverträgen. Aber nicht nur das: Auch das kommunikative Regierungshandeln ist in den rechtlichen Rahmen des politisch-administrativen Systems und in den parlamentarischen Kontext eingebunden. Die Akteure haben bei Beratungen und Entscheidungen und deren Vermittlung bestimmte rechtliche Vorgaben zu berücksichtigen. So hat das Bundesverfassungsgericht 1977 in einem Urteil bezogen auf die Presse- und Öffentlichkeitsarbeit der deutschen Regierung festgeschrieben:

> „Die Öffentlichkeitsarbeit der Regierung findet dort ihre Grenze, wo die Wahlwerbung beginnt. [...] Tritt der informative Gehalt einer Druckschrift oder Anzeige eindeutig hinter die reklamehafte Aufmachung zurück, so kann das ein Anzeichen dafür sein, dass die Grenze zur unzulässigen Wahlwerbung überschritten ist" (BVerfGE 44, 125 vom 2. März 1977).

Zugleich hat das Bundesverfassungsgericht festgelegt, dass es den die Bundesregierung tragenden politischen Parteien in bestimmten Phasen des Wahlkampfes nicht gestattet ist, Informationsmaterial der Regierung zu verteilen. So berechtigt die Weiterentwicklung, Optimierung oder Professionalisierung der Formen der Regierungskommunikation ist, so sehr muss zugleich dafür Sorge getragen werden, dass die für den parlamentarischen Prozess und die Weiterentwicklung des demokratischen Systems erforderlichen **kommunikativen Möglichkeiten von Oppositionsfraktionen und -parteien** erhalten bleiben. Es ist das Wesensmerkmal der pluralistischen Demokratie, dass die Opposition bzw. eine politische Minderheit im Streit mit der Regierung die Möglichkeit haben muss, ihre Position, zumeist in Form von Kritik, sowohl im Parlament wie auch in der allgemeinen Öffentlichkeit vorzubringen. Da die parlamentarische Opposition stärker als die Regierung auf die Instrumente des Parlaments angewiesen ist (Debatten, Große und Kleine Anfragen, Untersuchungsausschüsse etc.), kommt der Medienberichterstattung über diesen parlamentarischen Alltag besonderes Gewicht zu. Dies auch deshalb, weil die Medienberichterstattung in der Gesellschaft zum Verständnis von politischen Prozessen und Alternativen beiträgt. Es ist aber, wie empirische Studien belegen, für Oppositionsakteure oder parlamentarische Minderheitsgruppen relativ schwierig, gegen den „Amtsbonus" anzukommen, denn Akteure des Regierungslagers haben in der Regel etwas zu berichten, was Nachrichtenwert hat oder erhalten könnte.

7.4.3 Verwaltung

Verwaltungskommunikation wird als eine zentrale Staatsfunktion betrachtet, über die administrative Prozesse vorbereitet, gesteuert, durchgesetzt und gerechtfertigt werden (vgl. Czerwick 1998, S. 489). Fragen der Verwaltungskommunikation haben lange Zeit weder in der Kommunikations- noch in der Verwaltungswissenschaft Beachtung gefunden. Doch die Kommunikation der Verwaltung mit der Öffentlichkeit wird zunehmend wichtiger. Jarren (2005) teilt das Tätigkeitsfeld der Verwaltung in drei Bereiche ein: Sie handelt erstens in eigener Sache, wenn durch Informationen auf bestimmte Leistungen für Bürgerinnen und Bürger hingewiesen und damit für die eigene Leistungsfähigkeit zugleich „geworben" wird. Sie handelt zweitens im Rahmen der Gefahrenabwehr (Krisenfälle, Produktinformationen) oder im Kontext von angestrebten Verhaltensänderungen (beispielsweise Sucht-, Gesundheits-, Verkehrskampagnen) sowie drittens im Rahmen ihrer Annexkompetenz im Zuge von gesetzlichen Sachaufgaben (beispielsweise in der Raumplanung).

Die Unterschiede in der Kommunikation zwischen der Regierung und der Verwaltung ergeben sich idealtypisch aus den unterschiedlichen Aufgabenfeldern und Funktionen von Regierung und Verwaltung. Die Amtshaftung und die rechtliche Gebundenheit sind mögliche Kriterien für die Unterscheidung. „Im Gegensatz zur politisch motivierten Regierungskommunikation leitet sich die Verwaltungskommunikation primär aus den Sachaufgaben ab, die die Behörden zu erfüllen haben" (Czerwick 1998, S. 493). Während es von der Regierung in ihrer Leitungsfunktion erwartet wird, dass sie explizit politische Ziele kommuniziert und auch umstrittene Themen öffentlich diskutieren lässt, ist die Kommunikation der Verwaltung begrenzter und muss sich aus den gesetzlichen Vorgaben ableiten (vgl. Jarren 2005). Bei der Verwaltungskommunikation handelt es sich um folgenreiche Kommunikation, da sie in die soziale Realität der Bürgerinnen und Bürger eingreift. Warnungen und Empfehlungen eines Bundesamtes können verschiedene Folgen für verschiedene Akteure haben. Die Folgen der Verbreitung von Risikoinformationen sind grundsätzlich schwer kalkulierbar. Die Informations- und Kommunikationstätigkeit der Verwaltung muss sich folglich aus dem geltenden Recht ableiten lassen, da sonst die Verwaltung für die Folgen ihres Handelns haftbar gemacht werden kann. Die Verwaltung ist also stärker an Gesetze und Verordnungen gebunden als die Regierungskommunikation. Szyszka (2020, S. 15) bezeichnet dies auch als die „Krux der öffentlichen Verwaltungskommunikation": Sie sei einerseits bürokratisch gedacht und rechtlich normiert, müsse aber andererseits Erwartungen der Öffentlichkeit an Transparenz und Rechenschaft erfüllen.

7.5 Zur Rolle individueller Akteure in der politischen Kommunikation

Bislang war in diesem Abschnitt nur von kollektiven bzw. korporativen Akteuren der politischen Kommunikation die Rede, nicht von einzelnen Personen. Deren Rolle kann in zweifacher Hinsicht betrachtet werden: Zum einen geht es um die Rolle der Persönlichkeit oder des individuellen Stils gegenüber strukturellen Faktoren, so um die Frage, ob die Persönlichkeit das Amt oder umgekehrt das (politische) Amt die Persönlichkeit prägt. Zum anderen stärken Social-Media-Plattformen durch die geringen Kosten der Kommunikation die Möglichkeiten von Individuen, an politischer Kommunikation in einem größeren Rahmen teilzunehmen.

Auf den ersten Blick hat Politik immer etwas mit handelnden Personen zu tun: Politische Akteure präsentieren sich in der Öffentlichkeit gerne als Persönlichkeiten, die mit „Weitsicht", „Augenmaß", „Beharrlichkeit" oder anderen Attributen versehen die Geschicke ihres Landes lenken. Zudem lassen sie sich gerne bestimmte gesellschaftliche Entwicklungen als Folge ihres Handelns zuschreiben. Medien wiederum sind an Persönlichkeiten interessiert, da sich komplexe politische Ereignisse gut anhand der mit ihnen verbundenen Personen darstellen lassen. Persönlichkeit bzw. Personalisierung ist – zumindest innerhalb einer journalistischen Logik, die Sachthemen narrativ aufzubereiten versucht – ein wichtiger Faktor, der aus einem Ereignis eine Nachricht macht. Das wissen wiederum auch politische Akteure und ihre Kommunikationsberaterinnen und -berater, wenn sie mit ihren Botschaften die Selektionshürde der Medien überspringen möchten. Beide, politische Akteure wie Medien, fördern aus ihrer Eigenlogik heraus eine personenzentrierte Sicht auf Politik – die Persönlichkeit prägt das Amt.

7.5 Zur Rolle individueller Akteure in der politischen Kommunikation

▶ **Personalisierung** bezieht sich auf zwei Aspekte: Individualisierung und Privatisierung
- „Individualisierung bedeutet, dass nicht Institutionen und Parteien, sondern einzelne Politiker:innen in den Mittelpunkt von Kampagnen sowie der Medienberichterstattung rücken, und sich die Wähler:innen weniger an Programmen und Inhalten, sondern mehr an den individuellen Kandidat:innen orientieren.
- Privatisierung bedeutet, dass Politiker:innen weniger als politische Rollenträger, sondern als Privatpersonen auftreten bzw. dargestellt werden, und Wähler:innen bzw. Bürger:innen auch verstärkt diese privaten Eigenschaften wahrnehmen" (Raupp 2020, S. 3) (vgl. auch Van Aelst et al. 2012).

Auch die Wissenschaft ist bei der Beobachtung des politischen Entscheidungssystems von dieser personenzentrierten Perspektive geprägt, bezieht sie doch ihr Wissen und ihr Verständnis von Politik ebenfalls zu großen Teilen aus den Medien, wenn nicht von den Akteuren selbst oder – zeitlich später – durch die Analysen von Akten. In Konflikt- und Entscheidungssituationen, wenn die Persönlichkeit eines Akteurs zum Tragen kommt, sitzen keine wissenschaftlichen Beobachterinnen oder Beobachter mit am Tisch. Die politische Praxis macht die Frage nach der Rolle von Persönlichkeit nicht transparent, und sie ist auch mit den Methoden der empirischen Sozialforschung kaum zu beantworten. Sarcinelli (2008, S. 30) vertritt hierzu die These: „Der Persönlichkeitsfaktor in der Politik wird im Entscheidungsbereich systematisch unterschätzt, auf der Darstellungsebene hingegen tendenziell überschätzt. Hier sind wir alle Opfer eines medienvermittelten Politikbildes, Opfer einer Art optischer Täuschung."

Mit der Durchsetzung von Social-Media-Plattformen wurde es für Personen außerhalb der politischen Organisationen einfacher, sich mit eigenen Mitteilungen an politischen Debatten zu beteiligen. In diesem Kontext wird oft der Begriff des Influencers verwendet.

▶ **Influencer** „sind Personen, die aufgrund ihres digitalen Netzwerks, ihrer Persönlichkeitsstärke, einer bestimmten Themenkompetenz und kommunikativen Aktivität eine zugesprochene Glaubwürdigkeit für bestimmte Themen besitzen und diese einer breiten Personengruppe über digitale Kanäle zugänglich machen können" (Schach 2018, S. 31).

„**Politische Social-Media-Influencer:innen** sind in Social Media bekannt gewordene Nutzer:innen, die als selbst-inszenierte Personenmarken regelmäßig selbst produzierte politische Inhalte verbreiten, mit denen sie ein disperses Publikum erreichen und potenziell beeinflussen" (Bause 2021, S. 303).

Im Unterschied zu älteren Begriffen wie Meinungsführer oder Opinion Leader sind Influencer nicht auf ein unmittelbares soziales Umfeld beschränkt, und der Kontakt zu ihrer Gefolgschaft muss auch nicht eng sein (vgl. Fahr 2013, S. 228). Wie Meinungsführer dienen Influencer ihrer Gefolgschaft jedoch als wichtige Themensetzer und -ratgeber. Bause (2021, S. 309) beschreibt die Rolle von Social-Media-Influencern als „deutlich voraussetzungsreicher" als diejenige reiner Meinungsführer, da sie grundsätzlich als öffentliche Kommunikatoren in Kommunikationsräumen mit umkämpfter Aufmerksamkeit agieren. Oft sind Influencer jedoch keine individuellen Akteure, sondern in kleine Organisationen eingebunden, so bei der Recherche oder der Produktion von Beiträgen, oder stehen politischen Organisationen wie Parteien nahe.

7.6 „Gewinner" und „Verlierer" der Digitalisierung

Es ist unbestritten, dass die Digitalisierung vor allem in Form von Social-Media-Plattformen und der algorithmisch automatisierten Vermittlung Auswirkungen auf politische Akteure hat. Nie war es einfacher und kostengünstiger, nach Gleichgesinnten zu suchen, sich zu vernetzen und aus individuellen Bedürfnissen heraus politische Interessen zu formulieren. Aus den niedrigeren Kosten resultieren sowohl ein höheres Angebot als auch eine höhere Nutzung politischer Kommunikation (Vowe 2020, S. 5) sowie insgesamt eine „Demokratisierung der Reichweite" für alle politischen Organisationen (Jungherr et al. 2020, S. 162). Die Grenzen zwischen privaten und öffentlichen Handlungssphären sind durch die Digitalisierung durchlässiger geworden (vgl. u. a. Bimber et al. 2005).

Darüber hinaus sehen Bennett und Segerberg (2012) durch die Digitalisierung eine neue Form politischer Beteiligung entstehen, die sie als **„konnektives Handeln"** bezeichnen. Das Konzept geht davon aus, dass eine politische Handlungskoordination auch durch personalisierte Mitteilungen in Kommunikationsnetzwerken wie Social-Media-Plattformen und losgelöst von bisherigen Organisationen möglich sei. Auch „digital media" seien als „organizing agents" (Bennett und Segerberg 2012, S. 752) in der Lage, das klassische Problem zu lösen, wie Gruppen, die sich aus nutzenorientierten Individuen zusammensetzen, kollektiv handlungsfähig werden.

Das Konzept des konnektiven Handelns ist in der Forschung jedoch umstritten. So argumentiert Gerbaudo (2014, S. 266), dass politische Beteiligung auch unter digitalen Bedingungen mehr als ein Aggregat individueller Handlungen sei und auch weiterhin der gemeinsamen Identität von Gruppen wie auch der kollektiven Führung diene, die vor allem durch Organisationen geleistet werde. Dolata und Schrape (2018, S. 33) warnen davor, „die Technik bzw. die technologischen Infrastrukturen als determinierende und alles Soziale aus dem Feld schlagende Einflussgröße kollektiven Verhaltens und Handelns zu überhöhen". Digitale Kommunikationsinfrastrukturen könnten zwar die Formierung und Institutionalisierung kollektiver Akteure unterstützen, deren „koordinations- und kommunikationsfördernde Eigenheiten" aber nicht selbst übernehmen (S. 33).

Um die Folgen der Digitalisierung für politische Akteure besser abschätzen zu können, ist ein Rückgriff auf die von Rucht (1991) vorgeschlagene Unterscheidung der kommunikativen Grundfunktionen (Generierung, Aggregation, Transformation und Artikulation politischer Interessen, Abschn. 6.1 Interessen- und Entscheidungsvermittlung) hilfreich. Die Erweiterung von Vernetzungsmöglichkeiten durch die algorithmisch automatisierte Vermittlung wird vor allem die Funktion der Generierung und Artikulation von Interessen verändern. Gleichgesinnte lassen sich in der digitalen Welt anhand ihrer Verhaltensspuren schneller und günstiger ermitteln, Zielgruppen genauer ansprechen. Auch die Artikulationschancen sind für alle politischen Akteure (Individuen, Gruppen, Organisationen) gestiegen. Es sind vor allem Gruppen und Organisationen innerhalb sozialer Bewegungen, welche durch die Digitalisierung mehr Chancen der Vernetzung und Artikulation ihrer Interessen erhalten. Transformation und Aggregation von Interessen werden auch in der digitalen Welt vor allem in der Hand der Organisationen selbst liegen. Beide Prozesse werden nicht losgelöst von der Digitalisierung erfolgen, die hier als weiterer Medialisierungsschub in Erscheinung tritt: Intermediäre Organisationen beobachten ihre Umwelt, nehmen eine gestiegene Bedeutung digitaler Kommunikationsmöglichkeiten wahr und reagieren sowohl durch eigene Angebote als auch durch eine Veränderung ihrer Organisationsstrukturen (vgl. Donges 2020). Vor allem hinsichtlich der Transformation und Aggregation von Interessen können sie sich jedoch nicht völlig der Logik digitaler Kommunikation anpassen, wie vor allem an den Parteien sichtbar wird. Versuche einer sprunghaften Erhöhung politischer Beteiligung durch die organisationsinterne Digitalisierung, wie sie in den 2010er Jahren etwa von den Piratenparteien versucht wurden, können vorerst als gescheitert betrachtet werden. Dennoch werden sich auch die Beziehungen intermediärer Organisationen zu ihren Mitgliedern verändern. Digitale Kommunikation erweitert die Spielräume der Individuen gegenüber den Organisationen und schafft neue Möglichkeiten der Beteiligung jenseits einer formalen Mitgliedschaft (vgl. Bimber 2017; Bimber et al. 2012). Damit ist jedoch nicht verbunden, dass diese Möglichkeiten der Beteiligung auch zu einem höheren Grad an Partizipation führen. Intermediäre Organisationen können sich entscheiden, ob sie Digitalisierung zu einer Verbreiterung und stärkeren Einbindung ihrer Anhängerschaft im Sinne eines Grassroot-Ansatzes nutzen oder sich im Gegenteil noch stärker als eine hierarchische, elitengeprägte Einheit verstehen (vgl. Jungherr et al. 2020, S. 173). Das von Streeck (1987) vor fast 35 Jahren benannte Dilemma von Mitgliedschafts- und Einflusslogik (Abschn. 7.1) bleibt auch in der digitalen Welt ein Merkmal intermediärer Organisationen.

> **Zusammenfassung**
>
> In diesem Kapitel wurde eine Unterscheidung der Akteure politischer Kommunikation nach ihren Funktionen im Kommunikationsprozess vorgenommen. Es wurden drei kommunikative Funktionen deutlich: Interessenartikulation, Interessenaggregation und Politikdurchsetzung. Die Unterscheidung vor allem zwischen Akteuren der Interessenartikulation und Interessenaggregation hat eher idealtypischen Charakter, eignet sich aber gut, um verschiedene strukturelle, historische und situative Faktoren herauszuarbeiten, mit denen das Kommunikationsverhalten der Akteure erklärt werden kann. Dabei zeigten sich zwischen den Akteuren des intermediären Systems – Parteien, Verbänden und sozialen Bewegungen – sowohl strukturelle Unterschiede als auch Gemeinsamkeiten hinsichtlich der Herausforderungen der Mediengesellschaft und der algorithmisch automatisierten Vermittlung. ◄

Literatur

Aalberg, Toril, Esser, Frank, Reinemann, Carsten, Stromback, Jesper, & De Vreese, Claes (Hrsg.). (2017). *Populist political communication in Europe*. New York: Routledge.

Baringhorst, Sigrid. (2009). Politischer Protest im Netz – Möglichkeiten und Grenzen der Mobilisierung transnationaler Öffentlichkeit im Zeichen digitaler Kommunikation. In Frank Marcinkowski & Barbara Pfetsch (Hrsg.), *Politik in der Mediendemokratie* (S. 609–634). Wiesbaden: VS Verlag für Sozialwissenschaften.

Baringhorst, Sigrid, & Yang, Mundo. (2020). Protest, Medien und Politische Kommunikation. In Isabelle Borucki, Katharina Kleinen-von Königslöw, Stefan Marschall & Thomas Zerback (Hrsg.), *Handbuch Politische Kommunikation*. Wiesbaden: Springer VS

Baumgartner, Sabrina. (2010). Regierungskommunikation *Die Regierungskommunikation der Schweizer Kantone. Regeln, Organisation, Akteure und Instrumente im Vergleich* (S. 51–79). Wiesbaden.: VS Verlag für Sozialwissenschaften.

Bause, Halina. (2021). Politische Social-Media-Influencer als Meinungsführer? *Publizistik, 66*(2), 295–316.

Bennett, W. Lance, & Segerberg, Alexandra. (2012). The Logic of Connective Action. Digital Media and the Personalization of Contentious Politics. *Information, Communication & Society*(iFirst Article), 1–30.

Berkhout, Douwe Joost. (2010). *Political activities of interest organizations: Conflicting interests, converging strategies*. Leiden: Proefschrift Universiteit Leiden.

Beyme, Klaus von. (2000). *Parteien im Wandel. Von den Volksparteien zu den professionalisierten Wählerparteien*. Wiesbaden: Westdeutscher Verlag.

Biezen, Ingrid van, & Kopecky, Petr. (2014). The cartel party and the state: Party-state linkages in European democracies. *Party Politics, 20*(2), 170–182.

Bimber, Bruce. (2017). Three Prompts for Collective Action in the Context of Digital Media. *Political Communication, 34*(1), 6–20.

Bimber, Bruce, Flanagin, Andrew J., & Stohl, Cynthia. (2005). Reconceptualizing Collective Action in the Contemporary Media Environment. *Communication Theory, 15*(4), 365–388.

Bimber, Bruce, Flanagin, Andrew J., & Stohl, Cynthia. (2012). *Collective Action in Organizations. Interaction and Engagement in an Era of Technological Change*. Cambridge: Cambridge UP.

Czerwick, Edwin. (1998). Verwaltungskommunikation. In Otfried Jarren, Ulrich Sarcinelli & Ulrich Saxer (Hrsg.), *Politische Kommunikation in der demokratischen Gesellschaft* (S. 489–495). Wiesbaden: Westdeutscher Verlag.

de Vreese, Claes H., Esser, Frank, Aalberg, Toril, Reinemann, Carsten, & Stanyer, James. (2018). Populism as an Expression of Political Communication Content and Style: A New Perspective. *The International Journal of Press/Politics, 23*(4), 423–438.

Diermann, Melanie. (2013). Regierungskommunikation. In Karl-Rudolf Korte & Timo Grunden (Hrsg.), *Handbuch Regierungsforschung* (S. 151–159). Wiesbaden: Springer VS.

Dolata, Ulrich. (2018). Soziale Bewegungen: Die soziotechnische Konstitution kollektiven Handelns. In Ulrich Dolata & Jan-Felix Schrape (Hrsg.), *Kollektivität und Macht im Internet: Soziale Bewegungen – Open Source Communities – Internetkonzerne* (S. 39–69). Wiesbaden: Springer VS.

Dolata, Ulrich, & Schrape, Jan-Felix. (2018). Kollektives Handeln im Internet. In Ulrich Dolata & Jan-Felix Schrape (Hrsg.), *Kollektivität und Macht im Internet: Soziale Bewegungen – Open Source Communities – Internetkonzerne* (S. 7–38). Wiesbaden: Springer VS.

Donges, Patrick. (2008). *Medialisierung politischer Organisationen. Parteien in der Mediengesellschaft*. Wiesbaden: VS Verlag für Sozialwissenschaften.

Donges, Patrick. (2020). Medialisierung und Organisationen/Politische Akteure. In Isabelle Borucki, Katharina Kleinen-von Königslöw, Stefan Marschall & Thomas Zerback (Hrsg.), *Handbuch Politische Kommunikation*. Wiesbaden: Springer VS.

Fahr, Andreas. (2013). Meinungsführer. In Günter Bentele, Hans-Bernd Brosius & Otfried Jarren (Hrsg.), *Lexikon Kommunikations- und Medienwissenschaft* (2. Aufl., S. 228–229). Wiesbaden: Srpinger VS.

Gebauer, Klaus-Eckart. (1998). Regierungskommunikation. In Otfried Jarren, Ulrich Sarcinelli & Ulrich Saxer (Hrsg.), *Politische Kommunikation in der demokratischen Gesellschaft. Ein Handbuch mit Lexikonteil* (S. 464–472). Opladen, Wiesbaden: Westdeutscher Verlag.

Gerbaudo, Paolo. (2014). The persistence of collectivity in digital protest. *Information, Communication & Society, 17*(2), 264–268.

Grabow, Karsten. (2000). *Abschied von der Massenpartei. Die Entwicklung der Organisationsmuster von SPD und CDU seit der deutschen Vereinigung*. Wiesbaden: Deutscher Universitätsverlag.

Gunther, Richard, & Diamond, Larry. (2003). Species of Political Parties. A New Typology. *Party Politics, 9*(2), 167–199.

Harmel, Robert, & Janda, Kenneth. (1994). An Integrated Theory of Party Goals and Party Change. *Journal of Theoretical Politics, 6*(3), 259–287.

Harmel, Robert, & Tan, Alexander C. (2003). Party actors and party change. Does factional dominance matter? *European Journal of Political Research, 42*(3), 409–424.

Helms, Ludger. (2008). Governing in the Media Age: The Impact of the Mass Media on Executive Leadership in Contemporary Democracies. *Government and Opposition, 43*(1), 26–54.

Hoffjann, Olaf. (2021). Verbände als Akteure von Public Affairs und Lobbying. In Ulrike Röttger, Patrick Donges & Ansgar Zerfaß (Hrsg.), *Handbuch Public Affairs. Politische Kommunikation für Unternehmen und Organisationen* (S. 379–394). Wiesbaden: Springer Gabler.

Hurzlmeier, Philip, & da Silva, Dominique. (2016). Politische Kommunikation in der Kanzlerdemokratie. In Thomas Birkner (Hrsg.), *Medienkanzler: Politische Kommunikation in der Kanzlerdemokratie* (S. 5–43). Wiesbaden: Springer VS Wiesbaden.

Jarren, Otfried. (2005). Staatliche Kommunikation unter mediengesellschaftlichen Bedingungen. Rahmenbedingungen, Probleme und Anforderungen an die Kommunikation staatlicher Akteure am Beispiel Schweiz. In Patrick Donges (Hrsg.), *Politische Kommunikation in der Schweiz* (S. 29–56). Bern: Haupt.

Jun, Uwe, Borucki, Isabelle, & Reichard, Daniel. (2013). Parteien und Medien. In Oskar Niedermayer (Hrsg.), *Handbuch Parteienforschung* (S. 349–385). Wiesbaden: Springer VS.

Jungherr, Andreas, Rivero, Gonzalo, & Gayo-Avello, Daniel. (2020). *Retooling Politics: How Digital Media Are Shaping Democracy*. Cambridge: Cambridge University Press.

Kamps, Klaus. (2013). Kommunikationsmanagement und Regierungs-PR. In Karl-Rudolf Korte & Timo Grunden (Hrsg.), *Handbuch Regierungsforschung* (S. 327–336). Wiesbaden: Springer VS.

Katz, Richard S., & Mair, Peter. (1993). The Evolution of Party Organizations in Europe: The Three Faces of Party Organizations. *American Review of Politics, 14*, 593–617.

Katz, Richard S., & Mair, Peter. (1995). Changing Models of Party Organization and Party Democracy. The Emergence of the Cartel Party. *Party Politics, 1*(1), 5–28.

Kirchheimer, Otto. (1965). Der Wandel des westeuropäischen Parteiensystems. *Politische Vierteljahresschrift, 6*(1), 20–41.

Koch-Baumgarten, Sigrid. (2014). Verbände und Massenmedien oder die Varieties of Medialisation. In Franziska Oehmer (Hrsg.), *Politische Interessenvermittlung und Medien. Funktionen, Formen und Folgen medialer Kommunikation von Parteien, Verbänden und sozialen Bewegungen* (S. 173–200). Baden-Baden: Nomos.

Kocks, Jan Niklas, & Raupp, Juliana. (2014). Rechtlich-normative Rahmenbedingungen der Regierungskommunikation – ein Thema für die Publizistik- und Kommunikationswissenschaft. *Publizistik, 59*(3), 269–284.

Korte, Karl-Rudolf, & Fröhlich, Manuel. (2009). *Politik und Regieren in Deutschland. Strukturen, Prozesse, Entscheidungen* (3., akt. u. überarb. Aufl.). Paderborn: Ferdinand Schöningh.

Kriesi, Hanspeter. (2007). Die politische Kommunikation sozialer Bewegungen. In Otfried Jarren, Dominik Lachenmeier & Adrian Steiner (Hrsg.), *Entgrenzte Demokratie? Herausforderungen für die politische Interessenvermittlung* (S. 145–161). Baden-Baden: Nomos.

Kriesi, Hanspeter. (2014). The Populist Challenge. *West European Politics, 37*(2), 361–378.

Krouwel, André. (2003). Otto Kirchheimer and the Catch-All Party. *West European Politics, 26*(2), 23–40.

Lengfeld, Holger. (2013). Interessenorganisation. In Steffen Mau & Nadine M. Schöneck (Hrsg.), *Handwörterbuch zur Gesellschaft Deutschlands* (S. 422–435). Wiesbaden: Springer VS.

Loch, Dietmar. (2019). Rechtspopulistische Parteien in Europa. In Heinz Ulrich Brinkmann & Isabelle-Christine Panreck (Hrsg.), *Rechtspopulismus in Einwanderungsgesellschaften: Die politische Auseinandersetzung um Migration und Integration* (S. 43–74). Wiesbaden: Springer VS.

Lucardie, Paul. (2018). Zur Typologie der politischen Parteien. In Frank Decker & Viola Neu (Hrsg.), *Handbuch der deutschen Parteien* (S. 41–56). Wiesbaden: Springer VS.

Marschall, Stefan. (2009). Medialisierung komplexer politischer Akteure – Indikatoren und Hypothesen am Beispiel von Parlamenten. In Frank Marcinkowski & Barbara Pfetsch (Hrsg.), *Politik in der Mediendemokratie* (S. 205–223). Wiesbaden: VS Verlag für Sozialwissenschaften.

Marschall, Stefan. (2013). Parlamentarische Kommunikation in der repräsentativen Demokratie der Bundesrepublik Deutschland. In Edwin Czerwick (Hrsg.), *Politische Kommunikation in der repräsentativen Demokratie der Bundesrepublik Deutschland* (S. 195–206). Wiesbaden: Springer VS

Mudde, Cas. (2004). The Populist Zeitgeist. *Government and Opposition, 39*(4), 542–563.

Müller, Jan-Werner. (2016). *Was ist Populismus? Ein Essay*. Frankfurt/M.: edition suhrkamp.

Nitschke, Paula. (2019). *Digitalisierung auf der Mesoebene: Die Onlinekommunikation von Interessenorganisationen als Institutionalisierung*. Wiesbaden: Springer VS.

Oehmer, Franziska. (2012). Der Verbandsbegriff in wissenschaftlichen Publikationen. Eine Meta-Analyse zu Terminologie und Charakteristika. *Zeitschrift für Parlamentsfragen, 43*(2), 408–419.

Oehmer, Franziska. (2013). *Interessenverbände in der Mediengesellschaft. Eine Analyse der medialen Resonanz von Interessenverbänden und deren Determinanten in deutschen und Schweizer Printmedien*. Baden-Baden: Nomos.

Oehmer, Franziska. (2020). Nicht-staatliche Akteure. In Isabelle Borucki, Katharina Kleinen-von Königslöw, Stefan Marschall & Thomas Zerback (Hrsg.), *Handbuch Politische Kommunikation*. Wiesbaden: Springer VS.

Panebianco, Angelo. (1988). *Political Parties: Organisation and Power*. Cambridge: Cambridge University Press.

Patzelt, Werner J. (1998). Parlamentskommunikation. In Otfried Jarren, Ulrich Sarcinelli & Ulrich Saxer (Hrsg.), *Politische Kommunikation in der demokratischen Gesellschaft. Ein Handbuch mit Lexikonteil* (S. 431–441). Opladen, Wiesbaden: Westdeutscher Verlag.

Poguntke, Thomas. (2000). *Parteiorganisation im Wandel. Gesellschaftliche Verankerung und organisatorische Anpassung im europäischen Vergleich*. Wiesbaden: Westdeutscher Verlag.

Raupp, Juliana. (2020). Personalisierung. In Isabelle Borucki, Katharina Kleinen-von Königslöw, Stefan Marschall & Thomas Zerback (Hrsg.), *Handbuch Politische Kommunikation*. Wiesbaden: Springer VS.

Raupp, Juliana, & Kocks, Jan Niklas. (2018). Regierungskommunikation und staatliche Öffentlichkeitsarbeit aus kommunikationswissenschaftlicher Perspektive. In Juliana Raupp, Jan Niklas Kocks & Kim Murphy (Hrsg.), *Regierungskommunikation und staatliche Öffentlichkeitsarbeit: Implikationen des technologisch induzierten Medienwandels* (S. 7–23). Wiesbaden: Springer VS.

Reutter, Werner. (2018). Verbände. In Rüdiger Voigt (Hrsg.), *Handbuch Staat* (S. 907–916). Wiesbaden: Springer VS.

Rucht, Dieter. (1991). *Parteien, Verbände und Bewegungen als Systeme politischer Interessenvermittlung*. (WZB Discussion Paper FS III 91–107). Berlin: Wissenschaftszentrum.

Rucht, Dieter. (1994). Öffentlichkeit als Mobilisierungsfaktor für soziale Bewegungen. In Friedhelm Neidhardt (Hrsg.), *Öffentlichkeit, öffentliche Meinung, soziale Bewegungen* (S. 337–358). Opladen: Westdeutscher Verlag.

Rucht, Dieter. (2021). Neue Konflikte und neue soziale Bewegungen in Deutschland. In Brigitte Grande, Edgar Grande & Udo Hahn (Hrsg.), *Zivilgesellschaft in der Bundesrepublik Deutschland: Aufbrüche, Umbrüche, Ausblicke* (S. 61–77). Bielefeld: transcript.

Sarcinelli, Ulrich. (2008). Persönlichkeit und Politik. Politische Akteure in der Entscheidungs- und Darstellungspolitik. In Johannes u. a Pollak (Hrsg.), *Politik und Persönlichkeit* (S. 15–33). Wien: Facultas.

Schach, Annika. (2018). Botschafter, Blogger, Influencer: Eine definitorische Einordnung aus der Perspektive der Public Relations. In Annika Schach & Timo Lommatzsch (Hrsg.), *Influencer Relations: Marketing und PR mit digitalen Meinungsführern* (S. 27–47). Wiesbaden: Springer VS.

Schade, Henriette. (2018). *Soziale Bewegungen in der Mediengesellschaft. Kommunikation als Schlüsselkonzept einer Rahmentheorie sozialer Bewegungen*. Wiesbaden: Springer VS.

Schiffers, Maximilian, & Körner, Annika. (2019). NGOs in Prozessen der politischen Interessenvermittlung. *Zeitschrift für Politikwissenschaft, 29*(4), 525–541.

Schmitt-Beck, Rüdiger. (1998). Kommunikation (Neuer) Sozialer Bewegungen. In Otfried Jarren, Ulrich Sarcinelli & Ulrich Saxer (Hrsg.), *Politische Kommunikation in der demokratischen Gesellschaft. Ein Handbuch mit Lexikonteil* (S. 473–481). Opladen, Wiesbaden: Westdeutscher Verlag.

Schwarzmeier, Manfred. (2001). *Parlamentarische Mitsteuerung: Strukturen und Prozesse informalen Einflusses im Deutschen Bundestag*. Wiesbaden: Westdeutscher Verlag.

Sebaldt, Martin, & Straßner, Alexander. (2004). *Verbände in der Bundesrepublik Deutschland. Eine Einführung*. Wiesbaden: VS Verlag für Sozialwissenschaften.

Streeck, Wolfgang. (1987). Vielfalt und Interdependenz. Überlegungen zur Rolle von intermediären Organisationen in sich ändernden Umwelten. *Kölner Zeitschrift für Soziologie und Sozialpsychologie, 39*(4), 471–495.

Strøm, Kaare. (1990). A Behavioral Theory of Competitive Political Parties. *American Journal of Political Science, 34*(2), 565–598.

Strünck, Christoph, & Sack, Detlef. (2017). Die Mitgliedschaftslogik der Verbände zwischen Exit und Voice – Einleitung. In Detlef Sack & Christoph Strünck (Hrsg.), *Verbände unter Druck: Protest, Opposition und Spaltung in Interessenorganisationen* (S. 1–7). Wiesbaden: Springer VS.

Szyszka, Peter. (2020). Die Krux öffentlicher Verwaltungskommunikation – Public Relations der öffentlichen Verwaltung. In Klaus Kocks, Susanne Knorre & Jan Niklas Kocks (Hrsg.), *Öffentliche Verwaltung – Verwaltung in der Öffentlichkeit: Herausforderungen und Chancen der Kommunikation öffentlicher Institutionen* (S. 13–37). Wiesbaden: Springer VS.

Van Aelst, Peter, Sheafer, Tamir, & Stanyer, James. (2012). The personalization of mediated political communication: A review of concepts, operationalizations and key findings. *Journalism, 13*(2), 203–220.

Vowe, Gerhard. (2020). Digitalisierung als grundlegender Veränderungsprozess der politischen Kommunikation. In Isabelle Borucki, Katharina Kleinen-von Königslöw, Stefan Marschall & Thomas Zerback (Hrsg.), *Handbuch Politische Kommunikation*. Wiesbaden: Springer VS.

Wiesendahl, Elmar. (1998). *Parteien in Perspektive. Theoretische Ansichten der Organisationswirklichkeit politischer Parteien*. Opladen: Westdeutscher Verlag.

Wiesenthal, Helmut. (1987). *Strategie und Illusion. Rationalitätsgrenzen kollektiver Akteure am Beispiel der Arbeitszeitpolitik 1980–1985*. Frankfurt/M., New York: Campus.

Wiesenthal, Helmut. (1993). Akteurkompetenz im Organisationsdilemma. Grundprobleme strategisch ambitionierter Mitgliederverbände und zwei Techniken ihrer Überwindung. *Berliner Journal für Soziologie*(1), 3–18.

Willems, Ulrich, & Winter, Thomas von. (2007). Interessenverbände als intermediäre Organisationen. Zum Wandel ihrer Strukturen, Funktionen, Strategien und Effekte in einer veränderten Umwelt. In Thomas von Winter & Ulrich Willems (Hrsg.), *Interessenverbände in Deutschland* (S. 13–50). Wiesbaden: VS Verlag für Sozialwissenschaften.

Winter, Thomas von, & Willems, Ulrich. (2009). Zum Wandel der Interessenvermittlung in Politikfeldern. Vergleichende Befunde der Policy- und Verbändeforschung. In Britta Rehder, Thomas von Winter & Ulrich Willems (Hrsg.), *Interessenvermittlung in Politikfeldern. Vergleichende Befunde der Policy- und Verbändeforschung* (S. 9–29). Wiesbaden: VS Verlag für Sozialwissenschaften.

Wolinetz, Steven B. (2002). Beyond the Catch-All Party: Approaches to the Study of Parties and Party Organization in Contemporary Democracies. In Richard Gunther, José Ramón-Montero & Juan J. Linz (Hrsg.), *Political Parties. Old Concepts and New Challenges* (S. 136–165). Oxford: Oxford University Press.

Akteure politischer Kommunikation II: Journalismus

8

> **Überblick**
>
> „Politischer Journalismus ist mehr als Politikjournalismus", so beginnen Lünenborg und Sell (2018, S. 3) einen Überblick über das Forschungsfeld. Wie der Begriff der politischen Kommunikation, so ist auch die Definition des politischen Journalismus abhängig vom jeweiligen Verständnis des Politischen (Abschn. 1.1.1).
>
> „Nicht die Ressortstruktur von Redaktionen gilt als konstituierend für das hier behandelte Forschungsfeld, sondern ein Verständnis des Politischen, bei dem Journalismus stets Beobachter und Akteur, Beschreibender und Gestaltender zugleich ist. Indem Journalismus der Gesellschaft Diskurse des Politischen zur Verfügung stellt, bringt er diesen Diskursraum und seine Grenzen zugleich selbst hervor. Journalismus gestaltet noch immer wesentlich den Raum des politisch Sagbaren, auch wenn unter Bedingungen von Social-Media-Kommunikation zunehmend Artikulationen jenseits des professionellen Journalismus in den Diskurs eingespeist werden und diesen mitgestalten" (Lünenborg und Sell 2018, S. 3).
>
> Generell lässt sich (politischer) Journalismus auf den verschiedenen theoretischen Ebenen betrachten, die in Abschn. 2.1 unterschieden wurden:
>
> - Auf der **Mikroebene** bezeichnet Journalismus die **Tätigkeit von Individuen** – nicht nur Journalistinnen und Journalisten, sondern im weitesten Sinne auch von Verlegerinnen und Verlegern oder anderen Publizistinnen und Publizisten. In der Mikroperspektive stehen Fragen nach den Merkmalen der Individuen im Vordergrund, ihren subjektiven Einstellungen und Werthaltungen, ihrem Rollenverständnis etc. (Abschn. 8.1).
> - In der **Mesoperspektive** wird die Frage der **Organisiertheit** des Journalismus angesprochen. Hier geht es um die Organisationen, in denen Journalismus

betrieben wird (Redaktionen, Agenturen, Medienunternehmen etc.) sowie um Strukturen innerhalb dieser Organisationen wie Kompetenzverteilungen, Arbeitsorganisation, Routinen etc. Von Bedeutung sind hier auch die redaktionelle Linie eines Blattes sowie die Frage nach dem Ausmaß der Orientierung an Kolleginnen und Kollegen im Journalismus (Abschn. 8.2).
- In der **Makroperspektive** lässt sich Journalismus als ein **System** fassen, das innerhalb der Gesellschaft eine bestimmte Funktion erfüllt und in seiner Verfasstheit durch die Gesellschaft beeinflusst wird (Abschn. 8.3). Dabei spielt auch die Frage eine Rolle, wo die Grenze des Systems Journalismus verläuft und wie es sich von anderen Systemen wie etwa der Politik abgrenzen lässt (zum Theorievergleich im Journalismus vgl. Scholl 2016).

▶ **Journalismus:** „Berufs- und Tätigkeitsfeld; ein System der modernen Gesellschaft mit der Funktion, aktuell Informationen zur öffentlichen Kommunikation zu selektieren und zu vermitteln" (Blöbaum 2013, S. 141).

Empirisch nicht mehr vom „traditionellen" Journalismus zu trennen ist der digitale oder auch Online-Journalismus (vgl. Lilienthal et al. 2014). Grundlegend gilt, dass die Definition und Identifikation von Journalismus im Internetzeitalter schwieriger wird (vgl. Auer 2016, S. 489). Dies liegt daran, dass die Grenzen zwischen journalistischen und anderen Formen der Informationsvermittlung (etwa Public Relations politischer Organisationen oder Beiträgen des Publikums) durchlässiger werden. Sie liegen enger nebeneinander („einen Klick entfernt") und sind für die Rezipientinnen und Rezipienten mitunter kaum zu unterscheiden. Systemtheoretisch lässt sich hier von einer Entgrenzung sprechen (Abschn. 8.3).

8.1 Politischer Journalismus in der Mikroperspektive

In einer aktuellen Befragung von Journalistinnen und Journalisten in Deutschland, Österreich und der Schweiz wurde der „typische Journalist" wie folgt beschrieben:

> „Er, der deutsch-österreichisch-Schweizer Durchschnittsjournalist, ist jedenfalls männlich, in seinen frühen Vierzigern, hat mit einiger Wahrscheinlichkeit einen Studienabschluss, ist fest angestellt und sieht sich politisch etwas links der Mitte. Der typische deutsche Journalist ist mit seinen 46 Jahren der älteste und hat schon 20 Jahre berufliche Erfahrung hinter sich" (Dietrich-Gsenger und Seethaler 2019, S. 52).

Gegenüber früheren Studien zum Journalismus in Deutschland (vgl. Weischenberg et al. 1994; Weischenberg et al. 2006a, 2006b) lässt sich daher konstatieren: Menschen, die im Journalismus arbeiten, werden **immer älter.** Dies gilt vor allem für öffentlich-rechtliche Medien, Printmedien und Nachrichtenagenturen, wo der Altersdurchschnitt besonders hoch ist. Jüngere Journalistinnen und Journalisten arbeiten hingegen, wenig überraschend, stärker bei Onlinemedien.

Der **Anteil der Frauen** im Journalismus hat im Vergleich zu früheren Erhebungen (Weischenberg et al. 1994; Weischenberg et al. 2006b) leicht zugenommen und beträgt mittlerweile in allen drei untersuchten Ländern rund 40 % (vgl. Dietrich-Gsenger und Seethaler 2019, S. 53). In der Studie „Journalismus in Deutschland" von 1993 lag er bei einem Drittel, im Jahr 2006 bei 37,3 %. Besonders hoch ist der Anteil von Frauen bei Onlinemedien, besonders niedrig bei der Zeitung. Das Ressort Politik ist nach den Ergebnissen dieser Befragung weiterhin eine Männerdomäne, der Frauenanteil beträgt hier nur rund 30 % in Deutschland und der Schweiz sowie 35 % in Österreich (Dietrich-Gsenger und Seethaler 2019, S. 56). Dies ist jedoch auch ein Alterseffekt: je jünger die Befragten, umso höher der Anteil der Frauen. Insbesondere in den Leitungspositionen ist der Frauenanteil weiterhin sehr niedrig.

Bezüglich der **politischen Einstellungen** von Journalistinnen und Journalisten ist der Vorwurf nicht neu, dass diese „linkslastig" seien. Das wird in der empirischen Forschung auch bestätigt. Die Journalismus-Studie von Weischenberg, Malik und Scholl (2006) zeigt, dass die befragten Journalistinnen und Journalisten bezogen auf ihre Parteipräferenzen stärker zu Parteien wie den Grünen und der SPD tendieren, als es dem Wähleranteil dieser Parteien im Deutschen Bundestag entspricht. Rund ein Fünftel der Befragten gab jedoch keine Parteipräferenz an. Die oben bereits genannte Studie zum Journalismus in den deutschsprachigen Ländern fragte Journalistinnen und Journalisten nach ihrer Selbsteinstufung auf einer Skala von 0 (links) bis 10 (rechts) und ermittelte mit 4,0 in Deutschland und der Schweiz sowie 4,7 in Österreich Werte leicht „links der Mitte" (Dietrich-Gsenger und Seethaler 2019, S. 65–66).

Bei der Interpretation solcher Befunde ist jedoch Vorsicht geboten. Zum einen ist zu fragen, mit welcher Gruppe man die politischen Einstellungen der Journalistinnen und Journalisten vergleicht – mit der Gesamtbevölkerung, etwa anhand des letzten Wahlergebnisses, oder mit der Gruppe, aus der die Befragten selbst stammen: berufstätig (und damit jünger als 65), mehrheitlich mit Hochschulabschluss, in einer Großstadt lebend. Zweitens kann von den individuellen Einstellungen der Journalistinnen und Journalisten nicht einfach auf die inhaltliche Linie der Redaktionen oder Unternehmen, in denen sie arbeiten, geschlossen werden (vgl. Laurer und Keel 2019; Reinemann und Baugut 2014, S. 115): Auch bei „linken" Medien können „rechte" Journalistinnen und Journalisten arbeiten und umgekehrt. Drittens lässt sich gegen solche Selbsteinstufungen auf einer eindimensionalen Links-rechts-Skala einwenden, dass diese der Komplexität politischer Positionen immer weniger gerecht wird. Gerade die in vielen europäischen Ländern beobachtbare Auflösung traditioneller Parteisysteme sowie das Aufkommen neuer, etwa populistischer Parteien haben gezeigt, dass das alte Links-rechts-Schema wenig geeignet erscheint, die Vielfalt und Dynamik politischer Parteien hinreichend zu erklären. So resümiert auch die Studie über den Journalismus in den deutschsprachigen Ländern: „Im Gegensatz zu verschiedentlich geäußerten Auffassungen, wonach insbesondere deutsche Journalisten von einem starken politischen Sendungsbewusstsein geleitet werden, haben die Ergebnisse gezeigt, dass ein gesellschaftliches Engagement in der professionellen Selbstwahrnehmung der Journalisten nicht besonders stark ausgeprägt ist" (Seethaler et al. 2019, S. 248). Dies gelte auch im internationalen Vergleich.

Daten zum **beruflichen Selbstverständnis** von Journalistinnen und Journalisten basieren meistens auf Selbstauskünften und sind entsprechend vorsichtig zu interpretieren. Die Studie zum Journalismus in Deutschland, Österreich und der Schweiz attestiert den Befragten generell ein Rollenverständnis, das auf neutrale Information, unparteiische Vermittlung und sachliche Analyse abzielt. Die Kritik- und Kontrollfunktion des Journalismus wird im Selbstverständnis der Befragten weitaus weniger betont. Auch das gesellschaftliche Engagement ist in der professionellen Selbstwahrnehmung der Journalistinnen und Journalisten der deutschsprachigen Länder nicht besonders stark ausgeprägt (vgl. Hanitzsch und Lauerer 2019, S. 160). Die jüngere Entwicklung des Journalismus in Deutschland, Österreich und der Schweiz ist somit insgesamt durch eine Verschränkung von Kontinuität und Wandel gekennzeichnet.

> „Im Großen und Ganzen zeigt sich das berufliche Selbstverständnis der Journalisten in Deutschland, Österreich und der Schweiz erstaunlich resilient gegenüber den zahlreichen Veränderungen, die den Journalismus und seine gesellschaftlichen Umwelten in der jüngeren Vergangenheit erfasst haben. Es scheint geradezu, als ob sich die professionellen Selbstbeharrungskräfte im Journalismus mit aller Macht gegen einen zum Teil dramatischen Wandel der Medienlandschaft stemmen" (Seethaler et al. 2019, S. 248).

8.2 Politischer Journalismus in der Mesoperspektive

Politischer Journalismus wird im Wesentlichen in und durch Organisationen betrieben: Medienunternehmen haben zum Zweck der Politikberichterstattung organisatorisch verselbständigte Einheiten (Redaktionen, Ressorts) gebildet. Der Zweck dieser Organisationseinheiten ist es, in spezialisierter Form Politik zu beobachten, Veröffentlichungen politischer Akteure auszuwerten und in Kooperation mit diesen politische Medieninhalte für die öffentliche Kommunikation her- und bereitzustellen. Wie bereits im Abschnitt zu den Medienbegriffen (Abschn. 4.1) erwähnt, lassen sich mit Altmeppen (2006) im Medienbereich zwei Typen von Organisationen unterschieden, die journalistisch-redaktionellen sowie die unternehmerischen (vgl. auch Altmeppen et al. 2016). Relevant zur Analyse des Journalismus in der Mesoperspektive sind vor allem die „Strukturen (Regeln und Ressourcen) der Akteure in diesem Feld, um herauszuarbeiten, unter welchen Bedingungen die Produktion medialer Inhalte entsteht und welche Folgen dies hat" (Altmeppen und Arnold 2013, S. 19).

Die **Entscheidung zur Ausbildung bestimmter Strukturen** ist zum einen vom Unternehmen und seinen ökonomischen und zum anderen von der Redaktion und ihren publizistischen bzw. journalistischen Zielen abhängig. Durch derartige Strukturentscheidungen wird nun nicht nur ein redaktioneller Teilbereich, sondern das gesamte redaktionelle Organisations- wie das journalistische Entscheidungsprogramm beeinflusst. Das quantitative wie auch qualitative Vorhandensein oder Nicht-Vorhanden-

8.2 Politischer Journalismus in der Mesoperspektive

sein von bestimmten redaktionellen Strukturen ist für die Leistungen von Medien in der politischen Kommunikation relevant, denn diese Strukturen stellen für das journalistische Handeln eine wesentliche Voraussetzung dar. Erst durch sie kommt es zur Ausbildung von Ressorts, Zuweisung von Funktionen an Rollenträger sowie Zugriffsmöglichkeiten auf Ressourcen wie eigenes Personal, Agenturen, freie Mitarbeiterinnen und Mitarbeiter etc.

An der **Ausbildung von Ressorts** oder Programmbereichen, **an ihrer Bezeichnung, an der personellen Ausstattung** sowie **an der Bereitstellung von Ressourcen** ist abzulesen, **welches publizistische Profil ein Medium anstrebt.** Es wird erkennbar, welchen gesellschaftlichen Bereichen in der Berichterstattung besondere Aufmerksamkeit geschenkt werden soll. Und erst eine erkennbare redaktionelle Struktur ermöglicht es Außenstehenden, mit Journalistinnen und Journalisten aus einer Redaktion in Kontakt zu treten und eine Beziehung aufzubauen, die für den redaktionellen Input eine wesentliche Bedeutung hat. Redaktions- und Beziehungsstrukturen sind daher sowohl in quantitativer als auch in qualitativer Hinsicht für die politische Berichterstattung relevant.

Neu etablierte Medien weisen **andere Organisations- und Redaktionsstrukturen** auf als die traditionellen Tageszeitungen und öffentlich-rechtliche Rundfunkanbieter: Sie sind nicht nach traditionellen Ressorts organisiert und müssen mit weniger Ressourcen für die redaktionelle Arbeit auskommen. Es lassen sich sogar höchst hybride redaktionelle Organisationsformen finden: Bei Redaktionen des neuen Organisationstypus existieren keine formellen Ressorts, wohl aber informelle redaktionelle Zuständigkeiten, die mitunter stark von einzelnen Personen abhängig sind. Innerhalb der Redaktion müssen diese Zuständigkeiten – insbesondere bei personeller Fluktuation – immer wieder neu ausgehandelt werden. Umweltbeobachtung und redaktionelle Leistung sind demnach in höherem Maß von einzelnen Journalistinnen und Journalisten abhängig. Die so institutionalisierten Medien werden aufgrund ihrer redaktionellen Struktur, der zur Verfügung stehenden Ressourcen sowie der journalistischen Kompetenz wahrscheinlich nur Teilbereiche ihrer Umwelt beobachten und die Umweltbeobachtung und Informationsbeschaffung sowie -verarbeitung auf eine spezifische Weise organisieren. In der Tendenz stellen sie somit kein Beobachtungssystem der Gesellschaft als Ganzes dar, sondern beobachten nur gesellschaftliche Teilbereiche entsprechend ihren Programmzielen.

In einer Studie über Politikjournalistinnen und -journalisten in Deutschland kamen Lünenborg und Berghofer (2010) zu dem Befund, dass rund ein Drittel aller Personen, die sich dieser Kategorie zuordnen, in Redaktionen ohne **Ressortstrukturen** arbeiten: „Vor allem der Tageszeitungsbereich ist mit 88,6 % (Tageszeitung regional) bzw. 92,9 % (Tageszeitung überregional) noch am stärksten in Ressortstrukturen organisiert. Ohne klare Ressortzuordnung arbeiten vor allem Politikjournalisten in ‚reinen' Online-Medien (72,0 %), im privaten Hörfunk (66,7 %) und bei Fachzeitschriften (63,4 %)" (Lünenborg und Berghofer 2010, S. 19). In der 2019 publizierten Studie über den Journalismus in Deutschland, Österreich und der Schweiz rechnen sich 11 % der Befragten dem Ressort Politik zu, in der Studie von Weischenberg et al. (2006a, 2006b) betrug der Anteil Ressort „Politik/Aktuelles" 14,5 %. Dabei muss berücksichtigt werden, dass es im Journalismus generell einen „Trend zu flexibleren Arbeitsausrichtungen" und immer weniger Spezialistinnen und Spezialisten gibt (Laurer et al. 2019, S. 80–81). Der Umbau redaktioneller Strukturen geht „mit einer schleichenden Erosion der im deutschsprachigen Journalismus klassisch stark ausgeprägten Ressortbindung einher" (Hanitzsch et al. 2019, S. 12).

Bezogen auf die **ökonomischen Strukturen** des Journalismus ist vor allem das Problem seiner Finanzierung relevant. Traditionell finanziert sich der politische Journalismus über Medienunternehmen als ökonomische Organisationen. Diese erwirtschaften Einnahmen aus journalistischen Leistungen hauptsächlich auf drei Wegen: durch direkte Finanzierung in Form von Entgelten, durch indirekte Finanzierung über Werbung oder den Verkauf von Nutzerdaten, schließlich drittens im Fall öffentlich-rechtlicher Medien über Beiträge. Alle drei grundlegenden Finanzierungsmöglichkeiten sind in den vergangenen Jahren in die Krise geraten. Zum einen sind sowohl die Rezipientinnen und Rezipienten als auch die Werbeinserate vor allem von den Printmedien weg ins Internet gewandert, was für Zeitungen und Zeitschriften zu einem Verlust sowohl an Verkaufserlösen wie auch an Werbeeinnahmen führte. Im Internet konnten diese Verluste nicht kompensiert werden. Hier ist die Zahlungsbereitschaft der Nutzerinnen und Nutzer gering, da sie viele Inhalte auch ohne Bezahlung angeboten bekommen. Werbung kann zudem durch Programme wie AdBlocker reduziert werden. Auch über die Legitimation der Rundfunkbeiträge wird fortlaufend diskutiert. Damit sind die traditionellen Geschäftsmodelle auch des politischen Journalismus infrage gestellt und neue noch nicht in Sicht. Wie kann, so die große Frage, politischer Journalismus weiterhin finanziert werden – entweder direkt (Entgelte), indirekt (Werbemarkt, Datenmarkt) oder jenseits eines Marktes (öffentliche Finanzierung) (vgl. Lobigs 2016, 2018).

8.3 Politischer Journalismus in der Makroperspektive

Innerhalb der deutschsprachigen Journalismus- bzw. Kommunikatorforschung herrschen heute Erklärungsmodelle vor, die vorrangig auf systemtheoretischen Vorstellungen basieren und in denen zwischen Organisationen, Handlungs- bzw. Entscheidungsprogrammen und Rollen unterschieden wird (vgl. Blöbaum 2016; Kohring 2016). Im Zuge des Prozesses der gesellschaftlichen Differenzierung hat sich demnach ein eigenes **soziales System Journalismus** herausgebildet. Ihm obliegt die aktuelle Her- und Bereitstellung von Informationen für die öffentliche Kommunikation. Journalismus fungiert dabei als System zur Selbstbeobachtung der Gesellschaft. Seine Primärfunktion liegt darin, **Informationen zur öffentlichen Kommunikation aktuell zu vermitteln.** Damit kann Journalismus von anderen publizistischen Tätigkeiten (etwa im Unterhaltungsbereich oder von Filmschaffenden) zumindest graduell unterschieden werden. Im Zuge des gesellschaftlichen Differenzierungsprozesses

- haben sich **journalistische Organisationen** wie beispielsweise Politikredaktionen herausgebildet; bei größeren Medienunternehmen sind diese Redaktionen wiederum unterteilt, etwa nach Landes-, Bundes- und Europapolitik, und innerhalb dieser Teilressorts sind wiederum Untergliederungen nach räumlichen Kriterien (Zuständigkeit für Bayern oder Südamerika) oder nach Politikfeldern (Außen- oder Umweltpolitik) zu finden;

- sind **journalistische Programme,** also beispielsweise Programme zur Informationssammlung und Recherche, zur Nachrichtenselektion (Nachrichtenwerte) oder zur Darstellung von Politik („politisches Magazin" im Fernsehen oder „Politikteil" in einer Tageszeitung) entstanden und
- haben sich **journalistische Rollen,** beispielsweise Politikredakteure oder politische Korrespondentin bzw. Korrespondent, herausgebildet. Neben der fachlichen Spezialisierung und Rollenbildung ist eine hierarchische Gliederung auszumachen: Politikressortleitung, Leitung der politischen Redaktion, politische Kolumnistin bzw. politischer Kolumnist, Kommentatorin bzw. Kommentator oder Volontärin bzw. Volontär im Politikressort (vgl. Blöbaum 2016).

Herausgefordert wird eine solche systemtheoretische Perspektive auf den Journalismus durch Phänomene der **Entgrenzung** (vgl. Loosen 2016). Mit Entgrenzung ist gemeint, dass sich zuvor Getrenntes (oder Differenziertes) wieder zusammenfügt: Ressorts werden aufgelöst, Rollen zusammengelegt, Grenzen zu anderen Systemen wie etwa PR oder Werbung werden durchlässiger etc. Solche Entgrenzungsphänomene sind für die Systemtheorie schwer zu fassen, da sie der funktionalen Differenzierung eine hohe Bedeutung in der Analyse gesellschaftlicher Entwicklung zuschreibt. Was aber passiert, wenn die Grenzen zwischen Journalismus und PR durchlässiger werden? Wie ist zu erklären, dass die Zahlungsbereitschaft gegenüber den Leistungen des Journalismus sinkt? In der Literatur wird daher der Systemcharakter des Journalismus auch in Frage gestellt:

> „So ist einerseits zu fragen, ob Journalismus sich tatsächlich als Institution etablieren konnte. Wäre dies so, sollte er in der Lage sein, eine gewisse Binde- und Zahlungsbereitschaft auszulösen, was offensichtlich nicht oder nur partiell der Fall ist. Vor diesem Hintergrund ist es andererseits recht verwegen, Journalismus als ein System – im Sinne der Systemtheorie – zu konzipieren. Ein soziales Teilsystem Journalismus lässt sich weder theoretisch noch empirisch plausibel begründen" (Jarren 2015, S. 119).

Neben dem „traditionellen" Journalismus sind in den vergangenen Jahren und insbesondere mit Durchsetzung von Onlinemedien und Social-Media-Plattformen weitere Formen politischer Kommunikation entstanden, über deren Zuordnung zum Journalismus diskutiert wird. Mit Begriffen wie **„partizipativer Journalismus"** oder auch „Bürgerjournalismus" (vgl. den Literaturüberblick bei Engesser 2013, S. 29–51) liegen eine ganze Reihe von Konzepten vor, den Begriff des Journalismus weiter zu fassen und auch andere Formen der aktuellen Informationsvermittlung einzubeziehen. Partizipativer Journalismus „beteiligt die Nutzer maßgeblich am Prozess der Inhaltsproduktion, wird außerhalb der Berufstätigkeit ausgeübt und ermöglicht die aktive Teilhabe an der Medienöffentlichkeit" (Engesser 2008, S. 66). Ob der Begriff des „partizipativen

Journalismus" dabei klug gewählt ist, ist in der Literatur umstritten. So kann Neuberger (2014, S. 246–247) in einer Studie über die Identität und Qualität des Journalismus im Internet aus der Sicht des Publikums zeigen, dass die „Internetableger des beruflichen Journalismus, also die Websites der Presse und (in geringerem Maße) des Rundfunks, als ‚journalistisch' identifiziert und geschätzt werden". Dagegen würden die Nutzerinnen und Nutzer Angebote in Social-Media-Plattformen seltener als journalistisch wahrnehmen und mit journalistischer Qualität in Zusammenhang bringen. Nach Neuberger und Quandt (2019, S. 72) bedarf es daher „einer sorgfältigen empirischen Prüfung, inwieweit durch Amateure und Algorithmen tatsächlich journalistische Vermittlungsleistungen erbracht werden – auch wenn im öffentlichen Metadiskurs z. B. die Annahme durchaus verbreitet ist, dass Blogs mit dem professionellen Journalismus konkurrieren können". Für die Definition des Journalismus und seine Abgrenzung von anderen Formen der Kommunikation müssten „Indikatoren gefunden werden, wobei sich Identitätsmerkmale, welche die Mindestanforderungen für ein journalistisches Angebot definieren (Aktualität, Universalität, Periodizität, Publizität, Autonomie), von Qualitätskriterien abgrenzen lassen, mit deren Hilfe zwischen ‚gutem' und ‚schlechtem' Journalismus unterschieden wird" (Neuberger und Quandt 2019, S. 72). Insgesamt zeigen sich Neuberger und Quandt skeptisch: „Die empirischen Befunde, die vor allem über Blogs vorliegen, lassen vermuten, dass partizipative Angebote kaum in der Lage sind, gleichwertige Leistungen wie der professionelle Journalismus zu erbringen, sieht man von einzelnen Blogs ab, die von Profijournalisten betrieben werden" (Neuberger und Quandt 2019, S. 72) (zum Journalismus und Social-Media-Plattformen vgl. auch Neuberger 2017, 2018).

Zusammenfassung

Mikro-, meso- und makrotheoretische Zugänge sind gleichermaßen bedeutsam, wenn politischer Journalismus beschrieben und erklärt werden soll. Vor allem in der Verbindung von System- und Handlungstheorie liegt ein Schlüssel zum Verständnis, weil hier teilsystemische Orientierungshorizonte, institutionelle Ordnungen und Akteurskonstellationen miteinander verbunden werden können. Politischer Journalismus findet überwiegend und dominant im organisatorischen Kontext, also etwa in Gestalt der kontinuierlichen Arbeit einer Politikredaktion statt. Den Rahmen setzen Medienbetriebe, die zusammen mit weiteren Organisationen wie beispielsweise Nachrichtenagenturen und Werbevermittlern eine Branche bilden. Die Organisationen innerhalb einer Branche sind Bestandteile eines spezifischen Institutionenkomplexes, der ihren jeweiligen Handlungen Grenzen setzt. Der politische Journalismus findet somit unter komplexen Handlungsbedingungen statt, auf die einzelne politische Journalistinnen und Journalisten oder Redaktionen keinen direkten, sondern allenfalls einen indirekten Einfluss haben. Wohl aber verfügt der politische Journalismus insgesamt über eigene Normen, Rollendifferenzierungen, Handlungsregeln und spezifische Formen der Interaktion. ◄

Literatur

Altmeppen, Klaus-Dieter. (2006). *Journalismus und Medien als Organisation: Leistungen, Strukturen und Management*. Wiesbaden: VS Verlag für Sozialwissenschaften.
Altmeppen, Klaus-Dieter, & Arnold, Klaus. (2013). *Journalistik, Grundlagen eines organisationalen Handlungsfeldes*. München: Oldenbourg.
Altmeppen, Klaus-Dieter, Greck, Regina, & Kössler, Tanja. (2016). Journalismus und Medien. In Martin Löffelholz & Liane Rothenberger (Hrsg.), *Handbuch Journalismustheorien* (S. 603–618). Wiesbaden: Springer VS.
Auer, Claudia. (2016). Internet und Journalismus. In Martin Löffelholz & Liane Rothenberger (Hrsg.), *Handbuch Journalismustheorien* (S. 489–506). Wiesbaden: Springer VS.
Blöbaum, Bernd. (2013). Journalismus. In Günter Bentele, Hans-Bernd Brosius & Otfried Jarren (Hrsg.), *Lexikon Kommunikations- und Medienwissenschaft* (2., überarb. u. erw. Aufl., S. 141–142). Wiesbaden: Springer VS.
Blöbaum, Bernd. (2016). Journalismus als Funktionssystem der Gesellschaft. In Martin Löffelholz & Liane Rothenberger (Hrsg.), *Handbuch Journalismustheorien* (S. 151–163). Wiesbaden: Springer VS.
Dietrich-Gsenger, Marlene, & Seethaler, Josef. (2019). Soziodemografische Merkmale. In Thomas Hanitzsch, Josef Seethaler & Vinzenz Wyss (Hrsg.), *Journalismus in Deutschland, Österreich und der Schweiz* (S. 51–70). Wiesbaden: Springer VS.
Engesser, Sven. (2008). Partizipativer Journalismus: Eine Begriffsanalyse. In Ansgar Zerfaß, Martin Welker & Jan Schmidt (Hrsg.), *Kommunikation, Partizipation und Wirkungen im Social Web. Band 2: Anwendungsfelder: Wirtschaft, Politik, Publizistik* (S. 47–71). Köln: Herbert von Halem Verlag.
Engesser, Sven. (2013). *Die Qualität des Partizipativen Journalismus im Web: Bausteine für ein integratives theoretisches Konzept und eine explanative empirische Analyse*. Wiesbaden: Springer VS.
Hanitzsch, Thomas, & Lauerer, Corinna. (2019). Berufliches Rollenverständnis. In Thomas Hanitzsch, Josef Seethaler & Vinzenz Wyss (Hrsg.), *Journalismus in Deutschland, Österreich und der Schweiz* (S. 135–161). Wiesbaden: Springer VS.
Hanitzsch, Thomas, Seethaler, Josef, & Wyss, Vinzenz. (2019). Zur Einleitung: Journalismus in schwierigen Zeiten. In Thomas Hanitzsch, Josef Seethaler & Vinzenz Wyss (Hrsg.), *Journalismus in Deutschland, Österreich und der Schweiz* (S. 1–23). Wiesbaden: Springer VS.
Jarren, Otfried. (2015). Journalismus – unverzichtbar?! *Publizistik, 60*(2), 113–122.
Kohring, Matthias. (2016). Journalismus als Leistungssystem der Öffentlichkeit. In Martin Löffelholz & Liane Rothenberger (Hrsg.), *Handbuch Journalismustheorien* (S. 165–176). Wiesbaden: Springer VS.
Lauerer, Corinna, Dingerkus, Filip, & Steindl, Nina. (2019). Journalisten in ihrem Arbeitsumfeld. In Thomas Hanitzsch, Josef Seethaler & Vinzenz Wyss (Hrsg.), *Journalismus in Deutschland, Österreich und der Schweiz* (S. 71–101). Wiesbaden: Springer VS.
Lauerer, Corinna, & Keel, Guido. (2019). Journalismus zwischen Unabhängigkeit und Einfluss. In Thomas Hanitzsch, Josef Seethaler & Vinzenz Wyss (Hrsg.), *Journalismus in Deutschland, Österreich und der Schweiz* (S. 103–134). Wiesbaden: Springer VS.
Lilienthal, Volker, Weichert, Stephan, Reineck, Dennis, Sehl, Annika, & Worm, Silvia. (2014). *Digitaler Journalismus: Dynamik – Teilhabe – Technik*. Berlin: Vistas.
Lobigs, Frank. (2016). Finanzierung des Journalismus – von langsamen und schnellen Disruptionen. In Klaus Meier & Christoph Neuberger (Hrsg.), *Journalismusforschung: Stand und Perspektiven* (2. Aufl., S. 69–138). Baden-Baden: Nomos.

Lobigs, Frank. (2018). Wirtschaftliche Probleme des Journalismus im Internet. In Christian Nuernbergk & Christoph Neuberger (Hrsg.), *Journalismus im Internet: Profession – Partizipation – Technisierung* (S. 295–334). Wiesbaden: Springer VS.

Loosen, Wiebke. (2016). Journalismus als (ent-)differenziertes Phänomen. In Martin Löffelholz & Liane Rothenberger (Hrsg.), *Handbuch Journalismustheorien* (S. 177–189). Wiesbaden: Springer.

Lünenborg, Margreth, & Berghofer, Simon. (2010). *Politikjournalistinnen und -Journalisten.: Aktuelle Befunde zu Merkmalen und Einstellungen vor dem Hintergrund ökonomischer und technologischer Wandlungsprozesse im deutschen Journalismus.* Berlin: Deutscher Fachjournalisten-Verband.

Lünenborg, Margreth, & Sell, Saskia. (2018). Politischer Journalismus als Forschungsfeld: Theoretische Verortung und empirische Zugänge. In Margreth Lünenborg & Saskia Sell (Hrsg.), *Politischer Journalismus im Fokus der Journalistik* (S. 3–31). Wiesbaden: Springer VS.

Neuberger, Christoph. (2014). Die Identität und Qualität des Journalismus im Internet aus der Sicht des Publikums. In Wiebke Loosen & Marco Dohle (Hrsg.), *Journalismus und (sein) Publikum: Schnittstellen zwischen Journalismusforschung und Rezeptions- und Wirkungsforschung* (S. 229–251). Wiesbaden: Springer VS.

Neuberger, Christoph. (2017). Soziale Medien und Journalismus. In Jan-Hinrik Schmidt & Monika Taddicken (Hrsg.), *Handbuch Soziale Medien* (S. 101–127). Wiesbaden: Springer VS.

Neuberger, Christoph. (2018). Journalismus in der Netzwerköffentlichkeit. In Christian Nuernbergk & Christoph Neuberger (Hrsg.), *Journalismus im Internet: Profession – Partizipation – Technisierung* (S. 11–80). Wiesbaden: Springer VS.

Neuberger, Christoph, & Quandt, Thorsten. (2019). Internet-Journalismus. In Wolfgang Schweiger & Klaus Beck (Hrsg.), *Handbuch Online-Kommunikation* (S. 59–79). Wiesbaden: Springer VS.

Reinemann, Carsten, & Baugut, Philip. (2014). Alter Streit unter neuen Bedingungen. Einflüsse politischer Einstellungen von Journalisten auf ihre Arbeit. *Zeitschrift für Politik, 61*(4), 480–505.

Scholl, Armin. (2016). Theorien des Journalismus im Vergleich. In Klaus Meier & Christoph Neuberger (Hrsg.), *Journalismusforschung: Stand und Perspektiven* (2. Aufl., S. 371–410). Baden-Baden: Nomos.

Seethaler, Josef, Hanitzsch, Thomas, Keel, Guido, Lauerer, Corinna, Steindl, Nina, & Wyss, Vinzenz. (2019). Zwischen Kontinuität und Wandel: Journalismus in Deutschland, Österreich und der Schweiz. In Thomas Hanitzsch, Josef Seethaler & Vinzenz Wyss (Hrsg.), *Journalismus in Deutschland, Österreich und der Schweiz* (S. 237–256). Wiesbaden: Springer VS.

Weischenberg, Siegfried, Löffelholz, Martin, & Scholl, Armin. (1994). Journalismus in Deutschland II. Merkmale und Einstellungen von Journalisten. *Media Perspektiven*(4), 154–167.

Weischenberg, Siegfried, Malik, Maja, & Scholl, Armin. (2006a). *Die Souffleure der Mediengesellschaft: Report über die Journalisten in Deutschland.* Konstanz: UVK.

Weischenberg, Siegfried, Malik, Maja, & Scholl, Armin. (2006b). Journalismus in Deutschland 2005. Zentrale Befunde der aktuellen Repräsentativbefragung deutscher Journalisten. *Media Perspektiven*(7), 346–361.

Akteure politischer Kommunikation III: Politische PR

9

Überblick

Politische Public Relations hat in den vergangenen Jahren an Bedeutung und Aufmerksamkeit gewonnen. Während die einen politische PR weitgehend mit dem Begriff der Propaganda gleichsetzen, diagnostizieren andere ihre Modernisierung: „Politische PR [hat] unter allen politischen Aspekten in dem Maße an Bedeutung gewonnen […], wie kollektiv bindende Entscheidungen komplexer, pluraler, hektischer – in einem Wort: moderner – geworden sind. Umgekehrt hat politische PR einen gehörigen Anteil an dieser Veränderung von Politik" (Vowe und Opitz 2015, S. 91). Im Unterschied zur politischen Kommunikationsforschung befasst sich die politische PR-Forschung vor allem mit den „PR-Akteuren", d. h. mit den Kommunikationsverantwortlichen in Organisationen wie etwa Pressesprecherinnen und -sprechern (Raupp und Kocks 2018, S. 8). Das Kapitel beleuchtet die Merkmale und Besonderheiten der politischen PR aus einer kommunikationswissenschaftlichen Perspektive (Abschn. 9.1) und grenzt den Begriff von anderen Formen politischer Kommunikation ab (Abschn. 9.3).

9.1 Merkmale und Besonderheiten der politischen PR

Politische Akteure verfolgen ihre Ziele intentional, betreiben Öffentlichkeitsarbeit bzw. PR unmittelbar selbst oder – was häufiger der Fall ist – vermittelt über ihre jeweilige politische Organisation und Akteure wie Pressesprecherinnen und -sprecher oder PR-Beraterinnen und -Berater. Um ihre Ziele zu verfolgen, richten sie ihre Aktivitäten auf die allgemeine Öffentlichkeit und damit stark auf den Journalismus und die

Massenmedien aus. Dort gilt es, Resonanz zu erzielen, positiv konnotierte Themen durchzusetzen und als schädlich angesehene Thematisierungen zu vermeiden oder diese rechtzeitig umzudeuten. Politische PR ist damit immer auch ein Element von Politics, d. h. ein Instrument in der Auseinandersetzung zwischen politischen Akteuren (vgl. Vowe und Opitz 2015, S. 87). Ihre unterschiedlichen Operationsweisen können mit den drei Begriffen „Beobachtung", „Reflexion" und „Steuerung" abstrakt beschrieben werden (vgl. Preusse et al. 2013). Politische PR wird sowohl **aktiv als auch reaktiv betrieben.** Es ist deshalb berechtigt, politische Öffentlichkeitsarbeit oder politische Public Relations in einer organisationsbezogenen Perspektive als einen **Teil des Kommunikationsmanagements politischer Akteure** gegenüber ihren externen und internen Umwelten zu definieren. Mit dieser Definition wird politische PR vor allem an die Aktivitäten politischer Akteure gebunden.

▶ **Public Relations** wird als „gemanagte Kommunikation nach innen und außen verstanden, die das Ziel verfolgt, organisationale Interessen zu vertreten und Organisationen gesellschaftlich zu legitimieren. PR wird hierbei als Teilbereich der Organisationskommunikation bzw. der Unternehmenskommunikation angesehen, mittels derer die Kommunikationsbeziehungen zwischen Organisation und Umwelt hergestellt, gestaltet und auf Dauer gestellt werden sollen. Dabei spielen sowohl interne wie externe Stakeholder, d. h. Personen oder Gruppen, die das Organisationshandeln beeinflussen können oder von diesem tangiert werden [...] eine Rolle. Die externe PR-Kommunikation richtet sich insbesondere an das gesellschaftspolitische Umfeld der Organisation" (Röttger et al. 2018, S. 7).

▶ **Politische PR** als ein Teilbereich der politischen Kommunikation ist „das Management von Interdependenzbeziehungen zwischen einzelnen politischen Organisationen und ihren Umwelten mit dem Ziel einer permanenten Reproduktion von Strukturen als organisationalen Handlungsvoraussetzungen von politischen Akteuren im Prozess der Herstellung allgemein verbindlicher Entscheidungen. Politische Öffentlichkeitsarbeit hat also dazu beizutragen, in den jeweiligen Phasen des politischen Prozesses Unsicherheitszonen zu erkennen, Ressourcen zur informationellen Problemlösung – ggf. unter Beteiligung der jeweils von politischen Prozessen betroffenen Personen wie Gruppen – bereitzustellen und dadurch den Akteuren politische Handlungsspielräume zu verschaffen" (Jarren 1994, S. 673).

Im Forschungsfeld der Public Relations selbst hat sich zur Charakterisierung der Beziehungen zwischen politischen und medialen Akteuren der Begriff der **Media Relations** etabliert (vgl. Fredriksson und Pallas 2018; Raupp und Kocks 2016). Media Relations können mit Supa und Zoch (2009, S. 2) definiert werden als die systematischen, geplanten und absichtsvollen Beziehungen zum wechselseitigen Nutzen zwischen Journalistinnen und Journalisten der Massenmedien und PR-Akteuren, deren Ziel die Etablierung von Vertrauen, Verständnis und Respekt zwischen den beiden Gruppen ist.

PR im Bereich der Politik ist wie im System Wirtschaft zwar auf Dauer gestellt und entsprechend institutionalisiert, aber die PR-Tätigen sind in einem höheren Maß als ihre Kolleginnen und Kollegen aus der Wirtschaft an die – immer auf Zeit gewählten – Mandatsträgerinnen und -träger bzw. Amtsinhaberinnen und -inhaber gebunden. Mit Ausnahme von größeren politischen Organisationen sind PR-Tätige durchwegs in kleinen Stäben organisiert, die unmittelbar beim politischen **Leitungsbereich** (in einem Ministerium oder in einer Verwaltung) angesiedelt sind. Politische PR-Akteure sind daher auch in politisch-ideologischer Hinsicht ihren Vorgesetzten nah und verbunden – sie agieren mit diesen auf Zeit. Die **enge Bindung und das unmittelbare Zuarbeitsverhältnis** politischer PR-Akteure zu einzelnen Politikerinnen und Politikern, also zu Personen, setzt Professionalisierungsbemühungen Grenzen, auch weil die Personalauswahl mehr nach ideologisch-politischen und persönlichen als nach beruflich-professionellen Kriterien erfolgt. Insgesamt ist die Professionalität in der politischen PR bislang im Vergleich zu anderen gesellschaftlichen Systemen als geringer einzuschätzen.

9.2 Funktion und Aufgabe politischer PR

Während bei der politischen Werbung die persuasive Funktion im Mittelpunkt steht und dementsprechende Ziele formuliert und Techniken eingesetzt werden, geht es im Bereich der politischen PR um die Informationsfunktion. Aber die Information erfolgt gezielt, selektiv und ist interessengeleitet. Mittels PR soll auf bestimmte Akteure, Ereignisse, Probleme oder Problemlösungen **Aufmerksamkeit gelenkt** sowie umgekehrt von negativen Ereignissen oder Vorgängen abgelenkt werden. Die PR-Stellen bei politischen Organisationen haben **zwei Kernfunktionen:** Zum einen sollen sie dazu beitragen, dass innerhalb der Organisation notwendige Informations- und Kommunikationsprozesse stattfinden (Binnenkommunikation). **Innerhalb der Organisation** nehmen die PR-Akteure vielfältige Beobachtungs-, Analyse- und Beratungsaufgaben wahr (vgl. Napierala und Römmele 2021). Zudem übernehmen PR-Akteure eine Kritikfunktion, wenn sie geplante politische Maßnahmen mit vorbereiten oder Auftritte von Politikerinnen und Politikern analysieren und mit diesen auswerten. Die Funktion der PR liegt dann in der Steigerung der Reflexivität der Organisation (vgl. Röttger und Zielmann 2009, S. 52). Zum anderen obliegt ihnen – zumeist zusammen mit anderen Stabsstellen – die Beobachtung der Organisationsumwelt und die Planung, Durchführung und Evaluation von **organisationsexternen Informations- und Kommunikationsmaßnahmen.** Die Informations- und Kommunikationsmaßnahmen können sich an die Massenmedien wie auch an gesellschaftliche (Ziel-)Gruppen oder andere Akteure richten. Je nach Konstellation und Situation kann einmal die Binnen- oder die Außenkommunikation im täglichen Geschäft dominieren. Die meisten politischen Organisationen erweisen sich als hochflexibel, weil sie auf plötzlich eintretende Entwicklungen (kommunikativ) reagieren müssen. Alle politischen Entscheidungen müssen regelhaft auf mögliche unerwünschte Nebenwirkungen, die sich auch aus der Folgekommunikation ergeben können, überprüft werden.

Im Vergleich von Binnen- und Außenkommunikation zeigt sich, dass letztere den politischen Organisationen meist besser gelingt: „Politische PR erfolgt in erster Linie als einseitige Kommunikation von den politischen Organisationen in Richtung Umwelten" (Röttger 2015, S. 29). Das erklärt, weshalb politische Organisationen wie beispielsweise Parteien, die vielfach organisatorisch differenziert sind (so nach Regionen und nach Zielgruppen wie auch nach Politikfeldern), nur über eine **schwach ausgeprägte Corporate Identity** als Organisationen verfügen. Personen stehen für Regionen, politische Richtungen und für bestimmte Politikfelder. Bezogen auf Kernziele und in Wahl- und Entscheidungssituationen muss zwar eine gewisse Identität und „Geschlossenheit" erkennbar sein. Aber unterhalb dieses Kernbereichs und abseits von Entscheidungssituationen sind unterschiedliche Vorstellungen vorhanden, die auch notwendigerweise artikuliert werden, damit die Organisation zur Innovation fähig ist. Das Verhältnis von öffentlich erwarteter Offenheit und notwendiger innerer Geschlossenheit ist im Handeln immer prekär und stellt sehr hohe Anforderungen an das Kommunikationsmanagement in politischen Organisationen. Auch Ulrike Röttger (2015, S. 26) diagnostiziert auf Basis mehrerer empirischer Studien für die politische PR eine „starke Ausrichtung der PR-Experten auf ihre Funktion als nach außen gerichtetes Sprachrohr von Politikern und das eher schwach ausgeprägte Verständnis von PR als Managementfunktion, die u. a. organisationsinterne Steuerungs- und Beratungsfunktionen erfüllt". Den Grund für diese Ausrichtung sieht sie in dem überwiegend nicht PR-spezifischen Ausbildungshintergrund der PR-Expertinnen und -Experten im Bereich der Politik. Daher wird die Binnenkommunikation politischer Organisationen stark von einzelnen Führungspersönlichkeiten auf den unterschiedlichen Organisationsebenen bestimmt. Dies stabilisiert die Organisation in der öffentlichen Wahrnehmung. Die Binnenkommunikation ist nur in geringem Maß von einer zentralen PR-Organisationseinheit vorzubestimmen oder gestaltbar. Hier unterscheidet sich politische PR wiederum von derjenigen in Wirtschaftsunternehmen: Zwar gibt es in der Politik Hierarchien, aber vielfach kein Unterstellungsverhältnis wie in der Wirtschaft. So finden in politischen Organisationen vielfach Richtungskämpfe statt, an denen PR-Akteure aktiv mitwirken. Diese Richtungs-, Positions- und Personenkämpfe können nicht durch hierarchische Entscheidungen beendet werden. PR-Akteuren kommt eine herausgehobene Position immer dann zu, wenn wesentliche zentrale Organisationsaufgaben zu bewältigen sind, also beispielsweise bei Wahlen und Abstimmungen. Dabei darf allerdings nicht übersehen werden, dass **im politischen Alltagsgeschäft den PR-Akteuren vor allem wichtige und vielfältige Analyse- und Beratungsfunktionen zukommen.** So wird die Stimmung innerhalb der Organisation sensibel beobachtet und auch das wahrgenommen und analysiert, was andere Akteure verlauten lassen. Ebenso wird registriert, welche relevanten Themen in den Medien vorkommen. Die Umweltbeobachtung wird vielfach an externe spezialisierte Dienstleister als Auftrag vergeben (beispielsweise Medienbeobachtung und -analyse).

Politische PR muss sich ferner mit dem **Allzuständigkeitsproblem von Politik** und den daraus resultierenden Folgen auseinandersetzen. An andere gesellschaftliche Teilsysteme werden keine vergleichbaren allgemeinen Ansprüche gestellt. Politische PR wendet sich im Grundsatz an die gesamte Bürgerschaft, zumindest an alle potenziellen Wählerinnen und Wähler gleichermaßen. Sie kann sich zwar an soziale oder räumlich definierte Zielgruppen richten, verliert damit aber nicht ihre **Gesamtzuständigkeit.**

Systembedingt hat es also die politische Öffentlichkeitsarbeit mit besonderen Problemen und spezifischen Leistungsanforderungen zu tun (vgl. Röttger 2015; Vowe und Opitz 2015). Diese Besonderheiten gilt es zu berücksichtigen, wenn die spezifischen Formen politischer PR erkannt werden sollen. PR- und Kommunikationskonzepte in der Politik fokussieren stärker als in anderen Teilsystemen Personen, zugleich aber muss die politische PR die längerfristigen Organisationsinteressen verfolgen. Denn **eine politische Organisation hat ein langfristiges Interesse am Überleben** und an einer stabilen Organisationsidentität (vgl. u. a. Donges 2011, 2020). Sie profiliert sich zwar einerseits über einzelne wenige Führungspersönlichkeiten, darf sich jedoch andererseits von Einzelpersonen nicht zu stark abhängig machen. Die damit verbundenen Zielkonflikte verschärfen sich dadurch, dass Einzelpersonen und Organisationseinheiten gleichermaßen politische Öffentlichkeitsarbeit betreiben (müssen). PR- und Kommunikationskonzepte „aus einem Guss" sind auch deshalb nicht ohne Weiteres möglich, weil in den meisten politischen Organisationen Konkurrenzverhältnisse bestehen, selbst im Führungszirkel.

9.3 Abgrenzungen zwischen PR und anderen Formen politischer Kommunikation

Politische Werbung wird vor allem in Wahlkämpfen, Kampagnen und Mitgliederwerbeaktionen betrieben. Sie bedient sich bestimmter Mittel, die aus der Wirtschaftswerbung bekannt sind (Produkt- und Imagewerbung). **Mit der Wahlwerbung wird eine persuasive Zielsetzung** verfolgt. Absicht werblicher Bemühungen ist es, durch Kommunikation Einstellungen, Werthaltungen und Verhalten der jeweiligen Adressaten im Sinne des Absenders der Botschaften zu beeinflussen. Politische Werbung zielt kurzfristig auf ein bestimmtes Wahlverhalten ab und ist langfristig auf die Kreation eines positiven Images sowie auf den Erwerb von Vertrauen für eine Person oder Organisation ausgerichtet. Ähnlich langfristige Ziele werden allerdings auch mit PR-Strategien verfolgt. Ein Unterschied zwischen Werbung und PR im politischen Bereich ist, dass für Werbung und Werbeleistungen in der Regel ein Dienstleister bezahlt werden muss.

▶ „**Politische Werbung** tritt insbesondere als Wahlwerbung in Erscheinung und zielt daher direkt oder indirekt auf die Wählerstimmen. Hauptsächliches definierendes Merkmal für politische Werbung ist die vollständige Kontrolle von Gestaltung und Inhalt durch den politischen Akteur. Werbemaßnahmen erreichen das Publikum/die Wählerschaft in der Form, wie sie vom Werbenden bestimmt wird, möglicherweise jedoch in einem Umfeld, das sich auf die Rezeption auswirken kann" (Holtz-Bacha 2020, S. 2).

Befunde zu Formen und Wirkungen politischer Werbung liegen vor allem für die USA vor, wo diese Form der politischen Kommunikation wesentlich ausgeprägter ist und andere Formen annimmt als in Europa. Die Befunde US-amerikanischer Studien sind daher nicht einfach auf Europa übertragbar. So werden in den USA viel mehr Wahlwerbespots geschaltet als bei uns, und dies nicht nur von den Parteien, sondern auch von anderen Organisationen. Auch unterscheidet sich der Stil der Werbung. So ist „negative campaigning", d. h. Werbung, die vor allem auf die Schwächen des politischen Gegners zielt, in den deutschsprachigen Ländern bei weitem nicht in demselben Ausmaß wie in den USA anzutreffen (vgl. Podschuweit 2016, S. 658). Auch die finanziellen Aufwendungen der Akteure sind höchst unterschiedlich. Zwar wenden auch hierzulande die politischen Parteien in Wahlkampfzeiten sehr viel Geld auf, beispielsweise um Anzeigenraum bei Zeitungen, Sendezeit bei Rundfunkanstalten (für Werbespots) oder Plakatflächen zu kaufen. Es geht ihnen jedoch oft auch darum, mithilfe **redaktioneller Werbestrategien** Kosten zu sparen. So präsentieren Parteien wie auch andere Akteure auf Medienkonferenzen ihre Werbemittel, wie beispielsweise Plakate, und hoffen, dass diese sich dann in der redaktionellen Berichterstattung, etwa in Form von Fotos, wiederfinden lassen.

Mit der Durchsetzung von Social-Media-Plattformen ist politische Werbung nicht mehr zwingend an journalistisch-redaktionelle Medien und öffentliche Kommunikation gebunden. Zu den neueren Formen der politischen Werbung gehört das sogenannte **Microtargeting,** mit dem über Social-Media-Plattformen eine genau definierte und eher homogene Zielgruppe angesprochen werden kann (vgl. Holtz-Bacha 2020, S. 4). Bei dieser Form der Werbung ist von außen auch nicht mehr nachvollziehbar, wer welche Werbebotschaften erhalten hat.

Die Abgrenzung politischer PR oder Öffentlichkeitsarbeit von politischer Werbung ist vor allem für die Regierung als Akteur relevant. So urteilte das Bundesverfassungsgericht 1977, dass der Regierung PR im Sinne einer Information der Bevölkerung über die Regierungsarbeit erlaubt sei, Werbung bzw. Reklame für politische Parteien aber nicht (vgl. Kocks und Raupp 2014; Raupp und Kocks 2018).

Der Begriff des **politischen Marketings** hat im Zuge der „Amerikanisierungsdebatte" Einzug in die wissenschaftliche Literatur gehalten. Die Durchführung von **Wahlkämpfen** und **Kampagnen** hat sich in den letzten Jahrzehnten erkennbar verändert. Teile dieser Aufgaben werden verstärkt an Werbe- und Marketingspezialistinnen und -spezialisten delegiert, d. h. die Leistungen werden von den politischen Akteuren eingekauft und nicht selbst produziert, wie es zu früheren Zeiten bei Mitgliederparteien üblich war.

Wahlen und Kampagnen können deshalb zu Formen eines im Entstehen begriffenen **Politmarketings** gezählt werden. Kunczik begreift Marketing als Oberbegriff von Werbung und PR und definiert:

▶ „**Marketing**-Management im politischen Bereich ist […] der bewusste Versuch, erwünschte Austauschvorgänge mit den Zielmärkten, d. h. der Öffentlichkeit bzw. relevanten Teilöffentlichkeiten herbeizuführen. Die zentralen Marketing-Instrumente

9.3 Abgrenzungen zwischen PR und anderen Formen politischer Kommunikation

bzw. Elemente des Marketing-Mix im politischen Bereich sind Public Relations und Werbung, wobei als Äquivalent zum persönlichen Verkauf im klassischen Marketing-Mix die Individual-PR angesehen werden kann, mittels derer politische Akteure sich mit Hilfe von PR-Firmen ein optimal dienliches Image erarbeiten. Werbung ist nichtpersonale Kommunikation, die von bezahlten Medien übermittelt wird, wohingegen PR die Bemühungen umfasst, durch die Selbstdarstellung von Interessen die Öffentlichkeit bzw. relevante Teilöffentlichkeiten zu beeinflussen" (Kunczik 1998, S. 330).

Ähnlich wie bei Marketingkonzepten in der Wirtschaft werden im politischen Bereich Analyse- und Planungsinstrumente eingesetzt, Motive getestet, die Instrumente im Prozess verfeinert und die Effekte evaluiert. Politische Parteien, auch jene, die über eine große Mitgliederbasis verfügen, führen Kampagnen und Wahlen heute maßgeblich unter Mitarbeit von externen Werbe-, PR- und Marketingspezialistinnen und -spezialisten durch und setzen bei der Realisierung nur noch partiell auf die eigene Mitgliederschaft. Im Unterschied zu den USA ist das politische Marketing in Westeuropa aber immer noch gering entwickelt und kommerzialisiert; es existiert hier noch kein hinreichender großer Markt für politische Werbe- und PR-Beraterinnen und -Berater. (vgl. Röttger und Zielmann 2012).

Auch der Begriff der **Public Affairs** lässt sich nur schwer von dem der Public Relations abgrenzen und wird oft mit dem Begriff des Lobbyings gleichgesetzt. Althaus (2007) definiert den Begriff als das strategische Management von Entscheidungsprozessen an der Schnittstelle zwischen Politik, Wirtschaft und Gesellschaft. Public Affairs sei „beides: Risikomanagement von öffentlichen Angelegenheiten für Unternehmen und Beratung in öffentlichen Angelegenheiten für die Politik" (Althaus 2007, S. 797; vgl. auch Fähnrich und Mono 2019).

▶ „**Public-Affairs-Management** umfasst die Analyse, Planung, Umsetzung und Evaluation der Kommunikationsbeziehungen von Unternehmen oder anderen Organisationen zu Akteuren aus Politik und Verwaltung sowie jenen Teilen ihres Umfeldes, die für politische Entscheidungsprozesse relevant sind. Übergeordnetes Ziel von Public-Affairs-Management ist es, mittels öffentlicher, teilöffentlicher und nichtöffentlicher Kommunikation im Sinne der Organisationsinteressen Einfluss auf politische Entscheidungen zu nehmen. Damit sollen die Bedingungen für das Überleben und den nachhaltigen Erfolg der Organisation durch die Sicherung von Legitimation und anderen Ressourcen positiv beeinflusst werden. Zielgruppen der Public-Affairs-Kommunikation sind neben Akteuren aus Politik und Verwaltung auch Interessenorganisationen wie Verbände, Vereine und Initiativen, die Medien sowie einzelne Bürgerinnen und Bürger" (Röttger et al. 2021, S. 7).

Während es bei der politischen PR allein von der Bedeutung des Begriffs Public Relations her um eine öffentliche Form der Kommunikation geht, vollzieht sich **Lobbying** in der Regel unter Ausschluss der Öffentlichkeit. Lobbying meint die direkte, häufig interpersonale und informelle Ansprache von politischen Entscheidungsträgern durch Interessenvertreter (vgl. u. a. Zimmer 2021, S. 461–462).

▶ **„Lobbying** umfasst Versuche der direkten Einflussnahme auf Akteure aus Politik und Verwaltung durch Vertreter privater und öffentlicher Interessen, die nicht selbst direkt am politischen Entscheidungsprozess beteiligt sind. Lobbying wird sowohl von Unternehmen wie auch anderen Organisationen (z. B. Verbänden, NGOs) betrieben. Im Zentrum des Lobbyings als nicht-öffentlicher Form der Public Affairs steht die direkte, interpersonale Kommunikation mit Vertretern aus Politik und Verwaltung" (Röttger et al. 2021, S. 7).

Als Aufgaben des Lobbying nennt Althaus (2007, S. 798) u. a. die Recherche, Analyse und Prognose von Vorschlägen und Entwürfen für Gesetze, Richtlinien und Verordnungen; das Monitoring und die laufende Berichterstattung im Unternehmen und in den Branchenverbänden über die Entwicklung von Themen; Präsenz und Vertretung der Interessen; Aufbau, Pflege und Koordination von Bündnissen mit anderen Unternehmen oder Interessengruppen sowie die Information und Argumentation nicht nur vor politischen Entscheidungsträgern, sondern auch innerhalb der Organisation. Die hohe Bedeutung des Lobbyings für die Politik fasst Arlt (2021, S. 163) so zusammen: „Sowohl Public-Affairs-Management & Lobbying (PAM&L) als auch die Kritik daran bilden normale Elemente demokratischer Politik. Sie gehören zusammen, sie können sich nicht gegenseitig überflüssig machen, weil PAM&L für demokratische Politik Lösung und Problem zugleich sind."

Während es bei der Public Relations vornehmlich um das Management der Kommunikationsbeziehungen mit der Öffentlichkeit des eigenen Landes geht, stehen beim Begriff der **Public Diplomacy** grenzüberschreitende Kommunikationen im Zentrum.

▶ **Public Diplomacy** „bezeichnet den Kommunikationsprozess einer Regierung mit anderen Gesellschaften, um die eigenen Werte und Interessen zu vertreten, wobei sie grundsätzlich bestrebt ist, ein positives Bild des eigenen Staates zu vermitteln. Der Zweck ist darauf gerichtet, auf das Handeln anderer Regierungen über deren Gesellschaften Einfluss nehmen zu können. Sie grenzt sich von der Öffentlichkeitsarbeit privater Akteure dadurch ab, dass sie für staatliche Zwecke eingesetzt wird, weshalb sie auch ein wichtiger Teil der jeweiligen soft power ist, die sie dabei reproduziert. Sie grenzt sich von Propaganda ab, weil sie nicht einseitig auf die Adressaten gerichtet ist, sondern als Dialog konzipiert wird. Sie grenzt sich von information warefare ab, indem sie auf zivile und nicht auf militärische Ziele gerichtet ist" (Jäger 2020, S. 15).

Mit Public Diplomacy können sehr unterschiedliche Ziele verfolgt werden (vgl. Auer 2017; Hartig 2019). Der US-Diplomat Tuch (1990, S. 3–4) beschreibt Public Diplomacy als „a government's process of communicating with foreign publics in an attempt to bring about understanding for its nation's ideas and ideals, its institutions and culture, as well as its national goals and current policies". Während Tuch die Public Diplomacy damit dezidiert an Regierungen als Kommunikatoren bindet, beziehen andere Definitionen auch private Akteure wie beispielsweise NGOs oder auch Medienunternehmen mit ein. So verstehen etwa Signitzer und Coombs (1992, S. 138) Public Diplomacy als „the way in which both government and private individuals and groups influence directly or indirectly those public attitudes and opinions which bear directly on another government's foreign policy decisions". Frederick (1993) differenziert die möglichen Inhalte der Public Diplomacy in die Teilbereiche Information, Bildung und Kultur, und er betont den indirekten Charakter der Kommunikation: Ziel der Public Diplomacy sei immer „to influence a foreign government, by influencing its citizens" (Frederick 1993, S. 229). Beim Konzept der Public Diplomacy stellt sich daher die Frage, ob man es begrifflich für einen Teilbereich der Diplomatie von Regierungen reserviert, die damit „soft power" auf andere Länder auszuüben versucht (vgl. etwa Nye 2008), oder ob damit alle Arten von Kommunikationen bezeichnet werden, die sich an Menschen eines anderen Landes richten. Gilboa (2008) verwendet für die medienvermittelte transnationale Kommunikation auch den Begriff der Media Diplomacy.

Zusammenfassung

Politische Öffentlichkeitsarbeit oder PR ist ein Handlungsfeld im politischen System, das vorrangig der Wahrnehmung von organisationsexternen und nachrangig von organisationsinternen Informations- und Kommunikationsaufgaben dient. Sie wird weiterhin von Personen und Personengruppen zur Absicherung politischer Positionen mittels kommunikativer Maßnahmen eingesetzt. Politische PR nimmt insoweit für politische Akteure und Eliten eine Kontroll- und Werbeaufgabe wahr und reduziert Unsicherheit. Hinsichtlich der Werbeziele bedient sie sich weitgehend persuasiver Kommunikationsformen und -techniken, sie unterscheidet sich jedoch von der PR in anderen gesellschaftlichen Teilsystemen wie auch von anderen persuasiven Formen politischer Kommunikation. ◄

Literatur

Althaus, Marco. (2007). Public Affairs und Lobbying. In Manfred Piwinger & Ansgar Zerfaß (Hrsg.), *Handbuch Unternehmenskommunikation* (S. 797–816). Wiesbaden: Gabler Verlag.

Arlt, Hans-Jürgen. (2021). Public Affairs und Lobbying aus Sicht von Kritikern. In Ulrike Röttger, Patrick Donges & Ansgar Zerfaß (Hrsg.), *Handbuch Public Affairs. Politische Kommunikation für Unternehmen und Organisationen* (S. 163–188). Wiesbaden: Springer Gabler.

Auer, Claudia. (2017). *Theorie der Public Diplomacy. Sozialtheoretische Grundlegung einer Form strategischer Kommunikation*. Wiesbaden: Springer VS

Donges, Patrick. (2011). Politische Organisationen als Mikro-Meso-Makro-Link. In Thorsten Quandt & Bertram Scheufele (Hrsg.), *Ebenen der Kommunikation. Mikro-Meso-Makro-Links in der Kommunikationswissenschaft* (S. 217–231). Wiesbaden: VS Verlag für Sozialwissenschaften.

Donges, Patrick. (2020). Medialisierung und Organisationen/Politische Akteure. In Isabelle Borucki, Katharina Kleinen-von Königslöw, Stefan Marschall & Thomas Zerback (Hrsg.), *Handbuch Politische Kommunikation*. Wiesbaden: Springer VS.

Fähnrich, Birte, & Mono, René. (2019). Public Affairs: Strategische Kommunikation von Unternehmen im politischen Raum. In Ansgar Zerfaß, Manfred Piwinger & Ulrike Röttger (Hrsg.), *Handbuch Unternehmenskommunikation* (S. 1–18). Wiesbaden: Springer VS.

Frederick, Howard Handthorne (1993). *Global communication and international relations*. Belmont, CA: Wadsworth.

Fredriksson, Magnus, & Pallas, Josef. (2018). Media Relations. In Robert L. Haeth & Winni Johansen (Hrsg.), *The International Encyclopedia of Strategic Communication* (S. 1–12). Weinheim: Wiley.

Gilboa, Eytan. (2008). Searching for a Theory of Public Diplomacy. *The ANNALS of the American Academy of Political and Social Science, 616*(1), 55–77.

Hartig, Frank. (2019). *Public Diplomacy. Internationale PR für Staaten – eine Annäherung*. Wiesbaden: Springer VS essentials.

Holtz-Bacha, Christina. (2020). Politische Werbung und politische PR. In Isabelle Borucki, Katharina Kleinen-von Königslöw, Stefan Marschall & Thomas Zerback (Hrsg.), *Handbuch Politische Kommunikation* (S. 1–13). Wiesbaden: Springer VS.

Jäger, Thomas. (2020). Public Diplomacy. In Isabelle Borucki, Katharina Kleinen-von Königslöw, Stefan Marschall & Thomas Zerback (Hrsg.), *Handbuch Politische Kommunikation*. Wiesbaden: Springer VS.

Jarren, Otfried. (1994). Kann man mit Öffentlichkeitsarbeit die Politik „retten"? Überlegungen zum Öffentlichkeits-, Medien- und Politikwandel in der modernen Gesellschaft. *Zeitschrift für Parlamentsfragen, 25*(4), 653–673.

Kocks, Jan Niklas, & Raupp, Juliana. (2014). Rechtlich-normative Rahmenbedingungen der Regierungskommunikation – ein Thema für die Publizistik- und Kommunikationswissenschaft. *Publizistik, 59*(3), 269–284.

Kunczik, Michael. (1998). Politische Kommunikation als Marketing. In Otfried Jarren, Ulrich Sarcinelli & Ulrich Saxer (Hrsg.), *Politische Kommunikation in der demokratischen Gesellschaft. Ein Handbuch mit Lexikonteil* (S. 330–341). Opladen, Wiesbaden: Westdeutscher Verlag.

Napierala, Nils, & Römmele, Andrea. (2021). Public Affairs aus der Perspektive von Politik und Verwaltung: Nutzen und Grenzen. In Ulrike Röttger, Patrick Donges & Ansgar Zerfaß (Hrsg.), *Handbuch Public Affairs. Politische Kommunikation für Unternehmen und Organisationen* (S. 123–141). Wiesbaden: Springer Gabler.

Nye, Joseph Samuel (2008). Public Diplomacy and Soft Power. *The ANNALS of the American Academy of Political and Social Science, 616*(1), 94–109.

Podschuweit, Nicole. (2016). Politische Werbung. In Gabriele Siegert, Werner Wirth, Patrick Weber & Juliane A. Lischka (Hrsg.), *Handbuch Werbeforschung* (S. 635–667). Wiesbaden: Springer VS.

Preusse, Joachim, Röttger, Ulrike, & Schmitt, Jana. (2013). Begriffliche Grundlagen und Begründung einer unpraktischen PR-Theorie. In Ansgar Zerfaß, Lars Rademacher & Stefan Wehmeier (Hrsg.), *Organisationskommunikation und Public Relations: Forschungsparadigmen und neue Perspektiven* (S. 117–141). Wiesbaden: Springer VS.

Raupp, Juliana, & Kocks, Jan Niklas. (2016). Theoretical Approaches to Grasp the Changing Relations Between Media and Political Actors. In Philipp Henn & Gerhard Vowe (Hrsg.), *Political Communication in the Online World. Theoretical Approaches and Research Designs* (S. 133–147). New York, London: Routledge.

Raupp, Juliana, & Kocks, Jan Niklas. (2018). Regierungskommunikation und staatliche Öffentlichkeitsarbeit aus kommunikationswissenschaftlicher Perspektive. In Juliana Raupp, Jan Niklas Kocks & Kim Murphy (Hrsg.), *Regierungskommunikation und staatliche Öffentlichkeitsarbeit: Implikationen des technologisch induzierten Medienwandels* (S. 7–23). Wiesbaden: Springer VS.

Röttger, Ulrike. (2015). Leistungsfähigkeit politischer PR. Eine mikropolitische Analyse der Machtquellen politischer PR auf Bundesebene. In Romy Fröhlich (Hrsg.), *Politik – PR – Persuasion* (S. 11–32). Wiesbaden: Springer VS.

Röttger, Ulrike, Donges, Patrick, & Zerfass, Ansgar. (2021). Public Affairs: Strategische Kommunikation an der Schnittstelle von Wirtschaft, Politik und Gesellschaft. In Ulrike Röttger, Patrick Donges & Ansgar Zerfaß (Hrsg.), *Handbuch Public Affairs. Politische Kommunikation für Unternehmen und Organisationen* (S. 3–25). Wiesbaden: Springer Gabler.

Röttger, Ulrike, Kobusch, Jana, & Preusse, Joachim. (2018). *Public Relations als Forschungsgegenstand.* Wiesbaden: Springer VS.

Röttger, Ulrike, & Zielmann, Sarah. (2009). Entwurf einer Theorie der PR-Beratung. In Ulrike Röttger & Sarah Zielmann (Hrsg.), *PR-Beratung: Theoretische Konzepte und empirische Befunde* (S. 35–58). Wiesbaden: VS Verlag für Sozialwissenschaften.

Röttger, Ulrike, & Zielmann, Sarah. (2012). *PR-Beratung in der Politik: Rollen und Interaktionsstrukturen aus Sicht von Beratern und Klienten.* Wiesbaden: VS Verlag für Sozialwissenschaften.

Signitzer, Benno H., & Coombs, Timothy. (1992). Public relations and public diplomacy: Conceptual covergences. *Public Relations Review, 18*(2), 137–147.

Supa, Dustin W., & Zoch, Lynn M. (2009). Maximizing media relations through a better understanding of the public relations-journalist relationship: A quantitative analysis of changes over the past 23 years. *Public Relations Journal, 3*(4), 1–28.

Tuch, Hans N. (1990). *Communicating with the world: U.S. public diplomacy overseas.* New York: Palgrave Macmillan.

Vowe, Gerhard, & Opitz, Stephanie. (2015). Public Relations aus politikwissenschaftlicher Sicht. In Romy Fröhlich, Peter Szyszka & Günter Bentele (Hrsg.), *Handbuch der Public Relations: Wissenschaftliche Grundlagen und berufliches Handeln. Mit Lexikon* (S. 85–95). Wiesbaden: Springer VS Wiesbaden.

Zimmer, Annette. (2021). Lobbying als nicht-öffentliche Form der Public Affairs: Konzeption, Erscheinungsformen, Fallbeispiele. In Ulrike Röttger, Patrick Donges & Ansgar Zerfaß (Hrsg.), *Handbuch Public Affairs. Politische Kommunikation für Unternehmen und Organisationen* (S. 457–478). Wiesbaden: Springer Gabler.

10 Prozesse politischer Kommunikation: Prozesse der Politik

Überblick

Politik kann in die drei analytischen Dimensionen Polity (Institutionen- und Normengefüge), Policy (Politikinhalte und -ergebnisse) sowie Politics (Politikprozess als Konfliktaustragung und Aushandlung) differenziert werden (Abb. 1.2). Hier wird nun die Politics-Dimension betrachtet und der Verlauf politischer Prozesse unter Berücksichtigung der jeweils beteiligten Akteure, ihrer Wert- und Zielvorstellungen sowie ihres Einflusspotenzials fokussiert. Je nach dem Verständnis, was politische Prozesse sind, lassen sich unterschiedliche Modellierungen – idealtypische Betrachtungen und Beschreibungen – des politischen Prozesses und seiner Elemente entwickeln (Abschn. 10.1). Von diesen Modellen ist abhängig, welche Bedeutung der politischen Kommunikation generell oder den jeweils involvierten Medien zugewiesen wird. Eine Besonderheit bilden direktdemokratische Systeme wie dasjenige, das wir in der Schweiz vorfinden (Abschn. 10.2). Abschließend werden Typen von Politik und ihrer medialen Beachtung anhand einzelner Entscheidungsprozesse vorgestellt (Abschn. 10.3).

10.1 Modelle des politischen Prozesses

Politik muss **als ein offener, weitgehend unstrukturierter sozialer Prozess** aufgefasst werden, der allerdings innerhalb eines spezifischen formalen Rahmens und damit unter den Bedingungen einer vorhandenen Ordnung stattfindet.

▶ Ein **Prozess** ist eine Aufeinanderfolge verschiedener Zustände eines Objektes in der Zeit, wobei ein spezifischer Zustand mit einer gewissen Wahrscheinlichkeit aus dem vorausgehenden Zustand hervorgeht. Prozesse sind nicht direkt beobachtbar, sondern erschließen sich indirekt durch Veränderungen des Objekts (vgl. Rammstedt 1994).

Politik als die Herstellung von allgemein verbindlichen Entscheidungen ist für alle Beobachterinnen und Beobachter zudem ein **hochkomplexer Prozess,** der sich nicht ohne Weiteres in seiner Totalität erkennen und für empirisch-analytische Zwecke „einfrieren" lässt. So tun wir uns auch als Sozialwissenschaftlerinnen und -wissenschaftler schwer: Wir suchen immer nach verallgemeinerungsfähigen Befunden und nach Gemeinsamkeiten wie auch Erklärungen. Wir wollen Typen bilden und müssen doch feststellen, dass politische Prozesse keineswegs einfach zu verallgemeinern bzw. zu typologisieren sind. Denn bei allen Modellierungs- und Differenzierungsbemühungen darf eines nicht übersehen werden: Das Bemühen um idealtypische Vorstellungen von politischen Prozessen ist sinnvoll, um analytische Kategorien zu gewinnen. Aber so wie es „die" Medien nicht gibt, gibt es auch „die" Politik oder gar „den" politischen Prozess nicht. Je nach Politik- und Prozessverständnis variiert beispielsweise die Einschätzung, ob Medien auf politische Vorgänge einen eher kleinen oder eher großen Einfluss haben. Politik und politische Kommunikation zeichnen sich, wie jedes soziale Handeln, durch vielfältige formale und informelle Strukturen sowie bestimmte Handlungsformen aus. Zunächst werden Formalität und Informalität in der politischen Kommunikation diskutiert, da wir sie in allen Prozessen bzw. Modellvorstellungen vorfinden.

10.1.1 Der politische Prozess als Arena

Arenamodelle betrachten politische Prozesse unter dem Aspekt des institutionellen Rahmens, in dem sie stattfinden. D. h.: In jeder Arena gelten bestimmte Regeln, welche politische Prozesse zwar nicht determinieren, aber in erheblichem Umfang strukturieren. Dies beginnt bereits bei der Frage, was als gesellschaftliches Problem angesehen werden kann. Bereits die Konstruktion sozialer Probleme findet, so Hilgartner und Bosk (1988), innerhalb öffentlicher Arenen statt:

> „A social problem is a putative condition or situation that (at least some) actors label a ‚problem' in the arenas of public discourse and action, defining it as harmful and framing its definition in particular ways. The level of attention devoted to a social problem is not a function of its objective makeup but is determined by a process of collective definition. The construction of social problems occurs within the public arenas. The success (or size, or scope) of a social problem is measured by the amount of attention devoted to it in these arenas" (Hilgartner und Bosk 1988, S. 70).

Nach Hilgartner und Bosk (1988) verfügt jede Arena über bestimmte **Problembearbeitungskapazitäten** (carrying capacity), die sie innerhalb eines bestimmten Zeitabschnitts bearbeiten kann. D. h. auch, dass die Anzahl möglicher sozialer Probleme limitiert ist, was den Wettbewerb zwischen ihnen noch verschärft. Jede Arena verfügt auch über Selektionsprinzipien, die beeinflussen, was als Problem angesehen wird und was nicht. Die Autoren nennen drei zentrale **Selektionsprinzipien:** Drama, Kultur und Politik. Soziale Probleme setzen sich in öffentlichen Arenen vor allem dann durch, wenn sie von den Akteuren in Form eines Dramas präsentiert werden, wenn sie einen Bezug zu kulturellen Mythen oder zur Politik aufweisen. Insbesondere beeinflussen politische Akteure wie auch die politische Kultur die Spannbreite der Probleme, die als politisch wahrgenommen werden können. Gelingt es nicht, soziale Probleme als politisch wichtig zu definieren, so sinkt die Chance, dass sie überhaupt als relevant wahrgenommen werden.

Kriesi (2001) wiederum betrachtet politische Prozesse vorrangig unter dem Aspekt der Beeinflussbarkeit durch unterschiedliche – etablierte wie nicht-etablierte – Akteure, und zwar unter Berücksichtigung der von ihnen erzeugten Resonanz in der (medien-) öffentlichen Arena. „Politik findet in unterschiedlichen Arenen statt, die ihrerseits in unterschiedliche Kanäle gegliedert sind, welche den politischen Akteuren Interventionsmöglichkeiten bieten" (Kriesi 2001, S. 4). Unterschieden werden in dieser Modellvorstellung die **parlamentarische,** die **administrative** und die **öffentliche** Arena. In den beiden erstgenannten Arenen finden die politischen Verhandlungsprozesse statt und es werden allgemein verbindliche Entscheidungen gefällt. Hier dominieren Regierungs-, Partei-, Parlamentsvertreterinnen und -vertreter sowie Angehörige der politischen Verwaltung mit ihren jeweiligen Expertinnen und Experten.

Die **öffentliche Arena** begreift Kriesi als ein **offenes, loses Kommunikationssystem,** in dem die politische Kommunikation zwischen den politischen Akteuren im weitesten Sinne und den Bürgerinnen und Bürgern stattfindet. Der politische Prozess wird in diesem Modell nicht als ein Nacheinander von Handlungen und Abstimmungsprozessen begriffen, sondern als eine Art anhaltender Diskussionsprozess innerhalb der Arenen wie auch zwischen ihnen. Doch es gibt einen prinzipiellen Unterschied zwischen den Arenen, der sich auf das Handeln der unterschiedlichen Rollenträger auswirkt:

> „Während es in der parlamentarischen und der administrativen Arena um die Lösung von Problemen geht, dreht sich die Auseinandersetzung in der öffentlichen Arena um die Zustimmung zu den politischen Akteuren und den von ihnen vertretenen themenspezifischen Standpunkten" (Kriesi 2001, S. 4).

Die politischen Akteure bemühen sich um Aufmerksamkeit und Zustimmung bei Bürgerinnen und Bürgern, die, so Kriesi (2001, S. 5), „zu einer unberechenbaren, unabhängigen Größe im politischen Prozess" geworden seien. Ein direkter Kontakt zwischen politischen Akteuren und den Bürgerinnen und Bürgern besteht nicht, die politischen Akteure sind deshalb auf die Medien zur Vermittlung ihrer Argumente und Positionen angewiesen. Hier agieren sie in allgemeiner Form, spitzen Problemlösungen zu, verbinden Lösungsmodelle mit moralischen und ideologischen Überlegungen. **In der öffentlichen Arena wird zugespitzt, kontrovers und somit strategisch agiert.**

Die Medien verarbeiten nach ihrer eigenen Logik die Positionen und Argumente der politischen Akteure. Aus der Sicht der politischen Akteure bedarf es eines hohen Aufwandes, das Publikum zu erreichen und zu gewinnen. Aufgrund des Medienwandels wird in diesem Modell davon ausgegangen, dass neben den etablierten politischen Akteuren verstärkt auch **nicht-etablierte Akteure,** Kriesi spricht von „**Außenseitern**", zunehmend Einfluss auf die öffentliche Arena gewinnen können. Das sei möglich, weil die Akzeptanz der etablierten, traditionellen politischen Akteure im Schwinden begriffen sei. Die Aufwertung nicht-etablierter Akteure sei zudem mit Veränderungen bei den Medien verbunden, die sich offen gegenüber neuen Akteuren zeigten, um Publikum zu gewinnen. Den **Medien wird eine Art Eigenlogik im politischen Prozess zugeschrieben,** d. h. sie agieren in der öffentlichen Arena mit, indem sie eigene Ziele verfolgen (Thematisierung, Personalisierung). Politikzentrierte Top-down-Strategien von politischen Eliten, Bottom-up-Strategien von Außenseitern und Medienstrategien lassen sich demzufolge im politischen Prozess in den Arenen gleichermaßen und nebeneinander finden. Welche Strategien zum Erfolg führen, ist dann eine empirisch zu beantwortende Frage. Neben den Akteurskonstellationen sind in der empirischen Analyse als relevante Faktoren für eine erfolgreiche Durchsetzung von Interessen die institutionellen Arrangements, die Struktur des Mediensystems und themenspezifische Kontexte zu berücksichtigen.

Im Arenamodell wird vor allem die **Offenheit von politischen Prozessen** betont. Zwar hält das Modell an der Vorstellung fest, dass politische Entscheidungen grundsätzlich in einer bestimmten Arena und damit unter den Bedingungen einer spezifischen Akteurskonstellation getroffen werden. Die Möglichkeit von Entscheidungen wie auch deren Akzeptanz hängt jedoch auch vom Verlauf der Diskussionen in den anderen Arenen ab. Insoweit gibt es im Arenamodell keine Über- oder Unterordnung und es wird auch nicht von einem sachlich, zeitlich und sozial klar gerichteten Prozess ausgegangen. Institutionelle und rechtliche Rahmenbedingungen werden zwar gesehen und berücksichtigt, doch werden sie nicht als sichere Faktoren gewertet: Politische Akteure müssen sich in unterschiedlichen Arenen behaupten und komplexe Aushandlungsprozesse mit zahlreichen anderen Akteuren organisieren und bestehen. Hinter dieser Erkenntnis steht die empirische Evidenz, dass die Politik insgesamt an Gestaltungsfähigkeit eingebüßt hat und bei den Bürgerinnen und Bürgern nicht mehr auf sichere Zustimmung stößt. Das kann auf mehrere Faktoren zurückgeführt werden: Zum einen ist die Komplexität in vielen politischen Sachgeschäften sehr hoch, die darauf bezogenen Entscheidungsprozesse erfordern Zeit und fachliche Expertise. Die dann getroffenen Entscheidungen sind, unabhängig von der Art der (medialen) Vermittlung, nicht einfach nachzuvollziehen. Zum anderen erhöht sich in einer differenzierten und pluralen Gesellschaft auch die Anzahl von Akteuren, Zielen und Interessen, die dann zum Teil in eigenen Arenen ausgehandelt werden. Dies führt zu einer erhöhten Unübersichtlichkeit und auch zu Enttäuschungen, wenn nicht alle Interessen aus Sicht der Akteure adäquat von der Politik verarbeitet werden.

10.1.2 Policy-Cycle-Modelle

Die beiden vorgenannten Modelle wurden von der politischen Soziologie entwickelt. In dieser Denktradition stehen bestimmte Öffentlichkeits- und Kommunikationsvorstellungen im Mittelpunkt. In der **politikwissenschaftlichen Sichtweise** herrschen beim Blick auf politische Prozesse Modelle des Policy Cycle vor, in denen vor allem auf politische Akteure und Institutionen fokussiert wird (vgl. Wenzelburger und Zohlnhöfer 2015, S. 16–21). Mit diesen Modellvorstellungen des politischen Prozesses verbunden ist die Annahme, dass die allgemein als lösungsbedürftig anerkannten Probleme einer Gesellschaft vom politischen System aufgegriffen und entschieden werden. Es gibt mithin eine **gewisse Abfolge im politischen Prozess** in dem Sinne, dass aus der Gesellschaft gewisse Inputs in das politische System gelangen, dort bearbeitet werden (Throughput) und dass es Entscheidungen gibt (Gesetze, Verordnungen etc.), die man als Output des politischen Systems betrachten kann. Das einfache **Input-Throughput-Output-Schema** wurde in der Theoriebildung zwar immer weiter differenziert, aber die Perspektive blieb gleich: Das politisch-administrative System mit seinen Akteuren (Regierung, Parlament, politischer Verwaltung) und der Entscheidungsprozess stehen im Mittelpunkt dieser Sichtweise.

Auch wenn am Prozessschema Kritik geübt werden kann, weil politisches Handeln zu sehr als Ablauf aufeinander bezogener Handlungen verstanden werden könnte, stellt es doch ein überzeugendes heuristisches Konzept dar, vor allem für empirische Analysen zum Einflusspotenzial von Medien (vgl. Fuchs 1993).

Basierend auf Überlegungen von Easton (1953) hat Fuchs die Leistungsfähigkeit auch komplexer Prozessmodelle für empirische Zwecke gezeigt. „Der politische Prozess wird [...] weniger durch eine Abfolge aufeinander bezogener Handlungen bestimmter Akteure bestimmt, sondern eher durch eine gerichtete Kette von Produkten der Handlungen dieser Akteure" (Fuchs 1993, S. 31) (Abb. 10.1).

Nach Fuchs beginnt der politische Prozess mit dem Handlungsprodukt „Interessen", das dann zu „Ansprüchen" transformiert wird, die an das politisch-administrative System adressiert werden, etc. Jeweils unterschiedliche Akteure und Subsysteme greifen das Handlungsprodukt anderer Akteure und Subsysteme auf und bearbeiten es, vor dem Hintergrund ihrer jeweiligen generalisierten Handlungsorientierung, weiter. Damit trägt der Ansatz der Tatsache Rechnung, dass beispielsweise Angehörige politischer Parteien an unterschiedlichen Prozesselementen mitwirken, also eine Trennung zwischen dem eher gesellschaftlichen und dem eher staatlich-administrativen Bereich nicht möglich ist. Es lassen sich allerdings, wie aus der Abbildung hervorgeht, bestimmte Handlungsprodukte vorrangig bestimmten Akteuren und damit zugleich auch bestimmten Institutionen (Fuchs nennt sie „Subsysteme") zuordnen.

In sogenannten **Policy-Cycle- oder Phasenmodellen** wird davon ausgegangen, dass am Prozess der Herstellung allgemein verbindlicher Entscheidungen unterschiedliche Akteure beteiligt sind (vgl. Blum und Schubert 2018, S. 153–222; Fawzi 2020; Jann und Wegrich 2014). Grundsätzlich werden die Möglichkeiten und Formen der Beteiligung von Akteuren in einzelnen Elementen des politischen Prozesses unterschiedlich gesehen.

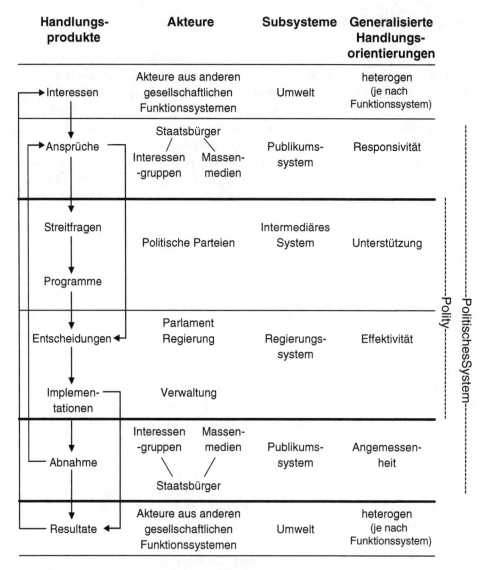

Abb. 10.1 Modell des demokratischen Prozesses (nach Fuchs). (Quelle: Fuchs 1993, S. 32)

10.1 Modelle des politischen Prozesses

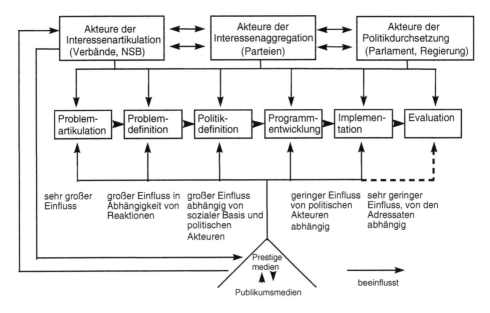

NSB: Neue Soziale Bewegungen

Abb. 10.2 Phasenmodell des politischen Prozesses (nach Jarren et al.). NSB: Neue Soziale Bewegungen. (Quelle: nach Jarren et al. 1996, überarbeitet)

Entsprechend den normativen Regeln für politische Prozesse und der institutionellen Verfasstheit des politischen Systems können die Prozesse in analytischer Perspektive in die folgenden Phasen gegliedert werden (Abb. 10.2):

- Problemartikulation
- Problemdefinition
- Politikdefinition
- Programmentwicklung
- Politikimplementation
- Politikevaluation

Vollständig offen ist der politische Prozess zu Beginn, in der **Phase der Problemartikulation:** Gesellschaftliche Gruppen, Einzelne wie organisierte Interessen formulieren Probleme, die sie gelöst, oder Interessen, die sie befriedigt wissen möchten. Ob diese Probleme oder Interessen politische sind oder als politisch relevant angesehen werden, ist in dieser Phase noch offen. Die vorgebrachten Positionen werden öffentlich in unterschiedlichen Arenen – vor allem in den Medien – debattiert, und sie erhalten nur unter bestimmten Umständen eine Bedeutung: Sie können von anderen Akteuren, vor allem von Akteuren der Interessenaggregation (politischen Parteien) aufgegriffen werden oder die allgemeine Öffentlichkeit via Medien erreichen. Ob ein Anliegen als politisch relevant bewertet wird und auf die politische Agenda gelangt, ist nicht zuletzt von der öffentlichen Diskussion abhängig. In dieser Phase sind die Medien von zentraler Bedeutung, weil sie durch Thematisierung oder eben Nicht-Thematisierung wesentlich darüber entscheiden, ob Interessen oder Probleme allgemein öffentlich und damit relativ breit diskutiert werden können (vgl. Fawzi 2020). Die Medien wirken hier einerseits als Filter: Da die Journalistinnen und Journalisten nicht alle Themen aufgreifen, treffen sie zumindest eine relevante Vorauswahl über das, was mit allgemeiner Diskussion – d. h. natürlich noch nicht Zustimmung – rechnen kann. Zum anderen wirken sie als Verstärker, weil natürlich all das, was diese Ebene der Öffentlichkeit zu erreichen vermag, als generell relevanter angesehen wird und Folgekommunikation auszulösen vermag. Vor allem die etablierten Akteure der Interessenaggregation (wie Parteien) beobachten die Diskussion in den Medien besonders aufmerksam und beteiligen sich an den Debatten, wenn sie einen politischen Vorteil darin sehen, ein Thema zu besetzen, oder sie bieten sogleich Lösungsvorschläge an, um sich öffentlich zu profilieren.

Der **Prozess der Problemdefinition** stellt bereits höhere Anforderungen an alle beteiligten Akteure: In dieser Prozessphase wird nicht über allgemeine Wünsche, über ein Unbehagen oder diffuse Forderungen debattiert, sondern es wird nach der **sachlichen und sozialen Begründetheit von Interessen und Problemen** gefragt. Wer andere von der Begründetheit und Dringlichkeit seines Problems überzeugen will, muss „gute Gründe" vorbringen können oder über Einfluss bzw. Macht verfügen, um weiterhin medienöffentliche Aufmerksamkeit zu finden. Während etablierte Akteure gleichsam über einen relativ sicheren Status verfügen und deshalb vielfältige Chancen haben, am Diskussionsprozess der Definition – und d. h. in der Regel auch: der Anerkennung – von Problemen mitwirken zu können, müssen sich andere, nicht-etablierte Akteure darum erst bemühen. In der Phase der Problemdefinition ist der Einfluss der Medien noch relativ groß; er ist aber abhängig davon, ob das Thema kontrovers behandelt wird, ob sich als relevant anzusehende Akteure an der Debatte beteiligen und ob die Medien ein Interesse daran haben, das Thema „voranzutreiben". Vor allem aber dann, wenn sich die Akteure der Interessenaggregation daran beteiligen – weil sich Parteien beispielsweise Wahlchancen durch das Aufgreifen von Problemen versprechen oder durch das Umdeuten von Problemen Wahlchancen erhalten wollen –, kann es zu einem anhaltenden öffentlichen Diskussionsprozess kommen. In dieser Phase wird entschieden, welche Elemente an einem Problem politisch sind und was davon politisch gelöst werden kann und soll.

In der **Phase der Politikdefinition verlässt** ein politisches Problem **mehr oder minder die** allgemeine **Öffentlichkeit,** weil nun vor allem die Akteure der Interessenaggregation sich des Problems und seiner Lösung annehmen. Parteien oder Verbände befassen sich mit dem Thema in internen Gremien, auf Partei- oder Verbandstagen, holen wissenschaftliche Expertisen ein oder beraten das Thema mit Expertinnen und Experten. Das politische Problem wird zu einem fachöffentlichen Thema. Da die beteiligten Akteure dies aber vielfach in Konkurrenz zueinander tun und zumeist auch jene Akteure, die ein Thema aufgebracht haben, weiterhin aktiv sind, kommt es immer wieder zu öffentlichen Debatten. Entscheidungen von Gremien, öffentliche Verbands- oder Parteiveranstaltungen und (umstrittene) Expertisen bilden für die Journalistinnen und Journalisten Berichterstattungsanlässe. Je mehr ein Thema moralisch besetzt und strittig ist, desto stärker sind in der Regel die öffentlichkeitsbezogenen Aktivitäten der beteiligten Akteure in der Phase der Politikdefinition. Sie sind es, die das Thema in der Medienöffentlichkeit vor allem voranbringen. Allerdings verschwindet das Problem als Thema dann aus der allgemeinen politischen Öffentlichkeit, die durch Laien geprägt ist, wenn es zu einem Thema für politische Fachleute, für Expertinnen und Experten, wird. Der Politikdefinitionsprozess kann aber jederzeit wieder allgemein öffentlich und damit in allgemeiner Weise politisiert werden. Der direkte Medieneinfluss ist in dieser Phase des politischen Prozesses eher gering, denn die Thematisierung ist davon abhängig, ob das Thema und die Problembearbeitung kontrovers sind, vor allem in Konkurrenz zwischen den Akteuren der Interessenaggregation. Da das Thema beginnt, für politische, administrative oder wissenschaftliche Expertinnen und Experten relevant zu werden, gewinnen spezialisierte Fachmedien an Bedeutung für die öffentliche Diskussion. Neben der allgemeinen Medienberichterstattung gewinnt die fachpolitische Kommunikation an Relevanz.

Die **Phase der Programmentwicklung,** beispielsweise in Form eines Gesetzgebungsprozesses, wird in hohem Maß von politischen Institutionen und ihren Akteuren bestimmt. Die Programmentwicklung vollzieht sich in den Fraktionen und Ausschüssen der Parlamente und im Parlament selbst. Durch spezifische Verfahren wie Stellungnahmen, Anhörungen, Vernehmlassungen (in der Schweiz), Gutachten etc. wird Öffentlichkeit ermöglicht, allerdings vorrangig auf der Ebene organisierter Interessen (Verbände). In diesem Prozess dominieren zum einen politische wie auch wissenschaftliche Expertinnen und Experten, die gegenüber den Entscheidungsgremien Empfehlungen abgeben und sie beraten. Zum anderen sind politische Programme, die in Verordnungen, Förderprogramme oder Gesetze münden, nicht ohne rechtlichen und administrativen Sachverstand zu realisieren. Der Einfluss von Akteuren der Interessenaggregation ist in dieser Phase geringer: Nur jene Akteure, die über eigene Vertretungen in parlamentarischpolitischen Gremien verfügen oder um Stellungnahme angefragt werden, können ihren Einfluss geltend machen und durchsetzen. Durch Lobbying wirken vor allem Verbände auf politische Prozesse ein. In der Regel werden diese Prozesse von den Medien eher in einem protokollarischen Sinn beobachtet und verfolgt, d. h. es wird vor allem über Entscheidungen berichtet. Der Einfluss der Medien ist in dieser Phase eher gering. Eine Thematisierung in den Medien erfolgt vor allem dann, wenn relevante politische Akteure Problemstellungen aus den Verhandlungen zum öffentlichen Thema machen. Da aber parallel über zahlreiche Probleme diskutiert und verhandelt wird, können und werden nur bestimmte Themen von den politischen Akteuren gleichsam für öffentliche Kontroversen und Debatten genutzt: Vor allem jene Themen werden gewählt, die zur öffentlichen Profil- und Imagebildung relevant erscheinen. Es wird also nach Macht- und Wahlkalkülen entschieden, ob und was (medien-)öffentlich diskutiert werden soll.

Die **Phase der Politikimplementation** ist ein Vorgang, von dem die allgemeine Öffentlichkeit nur sehr vereinzelt Notiz nehmen kann, und zwar dann, wenn über als bedeutsam angesehene politisch-administrative Umsetzungen in den Medien berichtet wird. Dies ist allerdings eher selten der Fall: Die administrative Umsetzung von Politik ist Sache der Verwaltung. Hier wirken Fachkommunikatoren und Fachmedien mit oder die Verwaltung informiert Betroffene direkt über neue gesetzliche Bestimmungen oder Verordnungen. In der Folge, quasi als Bewertung von Bestimmungen und Umsetzungsformen, kann es zu öffentlichen Reaktionen kommen. Doch sind derartige Formen eher die Ausnahme als die Regel. Die allgemeinen Massenmedien sind an diesen Prozessen kaum beteiligt, da auch die Akteure der Interessenaggregation diesen Bereich nicht weiterverfolgen. Falls sich jedoch in der **Phase der Politikevaluation** ein Gesetz, eine Verordnung oder eine administrative Maßnahme als Problem für Betroffene herausstellt, so kann die Problemlösung zu einer erneuten Problemartikulation führen und damit ein erneuter politischer Prozess ausgelöst werden.

Zusammenfassend kann über den Einfluss der Medien auf den politischen Prozess gesagt werden: In den ersten beiden Phasen des politischen Prozesses ist zunächst offen, welche Relevanz ein Problem für die Politik haben kann und wie die politischen Akteure mit dem Problem umgehen werden. Vor allem publikumsorientierte Medien agieren in diesen Phasen, indem sie die Ungewissheit thematisieren und das Problem stellvertretend für das Publikum an die politischen Akteure herantragen. Ist ein Problem jedoch als politisches Problem mehr oder minder anerkannt, erscheint es als bearbeitbar sowie lösbar. Wird es zudem durch die politischen Institutionen bearbeitet, so geht das Interesse der Medien an der Thematisierung zurück. Die meist langanhaltenden politisch-parlamentarischen Verhandlungen zur Problemlösung finden regelhaft weniger Aufmerksamkeit in den Medien. Je stärker Probleme im institutionellen Bereich bearbeitet werden, desto geringer ist die Wahrnehmung durch die Medien. Politik folgt bei der Problembearbeitung der Logik politischer Institutionen, auch wenn sie nicht umhinkommt, sich bei der Vermittlung von Lösungen auf die Logik der Medien (Relevanz einer Nachricht etc.) oder auf „Störungen", die durch journalistische Nachfragen nach dem Stand von Entscheidungen entstehen können, einzustellen.

Aufgrund vorliegender empirischer Befunde kann davon ausgegangen werden, dass der Medieneinfluss in den einzelnen Phasen des politischen Prozesses wesentlich abhängig ist vom Handeln und der Thematisierungsfähigkeit der jeweils dominanten politischen Akteure und weniger von journalistischen Aktivitäten. Politische Akteure liefern den nachrichtenrelevanten Stoff, aus dem Medienberichte entstehen, denn die journalistische Eigenleistung ist immer auf bestimmte Themen begrenzt.

Hinsichtlich des kommunikativen Potenzials und der Medienrelevanz kann zudem zwischen Akteuren der Interessenartikulation (Verbänden, Neuen Sozialen Bewegungen), Akteuren der Interessenaggregation (Parteien) und Akteuren der Politikdurchsetzung (Parlament und Regierung) unterschieden werden (siehe hierzu auch Kap. 7). In demokratisch verfassten Gesellschaften sind zwar alle Akteure von der Unterstützung oder zumindest Zustimmung durch die Bürgerinnen und Bürger abhängig, aber in unterschiedlichem Ausmaß: Parteien sind unmittelbar auf Stimmen von Wählerinnen und Wählern angewiesen und die politische Administration (Regierung) muss wenigstens auf die Grundzustimmung der Bevölkerung Rücksicht nehmen. Akteure der

Interessenartikulation, die sich nicht an Wahlen beteiligen, müssen ihren Einfluss auf die Parteien dann besonders geltend machen, wenn sie über eine relevante Anhängerschaft oder Unterstützung in der Bevölkerung verfügen, oder aber wenn sie mit Akteuren der Interessenaggregation – punktuell oder sogar dauerhaft – eine Verbindung eingehen („koalieren"). Sie sind dazu allerdings in besonderer Weise auf die Medien und die politische Medienberichterstattung angewiesen, und zwar um ihre eigene Anhängerschaft zu überzeugen, diese kontinuierlich anzusprechen und zu mobilisieren sowie um andere Akteure auf die verfolgten Ziele aufmerksam zu machen. Parteien hingegen, die über Organisationsmitglieder in Parlamenten und Regierungen verfügen (Angehörige des politisch-administrativen Systems), können ihren jeweiligen Machtfaktor als Einfluss auch gegenüber Medien geltend machen (Amtsbonus). **Die Möglichkeiten zur Einflussnahme auf den politischen Prozess sind somit je nach Prozessstufe und je nach Akteur unterschiedlich groß:** Sie sind demnach von der jeweiligen Phase des politischen Prozesses, vom Status der beteiligten Akteure und der Akteurskonstellation abhängig.

Für die erfolgreiche Anmeldung und Durchsetzung von Interessen sind – neben einer Vielzahl von situativen Faktoren – die Medien für alle politischen Akteure von zentraler Bedeutung. Dies hat zur Folge, dass bei allen wesentlichen Entscheidungen oder Nicht-Entscheidungen – insbesondere seitens der Akteure der Politikdurchsetzung – mögliche öffentliche Resonanzen ins Kalkül einbezogen und somit Vermittlungsaspekte mitbedacht werden.

10.1.3 Kritik an Phasenmodellen: Der Ansatz der Advocacy-Koalitionen

Obwohl wir, wie erwähnt, Phasenmodelle des politischen Prozesses für ein überzeugendes heuristisches Konzept halten, um vor allem in empirischen Analysen den Ablauf politischer Prozesse und das unterschiedlich große Einflusspotenzial von Medien erfassen zu können, muss grundsätzliche Kritik an solchen Prozessschemata, gerade auch unter Kommunikationsaspekten, berücksichtigt werden. Ein Kritiker von Modellen des politischen Prozesses ist der US-amerikanische Politikwissenschaftler Sabatier. Seiner Ansicht nach weist die „Phasenmetaphorik" folgende Schwächen auf:

- Das Phasenmodell ist **kein Kausalmodell,** da es an identifizierbaren Faktoren mangelt, die den Politikprozess von einer Phase zur nächsten vorantreiben und die Handlungen innerhalb einer bestimmten Phase bedingen.
- Daher sind entsprechende Modelle auch **keine klare Basis für das Testen von Hypothesen** und können somit empirisch weder verifiziert noch falsifiziert werden.
- Phasenmodelle weisen eine **deskriptive Ungenauigkeit** auf, da die Abfolge einzelner Phasen abweichen kann, etwa wenn politische Entscheidungsprozesse durch die Verwaltung angestoßen werden.

- Normativ weisen Phasenmodelle eine **legalistische Sicht „von oben nach unten"** auf, indem sie Politik aus der Perspektive der Gesetzgebenden betrachten.
- Phasenmodelle **betonen in unangemessener Weise die zeitliche Einheit** der einzelnen Phasen. Sinnvoller als den Fokus auf einen einzelnen Zyklus innerhalb einer politischen Ebene zu legen, ist es, mehrere miteinander interagierende Zyklen zu betrachten, die verschiedene politische Ebenen umfassen (Sabatier 1993, S. 118–119).

Sabatier begründet auf Basis dieser Kritik einen Ansatz, der stärker auf Beziehungen zwischen den am politischen Prozess beteiligten Akteuren fokussiert. Ein solches **„Policy-Subsystem"** wird gebildet durch alle Akteure (staatliche, politische, private), die aktiv mit einem bestimmten politischen Problem befasst sind, beispielsweise der Verkehrspolitik. Innerhalb des Policy-Subsystems werden die Akteure in einer Anzahl von **Advocacy-Koalitionen** aggregiert. Diese setzen sich aus Personen der einzelnen Organisationen zusammen, die eine gemeinsame normative und kausale Sichtweise auf das Problem haben (sogenannte „belief systems") und ihre Handlungen oft untereinander abstimmen. Im Fall der Verkehrspolitik wären dies beispielsweise zum einen jene Akteure, die für eine Reduktion des motorisierten Individualverkehrs eintreten (Anwohnerinitiativen, Umweltschutzorganisationen, Grüne Parteien etc.), zum anderen jene, die den motorisierten Individualverkehr fördern wollen (Automobilclubs, Wirtschaftsverbände etc.). Beide Gruppen haben ihre jeweils eigenen normativen und kausalen Vorstellungen des politischen Problems (also Vorstellungen davon, was am motorisierten Individualverkehr gut oder schlecht ist und welche Konsequenzen seine Förderung oder Reduzierung haben wird), was sie zu Advocacy-Koalitionen zusammenführt.

Zwischen den – meist paarweise gedachten – Advocacy-Koalitionen agieren **Policy Broker,** deren wesentliches Anliegen es ist, die Intensität des Konfliktes zwischen den beiden Koalitionen zu verringern und einen Kompromiss zu erzielen. Die Figur des Brokers stammt aus der Literatur über Policy-Netzwerke oder Advocacy-Koalitionen auf der Ebene einzelner Politikfelder (vgl. Sabatier und Weible 2007) sowie aus der Forschung zum sozialen Kapital in Netzwerken (vgl. Burt 2005). Policy-Broker stehen zwischen den einzelnen Koalitionen. Ihre Rolle lässt sich nach Ingold und Varone (2011, S. 319) beschreiben als „search for stability in the specific political subsystem and to mediate between the opponents in order to make compromise solutions feasible". Ein solcher Policy Broker kann in unserem Fallbeispiel eine große Volkspartei sein, deren Mitglieder in beiden Koalitionen vertreten sind und die sich daher bemühen muss, einen Konflikt zwischen ihnen (und somit auch einen innerparteilichen Konflikt) zu vermeiden. Yanovitzky und Weber (2018) konzipieren Nachrichtenmedien („news media") ebenfalls als „knowledge broker" in Policy-Prozessen, da sie in Form von Berichterstattung den Fluss von Informationen und Ressourcen in Richtung der Policy-Akteure kontrollieren: „Knowledge brokers are influential because they perform crucial knowledge functions for policy actors, such as aggregating and translating information into accessible forms, facilitating linkages and partnerships among stakeholders, and building actors' capacity to mobilize knowledge into action" (Yanovitzky und Weber 2018, S. 6).

Die Wertvorstellungen, Ressourcen und die Strategien der beiden Advocacy-Koalitionen bestimmen dann weitgehend den politischen Prozess innerhalb des Policy-Subsystems. Dabei geht Sabatier von der Grundthese aus, dass die Anordnung der verbündeten Koalitionen über lange Jahre hinweg stabil bleibt, ein grundsätzlicher Policy-Wandel sich mithin nur langsam vollzieht. Zwar wirken externe Ereignisse (z. B. neue wissenschaftliche Erkenntnisse, Gesetzgebung, veränderte öffentliche Meinung etc.) auf die Grundüberzeugung der Koalitionen ein, diese Wirkung entfaltet sich jedoch erst nach der Wahrnehmung und Verarbeitung durch die Mitglieder einer Koalition. Solchen Prozessen des Policy-Lernens sollte nach Sabatier mehr Aufmerksamkeit geschenkt werden als einzelnen heuristischen Politikphasen (zur aktuellen Diskussion des Modells vgl. Bandelow 2015; Ingold 2020).

10.2 Politische Prozesse in direktdemokratischen Systemen

Anders als in repräsentativ verfassten Systemen stellen sich die Prozessbedingungen in direktdemokratischen Ordnungen wie der Schweiz dar. Durch die Volksinitiative und das obligatorische Referendum hat das **Schweizerische Stimmvolk die Letztentscheidung** in allen wichtigen Politikfragen, die auf der Ebene der Verfassung zu lösen sind (vgl. Vatter 2018, S. 361). Durch Initiativen und Referenden können die Stimmbürgerinnen und -bürger ohnehin politische Probleme auf die Entscheidungsagenda setzen und damit das Parlament zu gesetzlichen Regelungen zwingen. Auch wenn die meisten vom Parlament getroffenen gesetzlichen Entscheidungen endgültigen Charakter haben, also nicht angefochten werden, so stehen sie doch unter dem Vorbehalt der Nach- und Letztentscheidung durch das Volk (vgl. Linder 2005).

Für den politischen Prozess in der Schweiz sind einige weitere Besonderheiten des politischen Systems relevant: Der **Wettbewerb der politischen Parteien ist weniger stark** als in parlamentarischen Mehrheitsdemokratien, weil mit den Wahlen kein direktes Mandat für die Realisierung eines bestimmten Programms verbunden ist und kein direkter Zusammenhang zwischen Parlamentswahl, der Zusammensetzung des Parlaments und der Wahl einer Regierung besteht. „Opposition" findet allenfalls fallweise statt, und zwar innerhalb der Konkordanzpartner (Abschn. 3.1.2), da der Bundesrat eine **„Allparteienregierung"** ist. Die im historischen Prozess (die Schweiz wurde 1848 als multikultureller Föderalstaat begründet) etablierten Regeln zur Integration und angemessenen Berücksichtigung von Minderheiten, die proportionale Machtverteilung sowie die Verpflichtung zur Verhandlung und zum Finden von Kompromissen setzen allen kompetitiven Aktivitäten enge Grenzen. Die Schweizer Regierung, der Bundesrat, besitzt zwar im Vergleich zu anderen politischen Systemen einen recht großen Kompetenzbereich und kann auch weitgehend unabhängig auf der Ebene von Verordnungen und Einzelentscheiden agieren, ist aber insgesamt der institutionellen Struktur, den in der politischen Kultur verankerten Wertvorstellungen und vor allem dem **Prinzip der Konsensdemokratie** verpflichtet. So setzt sich der Bundesrat aus den wichtigsten politischen Strömungen zusammen, arbeitet nach dem **Kollegialprinzip** und ist aufgrund der Wahl vom Parlament abhängig (vgl. Vatter 2018, S. 217). Da das Volk Initiativen ergreifen kann, richtet der Bundesrat sein Handeln am Wissen um diese Möglichkeit aus; die Regierung wie auch das Parlament bemühen sich um breit getragene Entscheidungen, gegen die kein Referendum ergriffen wird.

Das Instrument Referendum hat – historisch gesehen – zu einer Integration aller wichtigen politischen Kräfte in die politischen Prozesse geführt und die Allparteienregierung hervorgebracht. Um zu verhindern, dass oppositionelle Kräfte die Entscheidung des Parlaments durch das Referendum zu Fall bringen, werden alle referendumsfähigen Gruppen am vorparlamentarischen Verfahren beteiligt und in eine Kompromisslösung eingebunden. Ähnlich wie das Referendum kann auch die Volksinitiative als Verhandlungspfand eingesetzt werden (vgl. Linder 2005). Das Schweizer System, in dem sich die direkte Demokratie als Konkordanzzwang etabliert hat, weist daher im Unterschied zu den allermeisten repräsentativen politischen Systemen ein sehr **hohes Maß an Responsivität** auf. Informations- und Kommunikationsprozesse sind für dieses System auf allen Ebenen, in allen Politikfeldern und auf allen Stufen des politischen Prozesses von hoher und allgemein anerkannter Bedeutung. Es haben sich beispielsweise mit dem Vernehmlassungsverfahren spezifische Formen der öffentlichen Information und der Möglichkeit für Einzelne und kollektive Akteure, zu einem Entscheidungsvorschlag Stellung zu nehmen, herausgebildet.

Der Politikprozess in der Schweiz entspricht dem hier vorgestellten **Modell des politischen Prozesses als Arena** (vgl. Kriesi 2001) in besonderer Weise. Für die Schweiz gilt dabei, dass vor allem durch vielfältige personelle Verflechtungen und kooperative Strukturen auf der institutionellen Ebene eine Vernetzung zwischen den unterschiedlichen Arenen jederzeit möglich ist.

10.3 Entscheidungsprozesse: Typen von Politik und ihre mediale Beachtung

Mit Blick auf das Einflusspotenzial von Medien kann nicht nur zwischen den verschiedenen Stufen des politischen Prozesses unterschieden werden. Differenzierungen ergeben sich auch, wenn man **Typen von Politik** unterscheidet. Das politischadministrative System bearbeitet unterschiedliche Typen von Politik, und vorliegende Studien zeigen, dass dies für den gesamten Politikprozessverlauf von zentraler Bedeutung ist (vgl. Wenzelburger und Zohlnhöfer 2015, S. 21–25).

Beyme (1994) unterscheidet **innovative Politik** von **normaler Regelpolitik.** Zur **Regelpolitik:** „Der Normalfall von Entscheidungen im politischen System sind regulative und distributive Gesetze" (Beyme 1994, S. 332), die für die Medien in der Regel nicht interessant sind. Bei regulativen Maßnahmen erfolgen zumeist geringe Eingriffe in bestehende Ordnungen oder Gesetze und bei distributiven Entscheidungen handelt es sich zumeist um normale Leistungsgesetze. Wie Beyme am Beispiel von Entscheidungen des Deutschen Bundestages empirisch belegen kann, wird über die überwiegende Zahl derartiger Regelungen überhaupt nicht in den allgemeinen Massenmedien – wohl aber in Fachmedien – berichtet (vgl. Beyme 1997).

Anders sieht es bei Formen **innovativer Politik** aus: Dazu zählen restriktive Entscheidungen, also etwa die Einschränkung von bisherigen Rechten. Ebenso zählen Entscheidungen dazu, mit denen beispielsweise Leistungen oder Einkommen umverteilt werden (Formen der redistributiven Politik). Beide Formen sind, so das deutsche Beispiel, allerdings relativ selten.

Die Auseinandersetzungen um Rentenprozente, Transferleistungen für Ostdeutschland („Solidaritätszuschlag") oder Steuererhöhungen sind in der Regel hochgradig konflikthaltig und lösen sowohl innerhalb des politischen Systems wie auch bei den Medien entsprechende Resonanzen aus. Beyme und Weßler (1998) weisen darauf hin, dass vor allem im parlamentarischen Raum politische Differenzen und Gegensätze bestehen müssen, damit es zu einer medialen Verarbeitung politischer Konfliktgegenstände kommt. „Es kann Jahrhundertentscheidungen geben, die mit vergleichsweise geringen Konflikten über die parlamentarische Bühne gehen und daher auch die Medien nicht in Aufregung versetzen" (Beyme und Weßler 1998, S. 319). Bezogen auf Entscheidungsprozesse wird resümiert:

> „Eine systematische, gleichgewichtige publizistische Begleitung aller politischen Entscheidungsprozesse findet daher in den Medien nicht statt. Das Mediensystem hat vielmehr einen eigenen Code für die Verarbeitung von Ereignissen und Informationen entwickelt: Verletzung bestehender Werte, Ereignisse von großem Neuigkeitswert, Krisen [...] entscheiden mit darüber, welches Problem die Aufmerksamkeit der Medien erringt" (Beyme und Weßler 1998, S. 321).

Den Medien wird auch in dieser auf Entscheidungsprozesse fokussierten Perspektive eher eine von den politischen Akteuren und deren Initiativen abhängige Position zuerkannt. Zudem greifen die Journalistinnen und Journalisten vor allem das auf, was neu ist, konflikthaltige Debatten verspricht und politische Folgekommunikation auszulösen vermag. Da politische Prozesse zumeist über lange Zeit stattfinden, Journalistinnen und Journalisten aber stets auf der Suche nach Veränderung und Neuem – in Gestalt von Neuigkeiten mit Nachrichtenwert – sind, werden vor allem parlamentarische Entscheidungen nur in geringem Maße begleitend dokumentiert und reflektiert. Koch-Baumgarten und Voltmer (2009, S. 300) machen jedoch darauf aufmerksam, dass die „klassische Politikfeldanalyse der Rolle der Medien im Policyzyklus wenig Aufmerksamkeit geschenkt hat". Ein policyspezifischer oder policyvergleichender Forschungsansatz zur Rolle der Medien im politischen Entscheidungsprozess sei bislang nur Programm geblieben.

> **Zusammenfassung**
>
> Der Prozess der politischen Kommunikation ist relativ stabil und wird von Institutionen sowie den jeweils dominanten Akteuren in konkreten Akteurskonstellationen geprägt. Relativ ist diese Stabilität deshalb zu nennen, weil am politischen Prozess zahlreiche Akteure mitwirken, die sich fallweise erst in bestimmten Entscheidungsprozessen engagieren oder neu herausbilden. Die Kommunikation dieser Akteure ist keineswegs sicher vorhersehbar oder gar verlässlich planbar. Zwar kann man die Mehrzahl der politischen Entscheidungen als Routinevorgänge bezeichnen, aber die prinzipielle Offenheit und Veränderbarkeit in jedem Einzelfall bleibt bestehen, und dies prägt die politische Kommunikation der Akteure. Auch der Einfluss der Medien auf politische Vorgänge gestaltet sich in den einzelnen Phasen des politischen Prozesses unterschiedlich. ◄

Literatur

Bandelow, Nils. (2015). Advocacy Coalition Framework. In Georg Wenzelburger & Reimut Zohlnhöfer (Hrsg.), *Handbuch Policy-Forschung* (S. 305–324). Wiesbaden: Springer VS.

Beyme, Klaus von. (1994). Die Massenmedien und die politische Agenda des parlamentarischen Systems. In Friedhelm Neidhardt (Hrsg.), *Öffentlichkeit, öffentliche Meinung, soziale Bewegungen* (S. 320–336). Opladen: Westdeutscher Verlag.

Beyme, Klaus von. (1997). *Der Gesetzgeber. Der Bundestag als Entscheidungszentrum*. Wiesbaden: Westdeutscher Verlag.

Beyme, Klaus von, & Weßler, Hartmut. (1998). Politische Kommunikation als Entscheidungskommunikation. In Otfried Jarren, Ulrich Sarcinelli & Ulrich Saxer (Hrsg.), *Politische Kommunikation in der demokratischen Gesellschaft. Ein Handbuch mit Lexikonteil* (S. 312–323). Opladen, Wiesbaden: Westdeutscher Verlag.

Blum, Sonja, & Schubert, Klaus. (2018). *Politikfeldanalyse: Eine Einführung*. Wiesbaden: Springer VS.

Burt, Ronald Stuart (2005). *Brokerage and Closure: An Introduction to Social Capital*. Oxford: Oxford University Press.

Easton, David. (1953). *The Political System. An Inquiry into the State of Political Science*. New York: Alfred A. Knopf.

Fawzi, Nayla. (2020). Die Bedeutung der Medien im Policy-Prozess. In Isabelle Borucki, Katharina Kleinen-von Königslöw, Stefan Marschall & Thomas Zerback (Hrsg.), *Handbuch Politische Kommunikation*. Wiesbaden: Springer VS.

Fuchs, Dieter. (1993). *Eine Metatheorie des demokratischen Prozesses*. (WZB Discussion Paper FS III 93-202). Berlin: Wissenschaftszentrum Berlin für Sozialforschung.

Hilgartner, Stephen, & Bosk, Charles L. (1988). The Rise and Fall of Social Problems: A Public Arenas Model. *American Journal of Sociology, 94*(1), 53–78.

Ingold, Karin. (2020). Unbeantwortete Fragen im Advocacy Coalition Framework. In Melanie Nagel, Patrick Kenis, Philip Leifeld & Hans-Jörg Schmedes (Hrsg.), *Politische Komplexität, Governance von Innovationen und Policy-Netzwerke: Festschrift für Volker Schneider* (S. 91–97). Wiesbaden: Springer VS.

Ingold, Karin, & Varone, Frederic. (2011). Treating policy brokers seriously. Evidence from the climate change. *Journal of Public Administration Research and Theory, 22*(2), 319–346.

Jann, Werner, & Wegrich, Kai. (2014). Phasenmodelle und Politikprozesse: Der Policy-Cycle. In Klaus Schubert & Nils C. Bandelow (Hrsg.), *Lehrbuch der Politikfeldanalyse* (S. 97–131). München: Oldenbourg.

Jarren, Otfried, Donges, Patrick, & Weßler, Hartmut. (1996). Medien und politischer Prozess. Eine Einleitung. In Otfried Jarren, Heribert Schatz & Hartmut Weßler (Hrsg.), *Medien und politischer Prozeß. Politische Öffentlichkeits- und massenmediale Politikvermittlung im Wandel* (S. 9–37). Opladen: Westdeutscher Verlag.

Koch-Baumgarten, Sigrid, & Voltmer, Katrin. (2009). Policy matters – Medien im politischen Entscheidungsprozess in unterschiedlichen Politikfeldern. In Frank Marcinkowski & Barbara Pfetsch (Hrsg.), *Politik in der Mediendemokratie* (S. 299–319). Wiesbaden: VS Verlag für Sozialwissenschaften.

Kriesi, Hanspeter. (2001). *Die Rolle der Öffentlichkeit im politischen Entscheidungsprozess*. (WZB Discussion Paper, 01–701). Berlin: Wissenschaftszentrum Berlin für Sozialforschung.

Linder, Wolf. (2005). *Schweizerische Demokratie. Institutionen, Prozesse, Perspektiven* (2., vollst. überarb. u. akt. Aufl.). Bern, Stuttgart, Wien: Paul Haupt.

Rammstedt, Otthein. (1994). Prozess. In Werner Fuchs-Heinritz, Rüdiger Lautmann, Otthein Rammstedt & Hanns Wienold (Hrsg.), *Lexikon zur Soziologie* (3. Aufl., S. 525–526). Opladen: Westdeutscher Verlag.

Sabatier, Paul Armand. (1993). Advocacy-Koalitionen, Policy-Wandel und Policy-Lernen: Eine Alternative zur Phasenheuristik. In Adrienne Héritier (Hrsg.), *Policy-Analyse. Kritik und Neuorientierung* (S. 116–148). Opladen: Westdeutscher Verlag.

Sabatier, Paul Armand, & Weible, Christopher M. (2007). The ACF. Innovations and Clarifications. In Paul Armand Sabatier (Hrsg.), *Theories of the Policy Process* (2. Aufl., S. 189–222). Boulder, CO: Westview Press.

Vatter, Adrian. (2018). *Das politische System der Schweiz* (3., durchgesehene Aufl.). Baden-Baden: Nomos.

Wenzelburger, Georg, & Zohlnhöfer, Reimut. (2015). Konzepte und Begriffe in der Vergleichenden Policy-Forschung. In Georg Wenzelburger & Reimut Zohlnhöfer (Hrsg.), *Handbuch Policy-Forschung* (S. 15–32). Wiesbaden: Springer VS.

Yanovitzky, Itzhak, & Weber, Matthew S. (2018). News Media as Knowledge Brokers in Public Policymaking Processes. *Communication Theory, 29*(2), 191–212.

11 Prozesse politischer Kommunikation II: Kampagnen und Wahlkämpfe

> **Überblick**
>
> Politische Kampagnen (Abschn. 11.1) und Wahlkämpfe (Abschn. 11.2) sind zwei wichtige Spezialfälle von Prozessen politischer Kommunikation. In ihnen verdichten sich Auseinandersetzungen und werden Streitfragen zugespitzt. Zugleich folgen Kampagnen und Wahlkämpfe dramaturgischen Regeln, die von den strukturellen und kulturellen Kontexten abhängig sind, in denen sie stattfinden.

11.1 Politische Kampagnen

Alle politischen Akteure müssen kampagnenfähig sein, um ihre Interessen erkennbar öffentlich anzumelden, politische Gegner oder bevorstehende Entscheidungen angreifen zu können oder um mittels einer Kampagne Entscheidungen vorzubereiten. Vorrangiges Ziel von Kampagnen ist es, **öffentliche Aufmerksamkeit** für einen Akteur, seine Position zu einem konkreten Problem, eine getroffene Maßnahme oder eine bevorstehende Entscheidung zu erzeugen. Aufmerksamkeit ist in der „Mediengesellschaft" ein äußerst knappes Gut. Durch verdichtete Formen an Kommunikation, also durch Werbespots, Plakate, Verteilaktionen usw., sollen möglichst viele Personen einer bestimmten Zielgruppe erreicht werden (vgl. auch Röttger 2019, 2021).

▶ „**Kampagnen** sind zielgerichtete, dramaturgisch angelegte, thematisch fokussierte, zeitlich befristete kommunikative Strategien, die auf ein Set unterschiedlicher kommunikativer Instrumente und Techniken – insbesondere werbliche Mittel, marketingspezifische Instrumente und klassische PR-Maßnahmen – zurückgreifen und als

Minimalziel öffentliche Aufmerksamkeit im Sinne der kampagnenführenden Organisation erzielen wollen" (Röttger 2019, S. 3).

In ähnlicher Weise definiert Michael Greven (1995) Kampagnen als „zielgerichtete Mobilisierung einer Öffentlichkeit auf Grund eines Plans, um die gewissermaßen strategische Herbeiführung eines öffentlichen Meinungsklimas" (Greven 1995, S. 41). Bei der politischen Kampagne soll das veränderte Meinungsklima eine veränderte Lage für politische Entscheidungen herbeiführen. Das Besondere an Kampagnen sind nach Greven (1995, S. 42) zum einen die besonderen Anstrengungen und Ressourcen, die Akteure in ihre Kampagnen investieren und die „Ausdruck einer gewissen Priorität und Dringlichkeit" sind, zum anderen der begrenzte Zeitrahmen. Eine endlose Kampagne, wie sie der Begriff des „permanent campaigning" suggeriert, wäre jedoch kaum mehr von „normaler" politischer Kommunikation zu unterscheiden – der Kampagnenbegriff würde ins Leere laufen (so auch Greven 1995, S. 42). Denn es ist gerade die thematische und zeitliche Begrenzung, die das Besondere an Kampagnen ausmacht und sie als eine Form der politischen Kommunikation von anderen unterscheidet. Kriesi et al. (2009) weisen darauf hin, dass das Führen von Kampagnen die Fähigkeit zu einem strategischen Handeln voraussetze und strategisches Handeln immer eine Form der Interaktion sei. Sie schlagen ein Modell vor, das die Wahl von Kampagnenstrategien aus den Dimensionen Kontextfaktoren und Akteurskonstellationen erklärt.

Kampagnen werden nicht nur von politischen Akteuren durchgeführt, sondern von Organisationen aus allen gesellschaftlichen Teilsystemen. So haben auch Werbemaßnahmen für Produkte und Dienstleistungen häufig die Form von Kampagnen und werden folgerichtig mit diesem Begriff bezeichnet. **Werbe- und Kampagnenformen** sind deshalb vielfach **kaum voneinander zu unterscheiden,** wenn in der Werbung mit politischen Motiven, Slogans oder Akteuren geworben wird. Die Austauschbarkeit wirtschaftlicher und politischer Kampagnenformen wird oftmals kritisiert: Diese Form, politische Inhalte zu kommunizieren, werde komplexen Gegenständen nicht gerecht und verkürze Probleme auf Slogans oder Bilder. Trotz dieser Kritik können politische Akteure auf Kampagnen nicht verzichten, wenn sie Aufmerksamkeit sowohl bei den eigenen Mitgliedern wie auch bei den Bürgerinnen und Bürgern erreichen wollen (Abb. 11.1).

Kampagnen dienen politischen Akteuren nämlich auch zur **Mobilisierung und Aktivierung** der eigenen Mitgliedschaft sowie zur **Rekrutierung** von Mitgliedern sowie Sympathisantinnen und Sympathisanten. Parteien können damit außerhalb von Wahlzeiten ihre Mobilisierungsfähigkeit im eigenen Lager prüfen: Wer ist bereit, an Ständen die Position mit zu vertreten oder Flugblätter zu verteilen? Vor allem politische Akteure, die nicht an Wahlen teilnehmen und daher diese regelmäßige Mobilisierungsform nicht kennen, nutzen die Möglichkeit von Kampagnen. Insbesondere Gewerkschaften setzen regelhaft auf diese Technik. Aber auch andere Verbände im Bereich Arbeit/Soziales, die übergreifend Interessen vertreten, führen beispielsweise im Rahmen von Tarifverhandlungen Kampagnen durch, um über ihre tarif- oder sozialpolitischen Ziele zu unterrichten.

11.1 Politische Kampagnen

Typ	Sender	Empfänger	Objekt	Ziel/Zweck
Wahlkampf	Politiker/Partei	alle	ich (wir)	Wählen (einmaliges Verhalten)
Imagewerbung	staatl. Organisation, NPO, Unternehmen	Zielgruppen	ich/wir	Wertschätzen (Einstellung)
Produktwerbung	Unternehmen	Zielgruppen	es (das Produkt)	Kaufen (einmaliges oder wiederholtes Verhalten)
Informationskampagne	staatl. Organisation, NPO, Unternehmen	Zielgruppen/ alle	Sachverhalt, Problem	Verstehen, Wissen (Kognition)
Kommunikationskampagne (z. B. Präventionskampagne)	staatl. Organisation, NPO, Unternehmen	Zielgruppen	es (das Problem)	Verhalten ändern
Politische Veränderungskampagne	NGO/NPO	Alle/ Zielgruppen	es (das Problem oder Anliegen)	Verhältnisse ändern
Lobbykampagne, Lobbyarbeit	NGO/NPO, Unternehmen	Zielgruppe Entscheider	es (das Problem oder Anliegen)	Verhältnisse, Regeln und Gesetze ändern zu eigenen Gunsten

Abb. 11.1 Kampagnentypen (nach Röttger, Graf von Bernstorff). (Quelle: Röttger 2019, S. 6, in Anlehnung an Graf von Bernstorff 2012, S. 56)

Akteure der Neuen Sozialen Bewegungen haben solche Kampagnentechniken übernommen, erheblich verfeinert und insoweit professionalisiert: „Greenpeace" und Kampagnen haben sich zu zwei miteinander verbundenen Begriffen entwickelt. Akteure wie Greenpeace sind auf Kampagnen existenziell angewiesen, weil sie über Kampagnen die nötigen Ressourcen für ihre Arbeit beschaffen, insbesondere Spendengelder. Mit Kampagnen lenken die Akteure die Aufmerksamkeit auf bestimmte Probleme, bieten sich als Problembearbeiter an und erbitten dafür Unterstützung. Das geht von Postkartenaktionen über die Beteiligung an einer konkreten Aktion bis hin zur – zumeist zahlenden – Mitgliedschaft. Diese Formen einer **„medialen Erzeugung von Solidarität"** (Baringhorst 1998) sind nicht unumstritten, auch innerhalb des Bereichs der Akteure Neuer Sozialer Bewegungen selbst.

Imhof und Eisenegger (1999) vertreten die These, dass „künftig auch die etablierten politischen Akteure im Wettbewerb um Aufmerksamkeit in steigendem Maße zur **Event-Produktion** greifen" (Imhof und Eisenegger 1999, S. 218), sprich im Prozess der Interessenvermittlung stärker auf Kampagnen als eine Kommunikationsform zurückgreifen, die ursprünglich eher charakteristisch für (alte und neue) soziale Bewegungen gewesen ist. Durch eine Ausrichtung ihrer politischen Kommunikation auf die Selektionslogiken der Massenmedien haben die Parteien damit nach Imhof und Eisenegger (1999) einen Vorteil der nicht-etablierten Akteure im Wettbewerb um Aufmerksamkeit egalisiert.

Kampagnen als **„Feldzüge um die öffentliche Meinung"** (Vowe 2009) sind komplexe soziale Vorgänge. **Binnen-, Konflikt-, Medien- und Anschlusskommunikation** stehen in einem spezifischen Verhältnis zueinander und müssen von den Kampagnenverantwortlichen im Voraus geplant und im Prozess selbst gesteuert werden. Während die Binnenkommunikation zumeist entsprechend organisiert werden kann, erweist sich die Konfliktkommunikation als ein Problem: Welche Organisation bietet sich für den Konflikt an und wie geht diese mit der Konfrontation um? Kommt es überhaupt zu einer (härteren) Konfrontation und damit zu einem Konflikt? Und selbst dann, wenn es zu einem Konflikt kommt, ist nicht sicher, ob die Journalistinnen und Journalisten das Thema zum Medienthema werden lassen. Die Nachrichtenfaktoren Überraschung, Dramatik, Relevanz und Visualität müssen erfüllt sein, wenn sich die Konfrontation als Medienthema etablieren soll. Ob der Konflikt zum Thema in vielen Medien wird, ist auch von der allgemein vorherrschenden Nachrichtenlage abhängig. Vowe (2009) kann in seiner Analyse am Beispiel der Greenpeace-Kampagnen „Brent Spar" und „Mururoa" die **Grenzen von Kampagnen** aufzeigen. Trotz des Erfolges der „Brent Spar"-Kampagne: Daraus, dass sich diese im Nachhinein als in sachlicher Hinsicht nicht hinreichend korrekt herausgestellt hatte (Verbreitung falscher und unzureichender Informationen), ergaben sich für die Folgekampagne (Mururoa-Atoll) deutliche Akzeptanzprobleme bei den Medien. Als gescheitert angesehene Kampagnen sind für Akteure von besonderer Brisanz, weil sie zu Ressourcenverlusten (Rückgang des Spendenaufkommens) und zu Imageeinbußen führen können (vgl. Vowe 2009). **Kampagnen sind eben nicht vollständig planbar,** sie verfügen über eine gewisse Eigendynamik. „Gescheiterte" Kampagnen werden dem Akteur zugerechnet, der sie initiiert hat, was – wie dargestellt – Image- und Ressourcenfolgen haben kann. Es besteht nämlich eine Rückkopplung zwischen den beiden Kampagnen, in diesem Fall zulasten von Greenpeace: Das gescheiterte Projekt „Mururoa" wirkt „auf Brent Spar zurück – die Niederlage relativiert den Sieg", und Greenpeace habe dadurch an Reputation und Zustimmung eingebüßt (Vowe 2009, S. 85). (Abb. 11.2)

Akteure, die ihre Imagekreation überwiegend über Kampagnen und Medien erreichen, stehen unter einem erheblichen kommunikativen bzw. medialen Erfolgsdruck, weil Journalistinnen und Journalisten sowie Medien immer „bessere" Kampagnen erwarten. Das Image dieser Akteure bei den Journalistinnen und Journalisten sowie Medien gewinnt dann an Gewicht: Für welche Themen, für welche Kampagnen besteht bei den Journalistinnen und Journalisten die nötige Aufmerksamkeit? Zudem haben die bei den Journalistinnen und Journalisten sowie Medien einschlägig bekannten und auf bestimmte Themen wie Kampagnenformen festgelegten Akteure das Problem, dass sie einerseits ihre Themen und Kampagnenformen variieren müssen, andererseits der Themenwechsel aber stets mit dem Risiko des Aufmerksamkeitsverlustes verbunden ist. Den Folgekampagnen von „Greenpeace" in der Bundesrepublik Deutschland zum

11.1 Politische Kampagnen

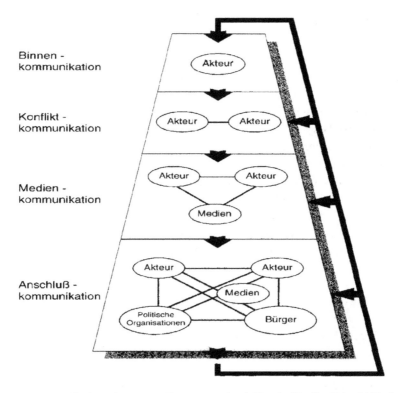

Abb. 11.2 Kommunikationsebenen von Kampagnen (nach Vowe). (Quelle: Vowe 2009, S. 74)

„Drei-Liter-Auto", dem „FCKW-freien Kühlschrank" und zur „Solarhauptstadt Berlin" war nicht mehr viel Erfolg beschieden. Akteure, die sich vor allem auf Kampagnen stützen und keine starke soziale Verankerung in einem stabilen Milieu aufweisen, sind in hohem Maße auf die Beachtung durch Journalistinnen und Journalisten sowie Medien angewiesen – und das macht sie hochgradig verletzlich.

Bezüglich der Nutzung von **Social-Media-Plattformen** bei politischen Kampagnen lassen sich nach Speth (2021) deutliche Unterschiede zwischen den Organisationen feststellen:

> „Etablierte Verbände, vor allem aus dem Bereich der Ökonomie, mit besonderer Nähe zum politischen System nutzen die neuen Möglichkeiten eher zurückhaltend. Sie vertrauen auf die eingespielten Kanäle des Lobbyings und sind vielfach in etablierten Netzwerken verankert. Darüber hinaus präferieren diese Interessengruppen die Kommunikation mit ihren Mitgliedern in den gewohnten Verbandsnetzwerken. […] Anders sieht es bei Interessengruppen aus, die jünger sind und dem politischen Entscheidungszentrum ferner stehen. […] Sie nutzen die neuen Möglichkeiten intensiver, auch weil bei ihnen die Mitglieder und Unterstützer eine aktivere Rolle haben. Die kampagnenartige Kommunikation der eigenen Themen ist daher zu einem wichtigen Modus dieser Interessengruppen geworden" (Speth 2021, S. 118).

11.2 Wahlkämpfe

Wahlkämpfe sind eine besondere Form politischer Kampagnen. Durch den Wahltag sind sie zeitlich befristet und folgen einem klareren Ziel als andere Kampagnen, nämlich dem, ein möglichst gutes Wahlergebnis zu erzielen. Zugleich ist in Wahlkämpfen die Aufmerksamkeit von Medien und Publikum für Themen politischer Kommunikation generell höher, so dass auch andere Akteure als Parteien den Wahlkampf als Plattform für sich und ihre Anliegen nutzen. Das macht Wahlkämpfe generell zu Prozessen, in denen sich politische Kommunikation konzentriert und verdichtet. Sarcinelli (2011, S. 225) bezeichnet Wahlkämpfe daher auch als „politische Zäsuren" und als „Schlüsselphasen demokratischer Legitimation im repräsentativen System". Sie sind Hochphasen symbolischer Kommunikation über Politik: Politische Streitfragen werden verdichtet, auf Slogans reduziert, an den Kandidatinnen und Kandidaten festgemacht (Personalisierung) und häufig in Form negativer Aussagen vermittelt (negative campaigning).

11.2.1 Wahlen und Wahlverhalten

Obwohl mit dem Wahltermin das Ende eines Wahlkampfes eindeutig bestimmt ist, ist es nicht einfach, Wahlkämpfe und damit auch Wahlkampfkommunikation von anderen Formen politischer Kommunikation abzugrenzen. Zwar haben Wahlkämpfe häufig einen symbolischen Beginn – wie etwa die Auflösung des Parlaments in Großbritannien oder die Ausrufung des Wahlkampfes durch die politischen Parteien in Deutschland. Die auf den Wahltermin bezogene Kommunikation kann jedoch schon vorher einsetzen, so dass ein „offizieller" und ein „empirischer" Wahlkampfbeginn unterschieden werden können (Schoen 2014b, S. 671). Zudem gehört der Vorwurf, eine bestimmte Aussage sei bereits Wahlkampf, zu den beliebten rhetorischen Spitzen politischer Akteure.

Eine **Wahl** fordert den Bürgerinnen und Bürgern **zwei Entscheidungen** ab: Sie müssen zum einen entscheiden, ob sie an der Wahl teilnehmen oder nicht, und zum anderen, welcher Partei sie ihre Stimme geben. In Wahlkämpfen versuchen die Parteien, beide Entscheidungen zu ihren Gunsten zu beeinflussen, d. h. sie müssen die Bürgerinnen und Bürger sowohl zur Teilnahme an der Wahl mobilisieren als auch von der Wahl der jeweiligen Partei überzeugen. Kommunikationswissenschaftliche Wahlforschung untersucht dann, „wie die Eindrücke von den Kandidaten/innen, die Eindrücke von der Wichtigkeit unterschiedlicher Themen und die Eindrücke von der politischen Stimmung im Land das Wahlverhalten beeinflussen. Diese Eindrücke kommen selten durch eigene direkte Anschauung zustande. Stattdessen sind sie zu einem erheblichen Teil von der Medienberichterstattung und mitunter von Sozialen Netzwerken geprägt" (Brettschneider 2020, S. 2).

In der Politikwissenschaft gibt es eine breite Literatur zum **Wahlverhalten** und dessen Erklärungsfaktoren. Vereinfacht lassen sich **drei Erklärungsansätze** des Wahlverhaltens unterscheiden (vgl. auch Brettschneider 2020):

- Der **soziologische Erklärungsansatz** geht im Kern davon aus, dass die Zugehörigkeit zu einer bestimmten sozialen Gruppe das Wahlverhalten bestimmt (vgl. Schoen 2014a). Die Gruppenzugehörigkeit beeinflusst die politische Sozialisation wie auch das soziale Umfeld, in dem sich Wählerinnen und Wähler bewegen und in denen sie mit anderen über Politik sprechen. Der soziologische Erklärungsansatz wird häufig mit der Cleavage-Theorie von Lipset und Rokkan (1967) verbunden. Als Cleavages werden tief greifende gesellschaftliche Konfliktlinien bezeichnet, die eine Gesellschaft prägen, etwa die Konflikte zwischen Arbeit und Kapital, Staat und Kirche, Land- und Stadtbevölkerung etc. Relevant wird die Cleavage-Theorie für die Erklärung des Wahlverhaltens dann, wenn die durch solche Konfliktlinien entstandenen Gruppen eine dauerhafte Bindung („alignment") an eine politische Partei entwickeln. Ein Beispiel wäre die Verbindung der Arbeiterschaft mit sozialistischen oder sozialdemokratischen Parteien.
- Im **sozialpsychologischen Ansatz** wird im Unterschied zum soziologischen Erklärungsansatz von einer individuellen Parteienidentifikation ausgegangen. Der Ansatz wurde in den 1950er und 1960er Jahren an der University of Michigan in Ann Arbor entwickelt und daher häufig auch als Michigan- oder Ann-Arbor-Ansatz bezeichnet (vgl. Schoen und Weins 2014). Er erklärt das Wahlverhalten anhand von drei Faktoren: der grundlegenden Parteiidentifikation der Wählerinnen und Wähler, die eher dauerhaft und von der Zugehörigkeit zu einer sozialen Gruppe und der Primärsozialisation geprägt ist, sowie der Kandidaten- und der Themenorientierung, die eher kurzfristig auf einzelne Wahlentscheidungen einwirken und die grundlegende Parteiidentifikation brechen können. Im sozialpsychologischen Ansatz wird somit anstelle der Bindungen von sozialen Gruppen an Parteien das „dealignment" betont, die Auflösung solcher Bindungen und die zunehmende Orientierung an der Persönlichkeit der Kandidatinnen und Kandidaten und der ihnen zugeschriebenen Kompetenz sowie an einzelnen Sachfragen.
- Im **ökonomischen Ansatz** wird auf die ökonomische Handlungstheorie zurückgegriffen und das Wahlverhalten aus einer Kosten-Nutzen-Analyse rational entscheidender Individuen erklärt (vgl. Arzheimer und Schmitt 2014). Dabei werden individuelle Präferenzen mit den wahrgenommenen politischen Vorschlägen der Parteien und den wahrgenommenen Kompetenzen zur Umsetzung der Vorschläge verglichen und münden dann in eine Wahlentscheidung. Das Paradoxe an diesem ökonomischen Ansatz ist, dass er nur die zweite Entscheidung einer Wahl zu erklären versucht – die zugunsten einer bestimmten Partei –, hingegen nicht zu erklären vermag, warum sich Bürgerinnen und Bürger überhaupt an Wahlen beteiligen. Da es unwahrscheinlich ist, dass Wahlen mit einer einzelnen Stimme entschieden werden, ist es aus Sicht eines individuellen Nutzenmaximierers eigentlich nicht „rational", sich an Wahlen zu beteiligen.

In der politikwissenschaftlichen Wahlverhaltensforschung wird gegenwärtig die Frage diskutiert, ob sich langfristige Bindungen sozialer Gruppen an Parteien bzw. Parteiidentifikationen auflösen und irrelevant werden („dealignment") oder ob die bisher untersuchten langfristig wirkenden Faktoren durch andere ersetzt werden („realignment"), beispielsweise in Form von Lebensstilen oder Milieus. Schoen (2014a, S. 184) geht jedoch davon aus, dass mit Lebensstil allein das Wahlverhalten empirisch nicht erklärt werden könne.

Ein entscheidender Faktor von Wahlen (und damit auch von Wahlkämpfen) ist das **Wahlsystem**. Das wichtigste Unterscheidungskriterium ist hierbei, ob es sich um ein Mehrheits- oder ein Verhältniswahlsystem handelt (vgl. als Überblick Harfst 2011; Nohlen 2010). Beim Mehrheitswahlsystem, wie es prototypisch in Großbritannien zu finden ist, gilt das „The winner takes it all"-Prinzip: Die Kandidatin oder der Kandidat mit den meisten Stimmen in einem Wahlkreis zieht in das Parlament ein, die Stimmen für die anderen Kandidatinnen und Kandidaten werden nicht berücksichtigt. Beim Verhältniswahlrecht werden die Stimmen für einzelne Parteien in Parlamentssitze umgerechnet, d. h. die Mandate im Verhältnis zu den abgegebenen Stimmen vergeben. Dabei können verschiedene mathematische Verrechnungsverfahren zum Zuge kommen. Relevant sind auch Sperrklauseln wie etwa die „Fünf-Prozent-Hürde" in Deutschland, die einen Mindestanteil an den Stimmen vorsieht, um Parlamentsmandate zu erlangen. Solche Sperrklauseln begünstigen große Parteien und führen zu einer kleineren Anzahl von Parlamentsparteien.

Bedeutsam für die Wahlkampfführung ist auch die Frage der Einteilung von Wahlkreisen, denn diese definieren zugleich die Regionen, innerhalb deren Wahlkämpfe geführt werden. Deutschland ist in 299 Wahlkreise eingeteilt. In Österreich bilden die Länder (9) und in der Schweiz die Kantone (26) die Wahlkreise. Das Wahlsystem Deutschlands wird als personalisierte Verhältniswahl bezeichnet. In den 299 Wahlkreisen wird mittels Erststimme mit einfacher Mehrheit eine Abgeordnete oder ein Abgeordneter direkt gewählt, ebenso viele Mandate werden mit der Zweitstimme im Verhältniswahlrecht über Landeslisten verteilt. Erhält eine Partei mehr Direktmandate, als ihr nach der Landesliste eigentlich zustehen, so verbleiben ihr die direkt errungenen Sitze und es kommt zu sogenannten „Überhangmandaten". Durch solche Überhangmandate kann die Sitzverteilung im Parlament vom Ergebnis der Zweitstimmen abweichen. Die Erklärung des Wahlsystems ist in Deutschland immer wieder Bestandteil der Wahlkampfkommunikation, da viele Bürgerinnen und Bürger den Unterschied zwischen Erst- und Zweitstimme nicht kennen bzw. letztere sogar mit einer „zweiten" und daher unwichtigeren Stimme verwechseln, obwohl sie für die Zusammensetzung des Bundestages entscheidend ist. Daher versuchen die Parteien auf die Bedeutung der Zweitstimme hinzuweisen („Zweitstimme ist Kanzlerstimme") oder gezielt um diese zu werben.

11.2.2 Wahlkampf als Handlungssystem aus Parteien, Medien und Bevölkerung

An Wahlkämpfen sind drei Gruppen von **Akteuren** beteiligt: Parteien und ihre jeweiligen Kandidatinnen und Kandidaten, die wahlberechtigte Bevölkerung sowie die Medien, denen gerade in Wahlkämpfen eine Schlüsselrolle zukommt. Wahlkampfkommunikation findet immer in diesem Dreieck statt, so dass von einem **Handlungssystem** gesprochen werden kann, in dem die Kommunikationsbeziehungen aller beteiligten Akteure aufeinander bezogen sind (vgl. Klingemann und Voltmer 1998, S. 396; Krewel 2020). Die Bezeichnung Handlungssystem bedeutet, dass die Akteure einander wechselseitig beobachten und ihre Kommunikationsstrategien immer mit Blick auf die anderen Akteure entwickeln. Bereits die Parteien als Akteure entwickeln Wahlkämpfe nicht autonom, sondern berücksichtigen die angenommenen oder tatsächlich beobachtbaren Kommunikationsstrategien ihrer unmittelbaren Konkurrenz. Alle Parteien stellen sich zudem stark auf die Logiken der Massenmedien wie auch Social-Media-Plattformen ein, die sie zur Vermittlung ihrer Aussagen nutzen. Sie beobachten die Bürgerinnen und Bürger und versuchen zu ermitteln, mit welchen Aussagen und Mitteln sie möglichst viele von ihnen überzeugen können, an der Wahl teilzunehmen und die jeweilige Partei zu wählen. Dabei kennen und antizipieren Parteien sowie Kandidatinnen und Kandidaten jene im vorangegangenen Abschnitt beschriebenen Faktoren, die das Wahlverhalten beeinflussen.

Die **Kommunikationsbeziehungen zwischen Parteien und der wahlberechtigten Bevölkerung** vollziehen sich vereinfacht in drei Kanälen: Parteien können zum einen unter Mobilisierung ihrer Parteiorganisation direkt mit den Bürgerinnen und Bürgern in Kontakt treten, beispielsweise auf öffentlichen Veranstaltungen oder an Informationsständen im öffentlichen Raum. Sie können zweitens Formen bezahlter Werbung in den Medien oder auf Social-Media-Plattformen nutzen („paid media"). Und sie können drittens durch ihre Kampagnen direkt in die Medienberichterstattung gelangen, wofür der (zu Missverständnissen einladende) Begriff „free media" verwendet wird. Diese free media lassen sich weiterhin differenzieren, wer stärker auf den Inhalt Einfluss nehmen kann – die Journalistinnen und Journalisten, etwa im Fall der Berichterstattung über den Wahlkampf, oder die Politikerinnen und Politiker, etwa in Form von Talkshowauftritten oder Fernsehdebatten. Gerade das letzte Beispiel zeigt, dass die Unterscheidung zwischen paid und free media nicht sehr sinnvoll ist: Gerade in der wichtigen Wahlkampfkommunikation via Fernsehen wird vieles reguliert. Parteien haben ein Anrecht auf Wahlwerbespots im öffentlichen Rundfunk, deren Anzahl sich nach den Stimmen der letzten Wahl richtet. Die Fernsehdebatten zwischen den Kanzlerkandidatinnen und -kandidaten in Deutschland sind zwar als Diskussion angelegt, aber bezüglich Redezeit und Themen streng reglementiert und vorher abgesprochen – und daher keinesfalls „free media". Maurer (2009) unterscheidet eine Wahlkampfberichterstattung, die der medialen Kommunikationslogik folgt (Berichte in Tageszeitungen und Fernsehnachrichten), von einer Wahlkampfberichterstattung, die einer politischen Kommunikationslogik folgt, weil ihr Inhalt primär von der Politik kontrolliert wird (Auftritte von Politikerinnen und Politikern in Talkshows, Reden). In einer vergleichenden Analyse kommt er zu dem Ergebnis, dass Tageszeitungen und Fernsehnachrichten mehr und konkretere Informationen zu den politischen Zielen der Parteien vermitteln, als diese in Talkshows und Reden selbst von sich preisgeben.

Sowohl zu den **Inhalten** als auch zur **Nutzung und Wirkung der Wahlberichterstattung** auf die Bürgerinnen und Bürger liegen zahlreiche Studien vor, die unmittelbar nach Wahlen erscheinen (zur Bundestagswahl 2017 vgl. die Beiträge in Holtz-Bacha 2019). Zusammengefasst zeigen diese, dass Wahlkampagnen von erheblichen Teilen der Bevölkerung zur Kenntnis genommen werden, Menschen aber nicht bewusst und zielgerichtet nach Wahlkampfinformationen suchen, sondern eher zufällig darauf stoßen und sie registrieren (vgl. Schoen 2014b, S. 690). Auch müssen Effekte der kognitiven Dissonanz berücksichtigt werden: Wahlveranstaltungen von Parteien werden beispielsweise weniger von noch unentschlossenen Wahlberechtigten besucht als vielmehr von den Anhängerinnen und Anhängern der jeweiligen Partei. Untersuchungen zu früheren Bundestagswahlen deuten darauf hin, dass vor allem die Nachrichtensendungen des (öffentlich-rechtlichen) Fernsehens dazu beitrugen, die Bürgerinnen und Bürger mit politischen Informationen zu versorgen, während andere Informationsquellen weniger Menschen erreichten. So konstatierten Schmitt-Beck und Mackenrodt (2009, S. 417, 441) für den Wahlkampf 2005 eine „Führungsrolle des Fernsehens als mediale Quelle politischer Information", jedoch sei diesem Medium – wie der Medienberichterstattung insgesamt – keine „wahlentscheidende Rolle" zugekommen. Auch Schoen (2014b, S. 704) bilanziert den Forschungsstand dahingehend, dass sich in Wahlkämpfen die Einstellungen zu Parteien, Kandidatinnen und Kandidaten sowie Sachfragen deutlich ändern und in einzelnen Fällen auch Einflüsse von Kampagnenereignissen nachgewiesen werden können. Diese würden jedoch häufig nur beschrieben, aber nicht erklärt. Die Einflusschancen von Wahlkämpfen auf politische Einstellungen dürften daher nicht negiert, aber auch nicht überschätzt werden.

In den vergangenen Wahlkämpfen haben **Fernsehduelle** eine zunehmend wichtigere Rolle gespielt und auch die kommunikationswissenschaftliche Forschung stark beschäftigt. Können solche Duelle den Wahlausgang beeinflussen? Nach Maurer und Reinemann (2007) ist dies von drei Faktoren abhängig: der Ausgangslage vor dem Duell, der Klarheit eines „Sieges" im Duell sowie der anschließenden Medienberichterstattung, bei der von Bedeutung ist, wie konsonant und eindeutig die Medien einen solchen Sieger küren. Es ist somit nicht das Duell allein, das wahlentscheidend ist. Dennoch kommen die Autoren zu folgender Bilanz: Betrachtet man die eben genannten Erkenntnisse und bedenkt, dass bei den letzten beiden Bundestagswahlen bereits Veränderungen von wenigen Zehntelprozentpunkten einen komplett anderen Wahlausgang bedeutet hätten, wird deutlich, welch bedeutsame Rolle TV-Duelle in Wahlkämpfen spielen können (vgl. Maurer und Reinemann 2007, S. 244). Die konkrete Ausgestaltung solcher Duelle ist jedoch auch davon abhängig, ob die Kandidatinnen und Kandidaten überhaupt in einen direkten Dialog treten wollen.

Viele Studien befassen sich mit der **Rolle des Internets und der Online-Kommunikation in Wahlkämpfen.** Immer wieder wird vor allem vonseiten medialer Beobachterinnen und Beobachter betont, dass Wahlkämpfe inzwischen weitgehend im Internet ausgetragen werden. Dem ist aus kommunikationswissenschaftlicher Sicht jedoch zu widersprechen. Für die Bundestagswahlkämpfe 2002 bis 2009 kann Schweitzer (2010, 2011) zeigen, dass das Webangebot deutscher Parteien die mitunter hohen Erwartungen bezüglich Information und Interaktivität nicht erfüllt. Die Angebote der Parteien sind durch ein hohes Maß an Selbstreferentialität gekennzeichnet, d. h. sie thematisieren zu relevanten Teilen die Onlinekommunikation selbst. Schweitzer hält fest, dass gerade die nicht-etablierten Parteien, von denen man eigentlich annehmen könnte, dass sie stärker auf zusätzliche Kommunikationskanäle angewiesen seien als die bereits im Bundestag vertretenen, das Netz deutlich weniger nutzen. Dieser Befund hat sich auch bei späteren Analysen bestätigt (vgl. Stärk 2015). Websites von Parteien dienen daher oft im Sinne eines „preaching to the converted" (Norris 2003) als Kommunikationskanal zu bestehenden und weniger der Erschließung neuer Wählerschichten, wie Schulz (2019) auch mit Blick auf die Bundestagswahl 2017 bilanziert:

> „Die Medienexpansion der letzten Jahrzehnte resultierte in einer enormen Fülle an Informationsangeboten und sorgte damit auch für Informationsüberfluss im Wahlkampf. Doch offensichtlich reagieren die deutschen Wähler auf die erweiterten Gelegenheitsstrukturen sehr zurückhaltend und nehmen die Möglichkeiten, die ihnen neue digitale Medien bieten, nur zögerlich an. Unter ihren bevorzugten Quellen stehen die herkömmlichen Massenmedien noch immer an erster Stelle, allen voran das Fernsehen. Die Bedeutung von Internetangeboten und sozialen Medien hat zwar [2017] im Vergleich der drei letzten Bundestagswahlen zugenommen, vor allem bei jüngeren Wählern. Aber die Nutzung neuer Medien im Wahlkampf blieb bisher hinter deren allgemeiner Nutzung und Bedeutung zurück, deutlich auch hinter der Aufmerksamkeit, die den digitalen Medien in öffentlichen Diskursen und in der Forschungsliteratur zukommt" (Schulz 2019, S. 335).

Betont wird in der Forschung auch, dass Online-Angebote von Parteien für diese einen hohen symbolischen Stellenwert haben, ohne dass sie andere Formen der Kommunikation ersetzen. Social-Media-Plattformen wie etwa Twitter werden begleitend zum klassischen Wahlkampf genutzt, ohne dass ihre Möglichkeiten zum Dialog mit Wählerinnen und Wähler wirklich ausgeschöpft werden (vgl. u. a. Dusch et al. 2015). Sie erlauben es den Parteien zwar, Nutzerinnen und Nutzer gezielt mit an sie ganz persönlich angepassten politischen Informationen zu versorgen. Das Ausmaß des „Computational Management", d. h. der Überwachung von Seitenbesuchen und Interaktionen, worauf dann ein Micro-Targeting aufbaut, variiert sehr stark zwischen den einzelnen Ländern. In Deutschland stehen solchen Instrumenten strengere Datenschutzbestimmungen als beispielsweise in den USA entgegen (vgl. Krewel 2020, S. 9). Der mögliche Einfluss von Social-Media-Plattformen auf Wahlkämpfe wird aber das dominante Thema der weiteren Forschung sein:

> „Die relevanteste Frage für die Zukunft dürfte sein, wie sich die zunehmenden Möglichkeiten, über soziale Medien Informationen an den klassischen Nachrichtenmedien vorbei an die Wähler zu vermitteln, auf den Einfluss der Massenmedien auf politische Einstellungen auswirken wird. Dabei geht es z. B. um die Frage, ob sich die Wähler zukünftig noch stärker parteiischen Informationen zuwenden, die ihre bereits bestehenden Einstellungen stützen, wie journalistische Nachrichtenmedien hierauf regieren und welche Folgen dies für den Zusammenhalt der Gesellschaft hat" (Maurer 2020, S. 10).

> **Zusammenfassung**
>
> Kampagnen wie Wahlkämpfe sind komplexe Prozesse politischer Kommunikation, in denen es darum geht, Aufmerksamkeit zu erregen, Einstellungen zu stabilisieren oder zu ändern (Kampagnen) und die beiden Wahlentscheidungen (Entscheidung zur Wahl und Wahl einer Partei) zu beeinflussen. Trotz eines erheblichen Aufwandes und zunehmender Routine sind die Erfolge von Kampagnen- und Wahlkampfkommunikation für die Akteure nur sehr begrenzt planbar und für die Wissenschaft schwer messbar. ◄

Literatur

Arzheimer, Kai, & Schmitt, Annette. (2014). Der ökonomische Ansatz. In Jürgen Wilfried Falter & Harald Schoen (Hrsg.), *Handbuch Wahlforschung* (S. 331–403). Wiesbaden: Springer VS.

Baringhorst, Sigrid. (1998). *Politik als Kampagne. Zur medialen Erzeugung von Solidarität.* Opladen, Wiesbaden: Westdeutscher Verlag.

Brettschneider, Frank. (2020). Wahlentscheidung. In Isabelle Borucki, Katharina Kleinen-von Königslöw, Stefan Marschall & Thomas Zerback (Hrsg.), *Handbuch Politische Kommunikation*. Wiesbaden: Springer VS.

Dusch, Andreas, Gerbig, Stefan, Lake, Mario, Lorenz, Sabrina, Pfaffenberger, Fabian, & Schulze, Urs. (2015). Post, reply, retweet – Einsatz und Resonanz von Twitter im Bundestagswahlkampf 2013. In Christina Holtz-Bacha (Hrsg.), *Die Massenmedien im Wahlkampf* (S. 275–294). Wiesbaden: Springer VS.

Graf von Bernstorff, Andreas. (2012). *Einführung in das Campaigning*. Heidelberg: Carl Auer.

Greven, Michael Thomas (1995). Kampagnenpolitik. *Vorgänge, 34*(4), 40–54.

Harfst, Philipp. (2011). Wahlsysteme: institutionelle Entwicklung und politische Auswirkungen. In Florian Grotz & Ferdinand Müller-Rommel (Hrsg.), *Regierungssysteme in Mittel- und Osteuropa* (S. 107–126). Wiesbaden: VS Verlag für Sozialwissenschaften.

Holtz-Bacha, Christina (Hrsg.). (2019). *Die (Massen-)Medien im Wahlkampf: Die Bundestagswahl 2017*. Wiesbaden: Springer VS.

Imhof, Kurt, & Eisenegger, Mark. (1999). Politische Öffentlichkeit als Inszenierung. In Peter Szyszka (Hrsg.), *Öffentlichkeit. Diskurs zu einem Schlüsselwort der Organisationskommunikation* (S. 195–218). Opladen, Wiesbaden: Westdeutscher Verlag.

Klingemann, Hans-Dieter, & Voltmer, Katrin. (1998). Politische Kommunikation als Wahlkampfkommunikation. In Otfried Jarren, Ulrich Sarcinelli & Ulrich Saxer (Hrsg.), *Politische Kommunikation in der demokratischen Gesellschaft. Ein Handbuch mit Lexikonteil* (S. 396–405). Opladen, Wiesbaden: Westdeutscher Verlag.

Krewel, Mona. (2020). Wahlkampf. In Isabelle Borucki, Katharina Kleinen-von Königslöw, Stefan Marschall & Thomas Zerback (Hrsg.), *Handbuch Politische Kommunikation*. Wiesbaden: Springer VS.

Kriesi, Hanspeter, Bernhard, Laurent, & Hänggli, Regula. (2009). The Politics of Campaigning – Dimensions of Strategic Action. In Frank Marcinkowski & Barbara Pfetsch (Hrsg.), *Politik in der Mediendemokratie* (S. 345–365). Wiesbaden: VS Verlag für Sozialwissenschaften.

Lipset, Seymour Martin, & Rokkan, Stein. (1967). Cleavage Structures, Party Systems, and Voter Alignments: An Introduction. In Seymour Martin Lipset & Stein Rokkan (Hrsg.), *Party Systems and Voter Alignments: Cross-National Perspectives* (S. 1–64). New York, London: Collier-Macmillan.

Maurer, Marcus. (2009). Wissensvermittlung in der Mediendemokratie. Wie Medien und politische Akteure die Inhalte von Wahlprogrammen kommunizieren. In Frank Marcinkowski & Barbara Pfetsch (Hrsg.), *Politik in der Mediendemokratie.* (S. 151–173). Wiesbaden: VS Verlag für Sozialwissenschaften.

Maurer, Marcus. (2020). Medienwirkungen auf Einstellungen zu politischen Themen und Akteuren. In Isabelle Borucki, Katharina Kleinen-von Königslöw, Stefan Marschall & Thomas Zerback (Hrsg.), *Handbuch Politische Kommunikation.* Wiesbaden: Springer VS.

Maurer, Marcus, & Reinemann, Carsten. (2007). Warum TV-Duelle Wahlen entscheiden können. Befunde und Konsequenzen der TV-Duell-Studie 2005 *Schröder gegen Merkel* (S. 229–246). Wiesbaden: VS Verlag für Sozialwissenschaften.

Nohlen, Dieter. (2010). Wahlen und Wahlsysteme. In Hans-Joachim Lauth (Hrsg.), *Vergleichende Regierungslehre* (3. Aufl., S. 237–263). Wiesbaden: VS Verlag für Sozialwissenschaften.

Norris, Pippa. (2003). Preaching to the Converted? Pluralism, Participation and Party Websites. *Party Politics, 9*(1), 21–45.

Röttger, Ulrike. (2019). Kommunikationskampagnen planen und steuern: Thematisierungsstrategien in der Öffentlichkeit. In Ansgar Zerfaß, Manfred Piwinger & Ulrike Röttger (Hrsg.), *Handbuch Unternehmenskommunikation.* Wiesbaden: Springer VS.

Röttger, Ulrike. (2021). Public Campaigning als öffentliche Form der Public Affairs. In Ulrike Röttger, Patrick Donges & Ansgar Zerfaß (Hrsg.), *Handbuch Public Affairs: Politische Kommunikation für Unternehmen und Organisationen* (S. 437–455). Wiesbaden: Springer Gabler.

Sarcinelli, Ulrich. (2011). *Politische Kommunikation in Deutschland. Zur Politikvermittlung im demokratischen System* (3., erw. u. überarb. Aufl.). Wiesbaden: VS Verlag für Sozialwissenschaften.

Schmitt-Beck, Rüdiger, & Mackenrodt, Christian. (2009). Politikvermittlung durch Massenmedien bei der Bundestagswahl 2005: Nutzungsintensität und Einflüsse auf Einstellungen und Wahlverhalten. In Frank Marcinkowski & Barbara Pfetsch (Hrsg.), *Politik in der Mediendemokratie* (S. 415–446). Wiesbaden: VS Verlag für Sozialwissenschaften.

Schoen, Harald. (2014a). Soziologische Ansätze in der empirischen Wahlforschung. In Jürgen Wilfried Falter & Harald Schoen (Hrsg.), *Handbuch Wahlforschung* (S. 169–239). Wiesbaden: Springer VS.

Schoen, Harald. (2014b). Wahlkampfforschung. In Jürgen Wilfried Falter & Harald Schoen (Hrsg.), *Handbuch Wahlforschung* (S. 661–728). Wiesbaden: Springer VS.

Schoen, Harald, & Weins, Cornelia. (2014). Der sozialpsychologische Ansatz zur Erkärung von Wahlverhalten. In Jürgen Wilfried Falter & Harald Schoen (Hrsg.), *Handbuch Wahlforschung* (S. 241–329). Wiesbaden: Springer VS.

Schulz, Winfried. (2019). Predigten für Bekehrte. In Christina Holtz-Bacha (Hrsg.), *Die (Massen-) Medien im Wahlkampf: Die Bundestagswahl 2017* (S. 313–341). Wiesbaden: Springer VS.

Schweitzer, Eva Johanna (2010). Normalisierung 2.0. Die Online-Wahlkämpfe deutscher Parteien zu den Bundestagswahlen 2002–2009. In Christina Holtz-Bacha (Hrsg.), *Die Medien im Wahlkampf. Das Wahljahr 2009* (S. 189–244). Wiesbaden: VS Verlag für Sozialwissenschaften.

Schweitzer, Eva Johanna (2011). Mediatisierung im Online-Wahlkampf: Befunde einer vergleichenden Inhaltsanalyse deutscher Partei-Websites zu den Wahljahren 2002–2009. In Eva Johanna Schweitzer & Steffen Albrecht (Hrsg.), *Das Internet im Wahlkampf* (S. 267–296). Wiesbaden: VS Verlag für Sozialwissenschaften.

Speth, Rudolf. (2021). Ziele und Notwendigkeit von Public Affairs aus Sicht von Interessengruppen. In Ulrike Röttger, Patrick Donges & Ansgar Zerfaß (Hrsg.), *Handbuch Public Affairs.*

Politische Kommunikation für Unternehmen und Organisationen (S. 109–121). Wiesbaden: Springer Gabler.

Stärk, Marie-Therese. (2015). Der Wahlkampf im Internet: Eine Analyse deutscher Parteiwebsites zur Bundestagswahl 2013. In Christina Holtz-Bacha (Hrsg.), *Die Massenmedien im Wahlkampf* (S. 41–70). Wiesbaden: Springer VS.

Vowe, Gerhard. (2009). Feldzüge um die öffentliche Meinung. Politische Kommunikation in Kampagnen am Beispiel von Brent Spar und Mururoa. In Ulrike Röttger (Hrsg.), *PR-Kampagnen* (S. 69–86). Wiesbaden: VS Verlag für Sozialwissenschaften.

12 Prozesse politischer Kommunikation III: Interaktionen zwischen Akteuren aus Politik, PR und Journalismus

Überblick

Die Beziehung und das Verhältnis zwischen Akteuren aus Politik, politischer PR und Journalismus werden aufgrund unterschiedlicher theoretischer Erklärungsansätze sowie empirischer Befunde höchst unterschiedlich gesehen und interpretiert. Während in der Forschung zunächst davon ausgegangen wurde, dass die PR den Journalismus (erfolgreich) instrumentalisiert und partiell sogar determiniert, dominieren heute Erklärungsansätze, die grundsätzlich von einem wechselseitigen Abhängigkeitsverhältnis (interdependenten Beziehungen) ausgehen. Im ersten Teil des Kapitels wird auf die für die politische Kommunikation relevanten Erklärungsansätze eingegangen (Abschn. 12.1). Im zweiten Teil wird unser eigenes theoretisches Verständnis skizziert: Politische Kommunikation entsteht in Prozessen der Interaktion, die in Produktionsgemeinschaften beginnen und sich zu einem Handlungssystem verdichten (Abschn. 12.2).

12.1 Erklärungsansätze zum Verhältnis von Politik, PR und Journalismus

12.1.1 Determinationsthese

Am Beispiel nordrhein-westfälischer Landespolitik konnte Baerns (1985) zeigen, dass der Einfluss der politischen Öffentlichkeitsarbeit auf die Berichterstattung recht groß ist, da sie Themen und Timing bestimmt. Zwar hat Baerns diese Befunde nicht als „Determinationsthese" benannt, jedoch wurden sie in der anschließenden Diskussion so gedeutet und der Begriff ihr zugeschrieben. Immerhin zeigt Baerns Studie, dass über 60 % der landespolitischen Medienberichterstattung auf PR-Aktivitäten zurückgeführt werden kann. Folgestudien haben diese generelle Bewertung allerdings relativiert:

> „Zusammenfassend hat die Determinationsforschung auch für den deutschsprachigen Raum den empirischen Nachweis erbracht, dass Organisationen und Akteure mit gezielter Öffentlichkeitsarbeit die Inhalte der Medienberichterstattung zu beeinflussen vermögen. In dem Maße, in dem intervenierende Variablen aufseiten des Journalismus wie aufseiten der Öffentlichkeitsarbeit mit einbezogen wurden, erwies sich die These einer vollständigen Determinierung des Journalismus durch PR jedoch als nicht länger haltbar" (Raupp 2015, S. 314).

Die Determinationsthese basiert auf empirischen Ergebnissen aus Fallstudien und weniger auf theoretischen Überlegungen. Zudem liegen ihr problematische Annahmen zugrunde: Zum einen ist zu berücksichtigen, dass die Berichterstattung über politische Akteure und Prozesse zur Funktion des Journalismus gehört. Generell sind Themen politischer Akteure relevante Anlässe für die Politikberichterstattung, sie basieren auf Informationen (Pressemitteilungen etc.) und auf dem direkten Austausch der Akteure. Im **Routinefall** wird von den Journalistinnen und Journalisten das aufgegriffen, was gemäß redaktionellem Programm Relevanz besitzt und von den Akteuren an sie herangetragen wird. Der Rückgriff auf PR-Materialien ist insoweit „normal", weil dieses Material zu den relevanten Quellen gerechnet werden muss. Zum anderen werden in der Determinationsthese die **situativen Bedingungen** und der **Prozess der Berichterstattung nicht berücksichtigt:** Sind Themen umstritten, so nimmt der Anteil an Recherche im Journalismus zu und es werden die Positionen anderer Akteure in Form von Stellungnahmen oder Kommentaren einbezogen. Selbst in politischen Berichten über Routinevorgänge werden typischerweise verschiedene Positionen aus den unterschiedlichen Lagern wiedergegeben. Ferner kann in empirischen Arbeiten der Befund eines Determinationsverhältnisses zwischen PR und Berichterstattung nicht aus der empirischen Beobachtung eines einzelnen Ereignisses wie etwa einer Pressekonferenz abgeleitet werden. In vielen Fällen werden über längere Zeit Themen von politischen Akteuren vorgebracht und in den Medien reflektiert. Auf eine Pressekonferenz oder eine veröffentlichte Medienmitteilung reagiert die politische Konkurrenz zu unterschiedlichen Zeitpunkten. Eine vollständige Determination kann es unter politischen und medialen Konkurrenzbedingungen in pluralen Gesellschaften nicht geben. Zudem könnte aus empirischen Einzelbefunden, die die Determinationsthese zu bestätigen scheinen, keine plausible theoretische Aussage abgeleitet werden. Denn: Würde PR den Journalismus weitgehend oder gar vollständig determinieren, so gäbe es zwischen PR und Journalismus keinen Unterschied (mehr). Diese Vorstellung ist gelegentlich in Verschwörungstheorien – etwa unter Verwendung des Begriffs „Systempresse" – präsent, aber selbst diejenigen, die solche Diagnosen propagieren, gerieren sich häufig ihrerseits als kritische Journalistinnen und Journalisten, stellen also die Differenz wieder her.

12.1.2 Dominanz-Dependenz-Thesen

In Abgrenzung von der Determinationsthese argumentieren Vertreterinnen und Vertreter von Dependenz- und Dominanz-Dependenz-Thesen anders: Bedingt durch die „Mediengesellschaft" haben sich die Gewichte zwischen Politik und Medien zugunsten der Medien verschoben. Journalismus sei, so Kepplinger (1985, S. 261), „in einigen Fällen zur funktionalen Voraussetzung" für die Politik geworden. Die These stützt sich auf einen Bedeutungsgewinn der Medien sowie auf die Annahme von starken Medienwirkungen. Es besteht – in dieser theoretischen Sichtweise – also ein Ungleichgewicht zwischen Politik und Journalismus, eine Art von Abhängigkeitsverhältnis, in dem die journalistischen Akteure bzw. die Medien dominant sind. Folgerung: **Die politischen Akteure haben sich an die Eigengesetzlichkeiten von Journalismus und Medien mehr oder minder angepasst,** weil sie Thematisierungen und beim Publikum entsprechende Wirkungen erreichen wollen. Über den Grad an Abhängigkeit und die daraus resultierenden Anpassungsformen wird indes gestritten. Aufgrund von einzelnen beobachtbaren Phänomenen in der medialen Politikvermittlung, vor allem im Fernsehen, kommen Autoren wie Meyer (2001) und Dörner (2001) zu der Einschätzung, die Medien hätten über die Politik bereits obsiegt. Meyer (2001) spricht von „Mediokratie" und einer „Kolonialisierung der Politik durch die Medien". Diese Positionen beziehen sich allerdings auf die publizistischen Medien und insbesondere auf das Fernsehen, das über lange Zeit neben der Tagespresse für die Informationsbeschaffung von zentraler Bedeutung war. Die vormals dominante Position der traditionellen journalistischen Medien hat sich aufgrund von Online-Angeboten und der Nutzung von Plattformen zur Verbreitung, Verteilung oder gemeinsamen Nutzung von Informationen abgeschwächt.

Innerhalb der Dominanz-Dependenz-Diskussion werden zudem höchst unterschiedliche, stark normativ aufgeladene theoretische Ansätze verfolgt, die auf entsprechend unterschiedliches empirisches Material zurückgreifen. Oftmals basieren die Urteile auf Analysen von Wahlkämpfen; damit werden allerdings Ausnahmesituationen und weniger Alltagssituationen der politischen Kommunikation betrachtet, die dem Regelbetrieb des politischen Systems entsprechen. Ein geschlossener theoretischer Erklärungsansatz für Dominanz-Dependenz-Annahmen liegt nicht vor. Gemeinsam ist den Anhängerinnen und Anhängern dieser These aber ein bestimmtes normatives Politik- wie auch Medienverständnis: Medien sollen als Politikvermittlungsagenten fungieren. Damit wird den Medien eine Aufgabe zugewiesen, die sie in der Tat zu erfüllen haben, aber eben nicht als „Anhängsel" von politischen Akteuren oder des politischen Systems. Andererseits wird beim Bild der Politik in der Opferrolle übersehen, dass es die Politik ist, die durch ihre (medien-)politischen Entscheidungen und die Wahl der Mittel in der politischen Kommunikation zu diesem – von den Autoren beklagten – Zustand beigetragen hat.

In einem weiteren Sinne kann auch die **Medialisierungsthese** zu den Dominanz-Dependenz-Ansätzen gerechnet werden (vgl. Birkner 2020). Dies gilt vor allem dann, wenn man Medialisierung als eine Anpassung politischer Akteure an die Logik der Medien oder genauer an die Selektions- und Vermittlungsformen des Journalismus betrachtet: „Political actors adopt to the rules of the media system trying to increase their publicity and at the same time accepting a loss of autonomy" (Schulz 2004, S. 89). Bei der im ersten Kapitel dieses Buches vorgestellten Definition von Medialisierung wurde dagegen bewusst von einer „Reaktion" politischer Akteure auf den Wandel und wahrgenommenen Bedeutungszuwachs der Medien gesprochen. Oft sind die „rules of the media" zu uneindeutig oder zu verschieden, als dass sich politische Akteure ihnen einfach anpassen könnten (vgl. Donges 2020, S. 10). Zudem können sich die Regeln der Medien ändern oder in Konflikt mit Regeln der Politik geraten. Vor allem aber ist eine Hybridisierung des Mediensystems auszumachen, d. h. zusätzlich zu den traditionellen publizistischen Medien sind unterschiedliche Formen der digitalen Bereitstellung von Informationen durch Medienhäuser wie durch andere Akteure auszumachen. Zudem sind Plattformen in den Vermittlungsmarkt eingetreten, die nun in vielfältiger Form die Bereitstellung und Verbreitung von Meinungen, Interessen, Unterhaltung etc. ermöglichen. Medialisierung in diesem Sinne macht allen an der Verbreitung von Mitteilungen interessierten Akteuren spezifische Vorgaben, lässt ihnen aber auch Spielräume, so bei der Wahl der Medien für eine Vermittlung oder bei der Form der Bereitstellung. Marcinkowski (2015, S. 76) betont zudem, dass die Anpassung nicht eigentlich den Medien gelte, sondern vielmehr den „Mechanismen, die sich als besonders effektiv im Kampf um knappe Aufmerksamkeit erwiesen haben". Dieser Kampf um Aufmerksamkeit hat sich aufgrund des differenzierten „hybriden Mediensystems" (vgl. Chadwick 2013) und eines „high-choice media environment" (vgl. Van Aelst et al. 2017) deutlich verschärft.

12.1.3 Interdependenzmodelle

Dem Ansatz der Interdependenz liegt die Vorstellung zugrunde, dass es sich bei Politik und Journalismus um zwei Systeme handelt, in denen jeweils auf Basis eigener Handlungsrationalität agiert wird. Politische Organisationen und Akteure streben mittels politischer PR für ihre Themen Publizität an. Sie erlangen diese durch Interaktion mit dem Journalismus, indem nach Maßgabe der dort geltenden Relevanzkriterien (Nachrichtenfaktoren) publiziert wird (Pressemitteilungen etc.). Vor allem politische PR-Akteure tragen zum Interdependenzmanagement bei, weil sie sowohl die Kommunikationsregeln ihres Systems als auch die des Journalismus kennen, beherrschen und entsprechend strategisch und bezogen auf Ziele des politischen Systems handeln.

Im **Intereffikationsmodell** von Bentele et al. (1997) wird von einem publizistischen System ausgegangen, das sich aus den Subsystemen Journalismus und PR gleichrangig zusammensetzt. In diesem Interdependenzmodell wird angenommen, dass die Leistung des PR-Systems erst die Leistung des Systems Journalismus ermöglicht. Theoretisch offen ist die Frage, ob es sich bei PR tatsächlich um ein autonomes System oder Subsystem handelt. PR kann zudem ohne Journalismus nur partiell agieren, es sei denn,

PR wäre zu Veröffentlichungen in der Lage, die vom Publikum im gleichen Maße wie journalistische Veröffentlichungen für informatorisch relevant und glaubwürdig angesehen werden. Das ist aber nicht der Fall (zum aktuellen Stand der Diskussion vgl. Bentele und Fechner 2015).

Interdependenzmodelle sind im Kern empirische Konzepte und weniger theoretische Erklärungsmodelle. Zwar benutzen Bentele et al. (1997, S. 240) den Systembegriff, sie sprechen aber auch von „siamesischen Zwillingen" und thematisieren im Rahmen ihres Modells Handlungen als Beobachtungsgegenstände. Es ist also immer empirisch zu klären, ob PR-Maßnahmen erfolgreich in den Medien realisiert werden konnten.

12.1.4 Interpenetrationsmodelle

Das Interpenetrationstheorem geht auf den gleichnamigen Ansatz von Richard Münch zurück. Im Unterschied zur funktional-strukturellen Systemtheorie von Niklas Luhmann geht Münch davon aus, dass keineswegs alle sozialen Systeme im Zuge des gesellschaftlichen Differenzierungsprozesses Autonomie gewinnen. Es kommt zu Überlappungen zwischen Systemen, sogenannten Interpenetrationszonen, in denen eine starke wechselseitige Durchdringung von Systemen stattfindet. Zur Ermöglichung von Intersystembeziehungen bilden sich Subsysteme aus, die ihren jeweiligen Muttersystemen ein Höchstmaß an Autonomie ermöglichen. „**Subsysteme** lassen sich als Teile eines jeweiligen Muttersystems verstehen, die außer der Logik des Muttersystems auch die Logik der anderen Systeme in sich hineinnehmen" (Münch 1992, S. 341–342). Diesen Subsystemen, zumeist in Form von Stäben oder kleinen Organisationseinheiten (Medien- und PR-Stellen) verfasst, kommt als **Grenzstellen** eine besondere Funktion zu: Sie vermitteln zwischen sozialen Systemen und ermöglichen diesen eine Verbesserung der Beobachtung des gesellschaftlichen Wandels. Zugleich können Subsysteme dazu dienen, auf andere Systeme „einzuwirken", und zwar durch Interaktionen in den von verschiedenen Subsystemen gebildeten Interpenetrationszonen.

Die politische PR kann aus dieser Perspektive als Subsystem des politischen Systems angesehen werden: Als Organisationseinheit des politischen Systems agiert es an der Schnittstelle zum Journalismus sowie zu anderen gesellschaftlichen Systemen und Subsystemen. Es beobachtet vor allem den Journalismus und interagiert insbesondere mit dem politischen Journalismus, um die Ziele des Muttersystems, d. h. des politischen Systems, durchzusetzen. Interpenetrationsmodelle gehen damit von der Veränderung wie auch der Veränderbarkeit sozialer Systeme aus: Soziale Systeme verändern sich im Zuge der gesellschaftlichen Differenzierung, auch weil sie über Subsysteme verfügen, die systeminterne Veränderungen ermöglichen. Interpenetrationsmodelle ermöglichen empirische Analysen und **verbinden handlungs- und systemtheoretische Sichtweisen und Erklärungsansätze miteinander.** PR-Organisationen und der politische Journalismus (als Rollen- und Organisationskomplexe) können als in diesem Sinne agierende, vermittelnde Akteure begriffen werden: Sie verfolgen bestimmte Interessen, verfügen über Ressourcen und können strategisch handeln. Als kollaborierende Akteure sind sie aufeinander angewiesen, zugleich setzen sie einander aber auch Grenzen. Die Akteure sind zwar durch die Normen und Regeln ihrer sozialen (Mutter-)Systeme geprägt, aber nicht determiniert.

Die politische PR als Subsystem des politischen Systems kann einen Beitrag zur Strukturveränderung innerhalb des politischen Systems leisten, weil sie nicht nur eine Grenzstelle ist, die nach außen wirkt, sondern auch binnenkommunikative Leistungen erbringt. Sie beobachtet die Umwelt und gibt diese Beobachtungen als Informationen an „ihre" Organisation weiter. Dadurch können – vor allem langfristig – innerhalb von Organisationen Strukturveränderungen oder politische Programmänderungen eingeleitet werden. So lässt sich beispielsweise erklären, weshalb Tendenzen zu einer Ökonomisierung von Politik oder einer Politisierung der Ökonomie auszumachen sind. PR-Akteure des politischen Systems und des Wirtschaftssystems stehen in einem besonders dichten Beobachtungs- und Interaktionsverhältnis zueinander, weil das politische System einerseits auf Leistungen des Wirtschaftssystems, etwa in Form von Steuereinnahmen, andererseits die Wirtschaft auf Entscheidungen aus der Politik (rechtliche Regelungen, aber auch Subventionen) angewiesen ist. Dabei ist es nicht ohne Ironie, dass der ansteigende Ökonomisierungsgrad innerhalb des politischen Systems auch auf die Professionalisierung der politischen PR zurückgeführt werden kann (steigende Kosten für Polit-Marketing und PR).

Aufgrund des derzeitigen theoretischen Diskussionsstandes kann **PR nicht als gesellschaftliches Teilsystem begriffen werden,** auch weil Unklarheit über die Leitdifferenz besteht. Gegen den Systemcharakter von Öffentlichkeitsarbeit spricht deren funktionale Abhängigkeit von anderen Systemen. PR kann als ein Subsystem aufgefasst werden, das „im Auftrag" des jeweiligen Muttersystems und darin agierender Organisationen tätig wird. Sie ist als Subsystem immer Teil einer Organisation und repräsentiert selbst einen eigenen Organisationstypus, d. h. sie bildet eine strategische Organisationsfunktion (vgl. Hoffjann 2009, S. 304; Röttger 2000). **Journalismus kann** hingegen **als soziales Teilsystem der Gesellschaft aufgefasst werden,** das aus einer Vielzahl von Subsystemen und spezifischen Organisationen besteht. Politischer Journalismus hat sowohl eine Organisationsdimension (politischer Journalismus als Leistungssegment der Organisation Redaktion) wie auch eine Sozialdimension (Berufsrolle Politikjournalistin bzw. -journalist) und operiert auf der Grundlage von Eigen- wie auch Fremdnormen. Eine vergleichbare soziale Differenzierung weist PR nicht auf.

12.1.5 Politische Kommunikationskultur

Pfetsch (2003, 2014a) betrachtet die Interaktion zwischen Politik, PR und Journalismus unter dem Begriff der politischen Kommunikationskultur. Den Begriff definiert sie als „die empirisch vorfindbaren Orientierungen der Akteure im System der Produktion politischer Botschaften gegenüber bestimmten Objekten der politischen Kommunikation,

12.1 Erklärungsansätze zum Verhältnis von Politik, PR und Journalismus

die die Art und Weise bestimmen, in der politische Akteure und Medienakteure in Bezug auf das gemeinsame politische Publikum kommunizieren" (Pfetsch 2003, S. 36). Politische Kommunikationskultur weist vier Objekte auf. Das erste dieser Objekte ist das politische Kommunikationssystem. Darunter versteht Pfetsch, unter Rückgriff auf Blumler und Gurevitch (1995) sowie den oben behandelten Ansatz der Interpenetration von Münch, das „Grenzrollensystem von Medien und Politik". In diesem System, das von den Logiken beider Systeme geprägt ist, werden politische Botschaften produziert. Das System ist zweitens geprägt vom Input der öffentlichen Meinung. Hiermit meint Pfetsch vor allem die Rolle von Meinungsumfragen im politischen Prozess und bei der Vorbereitung von politischen Entscheidungen. Der Output des Systems ist, drittens, politische Öffentlichkeitsarbeit. Viertes Objekt des Ansatzes ist das Selbstbild der beteiligten Akteure, d. h. die Gesamtheit ihrer Kommunikationsrollen, Werte und Normen in der Interaktion.

Der Ansatz der politischen Kommunikationskultur bildete die Grundlage eines breit angelegten Forschungsprojektes in neun europäischen Ländern (vgl. die Beiträge in Pfetsch 2014b). Gegenstand der empirischen Befragungen von Akteuren aus Politik, PR und Journalismus waren die Normen, Werte und Einstellungen bezogen auf die vier angesprochenen Objekte des politischen Kommunikationssystems, der öffentlichen Meinung, des Agenda Settings sowie des Selbstbildes in Form professioneller Rollen. Im Ergebnis zeigen sich drei Typen von Interaktionskulturen in Europa: eine eher konsensual geprägte in den Verhandlungsdemokratien Deutschland, Österreich und Schweiz, eine professionell distanzierte in den nordischen Ländern Schweden und Dänemark sowie eine konfliktorientierte in den südeuropäischen Ländern Frankreich und Spanien (vgl. Schwab Cammarano und Medrano 2014, S. 282). Auch bezogen auf die politische Kommunikationskultur in Deutschland insgesamt diagnostizieren Pfetsch und Mayerhöffer (2011, S. 57) auf der einen Seite eine intakte „kognitive Geschäftsgrundlage politischer Kommunikation", da die Wahrnehmung medienorientierter Aufmerksamkeitsstrategien und Rollenkonzepte sowohl von politischen als auch von medialen Akteuren geteilt werde, die Perspektiven auf das Kommunikationsgeschehen also im Grundsatz miteinander kompatibel seien. Allerdings weist die Studie auch auf Konflikte zwischen den Akteuren hin:

> „Gespalten ist die Kommunikationskultur jedoch an jenen Stellen, an denen (macht)politische Logiken ins Spiel kommen. So ist der Blick auf das Machtgefüge politischer Kommunikation systematisch verzerrt – beide Seiten sehen sich mit einer vermeintlichen Übermacht der anderen Seite konfrontiert, die Wahrnehmung eines Harmonieverhältnisses schwindet mit dem Einfluss politischer Überzeugungen in der Interaktion. Das Verständnis für die Rolle des Gegenübers endet dort, wo es dem eigenen demokratischen Idealbild der jeweiligen Gruppe am nächsten kommt. Die Betrachtung der Konfliktdimension zeigt jedoch, dass die verschiedenen Gruppen sehr unterschiedlich mit auftretenden Diskrepanzen und Spannungen umgehen. Während Politiker versuchen, das Bild vermeintlicher Harmonie zumindest auf der Vorderbühne aufrechtzuerhalten, ziehen sich Journalisten auf eine Position zurück, nach welcher die Einstellungsunterschiede zwischen beiden Seiten Ausdruck des professionellen Interessensgegensatzes sind" (Pfetsch und Mayerhöffer 2011, S. 57).

12.2 Eigener Ansatz: Von der Interaktion zur Produktionsgemeinschaft und einem Handlungssystem

Politische Kommunikation, so unser Ansatz, ist das Ergebnis von Interaktionsprozessen, die im Rahmen von Strukturen der Politik wie der Medien zwischen Akteuren aus Politik, PR und Journalismus stattfinden. Auch wenn sich durch Social-Media-Plattformen die Möglichkeiten einzelner Bürgerinnen und Bürger vermehrt haben, mit eigenen Beiträgen an der politischen Kommunikation teilzunehmen, bleiben die zuerst genannten die drei zentralen Akteursgruppen. Ihre Beziehungen zueinander sind nicht grundsätzlich von einem Interessengegensatz geprägt, sondern vergleichbar mit zwei Branchen, die auf Zulieferung der jeweils anderen angewiesen sind. So entsteht ein **Tauschverhältnis mit wechselseitiger Abhängigkeit** (vgl. bereits Jarren et al. 1993; Sarcinelli 1991). Zentrale Voraussetzungen für die Positionierung und die Strategien der Akteure in ihren systemeigenen Spielen werden dabei im Rahmen der Interaktion geschaffen. So entsteht aus fortgesetzten Interaktionen eine Produktionsgemeinschaft, die als soziales System, als Handlungssystem, aufgefasst werden kann. Durch anhaltende Kooperationsbeziehungen etabliert sich ein soziales Handlungssystem, für dessen Etablierung sowohl persönlich-personelle als auch organisationale Kriterien relevant sind. Die beteiligten Personen repräsentieren eben nicht nur sich selbst, sondern auch – vermittels ihrer jeweiligen Rolle – die Profession und die Organisation, für die sie wirken. Die Beteiligten agieren anhaltend, sie verfolgen dabei aber unterschiedliche Ziele und Interessen. Sie kooperieren zwar miteinander, aber über das konkrete Ergebnis der Kollaboration, also über Thematisierung oder Nicht-Thematisierung sowie über die normative Bewertung, entscheiden allein die Journalistinnen und Journalisten.

12.2.1 Die Akteure und ihre Ziele

Generelles Ziel politischer Akteure ist der Erhalt bzw. der Erwerb der Macht für die Organisation, die sie vertreten, sowie für sich selbst. Alle Handlungen, also auch die Interaktionen mit Akteuren aus dem Journalismus, beinhalten zumindest *auch* diesen Aspekt. Zur Erreichung dieses Ziels sind politische Akteure auf die massenmediale Vermittlung und Rechtfertigung nach außen (allgemeine Öffentlichkeit) sowie zunehmend auch nach innen (Parteimitglieder oder Organisationsangehörige als interne Öffentlichkeit) angewiesen. Da für den Erhalt innerorganisatorischer Macht, die vielfach die Voraussetzung für politische Macht darstellt, zunehmend Aspekte der Öffentlichkeitswirksamkeit ausschlaggebend sind, werden politische Akteure zudem aktiv bestrebt sein, persönliche Aufmerksamkeit für „ihre" Themen sowie Publicity für sich als Person zu erreichen. Politische Akteure können ihren Einfluss durch die Steigerung von Aufmerksamkeit mittels Präsenz in journalistischen Medien („Medienprominenz") oder auf Social-Media-Plattformen erhöhen. Sie können zudem dem Zwang zur öffentlichen Auseinandersetzung im Machtkampf nicht entgehen. Politische Akteure spielen dabei immer ein doppeltes Spiel, da sie sowohl als Repräsentanten einer Organisation (Partei, Fraktion, Regierung etc.) als auch für sich persönlich handeln. Dabei zeigt sich innerhalb der Gruppe der politischen Akteure eine Hierarchie: Da für die Medien nicht alle politischen Akteure gleich relevant sind, spielen vor allem Spitzenpolitikerinnen und -politiker eine wichtige Rolle als Interaktionspartner. Damit entstehen **hierarchische Kommunikationsstrukturen,** die wiederum die im Politiksystem – z. B. in politischen Parteien, Fraktionen oder Regierungen – existierenden Machtstrukturen reproduzieren und auch die Karrierechancen einzelner politischer Akteure beeinflussen.

Politische Akteure verfolgen daher eine angebotsorientierte Kommunikationsstrategie. Sie formulieren und aggregieren politische Probleme, treffen damit Auswahlentscheidungen für Themen, mit denen sie sich öffentlich profilieren wollen, und tragen diese Themen auf unterschiedlichen Wegen an Journalistinnen und Journalisten heran. Die politischen Akteure sind vor allem daran interessiert, ihre Themen und Problemdeutungen möglichst optimal und zum richtigen Zeitpunkt dargestellt zu wissen. Fuhse (2019, S. 105) spricht von einem „inszenierten Netzwerk", „in dem sich politische Akteure zueinander für ein Publikum positionieren und um dessen Unterstützung sie ringen". Deshalb bieten sie fortlaufend Themen an und agieren mit Journalistinnen und Journalisten – von ihnen geht meist die Initiative für Formen der Kollaboration aus. Um auf das inhaltliche Angebot und die Themensetzung der Medien erfolgreich einwirken zu können, werden Themen von den politischen Akteuren nach Maßgabe der geltenden journalistischen Auswahlkriterien und Darstellungsregeln ausgewählt und aufbereitet.

Zu ihrer Unterstützung greifen politische Akteure oft auf PR-Stabsstellen oder -Abteilungen zurück, die für sie sprechen. Diese Fachleute für Öffentlichkeitsarbeit in der Politik gehören zu einem teilautonomen Subsystem des politischen Systems. Sie sind der Logik des politischen Systems verpflichtet, haben aber persönlich nur ein mittelbares Interesse am politischen Machterhalt bzw. -erwerb. Da ihre berufliche Karriere eng mit der Amts- oder Mandatszeit politischer Akteure verbunden ist, sind sie aber natürlich an einer Fortsetzung der Karriere ihrer Arbeitgeberinnen und Arbeitgeber interessiert. Ihr Wert für die Politik besteht darin, dass sie die Beobachtungs- und Selektionsregeln des Journalismus professionell beherrschen, zudem mit der Medienlogik vertraut sind und über vielfältige Beziehungen im Journalismus verfügen. Vielfach handelt es sich bei den im Politikbereich tätigen PR-Fachleuten deshalb um ehemalige Journalistinnen und Journalisten. PR-Akteure sind regelhaft zwar hochgradig an Interaktionen beteiligt, aber zumeist weder am politischen noch am publizistischen Konkurrenzkampf beteiligt.

Aufgabe der Öffentlichkeitsarbeit ist das **Management der Interaktionen und Beziehungen** zwischen den Akteuren aus Politik und Journalismus. Sie organisieren die Themenproduktion dauerhaft, beobachten und analysieren die Medien und ihre Inhalte (Resonanzanalyse), optimieren das PR-Angebot und sind für die systematische Beziehungspflege zu Akteuren aus Journalismus und Medien zuständig. Ihnen obliegt es, Themensetzungs- und Deutungsbemühungen durch anhaltende Interaktion mit einzelnen Journalistinnen und Journalisten zu einem größeren Erfolg zu verhelfen. Ihr Ziel ist es vor allem, die Tagesordnung politischer Themen in den Medien und der Öffentlichkeit über Thematisierungs- und Dethematisierungsstrategien zu beeinflussen und somit einen zentralen Unsicherheitsbereich politischer Akteure zu kontrollieren. Da Interaktionen zwischen Politik und Journalismus aber nicht zwingend und ausschließlich vermittelt über die Öffentlichkeitsarbeit erfolgen, gehört es zu den zentralen Zielen der PR-Akteure, die Relevanz ihrer Tätigkeit für politische Akteure sowie ihre Unersetzbarkeit innerhalb „ihrer" politischen Organisation darzustellen. Aufgrund der normativen Anforderungen und ihrer Systemzugehörigkeit sind PR-Akteure daher stärker auf das politische als auf das Mediensystem angewiesen: Ein Wechsel in die Politik ist den einzelnen Akteuren durchaus möglich, während eine Rückkehr oder ein Einstieg in den Journalismus vielfach Probleme bereitet. Idealerweise sollen Akteure aus dem Journalismus keine unmittelbaren (partei-)politischen Interessen vertreten. Somit haben es PR-Akteure schwer, nach dieser Tätigkeit wieder in den (politischen) Journalismus zurückzukehren oder dort tätig zu werden.

Akteure aus dem Journalismus nehmen an der Funktion des Mediensystems teil, nämlich an der Veröffentlichung von in anderen Systemen (hier dem politischen System) generierten Themen. Aufgrund der Konkurrenz zwischen den Medien sind journalistische Akteure ständig auf der Suche nach neuen, exklusiven Informationen. Aus ihrer Perspektive ist die Interaktion mit Politik und PR jedoch kein Spiel im politischen System. Selbst wenn sie – wie manche politische Journalistinnen und Journalisten in Deutschland – eine aktive Rolle im politischen Prozess einnehmen, werden sie regelhaft nicht selbst nach einer politischen Machtposition streben. Für sie ist die Interaktion primär ein **Teil des Spieles mit der journalistischen Konkurrenz** um journalistische Leistungen und Positionen: Mit guten Informationen können sie innerhalb der Redaktion Aufmerksamkeit erlangen und aufgrund der Anerkennung der Berichterstattungs- und Analyseleistungen bei anderen Journalistinnen und Journalisten wie Redaktionsleitungen anderer Medien die berufliche Position verbessern. Dies zumal dann, wenn mit diesen Themen auch ein breites Medienpublikum zu erreichen ist. Vor allem in einer stark durch Konkurrenz geprägten Mediensituation gelten exklusive Informationen wie auch Zugänge zu hochrangigen Akteuren aus der Politik als höchstes Gut. Das trifft insbesondere auf die Leitmedien zu.

Die in Abschn. 2.4 definierten **Leitmedien** nehmen in besonders intensiver Weise die Gesamtgesellschaft in den Blick, verfügen über politische Korrespondentinnen und Korrespondenten, nutzen in besonderer Weise Agenturen, laden externe Autorinnen und Autoren ein und initiieren politische Debatten. Diese Medien sind zudem normativ positioniert und berichten und analysieren aus einer bestimmten Position heraus. An den Leitmedien, die sich entlang der gesellschaftlichen Cleavages positionieren, lassen sich sowohl die Thematisierungs- und Deutungs- als auch die Beeinflussungsinteressen maßgeblicher Akteure ablesen (vgl. Jarren und Vogel 2011). Leitmedien bilden spezifische Kommunikations- und Beobachtungsarenen aus, weil ihnen als sogenannten überregionalen Qualitätsmedien durch das Erreichen bestimmter Publikumsgruppen oder Eliten ein besonderer Einfluss zugeschrieben wird. Zudem werden die Leitmedien auch intensiv im Journalismus beobachtet und genutzt; so werden Beiträge oder Kommentare übernommen und es wird auf Beiträge Bezug genommen. Es existieren „Medienmeinungsführer", die als solche für politische Akteure von besonderer Bedeutung sind.

Journalistische Akteure aller Medien beobachten das politische Handeln auf allen Ebenen. Sie greifen zwar durchaus eigenständig Probleme und Problemdeutungen auf, um diese zu thematisieren. Im Regelfall aber greifen sie zuerst und vor allem das auf, was politische Akteure ihnen in Form von politischen Themen anbieten (sei es als neues Thema oder als Reaktion auf die Themensetzung der politischen Konkurrenz), oder übernehmen Themen von den Agenturen und von der publizistischen Konkurrenz. Aus Sicht der journalistischen Akteure herrscht auf dem Informationsmarkt ständig ein **Überangebot an Themen und Deutungen,** aus dem es auszuwählen gilt. Sie müssen aufgrund der Angebotslage stets Selektionsentscheidungen treffen. Die Vielzahl an politischen Prozessen und das reichhaltige Angebot an Informationen vonseiten der politischen Akteure führt bei den Journalistinnen und Journalisten zu einer eher passiv-selektiven Haltung bei der Informationsbeschaffung: Sie erhalten das, was wichtig scheint, ohnehin von PR-Stellen wie auch Nachrichtenagenturen. Das Agenturmaterial wie die Berichterstattung und Kommentierung in den Leitmedien macht ihnen somit deutlich, was als wichtig anzusehen ist.

Da politische Akteure zusätzlich zur bestehenden Konkurrenzsituation unter ungewissen Bedingungen kommunizieren müssen, sind sie zu einer hohen Informationstätigkeit „verdammt". Angesichts hoher Zeitbelastungen sind vor allem Abgeordnete auf Zuarbeiten angewiesen, die sie in die Lage versetzen, zu jedem Thema etwas öffentlich vortragen zu können. Zur Reduktion des Aufwandes **verbinden sie ihre Informationstätigkeit mit vielfältigen Interaktionsformen:** Sie investieren in Beziehungen zu journalistischen Akteuren, um die Nachfrageseite und die Nachfrage möglichst genau zu kennen. Durch die Interaktion mit ihnen soll nach Möglichkeit nur das produziert werden, was tatsächlich von diesen auch nachgefragt und verwendet wird. Durch ständige Interaktion und enge Abstimmung sollen die knappen sachlichen wie zeitlichen Ressourcen geschont werden.

Interaktionsprozesse können sowohl von Journalistinnen und Journalisten, etwa im Rahmen einer Recherche oder im Zusammenhang mit einer Bitte um Stellungnahme oder Kommentierung, als auch von politischen Akteuren ausgehen. **Durch Interaktionen,** die von politischen Akteuren im Rahmen ihrer politischen PR ausgehen, **sollen in jedem Einzelfall die Selektions- und Bewertungsentscheidungen beeinflusst werden.** Zudem sollen damit Regeln gesetzt werden, die über den Einzelfall hinausreichen. Der Einfluss der politischen PR wird hier besonders deutlich: Durch Angebote und Interaktionen wird die journalistische Aufmerksamkeit gelenkt, sollen bestimmte Formen der Kooperation erreicht werden.

Die **Interessen der Akteure** sind zwar entsprechend ihren jeweiligen System- und Organisationsinteressen unterschiedlich, aber **im übergeordneten Ziel weitgehend kongruent:** Politische Akteure möchten mit einem möglichst geringen **Ressourcenaufwand** (an Geld, Personal und Zeit) erreichen, dass sie möglichst andauernd und den Zielen entsprechend ihre Themen in den Medien unterbringen können. Auf der anderen Seite wollen sie durch die Beziehungspflege zum Journalismus sicherstellen, dass sie im Falle von Themensetzungen seitens der politischen Konkurrenz ebenfalls angehört werden und insoweit in der Berichterstattung – gleichsam reaktiv – Berücksichtigung finden. Aber auch journalistische Akteure haben aufgrund ihrer beschränkten Personal-, Zeit- und Geldressourcen ein Interesse an einem hohen Maß an Überschaubarkeit und sozialer Stabilität: Sie wollen **im Routinefall möglichst kostengünstig, zeitlich rasch und zuverlässig** – und nach Möglichkeit auch exklusiv – die notwendigen Informationen erhalten, um dann zu entscheiden, ob sie für ein bestimmtes Thema weitere Recherchen aufwenden wollen. Sie haben dabei in der Konkurrenzsituation ihre „Kunden", die Rezipierenden mit ihren Interessen, aber ebenso die Konkurrenz im Auge.

In der Interaktion zwischen den drei Akteursgruppen können Konflikte entstehen, die zu **Rollenproblemen** für einzelne Akteure werden. Betrachtet man die drei Gruppen, so wird deutlich, dass vor allem die Journalistinnen und Journalisten bei ihren Interaktionen mit den anderen Akteuren Konflikte in ihre Handlungsüberlegungen einbeziehen müssen: Von ihnen wird, da sie die allgemeine Öffentlichkeit vertreten sollen, in formaler und sozialer Hinsicht ein hoher Grad an Autonomie, Unabhängigkeit, Neutralität und Distanz verlangt. Akteure aus Politik und PR dürfen hingegen bestimmte Interessen vertreten und durchzusetzen versuchen, sie dürfen auch Nähe herstellen oder Distanzen verletzen. Zwar gibt es auch hier gewisse Regeln, aber geringere rechtliche und soziale Anforderungen als an den Journalismus. Andererseits kann Akteuren aus Politik und PR nicht daran gelegen sein, die schwierigere Situation der journalistischen Akteure in der Produktionsgemeinschaft andauernd und offenkundig auszunutzen. Ein Verlust an Glaubwürdigkeit würde auf politische Akteure abfärben. Im Einzelfall mögen Formen von Instrumentalisierung möglich sein, aber generell könnten damit die Geschäftsbedingungen grundsätzlich infrage gestellt werden, zumal dann, wenn im Journalismus Konkurrenz herrscht. Das Fehlverhalten von politischen oder PR-Akteuren könnte öffentlich gemacht werden und Folgen für die Beteiligten haben – wenn auch nicht rechtliche, so doch moralische. Nicht jede Intervention muss, aber jede Intervention kann erhebliche Folgen hervorbringen, die von politischen (PR-)Akteuren genau bedacht sein wollen.

Zur Stabilisierung der anhaltend labilen Situation während der Interaktionsprozesse streben die Akteure gemeinsam danach, **Routinen und Vertrauensverhältnisse** zu den jeweils anderen Akteuren zu schaffen, ohne dabei an eigener Autonomie einzubüßen. Da alle beteiligten Akteursgruppen aber zur Zielerreichung auf die gemeinsame Produktionsgemeinschaft angewiesen sind, haben sie alle ein generelles Interesse an guten, möglichst engen, dauerhaften und exklusiven Kontakten zu konkreten Personen aus dem anderen Lager.

Akteure aus Politik, PR und Journalismus werden daher jeweils bestrebt sein, sich für den anderen Partner unentbehrlich zu machen, selber aber zugleich auch darauf zu achten, Autonomiespielräume zur Erreichung der Ziele zu bewahren und nach Möglichkeit auch zu vergrößern. Dies ist für ihre Position im eigenen Spiel erforderlich. **Autonomiespielräume** sind erst recht erforderlich oder sogar überlebensnotwendig, wenn zwischen den Interaktionspartnern ein Konflikt entsteht oder sich ein Interessengegensatz aufbaut, der allgemein öffentlich werden könnte (Skandalisierung). Das Offenlegen von besonderen Beziehungen in der allgemeinen Öffentlichkeit – insbesondere von solchen, die als nicht rollenkonform angesehen werden oder sogar normativ nicht akzeptiert sind – gefährdet die einzelnen Akteure zwar in unterschiedlicher Weise, stellt aber für die Produktionsgemeinschaft insgesamt eine Bedrohung dar. Bürgerinnen und Bürger könnten beispielsweise der Auffassung sein, man würde von „denen da oben" gemeinsam instrumentalisiert oder gar manipuliert. Sowohl Politik wie auch Medien könnten dann **erhebliche Image- oder Glaubwürdigkeitsverluste** erleiden, was sich auf den Verkauf von Medienprodukten oder auf Wiederwahlchancen negativ auswirken kann. Aus diesem Grund steht bei allen Beteiligten außer Frage, dass nicht zu viel an informeller Praxis öffentlich bekannt wird. Man hat ein gemeinsames Interesse an der Aufrechterhaltung der allgemein als richtig beurteilten Ordnung. Das „Bühnenbild" muss stimmen.

12.2.2 Die Akteure und ihre Rollen

Die an der Produktionsgemeinschaft beteiligten Akteure aus Politik, PR und Journalismus haben gewisse Routinen und Handlungsmuster im Umgang miteinander ausgebildet. Relativ **stabile soziale Interaktionsbeziehungen sind in der politischen Kommunikation nötig,** weil andauernd sehr viele Informationen produziert, geprüft und verarbeitet werden müssen. Die Akteursgruppen streben daher Produktionsgemeinschaften an, natürlich unter grundsätzlicher Wahrung der unterschiedlichen Interessen und Normen. Die Etablierung von Handlungssystemen ist diesem Ziel dienlich. Durch kontinuierliche Interaktion wird das Handlungssystem zu einer die Beziehung regelnden Produktionsgemeinschaft – zum wechselseitigen Vorteil, zumindest in Alltagsgeschäften und bei Routinevorgängen.

Das Handeln der Akteure ist dabei an **Rollen** gebunden. Politische und journalistische Akteure haben allerdings je einen anderen – eigenen – „Systemhintergrund", ihre Handlungsorientierungen weisen dementsprechend Differenzen bei den verfolgten **Zielen** auf. Politische Akteure suchen politischen Einfluss (Machtgewinn/Machterhalt oder die Durchsetzung spezifischer Interessen). Politische Journalistinnen und Journalisten sind auf der Suche nach exklusiven Themen für ihr Publikum; sie wollen durch exklusive Informationen ihren eigenen Wert in der Redaktion und den ihres Mediums beim Publikum steigern. Zugleich wollen sie den Ressourcenaufwand für die Bearbeitung eines Einzelthemas möglichst gering halten. In den interdependenten Prozessen, in der Produktionsgemeinschaft, wird die Medienberichterstattung gewissermaßen ausgehandelt, und dies sowohl in **formalisierten als auch informellen Formen der Interaktion.**

Rollen umfassen bestimmte Erwartungen an Akteure, z. B. an die Art der Berufsausübung oder an das Auftreten. Über Rollen fließen zudem Anforderungen von

Organisationen in das Handeln der Akteure ein. So beeinflussen spezifische Funktionen von Medien und Formen der Medienorganisation das berufliche Selbstverständnis wie das professionelle Handeln journalistischer Akteure, beispielsweise als Kontrolleure von Politik oder in Anwaltschaft bestimmter Bevölkerungsgruppen. Entsprechend dieser Ziele kommt es zur Ausbildung bestimmter Rollen.

▶ **Soziale Rollen** sind, unabhängig von den persönlichen Interpretationen der Rollenträger und jenseits situativer Faktoren, als Bestandteil institutionalisierter sozialer Systeme (wie Organisationen, aber auch Verwandtschaftsbeziehungen) anzusehen. Rollendefinitionen sind das Ergebnis von Sozialisationseffekten und Aushandlungen zwischen Personen und Organisationen. Rollenverhalten wird zudem von den Interaktionspartnern als sozialer Gruppe beeinflusst.

Rollen werden zwar von ihren Trägerinnen und Trägern ausgefüllt, existieren aber prinzipiell unabhängig von einzelnen Personen und sozialen Prozessen. So unterscheiden sich die Rollen Moderation und Gast in einer Interviewsituation. Mit Rollen sind Erwartungen verbunden, sie sind daher immer nur in gewissen Graden veränderbar. Rollen stellen **Vermittlungsstellen** zwischen Organisation und Akteur dar. In der politischen wie journalistischen Rolle spiegeln sich die funktionalen Erwartungen der Organisationen und damit auch der sozialen Systeme, zu denen die Rollenträgerinnen und -träger gehören, sowie das daraus entwickelte Selbstverständnis der Akteure. Rollen werden zudem von den organisationsspezifischen Bedingungen geprägt, unter denen gehandelt wird. Im Hinblick auf den Bereich der politischen Kommunikation unterscheiden sich journalistische Akteure, die bei einer politisch orientierten Qualitätszeitung arbeiten, deshalb deutlich von denen, die bei einer Unterhaltungsillustrierten arbeiten. Gleiches gilt für die politische Rolle: Von Regierungsmitgliedern wird anderes erwartet als von Angehörigen beispielsweise einer außerparlamentarischen politischen Partei. Entsprechend diesen unterschiedlichen, an die Rolle gebundenen Erwartungen verhalten sich die Akteure kommunikativ unterschiedlich.

Aus der beruflichen Sicht der Akteure kommt vor allem dann eine **Interaktion zustande,** wenn sie sich von ihr einen **Nutzen versprechen** und/oder wenn die Interaktion **normativ geboten** ist. Letzteres ist faktisch nur in einem generalisierten Sinne der Fall: Medien sollen im demokratischen System auch politische Informations- und Kontrollaufgaben übernehmen. Entsprechend diesem Auftrag, der sich aus Verfassungsbestimmungen sowie Pressegesetzen oder dem Medienstaatsvertrag ergibt, *sollen* Journalistinnen und Journalisten handeln. Da es aber faktisch keine materielle Möglichkeit gibt, politische Berichterstattung zu erzwingen oder von den Medien einzufordern, ist das Spektrum an Verhaltensmöglichkeiten bei ihnen groß.

Zudem ist aufseiten der Medien ein Wandel zu beobachten: Das Mediensystem hat sich ausdifferenziert, auch die aktuellen, universellen Medien bedienen, etwa über Online-Angebote oder Newsletter, spezifische Publika. Personalisierung und Algorithmisierung ermöglichen das Ansprechen von bestimmten Interessenten. Zugleich nimmt unter dem Einfluss sowohl der Plattformlogik als auch der zunehmenden intra- und intermedialen Konkurrenz bei den publizistischen Medien die Bereitschaft für aufmerksamkeitssteigernde Maßnahmen (Skandalisierung, Boulevardisierung, Unterhaltung) zu. Aus den sich vormals ausgeprägt politisch verstehenden Massenmedien werden zunehmend Medien, die sich an Publika mit wechselnden Interessen wenden. Politik ist in den Medien natürlich nach wie vor Thema, eben weil die Angehörigen des Publikums in der Rolle als Bürgerin und Bürger existieren und sich deshalb (auch) für politische Akteure und Prozesse interessieren. Politik ist deshalb für die Medien von Belang. **Politische Themen sind** aber **nur eine inhaltliche Möglichkeit von vielen** zur Profilierung journalistischer Akteure. Unter neuen ökonomischen Voraussetzungen wandeln sich die Bedingungen: Politische Themen sind keine zwingenden Themen mehr, sondern konkurrieren verstärkt mit Themen aus anderen sozialen Systemen um die Aufmerksamkeit bei journalistischen Akteuren, die Berichterstattungsplätze in den Medien und die (knappe) Aufmerksamkeit bei den Rezipientinnen und Rezipienten. Die Mehrzahl der Medien – sieht man von den Leitmedien ab – verfolgt in der politischen Berichterstattung kein normativ geschlossenes Konzept mehr, wie es noch in der Epoche der Parteizeitungen durchaus üblich war. Social-Media-Plattformen wiederum sind von einer „non-exclusivity of the news experience" (Kümpel 2021, S. 6) geprägt, durch die sich politische und nicht-politische Botschaften in News-Feeds mischen.

12.2.3 Formen der Interaktion

Politische Prozesse bestehen aus formellen und informellen Elementen. Auch für die Interaktion innerhalb der Produktionsgemeinschaften gibt es formalisierte und weniger formalisierte Formen. Eine Unterscheidung zwischen den Formen ist nicht einfach, sie muss in jedem Einzelfall empirisch getroffen werden.

Wir sprechen im Zusammenhang mit Formalität und Informalität auch von **zwei Bühnen, auf denen Akteure aus Politik und Journalismus miteinander interagieren** und auf denen sie sich unterschiedlich verhalten können, weil jeweils andere Regeln gelten. Auf der **Vorderbühne** gilt die normative Grunderwartung von Distanz und formalisierten Beziehungen, während auf der **Hinterbühne** Absprachen stattfinden, man sich auch persönlich kennt und schätzt und vielerlei Geschäfte miteinander tätigt. Natürlich gelten auch für das informelle Verhalten, also für die Hinterbühne, Regeln. Das Agieren auf Vorder- und Hinterbühnen ist nun nicht allein typisch für diesen Bereich, sondern wir finden derartige Formen auch im rechtlichen Verhandeln oder bei Verwaltungsvorgängen.

Aufgrund des gemeinsamen Handelns auf der **Hinterbühne können journalistische Akteure zu Mitspielern** im politischen Prozess werden: Sie können zwar an der Herstellung allgemein verbindlicher Entscheidungen nicht mitwirken, wohl aber als Berater, Informationsübermittler oder Deuter Einfluss auf politische Akteure ausüben, mit denen sie – aus welchen Gründen auch immer – eng kooperieren. Auf der Hinterbühne könnten sie einen größeren Einfluss erlangen, so wenn sie zielgerichtet versuchen, auf politische Prozesse und Inhalte einzuwirken, wenn sie also politisch agieren.

Die in der Interaktion von Akteuren aus Politik, PR und Journalismus vorfindbaren Formen an **Förmlichkeit** in der politischen Kommunikation sind allerdings mehr **auf das Interesse der Akteure an Formen der Selbstbindung** als auf formale Regeln, also Gesetze, **zurückzuführen.** So entwickeln politische Institutionen über die Jahre ein gewisses Selbstverständnis, es entwickeln sich spezifische Traditionen und Gepflogenheiten im Bereich Information und Kommunikation. Mit Pfetsch (2003) lässt sich dies als politische Kommunikationskultur bezeichnen.

Formalität in der politischen Kommunikation **hat** bestimmte **Folgen:** Das Aufnehmen eines Punktes auf die Tagungsordnung ist zumeist durch eine Geschäftsordnung geregelt und ist der Anfang eines auch im Weiteren formalisierten Verfahrens. Damit wird beispielsweise eine bestimmte Form von Öffentlichkeit hergestellt, die es weiteren Akteuren ermöglicht, zu agieren. Formale Regeln existieren vor allem dort, wo Entscheidungsprozesse durch Dritte mitverfolgt werden sollen (wie im Parlament) oder überprüft werden können (wie bei Gericht). Bestimmte Akteure, wie Regierungsmitglieder oder Parlamentsrepräsentanten, haben sich an formelle wie informelle Regeln in der politischen Kommunikation zu halten.

Gesicherte Aussagen über die **Relevanz informeller Interaktionsformen** sind aufgrund des Mangels an empirischen Befunden nicht möglich (vgl. Lesmeister 2008; Nieland 2020; Wagner 2016, S. 51–76). Wohl aber können gewisse Grundformen beschrieben werden: Neben formalisierten Formen wie Bundes- oder Landespressekonferenzen existieren an den meisten politischen Entscheidungsorten „**Clubs**" oder „**Kreise**", die vielfach nach dem Treffpunkt (so beispielsweise nach dem Namen einer Gaststätte), oder „**Foren**", die nach dem Wochentag des Treffens (wie etwa ein „Dienstagskreis") benannt werden. Die Initiativen dazu gehen von einzelnen Politikerinnen oder Politikern, Fraktionen, Gruppierungen innerhalb von Partei- oder Fraktionsgemeinschaften, PR-Akteuren, Lobbyorganisationen oder – eher selten – von journalistischen Akteuren aus. Ein Teil dieser Kreise ist nach einem parteipolitischen Muster zusammengesetzt. In diesen Kreisen gelten Regeln, die die Initiantinnen und Initianten festlegen. Zumeist sind die Regeln nicht in schriftlicher Form verfügbar, sondern werden während der Interaktion vereinbart bzw. ausgehandelt. Kreise dieser Art können sich aufgrund persönlicher Beziehungen, fachlicher Interessen oder ideologischer Gemeinsamkeiten herausbilden. In der Regel dürften mehrere Faktoren relevant sein, also beispielsweise persönliche Beziehung und relativ große Übereinstimmung in politisch-ideologischen Überzeugungen.

Pfetsch hat in ihrer Studie ermitteln können, dass den **Gesprächskreisen** und Zirkeln in der Wahrnehmung von Akteuren aus PR und Journalismus **eine große Bedeutung** zugesprochen wird. Sie kommt zu dem Ergebnis, dass die informellen Gesprächskreise „als eigentlicher Ort der Interaktion [gelten können], bei dem es sowohl für politische Sprecher als auch für Journalisten um das politische Medien-Agenda-Setting geht" (Pfetsch 2003, S. 184).

Einen formalisierteren Status genießen jene informellen Kreise, die als **Hintergrundkreis** oder als **Gesprächszirkel** agieren und sich zumeist um bestimmte führende politische Akteure bilden. Die Zusammensetzung dieser Kreise ist stark von den politischen Akteuren und ihren Zielen abhängig. Zum Ersten eignen sich diese Kreise, um Argumente und politische Überlegungen zu prüfen. Die journalistischen Akteure wirken hier als sachverständige Gesprächspartner mit, die etwas über mögliche öffentliche Wirkungen sagen können. In diesem Fall ist anzunehmen, dass sie einzelnen politischen Akteuren in ideologischer Hinsicht nahestehen. Zum Zweiten können Journalistinnen und Journalisten, die über zahlreiche Zugänge zu politischen Organisationen und zu anderen Akteuren verfügen, politischen Akteuren aber auch Informationen bieten. Und zum Dritten sind einflussreiche, bekannte politische Journalistinnen und Journalisten für politische Akteure dann interessant, wenn sie Redaktionen leiten, politische Linien in der Berichterstattung vorgeben oder wenn sie als politische Kommentatoren bekannt sind. Journalistische Akteure in formal hohen Positionen und mit einem hohen allgemeinen Bekanntheitsgrad nehmen daher eine starke Stellung in der politischen Kommunikation ein, weil ihr Wort oder ihre Analyse beim allgemeinen Publikum oder bei Eliten Gewicht haben.

Nicht nur das politische System verfügt also über „Elefanten", sondern auch der Journalismus und das Mediensystem. Diese einflussreichen Beobachter und Kommentatoren werden als „pundits" bezeichnet: „The journalist-pundit is a wise, knowing observer of and commentator on the political scene, making sense of its complexities for the rest of us" (McNair 2011, S. 71).

12.2.4 Politik, PR und Journalismus als Produktionsgemeinschaft und Handlungssystem

Die bisherigen Überlegungen haben gezeigt, dass sich Akteure aus Politik, PR und Journalismus zu Produktionsgemeinschaften zusammenfinden. Sie konstituieren auf diese Weise Handlungssysteme mit spezifischen Regeln. Handlungssysteme vermitteln zwischen der Mikro- und der Mesoebene (Rollenträger – Organisation) und stellen zugleich auf der Makroebene den funktionalen Bezug zwischen dem System Journalismus und dem politischen System her. Jedes Handlungssystem wird durch Akteure und deren Interaktionen konstituiert. Für diese **Handlungssysteme** lassen sich empirisch sowohl **allgemeingültige wie auch spezifische Regeln feststellen.** Ein Kerngedanke ist, dass die in diesem Handlungssystem agierenden Akteure zwar durch ihre sozialen (Mutter-)Systeme geprägt sind, aber nicht determiniert werden. Um von dem (makro-)theoretischen Modell der Handlungssysteme aus auch Schlussfolgerungen auf andere Theorieebenen (Mikro- und Mesoebene) ziehen zu können, ist es daher notwendig, diesen Begriff des „Geprägtseins" präziser zu fassen und die Besonderheiten der Kooperation zu benennen. Diese Präzisierung ist nötig, weil sowohl in der alltagssprachlichen wie in der (sozial-)wissenschaftlichen Analyse bezogen auf Formen des kooperativen Handelns oftmals von **Netzwerken** gesprochen wird.

▶ „Ein **soziales Netzwerk** steht für das Muster an Sozialbeziehungen zwischen einer Menge von Akteuren. Sozialbeziehungen bezeichnen beobachtbare Regelmäßigkeiten der Interaktion zwischen Akteuren und entsprechende Verhaltenserwartungen" (Fuhse 2018, S. 14).

„Soziale Netzwerke entstehen, reproduzieren und verändern sich in der Abfolge kommunikativer Ereignisse. Damit lassen sich soziale Netzwerke an beobachtbaren Regelmäßigkeiten in Kommunikation ablesen. Wer kommuniziert wie mit wem und wie häufig? Diese beobachtbaren Regelmäßigkeiten der Kommunikation werden durch relationale Erwartungen abgebildet, aber auch strukturiert" (Fuhse 2019, S. 83).

Bezogen auf die Kooperationsbeziehungen zwischen Akteuren aus Journalismus und Politik kann man allenfalls in einem Alltagsverständnis von einem Netzwerk sprechen, denn es gibt eine Reihe von Besonderheiten: Die Initiative für die Kooperation geht vor allem von der Seite der Politik aus. Die Zusammensetzung des Kreises wird von dieser Seite her sozial definiert. Ein besonderes, ein inhaltliches und normatives Commitment wird von den beteiligten Journalistinnen und Journalisten nicht erwartet und kann auch nicht eingefordert werden. Die Festlegung gemeinsamer Interessen findet nicht statt, und auch eine koordinative Abstimmung oder die Festlegung von Aktivitäten ist in diesen sozialen Kontexten nicht üblich, weil man nicht gemeinsam handelt, im klassischen Sinne etwas aushandelt und etwas gemeinsam zu vertreten hat. Das Merkmal des gemeinsamen strategischen Handels ist für die Kooperationsbeziehung nicht gegeben. Und auch andere Merkmale von Netzwerken, etwa soziale Homophilie, Anpassung oder Angleichung von Wertvorstellungen oder Formen von Reziprozität, sind für diese soziale Form nicht üblich (vgl. Fuhse 2018, S. 159).

Zu den Organisationen auf der Medienseite zählen politische Redaktionen und Redaktionsbüros in den politischen Entscheidungszentren und zu den Rollenträgern beispielsweise politische Korrespondentinnen und Korrespondenten. Zu den Organisationen auf der politischen Seite gehören Presse- und Informationsämter, PR-Stabsstellen und zu den Rollenträgern gehören z. B. Amts- oder Mandatsträger und deren (Presse-)Sprecherinnen und Sprecher. Die politische Seite bedient mit Informationen zwar alle ihr als relevant erscheinenden journalistischen Akteure, interagiert aber vorrangig mit den jeweils für eine Policy (beispielsweise Außenpolitik), einen Akteur (die Partei X) oder ein Thema (so z. B. Verkehrspolitik) spezialisierten bzw. zuständigen Personen. Auf der Basis dieser Auswahl bilden sich Handlungssysteme heraus: Man schließt sich zu einer Produktionsgemeinschaft zum wechselseitigen Vorteil (optimaler Einsatz von Ressourcen) oder auch aufgrund von ideologisch-politischen Übereinstimmungen zusammen. Mittels konstitutiver Regeln werden Handlungsvollzüge erzeugt und durch anhaltende Interaktionen wird ein Handlungssystem mit spezifischen (eigenen) Regeln etabliert.

Handlungssysteme weisen Formen organisierter Vielfalt der Handlungsorientierungen mehrerer Akteure auf. Letztere stehen in einem **Interdependenzverhältnis** zueinander. Handlungssysteme können alle Akteure innerhalb eines Handlungsraumes (beispielsweise alle mit Lokalpolitik in einer Gemeinde befassten Personen) oder nur bestimmte Gruppen umfassen. Sie können aber auch, so im Bereich von fachpolitischen Fragen, über konkrete örtliche oder soziale Handlungsräume hinausreichen.

Handlungssysteme werden also von Akteuren konstituiert. Daher ist es möglich und sogar üblich, dass Akteure unterschiedlichen Handlungssystemen zugleich angehören. Die **Form des Handlungssystems** wird von den Akteuren gemäß ihren Zielsetzungen bestimmt und ist **deshalb variabel.** Akteure konstituieren Handlungssysteme als Aktionsfelder, weil sie soziale Stabilität anstreben. Soziale Prozesse verlaufen dann nicht zufällig, sondern gemäß den Bedingungen des Handlungssystems. Handlungssysteme bieten den Rollenträgern ein Stück weit Handlungssicherheit und ermöglichen prognostizierbare Ergebnisse.

Mit der Metapher des Handlungssystems wird auf die Kooperation und Kollaboration zwischen den benannten Akteursgruppen abgezielt. Das Handlungssystem ist informell, es verfügt aber über

- identifizierbare Beteiligte;
- eine klare Nutzenorientierung sowohl seitens der beteiligten Individuen (Person und Rollenträger) wie seitens der von ihnen repräsentierten Organisationen;
- eine Orientierung an als relevant oder sogar einflussreich angesehenen Personen und Organisationen (Stärkenorientierung);
- Formen der partiellen Kopplung zwischen den Beteiligten, jedoch unter Wahrung der professionellen Autonomie.

Für die hier verfolgte theoretische Betrachtung ist das Konzept Handlungssystem dem des Netzwerkes vorzuziehen, weil dem **Produktionsaspekt** besondere Aufmerksamkeit zuerkannt wird. **Handlungssysteme sind von Akteuren geschaffene Aktionsformen, deren Begründung auf konstitutiven Regeln beruht,** die uns an dieser Stelle interessieren.

Das Handlungssystem zwischen politischen und journalistischen Akteuren, in dem nach eigenen Regeln fortdauernd gehandelt wird, bildet den Rahmen für das jeweils konkrete Verhalten der beteiligten Personen. Dieser Rahmen determiniert Handlungen nicht, sondern ist relativ flexibel: Rollen- und Regelverletzungen sind ebenso möglich wie Vereinbarungen über Regeländerungen. Beides kommt allerdings selten vor. Zumeist **haben alle Akteure ein Interesse an gemeinsam gültigen Regeln** mit einer gewissen Dauer (beispielsweise Bestimmung des Zeitpunkts von Veröffentlichungen: Beachtung von Sperrfristen, Regelung von Zugängen zu institutionalisierten wie individualisierten Formen der Informationsweitergabe), um die Interaktionen zu stabilisieren. Vereinbarungen über abweichende Regelungen sind nicht nur ressourcenaufwendig, sondern dann problematisch, wenn sie nicht gemeinsam getroffen werden können und/oder gegen allgemeinere Organisations- und Professionsnormen verstoßen.

Separatlösungen und **Sonderbeziehungen** in Handlungssystemen sind möglich, bergen aber vielfältige Risiken in sich, etwa wenn ein persönliches Verhältnis belastet wird oder Bevorzugungen allgemein bekannt werden. Innerhalb eines Handlungssystems können dafür aber entsprechende Vorkehrungen getroffen werden. Vielfach dürften aber gemeinsam geteilte Grundüberzeugungen oder gemeinsame ideologische Grundauffassungen solche „Sicherheitsvorkehrungen" überflüssig machen.

Über das noch Mögliche und das nicht mehr Erwünschte oder Erlaubte in solchen Handlungssystemen muss deshalb politisch gestritten werden – **mittels politischer Kommunikation werden die Regeln für die politische Kommunikation bestimmt.**

Hinsichtlich der Formalität und Informalität in der Interaktion ist nicht von einem Gegensatz, sondern vielmehr von einem **Kontinuum** auszugehen. Für das richtige Handeln gibt es deshalb weniger rechtliche Vorgaben als vielmehr soziale Normen, Regeln, also genuine „Spielregeln", und es bilden sich gewisse Traditionen heraus. Diese Regeln werden eher selten juristisch geprüft, sondern vor allem durch die öffentliche Thematisierung in Institutionen oder den Medien, also durch Diskurse, beeinflusst. Das Vorhandensein oder Fehlen von Regeln ist keineswegs unbedeutend, um zumindest ein Mindestmaß an Rechten, vor allem aber an Pflichten bzw. Grenzen für Akteure und Institutionen festzulegen. Doch müssen Grenzen wie Regeln immer wieder neu bestimmt, d. h. kommunikativ ausgehandelt werden.

> **Zusammenfassung**
>
> Die Beziehungen von Akteuren aus Politik, PR und Journalismus wurden in diesem Kapitel als Produktionsgemeinschaften, d. h. auf unbestimmte Dauer angelegte Interaktionen interpretiert. Interaktionsprozesse dieser Art zeichnen sich allerdings durch Labilität und Instabilität aus. Insbesondere Akteure aus Politik und Journalismus streben danach, Routine- und Vertrauensverhältnisse zur jeweils anderen Seite zu schaffen, ohne dabei an eigener Autonomie einzubüßen. Zur Stabilisierung ihrer Interaktionsprozesse formulieren die Akteure spezielle Verhaltenserwartungen, entwickeln Routinen und legen (formelle) Regeln fest. Politische PR übernimmt dabei die Aufgabe, solche Verhaltenserwartungen, Routinen oder Regeln auf Dauer stabil zu halten. Angestrebt wird die Etablierung zeitlich und sachlich stabiler Gemeinschaften, also der Aufbau von Produktionsgemeinschaften, um daraus wechselseitig Nutzen zu ziehen. Damit werden Handlungssysteme etabliert, die auf eine unbestimmte Dauer hin institutionalisiert sind. Handlungssysteme dieser Art sind weder Subsystem des politischen Systems noch des Journalismus, sondern stellen einen eigenständigen Typus eines sozialen Handlungsfeldes dar. Sie entwickeln einen gewissen Grad an Autonomie gegenüber den gesellschaftlichen Teilsystemen, fungieren systemübergreifend und sind insoweit als Interpenetrationszonen aufzufassen. Nur die empirische Analyse der Produktionsgemeinschaften aus Politik, Journalismus und

Öffentlichkeitsarbeit kann zeigen, wie es um diese Handlungssysteme bestellt ist und welche Einfluss- oder Machtverhältnisse existieren. Erst dann sind Aussagen über den geringen oder nicht geringen Einfluss der Medien bzw. der politischen PR plausibel möglich. ◄

Literatur

Baerns, Barbara. (1985). *Öffentlichkeitsarbeit oder Journalismus? Zum Einfluss im Mediensystem.* Köln: Wissenschaft und Politik.
Bentele, Günter, & Fechner, Ronny. (2015). Intereffikationsmodell. In Romy Fröhlich, Peter Szyszka & Günter Bentele (Hrsg.), *Handbuch der Public Relations* (S. 319–340). Wiesbaden: Springer VS.
Bentele, Günter, Liebert, Tobias, & Seeling, Stefan. (1997). Von der Determination zur Intereffikation. Ein integriertes Modell zum Verhältnis von Public Relations und Journalismus. In Günter Bentele & Michael Haller (Hrsg.), *Aktuelle Entstehung von Öffentlichkeit. Akteure – Strukturen – Veränderungen* (S. 225–250). Konstanz: UVK.
Birkner, Thomas. (2020). Interaktion von Medien- und Politiksystem. In Isabelle Borucki, Katharina Kleinen-von Königslöw, Stefan Marschall & Thomas Zerback (Hrsg.), *Handbuch Politische Kommunikation* (S. 1–15). Wiesbaden: Springer VS.
Blumler, Jay G., & Gurevitch, Michael. (1995). *The Crisis of Public Communication.* London, New York: Routledge.
Chadwick, Andrew. (2013). *The Hybrid Media System. Politics and Power.* Oxford: Oxford University Press.
Donges, Patrick. (2020). Medialisierung und Organisationen/Politische Akteure. In Isabelle Borucki, Katharina Kleinen-von Königslöw, Stefan Marschall & Thomas Zerback (Hrsg.), *Handbuch Politische Kommunikation.* Wiesbaden: Springer VS.
Dörner, Andreas. (2001). *Politainment. Politik in der medialen Erlebnisgesellschaft.* Frankfurt/M.: Suhrkamp.
Fuhse, Jan. (2018). *Soziale Netzwerke: Konzepte und Forschungsmethoden* (2., überarb. Aufl.). Konstanz, München: UVK/Lucius.
Fuhse, Jan. (2019). Netzwerke im Feld der Politik. In Jan Fuhse & Karoline Krenn (Hrsg.), *Netzwerke in gesellschaftlichen Feldern* (S. 81–109). Wiesbaden: Springer VS.
Hoffjann, Olaf. (2009). Public Relations als Differenzmanagement von externer Kontextsteuerung und unternehmerischer Selbststeuerung. *M&K Medien & Kommunikationswissenschaft, 57*(3), 299–315.
Jarren, Otfried, Altmeppen, Klaus Dieter, & Schulz, Wolfgang. (1993). Parteiintern – Medien und innerparteiliche Entscheidungsprozesse. Die Nachfolge Genschers und die Kür Engholms zum SPD-Kanzlerkandidaten. In Wolfgang Donsbach, Otfried Jarren, Hans Mathias Kepplinger & Barbara Pfetsch (Hrsg.), *Beziehungsspiele – Medien und Politik in der öffentlichen Diskussion* (S. 111–158). Gütersloh: Bertelsmann Stiftung.
Jarren, Otfried, & Vogel, Martina. (2011). Leitmedien als Qualitätsmedien. Theoretisches Konzept und Indikatoren. In Roger Blum, Heinz Bonfadelli, Kurt Imhof & Otfried Jarren (Hrsg.), *Krise der Leuchttürme öffentlicher Kommunikation. Vergangenheit und Zukunft der Qualitätsmedien* (S. 17–29). Wiesbaden: VS Verlag für Sozialwissenschaften.
Kepplinger, Hans Mathias. (1985). Systemtheoretische Aspekte politischer Kommunikation. *Publizistik, 30*(2–3), 247–264.

Kümpel, Anna Sophie. (2021). Social Media Information Environments and Their Implications for the Uses and Effects of News: The PINGS Framework. *Communication Theory*.

Lesmeister, Christiane. (2008). *Informelle politische Kommunikationskultur. Hinter den Kulissen politisch-medialer Kommunikation*. Wiesbaden: Springer VS.

Marcinkowski, Frank. (2015). Die „Medialisierung" der Politik. Veränderte Bedingungen politischer Interessenvermittlung. In Rudolf Speth & Annette Zimmer (Hrsg.), *Lobby Work* (S. 71–95). Wiesbaden: Springer VS.

McNair, Brian. (2011). *An Introduction to Political Communication* (5. Aufl.). London, New York: Routledge.

Meyer, Thomas. (2001). *Mediokratie. Die Kolonialisierung der Politik durch die Medien*. Frankfurt/M.: Suhrkamp.

Münch, Richard. (1992). Gesellschaftliche Dynamik und politische Steuerung: Die Kontrolle technischer Risiken. In Heinrich Bußhoff (Hrsg.), *Politische Steuerung. Steuerbarkeit und Steuerungsfähigkeit. Ein Beitrag zur Grundlagendiskussion* (S. 81–105). Baden-Baden: Nomos.

Nieland, Jörg-Uwe. (2020). Informelle Kommunikationskultur. In Karl-Rudolf Korte & Martin Florack (Hrsg.), *Handbuch Regierungsforschung*. Wiesbaden: Springer VS.

Pfetsch, Barbara. (2003). *Politische Kommunikationskultur. Politische Sprecher und Journalisten in der Bundesrepublik und den USA im Vergleich*. Wiesbaden: Westdeutscher Verlag.

Pfetsch, Barbara. (2014a). The Idea of Political Communication Cultures and its Empirical Correlates. In Barbara Pfetsch (Hrsg.), *Political Communication Cultures in Europe: Attitudes of Political Actors and Journalists in Nine Countries* (S. 13–30). London: Palgrave Macmillan UK.

Pfetsch, Barbara (Hrsg.). (2014b). *Political Communication Cultures in Europe: Attitudes of Political Actors and Journalists in Nine Countries*. London: Palgrave Macmillan UK.

Pfetsch, Barbara, & Mayerhöffer, Eva. (2011). Vordergründige Nähe. Zur Kommunikationskultur von Politik- und Medieneliten in Deutschland. *M&K Medien & Kommunikationswissenschaft*, *59*(1), 40–59.

Raupp, Juliana. (2015). Determinationsthese. In Romy Fröhlich, Peter Szyszka & Günter Bentele (Hrsg.), *Handbuch der Public Relations* (S. 305–317). Wiesbaden: Springer VS.

Röttger, Ulrike. (2000). *Public Relations – Organisation und Profession. Öffentlichkeitsarbeit als Organisationsfunktion. Eine Berufsfeldstudie*. Wiesbaden: Westdeutscher Verlag.

Sarcinelli, Ulrich. (1991). Massenmedien und Politikvermittlung – eine Problem- und Forschungsskizze. *Rundfunk und Fernsehen*, *39*(4), 469–486.

Schulz, Winfried. (2004). Reconstructing Mediatization as an Analytical Concept. *European Journal of Communication*, *19*(1), 87–101.

Schwab Cammarano, Stephanie, & Medrano, Juan Díez. (2014). Distant North-Conflictive South: Patterns of Interaction and Conflict. In Barbara Pfetsch (Hrsg.), *Political Communication Cultures in Europe: Attitudes of Political Actors and Journalists in Nine Countries* (S. 271–286). London: Palgrave Macmillan UK.

Van Aelst, Peter, Strömbäck, Jesper, Aalberg, Toril, Esser, Frank, de Vreese, Claes, Matthes, Jörg, et al. (2017). Political communication in a high-choice media environment: a challenge for democracy? *Annals of the International Communication Association*, *41*(1), 3–27.

Wagner, Inga. (2016). *Informelle politische Kommunikation. Eine Rekonstruktion des Falls Nikolaus Brender*. Wiesbaden: Springer VS.

CPSIA information can be obtained
at www.ICGtesting.com
Printed in the USA
LVHW062025250722
724363LV00007B/452